辽宁大学工商管理学系列丛书
辽宁省"双一流"学科建设资助项目

新加坡人才新政与管理

Singapore's Talent Management: New Policies and Practices

李 博 宋照礼 著

中国财经出版传媒集团
经济科学出版社
Economic Science Press
北京

图书在版编目（CIP）数据

新加坡人才新政与管理／李博，宋照礼著. --北京：
经济科学出版社，2024.5
（辽宁大学工商管理学系列丛书）
ISBN 978 - 7 - 5218 - 5847 - 1

Ⅰ.①新… Ⅱ.①李… ②宋… Ⅲ.①人才管理 - 研
究 - 新加坡 Ⅳ.①C964.339

中国国家版本馆 CIP 数据核字（2024）第 083240 号

责任编辑：卢玥丞　杨金月
责任校对：王苗苗
责任印制：范　艳

新加坡人才新政与管理
XINJIAPO RENCAI XINZHENG YU GUANLI
李　博　宋照礼　著
经济科学出版社出版、发行　新华书店经销
社址：北京市海淀区阜成路甲 28 号　邮编：100142
总编部电话：010 - 88191217　发行部电话：010 - 88191522
网址：www. esp. com. cn
电子邮箱：esp@ esp. com. cn
天猫网店：经济科学出版社旗舰店
网址：http：//jjkxcbs. tmall. com
北京季蜂印刷有限公司印装
710×1000　16 开　26.5 印张　390000 字
2024 年 5 月第 1 版　2024 年 5 月第 1 次印刷
ISBN 978 - 7 - 5218 - 5847 - 1　定价：100.00 元
（图书出现印装问题，本社负责调换。电话：010 - 88191545）
（版权所有　侵权必究　打击盗版　举报热线：010 - 88191661
QQ：2242791300　营销中心电话：010 - 88191537
电子邮箱：dbts@ esp. com. cn）

编 委 会

总 序

　　辽宁大学商学院前身是东北商业专科学校（1948 年成立）的工业经济教研室和会计学教研室。辽宁大学于 1990 年获得企业管理专业博士学位授予权，是全国较早获得企业管理专业博士点的单位之一。1995 年 9 月，辽宁大学经济管理学院的工商管理系、财会系和市场营销专业组建成立辽宁大学工商管理学院。2010 年 3 月，辽宁大学工商管理学院更名为辽宁大学商学院。经过 70 多年的发展，在几代工商人的不懈努力下，目前学院拥有工商管理一级学科博士学位授权点和工商管理博士后流动站，覆盖企业管理、会计学、技术经济及管理和旅游管理四个二级学科博士学位授权点，拥有企业管理、会计学、技术经济及管理、旅游管理和管理科学与工程五个学术硕士学位授权点，拥有 MBA、EMBA、MPAcc、MAud、MV 和 MTA 六个专业硕士学位授权点，拥有工商管理、人力资源管理和市场营销三个国家一流本科专业建设点，会计学省级一流本科专业建设点和住建部认证的工程管理本科专业建设点。辽宁大学工商管理学科在教育部第四轮学科评估中取得"B＋"位次，并且是辽宁大学"应用经济学"世界一流学科的主要支撑学科之一。

　　改革开放以来，辽大工商人一直怀揣推动中国工商管理学发展的坚定信念，一直肩负推动中国工商管理学发展的使命担当，在以人工智能、区块链、云计算、大数据和边缘计算等（AI、Blockchain、Cloud Computing、Big Data、Edge Computing）为代表的新技术推动下，我们正在从数字经济时代迈向智能经济时代。新技术及其催生的新物种、新商业、新模式，正带领我们开启新增长，迈向新未来。智能经济时代产生的一系列管理现象需要我们去清晰刻画，一系列管理问题需要我们去系统解答，一系列管理机制需要我们去深入探索，一系列管理理论需要我们去大胆创新。与此同时，智能经济时代对管理教育也带来了机遇和挑战，需要我们抓住机遇，从容应对挑战。在智能经济背景下，新一代辽大工商人担负起工商管理学科建设发展重担，积极投身于相关前沿领域研究，并取得了一些具有较高价值的科研和教学成果。本套系列丛书的陆续出版，就是对近年来辽大工商人学术思考和教育改革成果的集中呈现。

本套系列丛书主要聚焦工商管理学领域，划分为三个子系列，分别是学术专著、精品教材和青年学者系列。学术专著系列重点支持出版国家级项目和其他省部级重大重点项目成果，精品教材系列重点支持出版一流本科专业建设相关教材，青年学者系列重点支持出版优秀博士学位论文成果。希望本套系列丛书的出版能够得到社会各界，尤其是学界同仁和企业界朋友的关注。

本套丛书的出版得到了辽宁省双一流学科建设项目资助和经济科学出版社的鼎力支持。本套丛书得到了学界专家的充分肯定和鼓励，他们欣然担任本套丛书的学术顾问。在此，我代表辽宁大学商学院向大家致以诚挚的感谢！

张广胜

2024 年 3 月

前　言

进入 21 世纪，随着经济全球化的深入和科技创新的迅速发展，基于经济和科技的综合国力竞争日益激烈。人才资源已成为影响国家竞争力的基础性、核心性和战略性要素。同时，全球政治动荡，经济格局加速演变，反全球化浪潮兴起，再加上疫情与战争等突发事件，世界各国面临高度的不确定性。在这种充满不确定性的国际竞争中，一个关键的确定因素尤为重要——人力资本的有效利用。优质人才的争夺已成为全球竞争的焦点。

罗默在其拓展的内生经济增长模型（1990）中，提出宏观经济的四种投入要素，即资本、劳动、人力资本和技术。人力资本不仅是创造价值的直接因素，也是科技与创新背后的推动力量，而人口数量与结构则是人力资本的基础。当今世界人口和劳动力情势正在发生剧烈变化。根据联合国人口报告数据，2022 年 11 月 15 日，世界人口达到 80 亿人，全球人口的总体增长速度正在放缓。[①] 据《2022 年世界人口展望》预测，世界人口到 2030 年将达到 85 亿人，于 2050 年达到 97 亿人。到 2050 年，全球 65 岁及以上人口的比例预计将从 2022 年的 10% 升至 16%。届时，全球 65 岁及以上的人口将是 5 岁以下儿童人口的两倍，几乎与 12 岁以下儿童的数量相当。[②] 老龄化趋势尤以欧洲和北美等发达国家更为严重。与发达国家老龄化、少子化的趋势形成鲜明对比的是，一些欠发达地区的人口仍以爆炸速度增长。非洲是人口增长最快的大陆，预测从现在到 2050 年，全球人口增长的一半以上将发生在非洲，撒哈拉以南非洲的人口将翻一番。中国作为人口大国，2012 年劳动年龄人口（15～59 岁）的绝对数首次出现下降；

---

①② 　资料来源：联合国网站。

按照 15~64 岁口径，劳动年龄人口在 2013 年达到峰值，随后就以加速度绝对减少，到 2020 年已经累计减少了 4170 万人；2021 年起中国人口进入负增长。① 预计中国的人口将在 2019~2050 年减少 4800 万人，即 2.7% 左右。② 可见，中国人口老龄化加速到来，人口红利已经消失。与中国可资对照的是，印度 2022 年的人口数达到 14 亿人；根据联合国人口数据，2023 年 4 月，印度人口估计达到 1425775850 人，将超过中国成为世界上人口最多的国家③；而且"65% 的人口都在 35 岁以下"。④ 各国与各地区之间人口增长速度和人口结构的不均衡，加上经济发展不均衡和国际间的产业转移，加快了全球人口流动的速度，其中人才作为质量较高人口群体的流动更为显著。人才流动呈现几个趋势：发展中国家向发达国家流动；加拿大、澳大利亚、英国、日本等国家向美国流动；新兴经济体对人才的吸引力日渐增强。⑤

第四次工业革命席卷而来，信息技术，包括人工智能和大数据等技术的发展与利用促使生产方式和工作内容发生了巨大变革，相应的人才供求模式也发生了翻天覆地的变化。正如克劳斯·施瓦布（Klaus Schwab，2016）在《第四次工业革命》中指出，本次工业革命对就业市场的破坏范围更广，速度更快。此外，就业市场两极分化的趋势更为严重：认知性和创造性强的高收入工作机会和体力型的低收入工作机会将持续增加，但是常规性和重复性的中等收入工作机会将会大幅减少。⑥ 高附加值的智力资源成为国家争夺的对象，复合型的国际化人才成为焦点，科技创新型人才走向时代的

---

① 根据中国国家统计局数据，2021 年中国人口年龄构成：0~14 岁人口占比 17.95%（25338 万人）、15~59 岁人口占比 63.35%（89438 万人）、60 岁及以上人口占比 18.70%（26402 万人，其中 65 岁以上人口为 19064 万人，占 13.50%）。与 2010 年相比，0~14 岁、15~59 岁、60 岁及以上人口的比重分别上升 1.35%、下降 6.79%、上升 5.44%。
② World Population Prospects 2022 [EB/OL]. United Nations, 2023-10-01.
③ 资料来源：联合国网站。
④ Narendra Modi. An Invitation to "Make in India" [EB/OL]. The Wall Street Journal, 2014-09-25.
⑤ 全球职场社交平台领英（LinkedIn）在 2016 年基于其覆盖全球 4.5 亿职场人士的人才大数据，研究了近 3 年全球人才流动情况发现，新兴经济体与发达经济体的人才互通流动已经日趋平衡。数据显示，近 3 年来从新兴经济体流入发达经济体的人才总量约 52 万人；与此同时，从发达经济体向新兴经济体的人才流动也高达 49 万人。另外也发现，在新兴经济体与发达经济体之间，传统产业人才流通趋于平衡，但在新兴产业上"人才逆差"依然高达 1:2。参考自林燕. 新兴经济体与发达经济体人才互通流动日趋平衡 [EB/OL]. 经济参考网，2016-09-08.
⑥ 克劳斯·施瓦布. 第四次工业革命——转型的力量 [M]. 北京：中信出版社，2016：42.

前沿。人才之战堪称看不见硝烟的世界大战，正在全球范围内激烈地发生。

在当今人才主权时代，作为稀缺资源的人才在更大范围的市场上流动，寻求更有效率的配置。不同国家、地区和企业都在努力塑造良好的人才环境，吸引人才以形成自己的人力资本优势。那么在新一轮全球范围的抢人大战中，如何培育发挥自身优势，在人才方略与管理上取胜？比较借鉴是把握规律的有效途径。新加坡作为人才净流入国家，多年来以其有效的人才吸引、培育和使用，成为当之无愧的人才管理先进国家。但面对如今的大变局，新加坡是否能够保持其人才优势？或者说如何面对挑战继续发扬其人才优势？这是一个值得深入探讨的问题。

新加坡作为一个地处东南亚、自然资源匮乏的岛国，在建国后50多年的时间里，经济迅速发展，跻身世界前列。尤其新加坡的人才管理堪称全球典范，成功实现了人力资源弥补自然资源缺乏的战略目标。其"人才立国、人才治国"的国家战略支撑了新加坡的生存与发展，促进了经济多次成功转型，成为"亚洲四小龙"之一。目前，新加坡已经成为世界主要金融中心，也是亚洲的贸易、服务、航运、制造、设计、教育和科技交流中心，在区域乃至全球都占据了重要的地位。

新加坡的经济发展水平、经济活力和竞争力都排在世界前列。国内生产总值（GDP）方面，根据世界银行数据，2022年新加坡GDP总量为4667.9亿美元，人均GDP为8.28万美元①，位列亚洲第二、世界第六②。竞争力排名方面，根据瑞士洛桑管理学院（IMD）公布的《世界竞争力年鉴》③，在全球主要经济体中，新加坡的竞争力一直位居前五，2010年排名首位，被评为"全球最具竞争力的经济体"；2019年、2020年蝉联第一名；2021年、2022年和2023年分别位列第五、第三和第四。④又据世

---

① 资料来源：世界银行网站。

② 卡塔尔人均GDP为8.77万美元，位列亚洲第一；全球人均GDP排名前五分别为卢森堡、爱尔兰、挪威、冰岛、丹麦。

③ 瑞士洛桑国际管理发展学院（IMD）每年发布的《世界竞争力年鉴》（The World Competitiveness Yearbook），对世界主要经济体竞争力进行评价排名，包含经济表现、政府效能、企业效能和基础设施四项竞争力因素。

④ IMD. The World Competitiveness Yearbook（2010、2019、2020、2021、2022、2023）[EB/OL]. IMD World Competitiveness Booklet，2024 – 04 – 01.

界经济论坛发布的《全球竞争力报告》①，2017～2018 年，新加坡紧随瑞士、美国之后排名第三位；2019 年，新加坡位列第一。② 经济自由度指数方面，根据美国传统基金会发布的《经济自由度指数》（Index of Economic Freedom）③，2022 年新加坡得分 84.4，高居榜首，也是连续 3 年蝉联全球第一。生活质量评价方面，根据 2019 年美世咨询公司（Mercer）开展的全球城市生活质量调查，全球排名第 25 位，亚洲范围内，新加坡的生活质量最高。

新加坡在 50 多年的时间里积极转型，迅速而且持续地发展，取得了不菲的成绩，人才要素在其中发挥了举足轻重的作用。人才管理一直是新加坡政府最重要的关注要点之一，也取得了卓越的管理成就。根据欧洲工商管理学院（INSEAD）和美国研究机构波图兰斯研究所（Portulans Institute）联合发布的 2021 年"全球人才竞争力指数"（Global Talent Competitiveness Index）④，在被评价的 134 个国家中，新加坡凭借良好的监管、卓越正规的教育和蓬勃的就业市场，获得 79.38 分，位列全球第二，紧随瑞士之后。事实上，这一指数自 2013 年展开调查以来，新加坡一直稳居全球亚军的地位，唯独 2020 年被美国赶上而位居第三；在亚洲地区，新加坡一直处于领先位置。对于其人才管理，有一些问题值得持续追踪与深入研究：新加坡的人才战略是如何与经济发展战略紧密契合、成功卡点的？顶层人才战略设计是如何落实到产业层面和微观企业的？在新的错综复杂的国际、国内形势下，人才战略与政策发生了哪些改变？效果如何？未来新加坡人才管理的挑战在哪里？保持其人才竞争优势的关键点是什么？预测有哪些人才新政走向？

---

① 世界经济论坛的《全球竞争力报告》（Global Competitiveness Report）于 1979 年开始发布，对推动生产力和长期经济增长的各项动力进行年度评估。评估的基础是"全球竞争力指数"（GCI），该指数通过 12 个维度下的 103 项指标，对主要经济体的竞争力状况进行分析。每项指标采取 0～100 分的计分制度，可以展示一个经济体距离理想状态或者"满分"竞争力之间的差距。

② The Global Competitiveness Report（2017～2018、2018～2019、2020）[EB/OL]. The World Economic Forum, 2023 – 02 – 15.

③ 经济自由度指数以 4 个方面（法治、政府规模、监管效率、公开市场）的 12 个指标计算世界各国的经济自由度指数。

④ 全球人才竞争力指数包含 6 个关键指标：国内环境、人才吸引、人才培养、人才保留、技术与职业技能，以及全球知识技能。

　　本书题名"新加坡人才新政与管理","新政"意在对新加坡人才管理进行更新研究,补充前沿内容,尤其关注 2010 年以后新加坡人才战略的新思想、人才政策的新内容。在 2010 年以后,国际政治经济局势发生了巨大变化,技术进步、产业升级引发的经济结构调整和人才供求情况也与以往大不相同,世界处于百年未有之大变局。在大变局中,作为最敏感资源的人才管理的复杂性和挑战性都在上升。"管理"意在不仅停留在国家战略与政策层面的解析上,还要研究人才新政在产业和企业层面的落实过程与管理效果,呈现新加坡宏观、中观与微观人才管理的贯通结果。

　　为了更充分、更深入地分析新加坡人才新政及其管理实践,本书基于比较制度分析方法,深植人才管理的战略属性和管理组织的多层次性,并着意新加坡作为小规模国家人才管理模式的独特性,力求以更宏观的视角、更严谨的方法和更务实的态度来呈现其整体面貌及其内在逻辑。

　　新加坡是典型的国家主导人才管理模式,政府极其重视人才战略的顶层设计。在国家战略的整体框架下,人才战略一直与不同阶段的经济发展战略紧密配合,发挥着共同支撑作用。对于新加坡不同阶段人才战略的解析,必须基于对新加坡不同经济发展阶段、人口结构变化、社会文化发展等基础条件的全面理解,也必须了解新加坡在全球经济中的位置及其国家发展方略。否则,既无法全面准确地理解新加坡人才战略制定与执行效果的因果关系,更无法判断当前复杂形势下新加坡人才战略的发展与变化。这正契合了新加坡政府"动态治理"的精髓要义。

　　正如新加坡总理李显龙所说:"新加坡政府在考虑国家治理问题时,一般会尽量按照经济学的原则与逻辑,理出一条清晰、一致的思路。我们在采取每一项新的措施之前,总要分析它的成本与效益……在处理微观经济层面的问题时,新加坡政府一贯采取科学、理性的做法。一个英明的政府也必须懂得如何有效地与人民沟通,让大家明白政策的作用与必要性,在执行政策的时候也必须确保执行到位。"① 所以,厘清新加坡人才战略与政策的制定,必须理解其背后的经济逻辑;解析人才政策的施行与落实,

---

　　① 黄雪珍,梁凤莲,曾益龙,等. 新加坡公共政策背后的经济学——新加坡的故事 [M]. 顾清扬,译. 北京:中央编译出版社,2013:1.

必须了解其独特的人才管理体系与管理风格。

同时，人才管理也是一个复杂的系统，需要国家、产业和企业层面协力作用。政府层面上，提出国家和区域人才战略，提供人才管理的政策与法规，支持公共教育与技能培训；产业层面上，制定符合行业发展规划的人才战略，支持人才培育与倾斜，促进人才集聚与发展；企业层面上，制定不同阶段的企业人才战略，有效吸引、培养、激励与留用人力资源。与此相对应，对人才管理的研究也常被分为几个角度：政策制定角度、劳动关系角度、企业管理角度等。因此，对新加坡的人才管理研究也应该实现上下贯通，不仅分析人才战略的顶层设计，也要深入产业和企业层面，关注行业的人才政策与管理，落实到具体企业的人才管理实践上。这样才能全面展示人才管理的系统性和组织性，了解人才管理的实践与效果，也才有借鉴性与操作性，这也符合新加坡治理的又一特色——"务实"。

综上所述，本书对于新加坡人才管理尤其是 2010 年以后的人才新政与管理，将以历史观点、全球视野、战略视角和务实风格来知其然，并知其所以然。

第一，以历史观来研究新加坡人才管理的发展路线和当下选择。新加坡自独立以后的 50 多年里，国家人才战略的树立、人才政策的发展，是持续延伸的，也是随着不同经济发展阶段而变化的。对于不同阶段的人才战略与管理实践，需以历史的长期观点来分析评价，而不是一时得失的即时评价。纵向的演化分析与历史比较，对于理解不同时期不同施政的历史背景、关键考量、国家战略目标及其与人才战略的关系更有意义。也唯此，才能理解当前的人才新政并判断未来趋势。

第二，以全球观考察新加坡人才方略与经济战略的匹配，及其嵌入全球大环境的方式。任何经济体的发展都离不开国际政治与经济变化的背景，尤其新加坡自身发展的脆弱性更是加深了这种依赖。世界处在百年大变局之中，中美关系、贸易摩擦、逆全球化趋势、中国"一带一路"倡议开展、新冠疫情冲击等全球大背景和大事件深刻影响着新加坡的选择，也直接影响新加坡人才战略的制定。作为人才净流入国家，新加坡是在与其他国家争夺人才，尤其中国、印度的人才一直是其引进的主要来源。因此，新加坡人才战略的实现必须依赖全球人才市场，人才战略与管理的国际互动更为频繁显著。

第三，运用战略观审视新加坡人才管理系统。首先，人才管理的战略性在新加坡得以充分重视。新加坡在国家政策的制定与实施方面，就体现了人才管理的战略特征。其次，运用战略框架与方法来分析其人才管理系统，从战略意图出发，到政策制定、实施与评估，包括人才理念、目标确定、环境分析、战略制定、政策落地、组织管理与目标实现评价，形成战略闭环。利用这样的框架来对新加坡人才政策与管理进行分析，也符合战略思维的逻辑。最后，本书也考虑到新加坡人才管理与经济战略等方面的匹配，即战略互补性；并关注人才动态管理中的战略弹性，研究其现有人才储备、成长性与可用性方面的资源弹性，以及配置和利用人才资源上的协调弹性。

第四，坚持务实观考察人才新政的实施过程与结果。其一，正视当下新加坡人才管理面临的挑战与危机，客观分析施政经验与局限。其二，顶天也立地，展现新加坡人才政策落地的效果与效率。关注重点行业人才管理政策细则与实施，还运用典型企业案例分析人才管理具体实践，以期呈现不同类型企业人才管理的特色与成果。其三，比较借鉴，坚持客观辩证、可比可行的务实原则，得出新加坡人才管理的经验与启示、中国人才管理可采纳的思路与建议。

为了实现本书的创作目标，我们在深度理解新加坡治理模式、政策走向的基础上，梳理解读人才新战略、新政策、新举措，采集分析宏观统计数据和产业人才管理数据，并通过政府与企业代表人物访谈，获得人才新政出台意图与过程、人才管理落地与效果的第一手资料。继而运用比较分析方法，探寻新加坡人才管理可资借鉴的经验。

在内容与结构设计上，本书遵循从历史到现实、从上层决策到下级落实、从比较到借鉴的构思逻辑。

第1章，新加坡国家人才思想和战略的溯源与发展。这部分关注人才管理发展的根基和持续性：新加坡的国家发展历程和独特治理模式的形成；历任领导者人才思想的演进，作为立国之本的人才思想是如何清晰树立并持续强化的？在不同发展阶段，新加坡的人才战略如何因势调整？

第2章，新加坡经济社会发展与人才新政背景。研究重点在于当下，解决的是新政出台背后的逻辑：分析近十余年来，国际政治经济发展局势、新加坡本身的形势和特点、人口结构问题和疫情冲击等重大因素对新加坡的人才供求产生的深刻影响，理性面对目前人才管理的巨大复杂性和挑战性。

第3章，新加坡21世纪人才管理的战略依据与目标。包括人才管理政策制定依据的三大纲领性文件，以及其后陆续出台的国家经济发展纲要中人才方面的战略目标及部署。

第4章，新加坡人才管理系统架构。描述顺应人才管理新需求和对工作效率的追求，新加坡改进组织效能，现行人才管理系统的架构与分工情况。

第5章至第10章，新加坡人才新政各方面内容与分项成果及整体实施效果。从宏观层面描摹人才新政"是什么"、成效"怎么样"。以人口政策和就业促进政策为开端，分项梳理人才培育、人才引进、人才激励与保障和外来人才融入方面的新政策与新举措，并分别分析其实施成果和整体的管理成效，以此呈现新加坡人才管理"战略目标——政策制定——政策执行——执行效果"体系的运行全貌。

第11章，新加坡企业人才战略与管理实践。从微观角度选取4个典型案例，研究不同所有制、不同行业等不同类型企业人才战略的落实与人才管理的实际行为与效果，其中紧密结合人才新政的具体落地与运用。

第12章，新加坡人才管理经验的比较借鉴。客观评价新加坡人才新政的实施经验与教训，从中思考市场机制与政府作用的结合、稳定与变革的关系、长期追求与短期目标的平衡等深层次问题。继而基于中国——新加坡人才环境的对比，在人才竞争战略、政策组合、组织执行、管理技术等方面提出有益的借鉴与启示。

当今全球性的人才争夺战越来越激烈，人才竞争已经成为综合国力竞争的核心，是关乎发展与未来的战略性紧迫任务。习近平总书记在2021年10月的中央人才工作会议上强调，"深入实施新时代人才强国战略，全方位培养、引进、用好人才，加快建设世界重要人才中心和创新高地"。[①]"没有比较，就没有鉴别"；"他山之石，可以攻玉"。第一，从新加坡人才

---

① 习近平出席中央人才工作会议并发表重要讲话［EB/OL］．新华网，2021-09-29．

新政与管理的研究中，实现比较借鉴目标。学习先进经验，失败教训引以为鉴。立足中国自身国情和人力资源基础，创新人才战略和政策，营造更有吸引力的人才环境，塑造系统高效的人才管理体系，增强人才管理的活力与效率，打造人才供应链，提升面向未来的人才竞争力。第二，在竞争中发展，谋求合作与共赢。中国与新加坡在人才方面既存在竞争关系，也可以开展人才合作关系，基于"一带一路"的倡议构想和更广泛的合作框架，利用互联网技术，在人才培养、人才环流、人才共享利用等方面探索合作新模式。"不拒众流，方为江海"，正如习近平总书记所言：以高水平对外开放打造国际合作和竞争新优势。①

---

① 以高水平对外开放打造国际合作和竞争新优势——论学习贯彻习近平总书记在经济社会领域专家座谈会上重要讲话［N］. 人民日报，2020－08－29.

目录
CONTENTS

第 **1** 章

新加坡国家人才思想
和战略的溯源与发展

1.1 新加坡人才立国思想的发展

新加坡作为一个国土面积相对较小的国家，却可以站在比自身体量更高的位置上与世界对话，在国际舞台上发挥着重要的作用，是以其优质的国家治理及其取得的突出成效为基础的。新加坡并非一个自然禀赋优越的国家，相反，它是一个非常缺乏自然资源与物理空间，先天高度脆弱，发展也充满艰辛的国家。新加坡从 1965 年建国至今，经济社会发展依赖一系列有效的发展战略与管理措施，而人才战略与人才管理是其中最重要的支柱之一。这不仅因为人力资源对于新加坡一直是最突出的局限而被视为最紧迫的问题，也因为人才战略与经济发展其他战略之间匹配关系的重要意义。新加坡建国总理李光耀坚持"得人才者得天下"的政治理念。他说："新加坡是人造的，优质的领导者和众多建设者们是新加坡成功的关键。"①人才立国，一直是新加坡治理的主要方略。

人才战略的建立与发展，贯穿新加坡独立建国后生存与发展的历史。历史学家密芝勒（Jules Michelet）在《人民》的开篇写道："谁把思想局

---

① 新加坡联合早报. 李光耀 40 年政论选［M］. 新加坡：现代出版社，1994：437.

限于现在，谁就不能了解当今的现实"；"如果没有历史，我们在现实中将找不到判断事物的标准，以及通往未来的坐标[①]。"想要理解新加坡各个时期人才战略的真正动机和内涵，必须基于对其背后客观条件的全面把握。这些条件既包括地理、气候、资源等自然条件，也包括各个历史阶段的政治、经济、文化背景，以及历史大事件等社会条件。

1.1.1　新加坡自然资源与条件

新加坡是一个地处东南亚的岛国，居于马来半岛南端，毗邻马六甲海峡南口，北隔狭窄的柔佛海峡与马来西亚紧邻，并在北部和西部边境建有新柔长堤和第二通道相通；南隔新加坡海峡，与印度尼西亚的民丹岛和巴淡岛等岛屿隔海相望。

新加坡的国土总面积为 728.6 平方千米，海岸线总长 200 余千米。全国由新加坡岛、圣约翰岛、龟屿、圣淘沙、姐妹岛、炯岛等 60 多个岛屿组成，最大的三个外岛为裕廊岛、德光岛和乌敏岛。其中，新加坡岛占全国面积的 88.5%。新加坡的标准时间是东八时区（UTC + 8，与北京无时差），较其地理位置时间快 1 小时。[②]

新加坡地势起伏和缓，西部地区和中部地区由丘陵地构成，大部分被树林覆盖，东部和沿海为平原，地理最高点为武吉知马，海拔高度 163 米。新加坡全岛共有 32 条主要河流，有克兰芝河、榜鹅河、实龙岗河等，最长的河道是加冷河。由于地形所限，河流都颇为短小。大部分的河流都被改造成蓄水池为居民提供饮用水源。[③]

新加坡地处热带，长年受赤道低压带控制，为赤道多雨气候。平均气温为 23℃ ~34℃，年温差和日温差都很小。年均降水量在 2400 毫米左右，湿度介于 65% ~90%。11 月至次年 1 月至 3 月左右为雨季，受较潮湿的东北季风影响天气不稳定，通常在下午会有雷阵雨，平均低温徘徊在 24℃ ~25℃。6 月至 9 月则吹西南风，空气干燥。在季风交替的 4 月至 5 月，以及 10 月至

---

① Jules Michelet. The People［M］. The Classics. Us, 2013：3.
②③　资料来源：维基百科。

11 月，地面的风弱多变，阳光酷热，岛内的最高温度可以达到 35℃。[①]

据新加坡国家统计局数据，截至 2022 年 6 月，新加坡总人口约 564 万人，其中常住人口（公民和永久居民）407 万人，外籍非常住人口 157 万人。[②] 人口主要包括华族、马来族、印度族和欧亚裔/混血族群。其中，华人大约占比 3/4，大多数的新加坡华裔的祖先源自中国南方，尤其是福建、广东和海南。英文为新加坡的官方第一语言，母语（华语、马来语、印度语等）为第二语言。新加坡人口密度 7485 人/平方公里，在全球排名第 2位。新加坡人类发展指数为 0.938，与芬兰并列全球第 11 位。[③]

新加坡自然资源贫乏，基本生活资源大部分依靠外部输入。新加坡人不得不自嘲：除了空气能自给，其他都要进口。人类生存必需品水源和粮食恰恰都是新加坡所缺少的。虽然新加坡地处热带雨林，但却没有大江大河，超过 50% 的水源需要从马来西亚进口。由于自身的耕地面积所限，新加坡的食品严重依赖进口。根据新加坡农业食品和兽医局的数据，约 90%的粮食供给来自全世界不同地区的 180 多个国家，进口食品的主要伙伴国家包括法国、马来西亚、中国、英国和印度尼西亚等。[④] 至于其他各种矿产资源，新加坡更是奇缺，能源和主要工业原料均需进口。

单就地理条件而言，新加坡海运港口具有天然优势：地处马来半岛南端，拥有天然良港，交通便利，是国际大洋航线的枢纽，是东南亚的航运中心，连接太平洋和印度洋，连接欧洲、亚洲、非洲和大洋洲的海上交通。

在这样的自然条件下，新加坡克服资源短缺困难，积极开发利用内外部各方面资源，独辟蹊径，闯出自己的一片天地来，确实是依靠强大的人为力量。

1.1.2　新加坡共和国的建立

新加坡于 1965 年 8 月 9 日独立，建立新加坡共和国。"新加坡没有历

---

① 资料来源：维基百科。

② 资料来源：新加坡国家统计局。

③ 联合国开发计划署.2020 年人类发展报告——2019 年人类发展指数 ［R/OL］. 联合国开发计划署网站，2021.

④ Singapore Food Statistics ［EB/OL］. Singapore Food Agency, 2023 – 10 – 09.

史！新加坡的历史将从现在开始！①"从独立那一刻开始，这句充满自豪感的话，就成为非常流行的口号。对于此前殖民地及再之前的历史，新加坡执政党人民行动党决定从 1819 年开始追溯。之所以选择这一时点，新加坡共和国第一任外交部部长信那谈比·拉惹勒南（Sinnathamby Rajaratnam）解释说："新加坡人零散来自中国、印度、印度尼西亚和中东地区，想要把历史追溯到这几个来源地，来塑造一个统一的民族国家，任何一种这样的尝试都可能带来风险……所以政府必须要慎重选择在一个多文化社会中倡导何种对过去的认识"。② 为了寻找一个相对中性的象征，新加坡当局承认莱佛士为新加坡的创立者，并在他当年登陆的河岸边为他竖起了第二尊雕像。

新加坡人从历史中汲取了一些他们认为有用的东西，也从新加坡的亚裔先驱们身上继承了坚韧不拔的精神。本书进行历史追溯的缘由在于，殖民地历史对于新加坡社会成员构成和群体影响的塑造，对于新加坡建国以后政治体制、治理方式，以及新加坡人的社会文化与行为方式是有深远影响的，这些是新加坡国家人才管理的基础条件和内生因素。

新加坡古称淡马锡，公元 8 世纪属印尼室利佛逝王朝，18～19 世纪属于马来柔佛王国的一部分。1819 年，英国东印度公司代表史丹福·莱佛士（Stamford Raffles）抵达新加坡，与柔佛苏丹和天猛公签订协议，开始在此建立一个贸易站点，现代新加坡的历史由此拉开帷幕。1824 年，两项新条约使新加坡成为英国殖民地，成为英国在远东的转口贸易商埠和在东南亚的主要军事基地。作为自由港，新加坡吸引了来自周边各国的移民，迅速发展成为一个以华人为主③，包括马来人、印度人和欧裔人等在内的多元

---

① 参见新加坡博物馆宣传资料。1965 年 8 月，新加坡人突然发现他们被迫独立，从那时候开始，这句悲壮与豪迈兼备的口号风靡岛内。

② 康斯坦斯·玛丽·滕布尔. 新加坡史［M］. 欧阳敏，译. 上海：东方出版中心，2016：1，33.

③ 首批中国移民是 1821 年乘帆船自厦门开抵新加坡的；到 1836 年，新加坡的华侨人口增至 13749 人。1947 年，新加坡有华人 72.95 万人，约占总人口的 77.8%，是新加坡华族占总人口的最高比例。1949 年以后，来自中国大陆的移民几乎完全停止，新加坡的华人移民主要来自马来西亚。虽然缺少从中国来的移民，但新加坡大量接受从马来西亚来的华人移民，以保持种族比例的稳定。到 1990 年，新加坡华族人口为 2252700 人，仍约占 3016400 总人口的 74.7%。资料来源：a. 宋旺相. 新加坡华人百年史［M］. 新加坡：新加坡中华总商会，1993：18－19. b. 苏瑞福. 新加坡人口研究［M］. 薛学了，王艳，等，译. 厦门：厦门大学出版社，2009：29－30.

种族的东南亚商贸枢纽。[①] 1867 年成为英国的海峡殖民地。19 世纪末，依靠橡胶等种植业和港口的天然优势，取得了前所未有的繁荣。第二次世界大战中，1942 年 2 月 15 日新加坡沦陷，直到 1945 年都处于日本统治之下。1945 年日本投降后，英国恢复对新加坡的殖民统治，1946 年成为英国直属殖民地。战后的新加坡，人民要求在政府中有更大的发言权，1947 年 7 月建立两个分开的行政及立法会议；1948 年 3 月 20 日，新加坡举行了第一次选举；1953 年底，新加坡修改宪法，享有较大的自治权。1954 年 11 月 21 日，人民行动党正式成立。1959 年，新加坡实现自治，成为自治邦。人民行动党在第一次大选中胜出，新加坡自治邦首任政府宣誓就职，李光耀出任新加坡首任总理。[②] 1963 年 9 月 16 日，新加坡与马来亚、沙巴、沙捞越共同组成马来西亚联邦。1965 年 8 月 9 日，新加坡脱离马来西亚独立，建立新加坡共和国。

政治体制上，新加坡实行议会共和制，总统为国家元首。1992 年国会颁布民选总统法案，规定从 1993 年起总统由议会选举产生改为民选产生，任期从 4 年改为 6 年，原副总理、新加坡职工总会秘书长王鼎昌当选为首位民选总统。总统委任议会多数党领袖为总理；总统和议会共同行使立法权；总统有权否决政府财政预算和公共部门职位的任命；可审查政府执行内部安全法令和宗教和谐法令的情况；有权调查贪污案件。总统在行使主要公务员任命等职权时，必须先征求总统顾问理事会的意见。2017 年 2 月，新加坡国会通过总统选举修正法案，修改民选总统制度，实施保留选举机制。在该机制下，若华族、马来族、印度族和其他族群中，有任何一个群体历经五个总统任期都没有代表担任总统，下一届总统选举将优先保留给该族候选人。新加坡现任总统（第九任）是印度裔的尚达曼（Tharman Shanmugaratnam）。

---

① 聂德宁. 中国与新加坡的早期贸易往来 [J]. 近代史研究，1997 (1)：83 - 98.

约翰·F. 卡迪. 东南亚的历史发展 [M]. 姚楠等，译. 上海：上海人民出版社，1988：551.

Wan lin Ken. The Trade of Singapore, 1819 - 1869 [J]. Journal of Malayan Branch of the Royal Asiatic Society, 1960, 3 (4)：106.

李勇. 族谱与新加坡"福建人"方言族群移民史研究 [J]. 世界民族，2010 (1)：53 - 60.

② 沈燕清. 英国在马来西亚联邦建立及分裂中的角色分析 [J]. 东南亚南亚研究，2005 (2)：46 - 51.

新加坡国会实行一院制，任期 5 年。国会可提前解散，大选须在国会解散后 3 个月内举行。国会议员分为民选议员、非选区议员和官委议员。

新加坡已注册的政党共 30 多个。主要有人民行动党（The People's Action Party）和工人党（The Worker's Party）。人民行动党长期执政，地位稳固。李光耀是该党的首任秘书长，也是新加坡的第一任总理。他自新加坡 1965 年独立后长期担任总理，1990 年交棒给第二任总理吴作栋。2004 年 8 月，李显龙接替吴作栋出任第三任总理。2006 年 5 月、2015 年 9 月、2020 年 7 月，人民行动党连续赢得大选，李显龙继续担任新加坡总理。2022 年 4 月 14 日，李显龙通过社交媒体发布声明说，财政部部长黄循财获得压倒性支持，被正式推举为该国执政党第四代领导团队的新领导人。①

1.1.3　新加坡经济社会发展概况

在没有马来西亚作为腹地的情况下，新加坡尝试以各种方式维持独立地位，踏上生存下去的漫长艰苦的路程。越过一道道看起来不能逾越的障碍，立足于每一段的国情，走出了自己的路，把新加坡从一个贫困的小岛发展成为富强的国家。② 新加坡是典型的国家主导型治理，一直按照发展优先的国家路线，在经济建设、社会建设、政治建设和法治建设各方面不断推进，形成了经济繁荣、社会发展、良性治理和法治健全的局面。

第一，新加坡的发展战略始终把经济置于最优先的地位，把追求快速增长作为各项政策的出发点。③ 建国 50 余年来，新加坡顺应形势转变发展战略重点，几乎每十年就实现一次转型。至今，新加坡的发展之路历经四次成功转型。第一次转型（1965～1978 年）：从进口替代战略向出口导向战略转型；第二次转型（1979～1985 年）：从劳动密集型工业向资本密集型工业转型；第三次转型（1986～1997 年）：从资本密集型工业向技术密集型工业转型；第四次转型（1998 年至今）：从技术密集型工业向知识密

---

① 新加坡执政党宣布黄循财成为第四代团队领导人［EB/OL］. 新华网，2022-04-14.
② 李光耀. 李光耀回忆录（1965-2000）［M］. 新加坡：联合早报出版社，2000：8.
③ 黄朝翰，赵力涛. 新加坡社会发展经验［M］. 新加坡：八方文化出版社，2009：1-8.

集型经济转型。[①] 这些成功转型使新加坡保持了长达 50 多年的快速增长，从 20 世纪 70 年代成功晋级"亚洲四小龙"之一，20 世纪 90 年代进入发达国家序列，到 21 世纪居于世界经济水平前列，快速跃升，经济成就斐然。经济的增长与繁荣，为社会和谐、政治、法治发展打下了坚实的物质基础。1960～2010 年，新加坡 GDP 平均增长率近 8%；人均 GDP 在 1960 年为 350 美元，2013 年达 52179 美元，居亚洲第一[②]；2022 年新加坡 GDP 总量提升至 4667.9 亿美元，人均 GDP 达到 8.28 万美元，位列亚洲第二（卡塔尔第一）、世界第六。[③]

第二，在注重经济增长的同时，新加坡也重视社会发展。在教育、就业、医疗、交通等社会公共服务方面不断改善，让增长的成果也能使中下层民众受益。目前，新加坡按照个人收入水平区分，形成了橄榄形的社会结构：最富阶层大约占比 10%，中产阶级约占 70%，下层民众约占 20%。[④]

在教育方面，新加坡一直坚持高投入。2000 年以后，教育支出平均占每年总财政支出的 20%（其中 2010～2019 年这一比例平均高达 22.9%），仅次于国防投入，远高于美国、加拿大等发达国家水平。除了长期高投入，还根据发展需求不断改革教育体系。新加坡的教育是以精英教育为特点的，早期采用类似于德国及欧洲德语系国家的分流制度，把筛选培养少数精英作为基础教育系统最重要的目标。鉴于分流制度的分类合理性和教育公平问题，进入 21 世纪以后，新加坡开始改变分流制度。从 2004 年开始到现在已历经几轮改革，逐步取消分流制，建立了另一个评价制度——学科分级制，即实行统一的中学教育和多元的学科分级。在教育内容和课程的改革上，推行素质教育。1997 年，新加坡教育部提出"思考型学校、学习型国家"（thinking school, learning nation）的教育改革计划，改变原来的一考定终身的观念。随着信息化和知识经济的发展，到 2018 年，新加坡教育部启动了第三轮教育改革，此次教育改革的目标是"为生活而学习"（learn for life），培养面向未来的新加坡公民。在持续建设与改革下，新加坡教育质量长足发展，无论在基础教育还是在高等教育方面，都居于

---

①②④ 国防大学课题组. 新加坡发展之路［M］. 北京：国防大学出版社，2016：3，22－23，4.
③ 资料来源：世界银行网站。

世界前列。

在就业方面，新加坡奉行终身教育，坚持"授之以渔"而非"授人以鱼"的理念。在21世纪政府推出宏大的"技能创前程"计划（SkillsFuture），提供丰富的培训项目和培训资源，并通过津贴支持个人和企业参与培训，提升劳动力适应就业需求的职业技能水平。遇到经济危机的冲击，新加坡政府也积极出台调整政策，同舟共济，降低失业率。新加坡的失业率一直居于低位，低于4%①，属于经济学意义上的充分就业状态。

在住房方面，新加坡政府坚持居者有其屋的目标。政府建造质量优良的政府组屋（HDB）提供给新加坡公民和永久居民，他们可享受价格优惠并使用公积金账户及贷款支持。目前，新加坡85%的住户居住在政府组屋内，加上自购商品房，95%的居民拥有自己的住房，这个比例在世界上其他地方是绝无仅有的。②

在公共服务与环境方面，新加坡是著名的花园城市国家，干净舒适；公共交通四通八达，个人车辆保有率受到控制，所以没有大城市常见的堵车之患；严刑峻法，有着非常安全的社会治安环境；医疗条件优越，综合医院与众多诊所提供医疗分层服务，人均医疗资源占有率水平高，这在2020年以后抗击新冠疫情当中显示最为明显；国家强制个人和工作单位缴纳社保基金，以保证民众医疗和养老的需要；另通过"社区关爱计划"和"保健基金"等为弱势群体提供扶助，还动员支持民间慈善组织帮扶老弱病残。

新加坡拥有稳定的社会环境、良好的制度、迅速的发展和丰厚的经济回馈，但与欧洲那些发达的福利国家不同，新加坡并不追求建设高福利社会。执政者认为：太多福利会让人懈怠，从而不再保持努力拼搏、力争上游的生活态度，而这正是新加坡赖以生存的基础。李光耀曾说："新加坡必须在本区域保持领先；不可以失去进取心，一旦失去进取心，就认为坐享其成是理所当然……我们就会有麻烦。"③

第三，政治建设。从英殖民地独立出来的新加坡继承了英式的一院制

---

① 资料来源：根据历年新加坡人力部《新加坡劳动力报告》数据整理所得。
② 国防大学课题组. 新加坡发展之路［M］. 北京：国防大学出版社，2016：1-8.
③ 李光耀. 新加坡赖以生存的硬道理［M］. 新加坡：海峡时报出版社，2011：1-3.

议会制度和完整的司法体系，但并没有完全照搬西方的民主。执政的人民行动党推动政治改良，形成了"一党长期执政，多党并存"的政治体制。建国之初李光耀认识到新加坡是十分脆弱的，因此需要纪律多于民主，要优先发展经济，这与新加坡当时的历史背景高度相符。"威权政治"就此展开，把政府视为家长，人民视为子女。新加坡驻美大使陈庆珠曾概括了当时包括新加坡在内的"亚洲民主模式"的特征：（1）集体意识。认为个人是团队的一分子，而非民主的最重要部分。在这种民主形势下，强调的是公共利益而非个人利益，个人权力的观念不被看重。（2）尊重和服从权威与等级制度。（3）由一个强有力的优势政党长期掌权。（4）存在一个管理集权官僚和政府部门的、起干预作用的强国家。[①] 20 世纪 90 年代，吴作栋上台执政，随着新加坡的现代化转型，协商民主发展起来：言论更自由，更鼓励参与，扩展对话渠道，倾听吸取建议，开展"重新塑造新加坡"运动，吴作栋称其为"托管式民主"。[②] 到了李显龙执政时期，随着国际环境和技术环境的发展，新加坡人有了更丰富的理想和精神需求，也有了更高的政治诉求，希望提高政府透明度，希望更多合法参与，希望多元的政治结构和政治均衡。李显龙总理要求政府积极聆听人民的声音。大众治理理念的变化反映在新时期的政治民主化上：多党并存加大政治竞争压力；合法参与渠道更多，政治权利得到更多尊重；言论自由环境相对宽松，社会团体活跃起来。

优秀的治理必须依赖优秀的人，新加坡追求以贤人政治赢得民主政治。在政治人选上，坚持任贤与能、廉洁诚实的原则。历经多年实践，人民行动党与政府发展出一套吸引人才、培养人才、激励人才从政的有效办法，为实现良治打下组织与人才基础。

第四，法治建设。新加坡高度重视法治建设。首先，执政党尊重并支

---

① Chan Heng Chee. Democracy：Evolution and Implementation：An Asian Perspective ［C］// Robert Bartley et al. Democracy and Capitalism：Asian and American Perspectives，Singapore：Institute of Southeast Asian Studies，1993：21 – 25；吴辉. "亚洲式民主"：功能及其限度 ［J］. 东南亚研究，2001（2）：41 – 46.

② 托管式民主，即政府是人民福利的托管者，在选举中受到委托后，就以独立的判断来决定民主的长远利益，做出有利于人民长期福利的政治运动。资料来源：吴作栋. 新加坡政治是"托管式民主"模式 ［N］. 新加坡联合早报，1995 – 09 – 28.

持司法独立，同时保持对司法的影响力。人民行动党坚持在法律框架内活动，依法执政，依法行政，领导人守法并善用法律武器。其次，不断完善法律体系，覆盖大到国家政治体制，小到交通规则、赡养老人等各方面的法律法规，做到有法可依。其中关于廉政法规和宗教种族方面的法规建设得到高度重视，并显示了明显的治理成效。再次，坚持严刑峻法和重罪重罚，保证法律的威慑力。新加坡对贪腐、贩毒、强奸等犯罪处罚尤其严厉；对违反社会公德行为，如公共场所吸烟、乱丢垃圾等行为也处以高额罚款。最后，执法严格，法律面前一律平等，上下一致、官民一致、内外（本国人和外国人）一致。①

新加坡在建国后的半个世纪里，经济得以快速和持续地增长，社会稳定，民主政治与法治建设协同发展，实现了长治久安。新加坡是亚洲的发达国家，被誉为"亚洲四小龙"之一。目前，新加坡是世界第三大炼油中心和亚洲石油产品定价中心；是世界电子产品的重要制造中心；是国际航运、航空、贸易中心，是亚洲商品最大的转口港，被列为重要的国际海事中心，航空服务质量居世界第一位。新加坡还是世界重要金融中心，根据2022年的全球金融中心指数（GFCI）排名报告，新加坡超越中国香港晋升至第三名，成为继纽约、伦敦之后的第三大国际金融中心；新加坡也是全球第三大外汇交易中心，现货及期货交易中心，有近1/3的"财富500强公司"选择在新加坡设立亚洲总部。

综上所述，新加坡无论在经济发展水平，还是在经济活力、竞争力等方面，在世界范围内的评价都位居前列。不仅如此，在生活质量和城市吸引力方面，新加坡也是表现卓越。（1）生活质量评价：根据2019年美世咨询公司（Mercer）开展的全球城市生活质量调查（数据收集于2018年9月至11月），新加坡排在第25位。在亚洲范围内，新加坡的生活质量最高。（2）医疗与卫生状况：按联合国可持续发展标准评估，新加坡在全球188个国家中排名第二（冰岛第一），也是前20名里的唯一一个亚洲国家。②

---

① 国防大学课题组. 新加坡发展之路［M］. 北京：国防大学出版社，2016：58-66.

② 这项调查来源于英国医学期刊《柳叶刀》（The Lancet），其综合分析了各国在1990~2015年的疾病、肥胖、自杀、天灾和贫富悬殊等33个健康及社会数据，并按各国健康指数进行排名。得分越高，国家健康水平越高。

（3）健康寿命：根据世界卫生组织 2016 年的数据，新加坡健康平均寿命 76.2 岁，排在世界第一。① （4）安全方面：根据经济学人智库发布的 2019 年全球安全城市指数排行，新加坡以 91.5 分排名第二，仅次于东京。其中，新加坡在基础设施安全和人身安全方面的评分很高，是社会治安最好、犯罪率最低的国家之一。② 另外，新加坡还是世界著名的花园城市，住房水准排在世界前列，交通顺畅程度和通信水平也都相当之高。

1.1.4 新加坡国家治理模式与人才思想演进

新加坡的人才管理，是以其国家治理模式为基础的。新加坡原是英属殖民地，又由于其人口结构和国家规模等特点，建国后经过半个多世纪的建设与发展，在政治上和国家治理方式与风格上都形成了自己明显的特点。

1. 新加坡的"国家主导型"治理模式

新加坡的特征首先是"小"，国土规模、人口规模都很小。国家规模小，经济结构就不能面面俱到，所以开放度比较高。开放度高，就容易受到外部环境的冲击，这就是新加坡领导人一直强调的脆弱性。但新加坡一直政治稳定，且在历次经济危机中损失较小、调整较快。新加坡在小规模国家治理中是相当成功的。新加坡能够实现小邦大治，一定有其良治之道。

新加坡是典型"国家主导型"治理模式，有一个行政主导的发展型政府。新加坡从英属殖民地独立，但并没有照搬西方的民主，而是逐渐发展成一党长期执政，多党并存的政治体制；建立的也不是一个弱小的政府，而是一个强大的政府。稳定而强势的政府，也被称为"威权政治"，对于新加坡应对其固有的脆弱性发挥了决定性作用。行政主导是新加坡政治架构与政治发展的稳定器，让人民行动党这支主要的政治力量不断强化党的

---

① 世界卫生组织. 关于老龄化与健康的全球报告［EB/OL］. 世卫组织网站，2016.
② The Economist. Safe Cities Index 2019［EB/OL］. The Economist，2022–12–15.

建设，在竞争中取得优势地位；行政主导也是经济工业化和国家现代化的推进器[1]，政府确定不同时期的经济发展战略和转型策略，统筹管理产业发展和战略落实。

新加坡政府不断发展自己的权能，增强自己的管理绩效，以自身发展支持国家的发展。建国之初，新加坡政府只有 5 个法定部门。到 20 世纪 80 年代中期，发展为 15 个部门，还有 83 个法定机构，公共部门总人数高达 12.5 万人，占全国就业人数的 10.8%[2]，对经济社会管理干预的范围和程度都越来越高。到 2009 年，为适应发展、追求效率，新加坡国家行政架构调整后，形成 14 个部门和 63 个法定机构，其中贸工部、教育部、国际发展部和卫生部的法定机构最多。[3] 高组织权能促进了高国家决策。20 世纪 70 年代末期新加坡致力于第二次工业革命时，因为国家出资资助并管理商业企业，因此得了一个绰号——"新加坡公司"。[4] 这个"公司"成功吸引到了贸易和投资；20 世纪 80 年代、90 年代又把过剩资本投资出去；1989 年以后，又开启了海外投资；1992 年提议东盟建立自由贸易区；1994 年宣布强力支持新成立的亚洲基础设施基金。政府的这种战略和干预使新加坡在地区和全球经济中成为一股重要力量。

政府是新加坡政治发展、经济发展、社会发展和文化发展的主导力量，在治理方式和风格上，具有如下特征。

（1）多元的政策制定模式。

新加坡公共政策的制定按照不同议题分为几种模式：一是涉及所有人长远利益的议题，运用"关门模式"，由内阁讨论制定，如在国防、外交、种族和谐等方面的决策；二是涉及所有人短期利益的议题，运用"内参模式"，征求外来智库和本地智库的专业意见，如生育、住房、医疗、公积

① 欧树军，王绍光. 小邦大治：新加坡的国家基本制度建设 [M]. 北京：社会科学文献出版社，2017：44.

② 游保生，林崇椰. 新加坡 25 年来的发展 [M]. 新加坡：南洋·星洲联合早报出版，1984：256–278.

③ Quah, Jon S. T. Public Administration Singapore–style [M]. Emerald Group Publishing, 2010, 19：41–70.

④ 康斯坦斯·玛丽·滕布尔. 新加坡史 [M]. 欧阳敏，译. 上海：东方出版中心，2016：477.

金、交通等方面的决策；三是涉及大多数人长远利益的议题，运用"动员模式"，形成了动员基层网络、沟通征集意见的成熟模式，如语言政策、教育政策、文化政策、城市建设等方面的决策；四是涉及大多数人短期利益的议题，运用"借力模式"，主要是依靠强大的民意支持，如对公务员的严格制度约束决策；五是涉及少数人长远利益的议题，运用"上书模式"，由涉及的利益群体上书，如各族群的文化传统事宜决策；六是涉及少数人短期利益的议题，运用"外压模式"，是指社会组织依靠外部力量和本国民众支持迫使政府让步，这种模式在新加坡极为少见。[①]

（2）基于全局的长远谋划。

新加坡政府善于通过本国局势和外部环境的互动分析，并依靠对区域市场和全球市场走向的判断，来制定不同阶段的发展目标与发展战略。比如，四次经济转型中的发展规划：1986 年的《新加坡经济：新的方向》、1991 年的《经济策略计划书》、1998 年的《新加坡竞争力报告书》、跨世纪的"工业 21""科技企业 21""人力 21 世纪"三大报告、2003 年的《新挑战、新目标——迈向充满活力的国际大都市》和 2013 年的《可持续的人口、朝气蓬勃的新加坡：人口白皮书2013》等代表性纲领。

（3）跨部门组织与协调。

新加坡政府制定政策注重部门之间的协调，定期组织部门之间的沟通会和项目讨论会，讨论各种可能方案，而且会征求上级领导和相关公务员的意见，从而达到征集信息、协调矛盾的目标，为科学决策打基础。跨部门的策略规划结果形成政策报告以后，加上本部门的政策意见，一起交由部长决定是否形成政策。政策报告也必须征求民众意见，获得反馈后，根据民众意见调整后最终形成政策。

（4）积极沟通以寻求政策共识。

为了提升政策制定与执行的实效性，新加坡政府形成了一套讲求策略的理性疏导模式，协调不同利益，化解不同矛盾，争取政策共识。首先"主动推销"，领导人、公务员、基层组织、议员等齐出动，推销新的政策

---

① 欧树军，王绍光. 小邦大治：新加坡的国家基本制度建设 [M]. 北京：社会科学文献出版社，2017：172－174.

与方案；其次"广泛吸纳"，通过民情联络组，利用电话、邮件、网站、对话会、论坛等方式，征集信息，说明与讲解，有问必答；最后带入不同意见进行"理性讨论"，在这过程中坚持主导方向，对不能满足的意见留有余地，争取共识。[①] 政策一旦制定，就不再讨论应不应该的问题，而是关注如何避免政策的负面效果。

（5）效率优先的战略匹配与动态治理。

新加坡政府善于运用本地智库和外部智库资源进行战略分析，适应环境变化进行政策的及时调整；还经常进行市场调查和民意调查，并建立数据库，注重政策反馈，检验政策的实施效果，据此动态地调整政策。政府熟知市场规律并尊重市场规则，态度务实，追求高效。从历次经济转型来看，政府对发展趋势的判断准确；每阶段战略方向明确；产业、财政、人力等各方面战略的匹配度较高；战略落实有序有效。这体现了新加坡政府在宏观调控上具有很强的主导性、科学性和有序性，也体现了政府干预与市场发展的平衡关系。

2. 新加坡人才管理思想的发展与演进

新加坡独特的国家治理模式中，人才管理是个典型方面。人才管理在新加坡成功发展的背后发挥了主要支撑作用。新加坡规模小，资源匮乏，脆弱性强，"用人力资源弥补自然资源的缺乏"就成为新加坡最重要的立场和治理理念。而且，人口结构变化带来的劳动力不足、老龄化等问题，以及多元族群、文化冲突等现实压力，使"人"的问题一直是新加坡的重要关切点。同时，新加坡为了发展，一直在持续转型，经济转型需要人才的升级迭代与之相配，所以新加坡对人才质量与结构需求都相当之高。在这些背景下，新加坡人才立国思想得到不断强化与发展，指导国家人才战略调整，注重顶层设计，并由国家领导人直接推动，由上至下地贯彻实施。

在新加坡发展历史上，历经李光耀、吴作栋和李显龙三位国家领导人。在不同的发展阶段，他们基于对时代背景和新加坡现实问题的认识，

---

① 欧树军，王绍光. 小邦大治：新加坡的国家基本制度建设［M］. 北京：社会科学文献出版社，2017：181－183.

根据国家战略发展需要，提出一贯的人才重视理念和不同侧重的人才管理思想，指引国家的人才管理方向与实践。

（1）李光耀的人才管理思想。

李光耀是新加坡共和国的"国父"，他的执政理念在很大程度上决定了新加坡的治国方针。他 1923 年出生在处于英属殖民地时期的新加坡；历经"二战"中新加坡沦陷被日本统治的黑暗岁月（1942～1945 年）；从英国剑桥大学毕业之后回到新加坡执业当律师，出任多个工会的法律顾问，积累了政治经验；1954 年人民行动党正式成立时，当选为秘书长；1959 年新加坡自治，出任自治邦首任总理；1965 年 8 月 9 日，新加坡共和国建立，李光耀出任国家总理。

建国后的新加坡要"走自己的路"，其中最艰巨的是经济问题。关于如何维持生计，李光耀认为新加坡有两份珍贵的资产，一是人民行动党政府获得人民的信任，二是新加坡人民勤劳、节俭、愿意学习。① 这包含了李光耀对于新加坡人内在品质的基础认知。为了培养新加坡独立发展所需人才，李光耀有几方面重要的人才思想与主张，包括大力发展高等教育、确定通用语言、充实培育政府部门人才及引进外国人才等。

为了支持经济发展，必须发展高等教育。李光耀参加 1962 年新加坡大学学生会晚宴时发言提出：①必须设立高等学府，栽培新马人才，以实现工业化社会的目标。这包括创办义安学院、扩展工艺学院，还有为配合裕廊工业区发展计划，大规模扩建新加坡大学和南洋大学。②增加高等学府并鼓励高等学府之间的比较和竞争。根据建立工业社会的教育需求，对扩展哪一类学府做出正确判断。②

全民共同语言，对新加坡这个出身殖民地、多种族、多语言的国家至关重要，必须做出慎重的选择。李光耀认为："推行双语政策是前进的最佳策略，英语作为工作语言使新加坡的不同种族避免了因语言问题引起的冲突，掌握英语也使我们具备一定的国际竞争优势。"③同时他也关注各民族维护母语的热切性。因此，建国后，新加坡对于语言采取了过渡政策，

①③　李光耀. 李光耀回忆录（1965－2000）［M］. 新加坡：联合早报出版社，2000：11，169－181.

②　新加坡联合早报. 李光耀40 年政论选［M］. 新加坡：现代出版社，1994：435－437.

逐渐采用英语为工作语言。1978年，南洋大学率先融入英语环境。自此，新加坡中小学开始以英语为主要教育语言，母语成为第二语言。

新加坡崇尚精英政治，无论在政府部门还是私人部门，都注重人才的选拔与激励。在经济发展基础上，政治稳定与政府效率是非常关键的。李光耀一直坚持"优秀政府的核心是优秀的人才"的观点，因此要把最优秀的人放在最重要的位置上。① 李光耀特别强调为政者的重要性，也多次论证为政者的选择和素质培养问题。1966年，李光耀在巴耶利峇区补选群众大会上提出："我们要不断吸收新血液，以保证我们的长期政治斗争不会因任何意外而忽然中断"。② 在1982年11月的人民行动党的干部大会上，李光耀强调：人力资源发展的整个任务，在于训练和鉴定人员，找出适当的人担任适当的工作。③ 1984年9月的人民行动党干部大会上，李光耀又强调："我们不能靠碰运气的做法寻找第二代领袖；我们要把最好的人才延揽进来"。④ 而关于执政人才延揽的标准问题，李光耀说："衡量的标准是谁最能够保障和促进新加坡人的利益"。⑤

关于人才待遇问题，李光耀强调一个客观事实——政府是在与私人部门争夺人才。他在1985年3月22日的国会辩论中说："在人才难求的情况下，不能只一味要求人才作出贡献，而不给他们公平的待遇。"⑥ 在1989年3月23日的国会辩论中，他又从筛选与培养人才的难度以及人才稀缺性上解释了部长应获加薪的理由。⑦

关于引进外国人才的必要性。1980年5月20日，在南洋大学与新加坡大学合并为新加坡国立大学前，李光耀向教职员讲话，其中强调要通过聘请更多资质更好的讲师来改善大学的素质。关于外籍教师的薪资制度，决定交由自由市场决定其薪酬水平。⑧ 在1982年8月12日全国职工总会《继往开来》论文专辑发表献词时，李光耀也阐述外来人才的重要性：如果没有外来人才负责掌管主要的政府部门和法定机构，新加坡就没法取得今天的成就。新加坡出生的人才必须是国家的栋梁，还要罗致外来人才作为横梁和支柱，以取得更高成就。⑨

---

①②③④⑤⑥⑦⑧⑨ 新加坡联合早报．李光耀40年政论选［M］．新加坡：现代出版社，1994：453，438－439，465－468，472，469，480，488－489，440－445，452－460.

关于新加坡对外来移民的态度，李光耀在 1989 年 8 月 20 日国庆群众大会上的讲话中指出，"政府吸收外国移民是为了我们的经济、社会及政治利益，不会有任何新加坡人在攀登社会阶梯时吃亏"。外国移民的到来将推动我们的经济，同时提高我们的国家地位。对于新一代新加坡人，李光耀认为都应该具有开放兼容的心态。他说："出海到太平洋捕鱼跟到圣淘沙人工湖钓鱼有很大的不同。你捉到的都是大鱼!"① 李光耀还有两个比喻：一是"外来人才是另一只火箭"②，与新加坡人一起协作推进发展；二是如果把新加坡比喻为一台电脑，外来人才就是额外兆字节。如果外来人才填补不足，新加坡永远无法跻身一等一的行列。③

李光耀时期，新加坡从独立到迅速发展，奠定了治国经验和发展基础，经济成功跨越至亚洲四小龙之首地位。

（2）吴作栋的人才管理思想。

吴作栋是新加坡第二任总理，执政时期为 1990～2004 年。经过 20 世纪 90 年代初的高速经济增长，1996 年新加坡进入发达国家序列。1997 年，亚洲金融危机爆发，新加坡受到一定程度影响，但其后恢复较快，并转向了全球化战略。在吴作栋总理执政的 14 年间，新加坡的人才管理背景与此前发生了较大变化。他曾说："新加坡面对的三大挑战分别是人口老龄化、照顾低薪者的生计和争取人才。"④ 他也明确指出，新加坡必须双管齐下，从培养本地人才和广纳世界精英两方面解决国家经济扩展带来的人才不足问题。因此，这个时段人才政策的双线目标是鲜明的。

吴作栋坚持"人力资源才是繁荣的关键"的基本人才理念。他既一手推动了最具争议性的几项政策，包括外来人才政策和部长薪金方程式；也同时通过保健基金和教育储蓄等政策，推进他心中的愿景：实现一个更宽容、更温和的新加坡。⑤

第一，关于生育政策的调整。由于此前的生育限制政策，新加坡人口

---

①　林义明，陈怀亮，等. 李资政谈新加坡成功要素［N］. 新加坡联合早报，2002 – 02 – 06.

②　李光耀. 人才是成功的关键［J/OL］. 天下杂志 33 期，1984 – 02 – 01.

③　李光耀. 李光耀回忆录（1965 – 2000）［M］. 新加坡：联合早报出版社，2000：167.

④　刘宏，王辉耀. 新加坡人才战略与实践［M］. 北京：党建读物出版社，2015：19.

⑤　白胜晖. 登高望远：吴作栋传第二辑［M］. 林琬绯，译. 新加坡：八方文化出版社，2021：1.

出生率下降，到 20 世纪 80 年代后期，政府开始意识到人口替代率①过低将会带来一系列严重问题。因此，吴作栋在任期间，政府实施了鼓励婚育、应对老龄化、提升劳动参与率的政策，主要举措包括：在前期刺激政策的基础上，2001 年出台了婚育一揽子计划；1996 年成立了《奉养父母法》论坛；1998 年开始退休年龄从 60 岁提高到 62 岁②；为了促进就业，2003 年成立了国家人力理事会（national manpower council）。

第二，吴作栋重视新加坡人才的培养，尤其重视教育对国家的贡献。1996 年 1 月，国际经合组织宣布，新加坡由发展中国家升至发达国家。但吴作栋对这一消息并未沾沾自喜，而是注意到新加坡虽已跻身发达国家行列，但教育水平却远远低于其他发达国家。新加坡只有 10% 的人受过大学教育（日本和美国分别为 17% 和 25%）；新加坡的劳动力中只受过中等或更低水平教育的人高达 74%（日本 22%、美国 14%）。③ 吴作栋认为，教育是支撑经济发展的根基，要在全球竞争中立于不败之地，关键是人才，因此必须大力发展教育。在吴作栋主持制定的名为《新加坡：新的起点》的中长期规划中，教育被放在显要位置，明确写道：教育是对国民的投资，是确保新加坡在下一轮的甲组竞赛中能够继续取胜的关键。④

在 2000 年接受《英才》专访时，吴作栋说："我们新加坡政府整个的哲学理念就是要最大限度地发挥每一个新加坡人的潜力。因此，我们在面对新经济时，更加重视人的创造和革新的能力，让这些学生不仅是接收和吸纳老师教的知识来应付考试，关键要有自己独立的思维方式，能够产生新的想法，并且能够将很多想法进行产业化，创造商业价值"。⑤ 因此，在吴作栋执政时期，新加坡教育进行了大刀阔斧的改革，高等教育也得到迅猛发展，致力于打造东方的波士顿。

---

① 人口替代率是为使一个国家或区域在人口上出生与死亡达到相对平衡的一个比率，即每个妇女平均生小孩的个数。联合国推算指出，标准的人口替代率为 2.1。
② 康斯坦斯·玛丽·滕布尔. 新加坡史 [M]. 欧阳敏，译. 上海：东方出版中心，2016：488.
③ 资料来源：新加坡内政部网站。
④ 新加坡政府. 新加坡：新的起点 [M]. 新加坡：当代出版社，1991：28.
⑤ 王宵鹏. 吴作栋：最有竞争力的人才——全面拆解新加坡总理的新经济对策 [J]. 英才，2000（6）：20.

　　第三，人才引进是吴作栋坚持双管齐下人才管理中的另一个重要方面，也是每年国庆讲话的主题之一。吴作栋在 1997 年国庆演讲中强调："外国人才对于新加坡的长期发展而言是一个关系到国家生死存亡的因素。①""从全世界搜罗人才对新加坡的持续发展至关重要，如果我们不面对挑战，新加坡将成为一个只有几百万人口的无足轻重的城市。"他说："没有外国人才，我们将不能成为一流的国家，我们必须从国外引进人才以补充国内人才的不足。"② 他在 2001 年国庆演讲中，就引进外来人才的必要性和政策举措又做出动员与阐释。在 2002 年国庆演讲上，他强调"创造性人才是具有很高的流动性的"，并提出若干吸引人才的具体思路：我们应该像跨国公司一样去吸引人才；应该降低税率来吸引外来人才和投资者；对于新加坡进口人才方面持消极态度的新加坡公民应该摆正态度；充满文化气息的城市会吸引来自全球各地的有创造力的人才。③

　　第四，在人才引进的基础上，也注重人才的培养和保留。吴作栋表示：新加坡在引进外国人才的同时也要积极培养发展本国人才；我们需要把当地人才发展成为全球化人才；在人才的培训方面应该向美国一些尖端公司学习；对于新加坡的人才计划，吸引人才是很重要的，留住人才是更重要的。④ 于是，为了避免专业人士向海外移民并鼓励有才干的新加坡人返国，在经历过两年的冻结以后，2000 年高级公务员和部长们的薪金大幅上涨。⑤

　　（3）李显龙的人才管理思想。

　　2004 年，李显龙接任吴作栋成为新加坡第三任总理。当时的新加坡面临新的发展背景：美国已成为超级大国，中国正在崛起，印度在开放中，东南亚各国也进入成长过渡期，这些都对新加坡产生重要的影响。⑥ 人才管理条件也发生了大的变化：①人口出生率和增长率持续下降，劳动力不足，加剧了新加坡发展的人口和人才瓶颈。②21 世纪的经济转型对人才有更高需要，年青一代也呈现新的特点，创新能力、社会责任等人才培育目

———————————

　　①　资料来源：新加坡国家档案馆网站。

　　②③④　资料来源：新加坡内政部网站。

　　⑤　康斯坦斯·玛丽·滕布尔. 新加坡史［M］. 欧阳敏，译. 上海：东方出版中心，2016：488.

　　⑥　刘宏，王辉耀. 新加坡人才战略与实践［M］. 北京：党建读物出版社，2015：21.

标和工作技能方面的新需求，使教育改革和终身学习提上新的高度。③关于引进人才，新加坡社会存在着一些争执，一方面，出于经济发展考虑，引入外国人才的必要性毋庸置疑；另一方面，新加坡国人也有抱怨，引进外国人太多挤占国民资源，这个作为主要问题还引发了一次严重的政治地震——在2011年的大选中，人民行动党仅获得了60%的选票，是新加坡独立以来的最低选票。①

第一，抑制人口下行趋势，应对低生育率和老龄化问题，仍然是人口与人才管理的首要事项。在前期刺激生育政策的基础上，新加坡政府于2004年、2008年又进一步完善鼓励结婚和生育的一揽子计划。虽然政策收效不显著，但李显龙在2012年发表关于国家未来的讲话时仍强调："我们面临一个问题。尽管（生育率）下降是长期趋势，但我们不能放弃。我们需要创造良好的环境，社会环境变好，民族精神正确，这样新加坡国民就会希望安定下来并生儿育女"。② 2014年他也说："新加坡要创造一个有利于家庭的氛围，让人们敢于生育。"③ 在此思想指引下，根据《人口白皮书2013》，新加坡政府制定了促进生育的新一揽子计划。

李显龙利用各种机会，强调人口的重要性，呼吁提高生育率。在2019年10月他出席《福布斯》环球总裁大会时表示："不能奢望整体生育率可达到2.1的人口替代率，但如果生育率能达到1.3或1.4，也就是2/3所需的替代人口，再从国外引进另外1/3，那会比较理想。"④ 李显龙在2022年的国庆群众大会上讲话中指出：土地空间、住屋供应和房价都不是问题；问题在于我国能否生育足够的宝宝，在这里成长和生活。⑤

第二，对教育的重视和实施改革，是李显龙的主要人才思想，在历年的国庆群众大会的演讲中多有阐述。关于教育目标，李显龙在2004年国庆

---

① 吕元礼，陈家喜，张万坤. 新加坡研究（2016卷）[M]. 北京：社会科学文献出版社，2017：79.

② 低生育率或成新加坡经济不能承受之轻 [EB/OL]. 路透社网站，2012 - 09 - 03.

③ 新加坡妇女的生育率及其人口问题 [EB/OL]. 法国国际广播电台网站，2014 - 02 - 07.

④ 李总理：本地生育率能达三分之二替代人口最理想 [EB/OL]. 新加坡联合早报，2019 - 10 - 17.

⑤ 李总理：国人无需忧土地空间不足，人口不足更令人关注 [EB/OL]. 8视界新闻网，2022 - 08 - 21.

演讲中说："教育是能够给年青一代最重要的礼物"。① 在 2007 年的国庆演讲中，他说："我们的目标是能够提供给每一个孩子一流的教育。因此，我们强调的是新加坡的学校的质量，包括所有的学校，不仅是一些顶端学校，我们希望每所学校都有自己的特点，有自己特殊的领域、经验，以及自己的方法和激情"。② 2010 年他又强调"要在小学教育上下功夫，从基础教育抓起"。③ 学校教育不仅培养学术，还要培养艺术、体育和公民道德品质；重视身体素养、创造力和文化及社会认同感。

提升教育质量，需要学校、政府和家庭的共同努力。李显龙提倡教师立足角色要求，充分了解学生以提供个性化教学，并增加体验式学习；政府有必要增加对教育的长期投入，应该为学校和老师提供更多的资源支持；教育改革也不能缺少学生父母的支持，家长不要增加学生机械式学习的压力，而应支持花更多的时间去探索和发现学生的才华及志趣。此外，李显龙还强调语言与文化学习的重要性。他说："母语教育是新加坡教育制度至关重要的特色，政府会逐步强化及更新母语教学和其考试制度，确保它与时并进。"④ 他还特别指出汉语学习在亚洲经济腾飞中的重要意义。

关于职业教育和终身学习，李显龙强调全民性，并倡导终身学习文化。他在 2005 年的国庆演讲中说："新加坡必须有一个提供一流教育体系的系统能够让所有公民接受高质量的教育，而不仅只是指针对学术顶端的精英们。"为此将着重发展理工学院和工艺教育学院。而且学习不仅限于学生，还包括成人学习。"不仅年轻人应该接受良好的教育和训练，年长者也应该如此，所谓活到老，学到老。"⑤ 在 2012 年新加坡峰会上李显龙讲话表示："我们必须掌握技术来创新，也必须教育我们的人民在新的经济环境下成长——帮助学生学会怎样学习，促进员工的终身学习。"⑥ 在 2017 年人民协会总部举行的市长（也是社区发展理事会主席）宣誓就职典

---

① 资料来源：8 视界新闻网。
② 李显龙在 2007 年国庆群众大会上的华语演讲［EB/OL］. 新加坡国家档案局网站，2007 - 08 - 19.
③ 资料来源：新加坡总理办公室网站。
④ 资料来源：新加坡联合早报。
⑤ 李显龙在 2005 年国庆群众大会上的演讲［EB/OL］. 新加坡总理办公室网站，2005 - 08 - 21.
⑥ 资料来源：新加坡淡马锡投资公司网站。

礼上，他也指出，鼓励终身学习和技能提升不能只依赖课程和资源，国人必须在心态上也做出改变。"我希望社理会鼓励各社区的居民适应经济新变化，追求终身学习，以及成为更具受雇能力的员工，为家人创造更美好的未来。"①

基于这些思想，新加坡对教育做了持续改革与提升，并实施"技能创前程"全民参与计划，推进终身教育体系，支撑经济转型和面向未来的人才储备。

第三，在引进外国人才上，新加坡经历了经济需求与政治需求之间的反复权衡。李显龙在 2004 年国庆演讲时说道："倘若我们不从国外吸收更多的人才，那么众多的跨国公司是否仍旧愿意到人才资源匮乏的新加坡落脚？或者说，我们将会变成一潭死水，成为亚洲众多城市中的普通一员。"② 在这等重视理念的指引下，新加坡积极引进人才。并于 2008 年 4 月建立了专门的引进人才的机构——"联系新加坡"。这个国家猎头"出售梦想"，从全世界为新加坡招揽人才。

但同时，新加坡民众也提出了新移民挤占本地资源的意见。于是从 2013 年开始新加坡政府缩紧了移民限制，更加侧重具体行业的引才目标和政策设计了。李显龙参加 2020 年 11 月新加坡科技论坛时说："新加坡的企业在发展的过程中，仍需引进外籍人才，尤其是中高阶层科技人才，让这些科技人才协助培养本地的年轻专才，打造世界级的团队和塑造企业文化。"③ 在 2022 年国庆大会演讲中，李显龙又指出，人才对国家的成功至关重要，新加坡须不断建立全球一流的人才库。除了壮大本地人才外，也必须吸引和留住国际顶尖人才。他强调，"新加坡不能在全球人才争夺战中落在后头"。④ 李显龙也曾表示，新加坡吸引人才的经验，首先必须是开放宽容的社会，让这些人才觉得在这个地方自在舒服，愿意居住，并把家人带来；也必须是一个开放、平安、有法治的、有系统的国家，这是重要

---

① 社理会新使命：鼓励国人终身学习［EB/OL］. 新加坡联合早报，2017 – 05 – 25.

② Prime Minister Lee Hsien Loong's National Day Rally 2004 Speech［EB/OL］. National Archives of Singapore，2004 – 08 – 22.

③ 资料来源：狮城新闻。

④ 李显龙在 2022 年国庆群众大会上的演讲［EB/OL］. 新加坡总理办公室网站，2022 – 08 – 21.

的人才环境。

在外来人才的融入上，也引发了社会关于"真正新加坡人"的讨论。新加坡国民存在一种对外来人才既认同价值又对其文化差异耿耿于怀的表现。对此，李显龙坦率承认"移民带来的深远影响，不只关系到经济表现，而且也关系到社会的和谐及国民的认同感"；他同时也重申"以新加坡人为核心"的原则，即在引进新移民的同时，要保障新加坡人的利益。在2019年的国庆群众大会上，李显龙援引历史来让本地公民尤其是华族公民更加全面地了解新加坡华人此前的身份认同困境；并告诫新加坡人需对新移民具有耐心。①

在这样的思想指引下，新加坡的移民政策一直在进行适时调整，在引进人才重点和人才标准上更为慎重。与此同时，为了外国人才能更好地与当地社会融合并贡献价值，新加坡在人才融入的组织机构和具体方法上也颇下功夫。

此外，李显龙延续了前两任领导人对于政府人员筛选与培养的重视思想。他说："寻找最优秀人才领导执政团队和治理国家，是维持我国政府素质的唯一途径。这是一项日益艰巨的任务，但我们必须坚持不懈。"②

综上所述，新加坡三代领导人的人才观念与国家人才政策是有高度延续性的。重视人才，根据社会需求变化持续改进人才策略，优化人才作用的社会机制与环境，是新加坡一直坚持的国家战略。

1.2　新加坡经济转型与人才战略

新加坡在建国后的50余年中，历经四次成功转型：1965年开始从进口替代向出口导向战略转型；20世纪70年代开始由劳动密集型向资本密集型工业转型；20世纪80年代以后向技术密集型发展；20世纪90年代末开始向知识经济升级。在每一次成功转型的背后，都有相应的人才资源提

---

① 李显龙在2019年国庆群众大会上的演讲［EB/OL］. 新加坡总理办公室网站，2019－08－18.

② 李总理：必须坚持不懈寻找培养最优秀人才来领导国家新加坡［EB/OL］. 8视界新闻网，2021－05－07.

供支持。新加坡在各个阶段的人才战略，契合了经济转型的战略需求，其中体现了战略计划与实施的系统性。每一经济发展阶段的人才战略都有着鲜明的主导方向。

1.2.1 第一次经济转型（1965～1978 年）与"生存"导向的人才战略

第一次转型发生在 1965～1978 年，从进口替代战略向出口导向战略转型。新加坡于 1965 年 8 月 9 日脱离马来西亚独立建国，面临的是如何生存下去的挑战。新加坡不是自然形成的国家，而是人为的，它原是贸易转口港，却没有腹地，就像心脏少了躯体一样。外国评论都预测独立后的新加坡将走投无路。丹尼斯·沃纳在《悉尼先驱晨报》（1965 年 8 月 10 日）中写道："三年前，新加坡是行不通的概念。从目前的情况来看，它依然是行不通的。"《星期日泰晤士报》（1965 年 8 月 22 日）的理查·休斯说："花费超过一亿英镑建成的英国基地一旦关闭，新加坡的经济将会垮掉。"[①]建国后最关注的问题首先是独立和国防，然后也就是最头痛的经济问题。发展经济是新加坡共和国的重中之重，要解决 200 万人的生计问题，必须走自己发展的道路。

没有了马来西亚腹地，新加坡被迫改变其先前的进口替代战略。一个思路就是学习以色列，逾越对周边国家的依赖，和欧美、日本等发达国家挂钩，吸引他们的制造商到新加坡来进行生产，然后把产品输往发达国家。当时恰逢"二战"后西方发达国家的产业结构调整时期，它们受到发展中国家廉价的土地和劳动力的吸引，将大量劳动密集型出口工业向发展中国家和地区转移。新加坡抓住了这一国际经济变化的有利机遇，迅速调整经济发展战略方向，积极吸引跨国公司到新加坡设厂，推行以出口工业化为主的外向型经济发展战略。新加坡通过打造处于第三世界地区的"第一世界的绿洲"[②]，在公共安全、个人安全、保健、教育、电信、交通和服

---

① 李光耀. 李光耀回忆录（1965－2000）［M］. 新加坡：联合早报出版社，2000：13.

② 这是新加坡独立后，李光耀关于新加坡发展的一个主要设想。参见 Lee Kuan Yew. From Third World to First：The Singapore Story 1965－2000［M］. New York：Harper Collins Publishers LLC，2000.

务方面提供世界一流水准的服务，通过经济发展局这个一站式服务机构的协调，来吸引外来投资。

随着一大批跨国公司的到来，制造业、电子产业和出口导向型的劳动密集型产业得以大力发展，1965～1975年的10年间，新加坡制造业的产值以每年26%的速度迅速增长。[①] 新加坡的失业率也随之大幅下降，20世纪60年代初一度高达10%以上的失业率，20世纪70年代中期降到了3%以下，实现了经济学意义上的充分就业。[②] 这一阶段，新加坡国内生产总值年平均增长率在10%以上。1979年，新加坡人均国内生产总值达到3878美元，跃入世界前31名。[③] 这一战略转型获得了巨大成功，直接跃升为在亚洲发展水平仅次于日本的"亚洲四小龙"之一。

在这一阶段，新加坡奠定了人才战略的思想根基——"人力资源可以弥补自然资源的匮乏"。这是一个具有前瞻性和危机意识的人才思想，它指引新加坡塑造人才优势，支持经济与社会发展。这一时期，人才战略是以生存为导向的，体现在人才管理各方面。

1. 人口政策

刚独立的新加坡面临强大的生存压力，住宅短缺，失业率高，因此政府在1966年提出了抑制生育的方针，提倡"两个就够了"的生育政策。这一政策加上女性就业比例的增加，导致了生育率的下降。这一阶段，新加坡人口增长率一再下跌，到1976年，人口增长率下跌至20年来的最低点1.35%。[④]

2. 人才培养

在人才培养上，规范教育体系，为精英教育打基础，为工业化提供支持。独立之初，教育体系的设置服务于国家的塑造和建设事业。当时，新加坡已经实行免费的初级教育。第一个五年计划（1966～1970年）集中关

---

① 国防大学课题组. 新加坡发展之路 ［M］. 北京：国防大学出版社，2016：22－23.
② 陆建义. 向新加坡学习：小国家的大智慧 ［M］. 北京：新华出版社，2009：69.
③ 鲁虎. 新加坡 ［M］. 北京：社会科学文献出版社，2004：112.
④ 新加坡人口增长率——新加坡1959～2020历年人口年度增长率 ［EB/OL］. 世界人口网，2020－04－26.

注中等教育和高等教育。这期间，基础教育完成了统一学制、统一课程、统一考试等规范建设任务。为了维护团结，多语制（英语、华语、马来语、泰米尔语）仍被尊重。从 1966 年开始，规定第二语言成为中学的必修课程，实行双语教育。实际情况是，人们偏向以英语为教学语言的学校。为改善人口健康状况，也为建设强劲的国防力量，体育锻炼得到重视。从 1966 年开始，和每年的国庆节活动一起，新加坡举行一年一度的运动节。1973 年还举办了东南亚运动会。新加坡提倡学习科学和技术，很多中等教育学生转到技术学校和职业学校学习。这些对于工业化刚刚起步的新加坡来说，满足了转口贸易和初级加工等劳动力密集型产业对技术工人的需求。

职业化教育满足了产业需求和就业需求，高等教育则满足了英才教育的需要。这一时期，在新加坡理工学院（1954 年创立）的基础上，1965年创办了义安理工学院，也扩展了工艺学院，还大规模扩建了新加坡大学和南洋大学。1969 年，第一所国立初级学院建立，为大学提供筛选功能和预科培养功能。大学的培养重点则是工程师、科学家和商业经理人。

3. 人才引进

为了弥补本身劳动力的不足，新加坡也开始放宽移民限制，吸收外来人才。政府于 1972 年制定了"公共工程五年计划"，先后投资 258 亿新元，用于建设交通、电讯、工业区等公共事业和基础设施以及居民区建设，[①] 这增强了新加坡的宜居吸引力。

4. 执政人才的吸纳与培养

人民行动党延揽人才，充实到党内和政府部门，为政治稳定和经济持续发展做护航。而且，新加坡政府尤其注重对内外人才的充分使用。时任财政部部长的吴庆瑞[②]选中了韩瑞生担任经济发展局的第一任主席。韩瑞生

---

① 鲁虎. 新加坡［M］. 北京：社会科学文献出版社，2004：112.
② 吴庆瑞（1918 年 10 月 6 日～2010 年 5 月 14 日），生于马六甲马来西亚，后移居新加坡，伦敦政治经济学院经济学博士，是新加坡执政党（人民行动党）的创建人之一和主要党员，并且在创建和塑造今日新加坡的命运方面，扮演过重要角色。在 20 世纪 60～80 年代，他先后以财政、国防、教育部长和副总理身份提供服务。1972 年，他获得菲律宾政府颁发的麦格塞塞奖，公认他是"在 20 世纪 60 年代，把新加坡转变为东南亚最工业化和社会蓬勃之国的主要经济建筑师"。

有权在那些从英国、加拿大、澳洲和新西兰四国大学学成归来、素质最优秀的奖学金得主中，挑选自己的部下。实践证明，韩瑞生既是选才高手也是育才高手。在他的启发引导下，官员们充分发挥潜能，经济发展局不但实现了促进投资和增长就业，还把部门壮大，甚至培养出 3 名内阁部长和几位常任秘书，还有几位成为国家资本企业的高级管理者。与经济发展局争夺人才的是新加坡武装部队，其也积极物色和招募具有高智力的人员。新加坡在 1971 年拟订了"喜鹊计划"，吸收学成回国、与政府签约 5～11 年的奖学金得主进入国防工艺部门——电子测试中心工作。这个高级机密部门的主持人郑永顺博士，后来在 1981 年出任教育部部长。[①]

聘请荷兰经济学家温斯敏作为新加坡的经济顾问，是一个任用外国高级人才的经典范例。作为新加坡的经济顾问，温斯敏的角色举足轻重。他为新加坡服务 23 年，直到 1984 年为止。依据他的建议，新加坡于 1961 年成立了为投资者服务的一站式机构，即经济发展局。他主持提出吸引外资重点开发的四个领域——拆废船和修船、五金工程、化学产品和电气设备与用具。他善于和跨国公司高层人员沟通，精明能干，善于抓住问题实质，讲究实际，还能亲力亲为。他带给新加坡很多思考问题和做事方式的好建议。

5. 劳资关系

劳资关系的改善是此时期一个极其重要的转折点。20 世纪 40～60 年代，新加坡罢工、怠工与暴乱纷繁。从 1961 年 7 月至 1962 年 9 月，一共发生了 153 次罢工。劳资双方针锋相对，失业问题并没得到解决，破坏性结果较多而建设性不足。针对 1967 年公共日薪清洁工友联合会的一次罢工，新加坡政府采取了坚决的镇压措施，并开启了讲理并互谅互让的工会文化。1968 年初，李光耀在职工总会代表大会上说服与会代表们相信，对新加坡来说，劳资关系比加薪更重要，"不能杀死下金蛋的鹅"。另外，劝说雇主："要工人付出最大的努力，就必须公平对待工人；工会和雇主的

---

①　陈淑珊. 吴庆瑞传略［M］. 李承烨，译. 新加坡：八方文化出版社，2010：145－146.

基本目标相左，只会摧毁国家的经济"。① 1968 年，国会通过了雇佣法令和劳资关系（修正）法令，后来又修订了职工会法令。这些法令规定了最基本的雇佣条件，以及裁员、超时补贴和附加福利的顶限，划定休假条规，为和谐劳动关系奠定了法律制度基础。1972 年，成立了由劳资政三方代表组成的全国工资理事会，每年初三方都根据经济形势与数据，商讨最低工资标准。这样，政府通过制定公平的架构来监管劳资关系，一方面节制工会过火的行为，另一方面通过协商和仲裁程序，让工会能够保护个人的利益，来平衡整个局面。

1969 年，新加坡没有发生过一起罢工或停工事件。工会转变了好斗的风格，更关注经济和就业情况，也更能与资方和政府共同面对世界市场的竞争，运用经济原理在全国工资理事会发挥重要作用。职工总会（NTUC）的功能还积极向现代化方向转变：1970 年成立职总康福德士工友合作社，协助打破 20 世纪 60 年代霸王出租车横行的局面；1973 年成立职总消费合作社，开办商店、百货和超市，后来改名为职总平价合作社，成了家喻户晓的低价连锁超市 Fair Price，物美价廉，减轻通胀带来的影响；1970 年还成立了职总英康保险合作社，开展保险业务，目前英康保险是新加坡前五大保险公司之一。职工总会不仅提升福利支持，还以积极态度促进就业。新加坡的失业率从 1965 年的 14% 下降到 1970 年的 6.1%、1980 年的 3.5%、1997 年的 1.8%。1973～1997 年的 25 年间，新加坡就业实得工资每年平均增长近 5%。②

1.2.2　第二次经济转型（1979～1985 年）与"效率"导向的人才战略

新加坡的第二次经济转型是在 1979～1985 年，从劳动密集型工业向资本密集型工业转型。20 世纪 70 年代末，新加坡外向型经济开始面临内外双重困难。一方面，国内劳动力日渐短缺，劳动力成本上涨，这使新加坡面对亚洲新兴工业化国家和地区的劳动密集型产品出口竞争时处于不利地

---

①② 李光耀. 李光耀回忆录（1965－2000）［M］. 新加坡：联合早报出版社，2000：98，109.

位；另一方面，1979 年第二次石油危机爆发，引发并加重了又一次世界性的经济危机。发达国家经济不景气，贸易保护主义抬头，新加坡出口环境恶化。在此背景下，新加坡开始实行"第二次工业革命"，实施经济重组计划，逐渐淘汰劳动密集型产业，向以电子、化学、机械和运输设备制造等为主的资本密集型和技术密集型产业转型，使工业部门朝着高技术、高工艺、高增值的方向发展；同时提高服务业的专业化、系统化和高效化。[1] 这一时期，新加坡平均经济增长率达到 8.5%。1984 年，新加坡人均 GDP 约为 5219 美元，达到中等发达国家水平。20 世纪 80 年代中期，85% 的新加坡居民有了自己的住房。[2] 新加坡经济结构获得升级，形成了以科学知识和技能为基础，机械、贸易、运输、服务和旅游五大产业为支柱的多元化经济格局。

这一时期，新加坡面临的突出问题是生育率下降、劳动力不足的问题，所以人才战略的重点在于鼓励生育、培养和引进人才，政策围绕"效率"导向而制定。

1. 人口结构调整激励

在 20 世纪 70 年代，新加坡人口增速下降明显，1970 年的人口 207.45 万人，增长率为 2.8%；1980 年总人口 241.392 万人，增长率为 1.5%；1985 年总人口 270 万人，增长率甚至降到 0.14%。[3] 可见，生育限制政策结果显著，甚至是太有效了，以至于出生率过低达不到人口更新的需求，其中受过良好教育的女性结婚生子的比率下降得尤其严重。李光耀在 1983 年对此发表讲话，公开谈论低生育率对于人口素质产生的影响，还引发了 20 世纪 80 年代中期最具爆炸性的事件，即"婚嫁大辩论"[4]。为促进婚

---

① 鲁虎. 新加坡 [M]. 北京：社会科学文献出版社，2004：113.

② 陆建义. 向新加坡学习：小国家的大智慧 [M]. 北京：新华出版社，2009：69.

③ 资料来源：新加坡统计局网站。

④ 1980 年的新加坡人口普查数据分析报告显示，新加坡最聪明的女性没有结婚，下一代缺少她们的传人。对于这种失去平衡的婚姻与生育趋势，政府再也不能不闻不问了。于是促使李光耀在 1983 年 8 月 14 日的国庆群众聚会的讲话中指出：新加坡的男性大学毕业生若要他们的下一代像他们一样有所作为，就不应该愚昧地坚持选择教育程度和天资较低的女性为妻。这番讲话引起很大的回响，不同意见激烈交锋，后被称为"婚嫁大辩论"。资料来源：李光耀. 李光耀回忆录 1965 – 2000 [M]. 新加坡：联合早报出版社，2000：157 – 167.

育，新加坡政府成立了社交发展署，推动男女大学毕业生之间的社交活动；对已婚妇女给予所得税优惠；1984年，还赋予生育第三个孩子的大学毕业母亲可以为子女择校的优先权，后来由于争议太大而取消。

2. 教育改革

1979年，副总理吴庆瑞兼任教育部长，开始建立新的教育体系，开启了适合当时国情的分流制度。这是一种金字塔式的精英教育模式，即在基础教育过程中进行多次分流，不断选拔，对不同的学生区别对待，以便为国家未来的发展选拔急需的栋梁之材；同时也使那些在学术上不能取得成功的学生，在其他方面去体验成功的喜悦，这贯穿着一种人人皆可能成功的理念。

1979年，新加坡开始实行小学分流制度，1981年又开始实行中学分流制度。新加坡学生要经历三次分流，即在小学四年级结束、小学六年级毕业和初中毕业的时候，而这三次分流基本上决定了一名学生其后的发展方向是走普通教育还是技能教育。具体来说，第一次分流考试在小学四年级结束时，根据考试成绩，学生分别进入第五年的高级班、中级班、低级班，成绩较低的学生进入政府工艺学校读书；第二次分流是六年制小学毕业升中学的全国统一考试，根据考试成绩进入中学4年制的快捷班和5年制的普通班。不能够考入政府中学的学生可以进入政府工艺学校学习；第三次分流是中学毕业以后，通过O水准或N水准考试，进入初级学院、理工学院、工艺教育学院和其他技能教育系统。进入初级学院的毕业生参加A水准考试而进入大学，优秀的理工学院毕业生（大约占15%）也可以申请进入大学。经过层层选拔，最后到大学读书的是新加坡政府认可的精英群体。自20世纪70年代开始，新加坡政府还设立奖学金，选送成绩优秀者到世界著名大学深造。这种筛选分流、因材施教的精英教育体系，一方面为当时的新加坡培养了各层级的人才，另一方面提高了资源配置效率，提高了教育质量。

关于教学语言，建国后的新加坡一直推行双语制（英语和母语），英语为各族之间提供了一种共同语言，母语则事关民众自身的文化认同感与自信。1978年，为了提升南洋大学的学术声誉和学术的市场价值，南洋大学的教学语言改换成英语。也为了保留传统文化，1979年，李光耀发起了"多讲华语，少说方言"的推广华语运动。其后，讲华语的家庭从1980年的26%增加到1990年的60%；与此同时，讲英语的家庭也从1988年的20%上升到1998年的40%。[①] 1980年，新加坡大学和南洋大学合并，组成新加坡国立大学。这一时期，新加坡已经培育出教育优势，包括优良的教育体系、高水准的英语水平和人才前往海外受训的机会。

3. 技术培训

20世纪70年代末期，新加坡进入经济发展的新阶段，第二次工业革命启动，从劳动密集型转向科技含量更高的产业，并以管理层和劳工间的团队协作为基础，创立一种日本式的新工作伦理。1979年，新加坡创立技能发展基金，旨在支持员工再培训，以取代低工资的劳动密集型产业。[②] 技能发展基金由人力资源部、工会和企业三方代表组成，其资金是按照《技能发展基金征收条例》征收的，资金使用目的就是提升员工的职业技能。企业可以向技能发展资金申请90%的培训津贴，这样企业更有动力鼓励员工参加培训。

4. 人才引进

20世纪70年代末期，新加坡人才短缺的问题进一步恶化。西方发达国家改变了对亚洲移民的政策，如加拿大、澳大利亚和新西兰开始容纳学历和素质较高的亚洲移民入籍，新加坡因此失去了一部分来自马来西亚的华族和印度族的人才；到新加坡来的外国留学生也减少了；同时约有5%受过高等教育的新加坡人开始移民海外。为了确保经济发展所需足够的人才，新加坡开始引进和留住人才，包括企业家、专业人士、艺人和技术高度熟练的工人等。1980年，新加坡成立了两个委员会，一个专门负责物色人才，另一个负责协助人才安顿下来。新加坡还效仿美国跨国公司的"提前收割法"，招募尚未毕业的学生，以达成更多人才的留用。[③] 在吸引外来人才方面，新加坡政

---

① 李光耀. 李光耀回忆录（1965 – 2000）[M]. 新加坡：联合早报出版社，2014：180.

② 康斯坦斯·玛丽·滕布尔. 新加坡史 [M]. 欧阳敏，译. 上海：东方出版中心，2016：443 – 444.

③ 李光耀. 李光耀回忆录（1965 – 2000）[M]. 新加坡：联合早报出版社，2000：164 – 167.

府很有前瞻性。李光耀在 1980 年合并建立新加坡国立大学（以下简称"国大"）前夕对教职员的讲话中，谈及国大未来的发展方向，就强调吸引全球精英的重要性。这一思想与行动为新加坡后来大力引进外来人才奠定了基础。

5. 工会发展

进入 20 世纪 80 年代，工会与政府的关系越来越密切。1983 年被推选为职总秘书长的王鼎昌也可以留任内阁，这样内阁中就有人代表工会发言，同时政府制定政策也会考虑工会观点。政府为职总提供资金与政治的坚实后盾，职总为会员提供更好的消费休闲设施。职总还把业务拓展到医疗、托儿、广播电台等服务上，也经营为工人服务的海滨度假酒店——著名的白沙度假村和设有高尔夫球场的胡姬乡村俱乐部；还建造了高质量的共管式公寓以供会员购买。此阶段的职总有了更高的管理经营技巧，可以为会员提供更好的生活方式。20 世纪 80 年代初期，新加坡推行生产力运动，积极学习日本的精益生产体系，日本式经营的三件神器（终身雇佣、年功序列制与企业内工会）之中的工会成就令新加坡工会折服。新加坡把工会联合总会重组为 9 个产业工会；1982 年，又倡导把产业工会改为企业工会；1984 年企业工会开始陆续成立，增强了劳资双方的沟通与信赖。

1.2.3 第三次经济转型（1986～1997 年）与"能力"导向的人才战略

第三次转型发生在 1986～1997 年，从资本密集型工业向技术密集型工业转型。1985 年，新加坡在持续了多年的高速增长以后，遭遇了历史上第一次经济衰退，GDP 增长率出现了负值（－0.62%）。这令新加坡政府意识到，原有的经济增长模式难以为继。于是成立政府委员会，次年发表《新加坡经济：新的方向》报告，提出未来十年制造业和服务业是推动经济增长的两大动力。[①] 1991 年 10 月，推出《经济策略计划书》，确定了 20

---

① Singapore Economic Committee. The Singapore Economy：New Directions ［R］. Ministry of Trade & Industry，Singapore，1986.

世纪 90 年代新加坡经济发展的战略目标和增强产业竞争力的具体措施：确保经济高水平发展，以服务业为发展中心，加速经济国际化、自由化、高科技化，使新加坡成为亚洲地区的贸易门户；大力推行区域化经济策略，加速海外投资；进一步发展制造业，引进新技术，追赶世界先进水平。① 这些政策产生了明显效果：（1）实施国家科学技术计划，发展高科技基地，使电子业发展成为制造业的龙头；（2）在政府指导下建立产业集群，集群内竞争提升了产业竞争力；（3）制造业和服务业成为经济发展的双引擎，制造业的兴旺同时促进了服务业的发展。② 经过努力，新加坡工业技术换代，产业结构升级，制造业、金融业和商业服务业成为主要行业。

这一阶段成为新加坡经济发展的鼎盛时期。新加坡的 GDP 总额在 1991 年增至 690.76 亿新元，同期人均国民收入由 2478 新元增加到 20050 新元，居亚洲"四小龙"之首。1997 年，新加坡 GDP 总额达到 1001.24 亿美元，是 1985 年 GDP 总额 191.57 亿美元的 5 倍以上。③ 1996 年 1 月，经合组织宣布新加坡从发展中国家升级为发达国家。其经济活力和竞争力也受到认可：洛桑国际管理发展学院（IMD）和世界经济论坛（WEF）发表的世界竞争力 1995 年排名中，新加坡都位居前列，其中"国内经济力量"和"国际化"指标都居第 2 位，"政府效率"和"金融"居第 1 位，"基础设施"居第 12 位，"管理"居第 5 位，"科技"居第 10 位，"人力资源"居第 1 位。

这一阶段，新加坡把鼓励生育、引进外来人才、提高人口增长率作为首要任务；把大力发展高等教育作为人才战略的重点，以提升能力为导向，引入先进的教育资源和人力资源管理制度。20 世纪 80 ~ 90 年代，新加坡的生产力得到高速提升，20 世纪 80 年代年均增长率为 5.2%，20 世纪 90 年代年均增长率为 3.1%。④

1. 人口结构与政策

1986 年，新加坡的人口出生率下降到 1.44%，创历史新低。这意味

---

① 鲁虎. 新加坡［M］. 北京：社会科学文献出版社，2004：115.
② 国防大学课题组. 新加坡发展之路［M］. 北京：国防大学出版社，2016：22 – 23.
③ 资料来源：快易理财网.
④ 新加坡总理公署，国家人口人才署. 可持续的人口，朝气蓬勃的新加坡：人口白皮书 2013［R/OL］. 新加坡总理办公室网站，2022 – 01 – 02.

着，在三代人之内，人口将从 250 万人萎缩到只有一半的规模，这将严重影响劳动力和国防等方面。人口比例将出现失衡，各族群的出生率也不均衡。1987 年，副总理吴作栋正式宣布，废除"两个孩子"政策，取消惩罚措施，取而代之的是一揽子生育激励政策，包括住房补贴、税收减免、优先入学权、医疗补贴和抚养孩子津贴等内容。① 鼓励国民生育、提升人口增长率成为新加坡的首要任务。在这样的刺激之下，人口增长率略有上升。1990 年新加坡总人口 304.71 万人，增长率 2.4%；2000 年总人口 401.77 万人，增长率 1.7%。②

2. 教育与培训

20 世纪 80 年代，为支持重点发展集约型高科技产业与服务业的国家战略，政府把发展高等教育定为国策，有两个重点：一是壮大教育规模，二是推动教育的国际化。20 世纪 80 年代后期，新加坡由精英教育向大众化教育转型，扩大高等院校招生规模，以便让更多的人接受教育。1991 年，政府制定了名为《新加坡：新的起点》③ 的跨世纪发展战略，把教育放在优先发展的位置，加大对教育的投入。这些政策使新加坡高等教育迅速发展，学生人数急剧增加。1990 年建立了淡马锡理工学院；1991 年，南洋理工学院进行重组，将国立教育学院纳入旗下，更名为南洋理工大学；1992 年又成立了新的南洋理工学院；同年新加坡管理学院④受新加坡教育部委托，增设开放大学学位课程。这样，新加坡的高等院校由 5 所增加到 8 所，院校人数由 1985 年的 39913 人增加到 1995 年的 73939 人，增长率为 185.25%，⑤ 从而实现了适龄青年的 20% 进入大学、40% 进入理工学院的目标。高等教育发展的重点是科学与技术、数学、工程学、经济学和工商管理、语言等能够推动现代化和繁荣发展的科目。

---

① 康斯坦斯·玛丽·滕布尔. 新加坡史 [M]. 欧阳敏，译. 上海：东方出版中心，2016：434－435.

② 资料来源：新加坡统计局。

③ Singapore：The Next Lap [EB/OL]. National Library Board Singapore，2004－12－23.

④ 新加坡管理学院（SIM）成立于 1964 年 11 月 28 日，由新加坡经济发展局发起创立，是新加坡首屈一指的专业管理及人力资源培训教育的私立机构。

⑤ 黄建如. 新加坡高等教育大众化评价 [J]. 高等教育研究，2001（2）：108.

新加坡的高等教育无论从体制还是课程设置上大都效仿英国的模式，实行学年制，学习课程突出学科专业性和深入性。20 世纪 90 年代逐步采用美国式的选课制和学分制。在新制度下，学生可以根据自己的兴趣和能力选择不同课程，以不同进度完成课程组合，也可以选修其他学科领域的内容。这一改革融合了英式严格和美式灵活的双重优点，在不断调整和创新中建立了新加坡特色的教育体制。

1979 年和 1989 年新加坡总理公署两次出台《丹顿报告》，推动了高等教育的国际化进程。加大海外人才引进力度，加强同美国、英国、澳大利亚、加拿大、新西兰等发达国家的科研合作和学术交流，提升了新加坡高等教育的国际化水平。1991 年《新加坡：新的起点》战略规划中，也明确了高等教育的国际化发展策略，充分利用国际资源，使新加坡发展成为国际学术与文化教育中心。到 20 世纪末，虽然政府和个人都继续将出众的学生送到国外深造，但新加坡本身的高等教育也极具竞争力，培养了大量优秀的国际化人才。

在职培训方面，企业和个人均可申请技能发展基金补助，金额可达实际培训费用的 70%～90%。新加坡政府还与外国政府和企业开展联合培训，选派员工到企业母国学习先进技术，新加坡政府为其提供旅费、服装费及生活补助费。如新加坡航空公司每年投入职工培训经费高达 4000 万新元。1990 年，新加坡还同日本、德国、荷兰等国合建了 7 个职业训练中心，每年可培训 5000 人。[①]

3. 人才引进

吴作栋总理明确指出，新加坡必须双管齐下，从培养本地人才和广纳世界精英两个方面解决国家经济扩展带来的人才不足问题。20 世纪 80～90 年代，新加坡大力吸引外来人才，数以万计的世界移民进入新加坡，主要充实到通信业等高科技企业、制造业和金融领域。人才吸引也是同高等教育壮大相得益彰的。为获取高科技人才，经济发展局在 20 世纪 80 年代末 90 年代初曾到欧美国家招聘人才，当时提供的优惠条件包括：个人收入不

---

① 国防大学课题组. 新加坡发展之路［M］. 北京：国防大学出版社，2016：30－31.

低于欧美国家水平；子女能够获得良好的中文教育；到新加坡即可获得永久居民身份等。这些政策对于毕业于欧美大学的中国学者等产生了巨大的吸引力，后来他们成了新加坡科研和教学领域的骨干力量。根据新加坡贸工部的统计，1991～2000年，外籍人士对新加坡GDP的贡献率为41%，其中37%来自拥有专业技术的白领阶层。①

4. 工会与劳资关系

20世纪80年代以后，新加坡学习日本建立了很多企业工会。但到了20世纪90年代，本地的企业工会发挥的效果并不理想，经分析发现原因，一是新加坡的公司规模小，二是工会缺乏有能力的人才领导，所以在同资方谈判时还要依靠职总帮助。对此，政府调派精干的行动派人物担任职总领导，20世纪90年代还鼓励一些拿奖学金到国外深造回来的优秀青年充实职总发展他们的事业。李光耀总理鼓励职总安排一些国会议员全职负责工会事务，还委任另一些议员到各个工会担任顾问。这样，行动党政府与职总之间的共生关系得以强化，工会的人才阵容也大大提升了，可以促进政府修订政策。对劳资关系的研究也越来越得到重视，1990年新加坡创办了劳工研究学院，开设劳资关系和领导力方面的课程。

1.2.4 第四次经济转型（1998年至今）与"创新与未来"导向的人才战略

第四次转型从1998年开始至今，从技术密集型工业向知识密集型经济转型。在1997年的东南亚金融危机中，新加坡的整体经济遭受冲击，尤其制造业受的影响最为严重。新加坡开始反思过度依赖制造业出口的思路，制定了新的策略，着眼于发展新的能力，充分利用知识和信息这些附加值更高的生产要素，大力发展现代服务业，发展知识经济新型模式。同时，进一步开放市场，让以往受到保护的行业如银行业、电讯业、电力供应业

---

① 王辉耀. 人才战争［M］. 北京：中信出版社，2009：175.

参与竞争，进一步推进全球化，支持本地公司海外发展。1998 年，新加坡竞争力委员会公布《新加坡竞争力报告书》，提出应对亚洲金融危机的六大措施，政府根据国家竞争力委员会的建议实施八大战略。2010 年，面对全球金融危机的冲击，新加坡国家经济战略委员会提出了七大经济战略。[①]政府采纳经济战略委员会提出的三大建议，重点是将制造业和服务业作为经济增长的双引擎，将人力资源和知识资本作为主要竞争优势，利用科技创新作为增强国际竞争力的主要方法。[②]

随着第四次工业革命的浪潮到来，新加坡是最先聚焦"工业 4.0"的国家之一。2006 年 6 月，新加坡政府就推出了"智慧国 2015"（iN2015）计划；2014 年 6 月，又公布了"智慧国家 2025"（Smart Nation 2025）计划，要力争建成世界上首个智慧国家；2016 年 3 月，推出了面向"工业4.0"的产业转型计划（industry transformation programme，ITP），为 23 个工商领域制定转型蓝图，并辅以其他政策措施。[③] 目前，新加坡形成了独特的知识经济产业布局，生物制药、电子等高端制造业和数字产业、金融业等现代服务业发展颇具成效。[④]

为了配合知识经济转型，新加坡以创新为导向，开启了面向未来的人才战略，建立了人才培养的全国机制，加大人力资本方面的投资，实施推进继续教育和培训、设立科技奖学金、吸引世界各地顶尖人才等举措。在人口生育政策方面，对于低生育率问题没得到改善的现状，2001年政府出台了婚育一揽子计划，鼓励新加坡人结婚和生育的热情。为解决就业问题，2003 年，成立了国家人力理事会。坚持教育改革与发展的战略重点，对教育长期保持高额的投入，是新加坡教育得以大发展的基础性条件。

1. 教育改革

进入 21 世纪，新加坡根据经济社会发展情况，对传统教育制度实行了

---

① Economic Strategies Committee of Singapore. Report of the Economic Strategies Committee：High Skilled People，Innovative Economy，Distinctive Global City［R］. Singapore：Economic Strategies Committee of Singapore，2010.

②④ 国防大学课题组. 新加坡发展之路［M］. 北京：国防大学出版社，2016：22 - 23.

③ 王勤. 新加坡的产业转型和创新驱动及其启示［J］. 创新，2021（1）64 - 75.

重大改革。教育改革的第一个方面是对教育分流制度的改革：从 2000 年开始逐渐改革；到 2008 年，小学分流全面废止；2021 年，改革了小六会考的评价方式，用"积分等级制"来取代总分评价的方式；2024 年全面取消中学分流，建立另外一种"学科分级"的评价制度，即实行统一的中学教育和多元的学科分级。

教育改革的第二个方面在于学习内容设计和学生素质培养上。1997 年新加坡教育部提出"思考型学校、学习型国家"的教育改革计划。为了支持这个目标，于 1998 年和 2005 年两次减少了课程教学内容，实行"少教多学"策略，为学生自主学习提供时间和空间，参加艺术、体育类等丰富的课外活动，来强化素质教育。2018 年，新加坡顺应信息化和知识经济发展需求，启动第三轮教育改革，以"为生活而学习"为改革目标，培养面向未来的、具有 21 世纪技能的新加坡公民。

2. 强化高等教育

在经济基础越来越强大的背景下，新加坡高等教育得到进一步发展壮大。在原有两所公立大学——新加坡国立大学、南洋理工大学的基础上，2000 年成立新加坡管理大学，2009 年成立新加坡科技设计大学，2014 年成立新加坡理工大学，2017 年成立新跃社科大学，共六所公立大学。不但壮大了大学教育规模，而且新成立大学对标国际高水平大学并积极展开国际合作。

同时，新加坡致力于建设世界级一流大学，政府利用政策支持推动新加坡国立大学和南洋理工大学两所高水平大学向研究型大学转型。2015 年，在世界大学 QS 排名中，新加坡国立大学（排名第 24）首次超过香港大学（排名第 26），成为全球排名最高的亚洲学府。此后新加坡国立大学和南洋理工大学一直稳居亚洲大学前位，并跻身世界一流大学之列。

除了公立大学，2002 年新加坡新成立共和理工学院，与南洋理工学院、义安理工学院、新加坡理工学院、淡马锡理工学院一起，新加坡共有五所理工学院，增强了高等职业教育的培养力量。

新加坡还引入一批海外大学在新加坡设立分校和教育机构。2002 年，新加坡开始实施环球校园计划，目标是丰富教育资源，吸引国际留学生，提高教育产业的贡献度，把新加坡建成世界级的教育中心。经过努力，成功吸引到了一些外国大学来到新加坡设立分校，海外留学生也随之而来。

3. 加强在职培训与终身学习

经过 1997 年亚洲金融危机的冲击，新加坡的失业率一直居高不下，政府进一步加强了失业援助与员工培训。1998 年 9 月，人力资源部推出"四 R"战略，包括失业工人再安置、劳动力更新、雇佣方式再调整和工作制造再复兴四项内容。旨在帮助员工提升技能，为雇主和员工牵线搭桥，帮助员工保住工作或转移就业，并为失业人员提供各种就业配套服务。此外，还多次下调雇主须缴纳的技能发展税的顶限，以增强企业培训能力。[①]

2014 年，新加坡开启"技能创前程"计划，这是一场全民参与的终身学习运动。该计划既应对新加坡人口生育率下降、老龄化问题带来的劳动力不足现实，又迎接新经济挑战与工作技能升级要求。新加坡政府投入巨额资金，开发丰富的培训课程与资源，支持鼓励个人与企业参与未来技能培训。

4. 人才吸引

（1）大学、科研机构人才引进与合作。

新加坡国立大学、南洋理工大学等著名高校向全球广纳人才，来提升综合竞争力。新加坡政府也鼓励本地大学开展国际合作。全球人才吸引工程，吸引包括诺贝尔奖获得者在内的大批国际人才为本国工作，这对国家发展产生了深远的影响。科研机构也是高端科技人才引进的载体，通过项目合作、科研奖学金等方式引进海外人才，并争取项目完成后人才继续留在本地。

（2）企业人才引进。

新加坡吸引了大批跨国公司到此地设立全球总部或区域总部，需要大量的技术人才和管理人才。新加坡政府通过产业政策指导、重点人才引进项目及移民政策的支持，鼓励人才进入新加坡企业。

---

① 国防大学课题组．新加坡发展之路［M］．北京：国防大学出版社，2016：30 – 31．

5. 人才保留与融合

这一时期，新加坡继续提升城市建设水平，在城市面貌、公共设施、治安条件、教育娱乐等方面营造宜居环境，打造人才的温馨家园。政府建立了完善的人才管理组织系统，并提出对外来人才进行支持的一整套政策。第一，税收优惠。新加坡的个人所得税低于大多数发达国家水平。对于外国工作者从 1998 年开始实施"海外工作者纳税人计划"优惠，对不同类型签证者有相应税收优惠，外国工作者享受 5 年的税收优惠期。另外，新加坡还和很多国家缔结了避免双重征税的协议，缔约国的纳税居民可免于双重征税。① 第二，住房支持。从 1998 年开始新加坡施行"外来人才居住计划"，为外来人才提供政府组屋租用，有三房式、四房式、五房式和公寓式四种类型，租金上有优惠，一次租期为 3 年。

根据越来越多男性白人娶新加坡女性的情况，1999 年新加坡改变"男性公民所娶外国妻子可加入新加坡国籍，反之则不然（除非她们的外籍丈夫在新加坡已有一份固定职业）"的规定，这样就减少了新加坡女性移民海外的比例，通婚也让他们的子女充实了新加坡的人才库，同时对于国际交往和贸易发展有了更多的促进。②

为了促进文化认同与融合，实现和谐社会建设的目标，1991 年新加坡发布了一份关于"共享价值观"的白皮书，在少许修订以后，成为国家原则，包含五项共享的价值观：（1）国家高于社群，社会高于个人；（2）家庭是社会的基本组成单位；（3）社群要支持并尊重个人；（4）求同存异；（5）维护种族和宗教和谐。③ 其中，强调了儒家思想，弘扬了传统价值观。

2009 年新加坡设立社区融合基金，用来支持关爱老人项目、国际学生项目、联谊晚会、健康服务浸濡性项目等。2001 年，科学机构、技术研究

---

① 资料来源：新加坡财政部官网。

② 李光耀. 李光耀回忆录（1965－2000）［M］. 新加坡：联合早报出版社，2000：166－167.

③ 康斯坦斯·玛丽·滕布尔. 新加坡史［M］. 欧阳敏，译. 上海：东方出版中心，2016：474－475.

部还资助建立了国际研究者俱乐部。"新加坡公民之旅"是由国民融合理事会、新加坡移民局和人民协会三个机构共同推进的、促进新移民融合的一个重要项目。政府还定期调查外来人才对相关政策的回应，并根据国家人才战略规划，作出相应的调整。①

---

① 刘宏，王辉耀.新加坡人才战略与实践［M］.北京：党建读物出版社，2015：165 – 177.

第2章

新加坡经济社会发展
与人才新政背景

人才作为最敏感的要素，在全球的资源配置当中，与政治经济环境变化的链接最为紧密。近些年，世界政治格局和经济格局风云激变，恐怖主义与反恐、全球化与反全球化、国家间发展不平衡、数字化革新，以及疫情与战争等突发事件，都给世界带来高度的不确定性。对于新加坡这一高度外向型和脆弱性的国家来说，外部环境变化与内部固有矛盾积累双重压力都在持续上升，人才的获取和利用受到了严重的影响，人才问题成为其面临的最大挑战之一。人才是新加坡的立国之本，在当前的挑战当中，新加坡如何理解这些变化，人才战略如何应势而变，是对其治理能力的巨大考验。

2.1　国际政治经济发展背景

新加坡地处东南亚，处在亚太经济圈内，与其他东南亚国家一衣带水，与亚洲最大经济体中国的商贸联系和文化联系更为密切。而美国作为世界第一大国也与新加坡关系甚密。那么作为当今世界上第一大国际关系的中美关系对新加坡的政治经济影响可谓直接且深远。在亚洲范围内，新加坡的近邻印度经济发展迅速，人口规模和体量巨大，印度和中国本就是新加坡人才引进的主要来源地，人才关联度最高。信息技术的浪潮下，全球产业转型，经济结构演变中，不同区域人才的供给需求与人才流动呈现新的趋势。这些因素都是新加坡必须面对的人才管理新背景。

2.1.1　国际政治格局新变化

从第二次世界大战结束到21世纪之交，世界基本上处于一个不断全球化的进程中，国家和区域之间加强合作，贸易流通频繁，跨国公司大发展，各个经济体都从中得到了或大或小的增长与红利。但是2000年发生的"9·11"事件似乎成了重要拐点，宗教、种族和政治因素交织复杂，恐怖主义与反恐怖主义之间的冲突剧烈，安全问题阻碍了全球化的发展。2008年由美国次贷危机开端的全球性金融危机，加剧了对金融风险的认识，各国都强化了对金融体系的管制，流动性由此下降。2017年特朗普当选为美国总统，开始提高关税，施行贸易保护政策，强调通过壁垒来保护国家利益，一系列举动掀起了又一阵反全球化的风潮。

欧盟作为全球化的典范，是经过几十年的努力逐渐发展而成的，从开始时的6个成员国（法国、德国、意大利、比利时、荷兰和卢森堡），发展到28个国家。没想到2016年，英国公投要退出欧盟，脱欧党以32%的支持率击败亲欧派的自由民主党，到2019年3月29日正式脱欧。

全球右翼势力突起，民粹主义盛行，逆全球化不可避免，世界将处于一个更加保守的境地。特朗普执政期间宣布退出了12个国际组织和条约，包括联合国教科文组织、万国邮政联盟、联合国人权理事会、世界卫生组织这4个国际组织，以及《跨太平洋伙伴关系协定》（TPP）、《巴黎协定》、《全球移民协议》、《伊核协议》、《维也纳外交关系公约关于强制解决争端之任择议定书》、《武器贸易条约》、《中导条约》和《开放天空条约》这8个国际协议。继特朗普之后，2021年拜登上台，从内政外交方面来看，美国仍然更加保守。2022年4月结束的法国大选，马克龙险胜赢得大选，其主要对手是代表极右翼势力的勒庞。如果勒庞当选，欧盟解体的风险是存在的，这是令全球担忧的事情。意大利、匈牙利、奥地利都是极右翼政党掌控政府，法国、德国、芬兰、西班牙、荷兰等国的右翼政党也在崛起，右翼势力席卷欧洲。

在亚洲，根据 2021 年签订的《区域全面经济伙伴关系协定》（RCEP），从 2022 年 1 月 1 日起这个目前全世界最大的自贸区协定开始生效，包括柬埔寨、泰国、越南、老挝、新加坡、文莱 6 个东盟国家和中国、日本、新西兰、澳大利亚 4 个非东盟国家，但是印度退出了这项协议。RCEP 作为全球化的一股最大推动力量，现在似乎还缺一票。

2022 年 5 月 23 日，美国总统拜登在访问日本期间与 12 国正式启动了"印太经济框架"①（Indo - Pacific Economic Framework，IPEF），该框架将侧重于互联经济、弹性经济、清洁经济和公平经济四个关键支柱的合作与创新。② 它是美国推进印太地区开放、连接、繁荣、安全、弹性战略的"施工图"。③ 世界对此事性质的认识基本一致。彭博社直言，印太经济框架是美国政府为抗衡中国在亚洲影响力而提出的，退出《跨太平洋伙伴关系协定》（TPP），又在亚太地区"另起炉灶"。英国国际问题专家汤姆·福迪（Tom Fowdy）的撰文也指出：美国欲借此框架打造孤立中国的经贸联盟，插手地区经济事务，制定经贸规则和标准。《纽约时报》报道称，一些国家"迫切希望美国在太平洋地区发挥积极作用"，否则"中国就可能主导该地区"；印太经济框架内容含混不清，却提供了一个绕开中国的经济合作框架。与拜登同行访问韩国、日本的美国贸易代表戴琪对美联社表示，美国"非常关注与中国的竞争"，新框架旨在抗衡中国在太平洋地区日益增长的影响力。据韩联社报道，有评论称，印太经济框架具有将中国挤出全球供应链的反华联盟性质。柬埔寨《高棉时报》指出，印太经济框架是美国政府用来鼓励该地区国家与中国市场"脱钩"的，这对亚洲来说不是好事；IPEF 实质上在该地区引入了一个封闭的、排他性的、对抗性的协定，其地缘政治和意识形态意图明显，与多边主义原则背道而驰。④

---

① "印太经济框架"首批成员包括 13 个国家：美国、澳大利亚、文莱、印度、印度尼西亚、日本、韩国、马来西亚、新西兰、菲律宾、新加坡、泰国和越南。

② In Asia, President Biden and a Dozen Indo - Pacific Partners Launch the Indo - Pacific Economic Framework for Prosperity [EB/OL]. The White House of America，2022 - 05 - 23.

③ 唐新华. "印太经济框架"中的"技术联盟"[EB/OL]. 中美聚焦，2022 - 05 - 30.

④ 鞠峰. 拜登访日将有大动作：宣布启动"印太经济框架"[EB/OL]. 观察者网，2022 - 05 - 18.

2.1.2　中美关系的变化

中美关系堪称世界第一大国际关系。这一关系对新加坡的政治站位、经济合作、人员往来都产生实质性并且深远的影响。美国作为世界第一强国，在经济、军事、科技方面都占据世界领先位置。中国拥有约占世界18%的人口，2010年开始经济总量上升为世界第二，2020年GDP突破百万亿元，20年内经济总量规模扩大至10倍，占世界经济比重约17%。2020年中国人均GDP连续两年超过1万美元，与高收入国家差距继续缩小。经济实力提升的同时，中国的军事实力与科技实力也得到大发展。国际经济地位的改变，是中美关系变化的根本原因；政治体制和价值观念的差异决定了二者不可能趋同；而且根据目前的趋势，中国大有超越美国的趋势。这些都是中美关系呈现紧张的根源。

中美关系经历了四个阶段①：第一阶段是1979～1989年，中美密切交往时期。1979年1月1日中美正式建交，直到1989年，这段时期两国关系交好，达成了多方位合作。此时的良好关系基于两个假设：一是中国在经济上落后太多，几乎没有可能会挑战或威胁到美国在世界范围内的经济优势地位；二是美国认为中国在现代化过程中会逐渐西化，如采用西式的政治体制。② 而且，美国意在借助中国来平衡苏联，20世纪80年代中国一度被美国视为"友好的非盟国"。③

第二阶段是1989～2010年，理性交往时期。1989年老布什总统上台，1991年开始进入克林顿时代。美国自1776年建国以后，综合国力一直上升，1991年达到巅峰。从1991～2001年，是美国的黄金十年。而中国历经改革开放，经济也获得了显著发展，并于2001年加入了世贸组织。在这阶段，中国与美国出现了很多不同的看法，也伴随冲突，但总体上看关系

① 姚洋. 中美"新冷战"已经形成，全球化进入调整期［EB/OL］. 中国经营网，2020 - 06 - 14.

② 马丁·雅克. 中国崛起是世界和平及发展的有力保障，而不是威胁［EB/OL］. 中国日报新媒体，2020 - 09 - 21.

③ 达巍，蔡泓宇. 美国国家安全战略视阈下的中美关系50年［J］. 国际安全研究，2022（2）：3 - 46.

基本稳定。

第三阶段是 2010 年之后，遏制期。中国经济经过持续增长，2014 年，根据世界银行的衡量标准，按购买力平价方法计算，中国的 GDP 赶超美国。这一时期，按年计算，中国在全球经济增长总额当中占 1/3。而美国在 2008 年金融危机以后，经济增长一直疲软。在政治上，美国小布什时代履行新保守主义，挑起了各种战争，并且开始对中国有充分的提防之心。"9·11"事件和阿富汗战争令美国元气大伤，又遭金融危机重创。2009 年奥巴马当选总统后，开启了"重返亚太战略"，中美关系也进入遏制期。

第四阶段，2017 年以后，中美关系进入"新冷战"时期。中国和美国发展的反差改变了美国和西方的判断，不满的声音特别是来自劳动阶层群体的意见越来越多。随之而来的是民粹主义的兴起，对于中国的"挑战"，他们因认为自己失去了掌控全球事务的能力而感到焦虑，甚至将中国发展视为一种威胁，这对美国及西方国家的政治产生极大影响。美国作为世界第一大国，权力政治的强势回归、对崛起大国的战略焦虑、国家利益的排他性定义、地缘政治的再度兴起，都导致对华战略思维的转变。①

特朗普政府奉行"美国优先"政策，中美关系总基调由战略竞争向战略对抗转向。2017 年美国的《国家安全战略》报告提出，"经济安全即国家安全"。② 在此框架下，与中国大打贸易战、关税战，推动供应链的"去中国化"。新冠疫情的暴发进一步加剧了这种趋势，美国将矛盾直接指向中国的政治体制、发展模式与价值观。③ 拜登政府也按照"投资、结盟、竞争"战略对抗中国，维持特朗普政府时期对中国进口商品征收的大部分关税，禁止对中国的高科技出口。不仅是贸易战，美国也接连使用科技战、外交战、舆论战等强硬手段，中美关系跌至低谷。④

中美之间的贸易摩擦对双方和全球经济均产生了巨大影响。彭博经济学家丹·汉森（Dan Hanson）和汤姆·奥利克（Tom Orlik）2019 年的研究

---

①④ 秦亚青. 美国对华战略转变与中美关系走向 [J]. FRONTIERS, 2021 (8)：61.

② The White House, National Security Strategy of the United States of America [EB/OL]. The National Security Strategy Archive, 2017 – 12.

③ 达巍，蔡泓宇. 美国国家安全战略视阈下的中美关系 50 年 [J]. 国际安全研究，2022 (2)：28 – 30.

表明：美国 2019 年 5 月将 2500 亿美元中国出口商品的关税税率上调至
25%；中国采取报复行动将某些美国商品的关税提高了 5%~25%。如果关
税扩大到涵盖所有美中贸易，利用经济研究模型预测两年后即 2021 年，相
对于没有贸易摩擦的情况，中国和美国的产出将分别下降 0.5% 和 0.2%；
对全球产出（GDP）的影响也将达到顶峰，可能有 6000 亿美元的下滑。①

严莹和张晨（2022）的研究得出：贸易摩擦对中美双方的进出口贸
易、GDP 总量与福利水平都有显著负面影响；中国与"一带一路"沿线国
家开展的经贸合作，在一定程度上对冲了中美贸易摩擦带来的负面影响。②

中美两国管控冲突，在战略竞争条件下寻求共存与合作，维护世界秩
序的和平与稳定，是世界人民的期望。但目前看来，中美之间存在一场相
对持久的博弈，有时甚至会张扬激烈。

2.1.3　国际经济结构与实力变化

时至今日，自"二战"以后形成的世界经济格局已然发生巨大变化。
"二战"以后，直至 20 世纪 60 年代末期，美国占据世界经济霸主地位，
拓展海外市场，大量输出资本，确立美元主导地位，获取高额利润。从 20
世纪 70 年代至 20 世纪 80 年代后期，世界经济格局向着多极化发展，日本
经过赶超跃升为世界第二大经济体，欧洲共同体国家也纷纷崛起，呈现美
国、日本、西欧三足鼎立的局面。同时发展中国家和发达国家的差距进一
步拉大，利益冲突和对抗上升。从 20 世纪 90 年代开始，信息技术的推动
和对市场经济的全球认可条件下，世界经济合作加强，欧洲联盟、北美自
由贸易区和亚太经济合作组织等区域经济集团出现。跨国公司大发展，占
据世界生产总值的 1/3，全球化程度大大提升。近几年由于世界经济形势
下滑、国家间发展不平衡等问题，又出现了逆全球化的趋势。

中国自 2010 年跃升为世界第二大经济体。根据中国国家统计局计算，

---

① Ben Holland and Cedric Sam. A $ 600 Billion Bill: Counting the Global Cost of the U. S. – China Trade War [EB/OL]. Bloomberg, 2019 – 05 – 28.

② 严莹，张晨. 中美贸易战背景下"一带一路"沿线国家对中国出口贸易的影响研究 [J]. 哈尔滨工业大学学报，2022（3）：154.

2021 年中国 GDP 为 114.4 万亿元，占全球经济的比重预计超过 18%；人均 GDP 为 80976 元（折合 12551 美元）。中国在国际贸易中占有重要地位，从 2017 年以来，连续保持世界货物贸易第一大国地位，服务贸易占比也稳步上升，在"一带一路"倡议推动下，国际贸易数量和质量同步提升，在全球供应链中发挥重要作用。中国与全球经济一体化程度更高，在世界经济中的地位极其重要。

另一重要的经济体是印度。2020 年，印度经济总量超越英国，排在世界第 6 位。印度是全球增长最快的新兴经济体，根据印度国家统计局数据，2022~2023 财年印度 GDP 总增长率为 7.2%；而在 2021~2022 财年内，印度的 GDP 增长了 8.7%。[①] 基于印度高的经济增长速度，以及未来第一人口大国的预测，印度的丰厚人力资本将支持其越来越重要的全球经济地位。

在中美两国的贸易摩擦中，双方都受到创伤。但这场贸易摩擦的受益者是越南等一些迅速填补缺口的国家/地区。据彭博社 2019 年 6 月 3 日报道，野村控股一项研究发现，由于进口商选择调整进口来源国从而规避关税，越南是截至 2019 年 6 月美中贸易摩擦的最大受益国。2018 年二季度至 2019 年一季度，由于关税导致的贸易分流使越南增加的出口订单相当于该国国内生产总值的 7.9%；同期中国台湾增加的订单占 GDP 的 2.1%。它们增加的出口订单主要来自美国对中国征收关税的商品。该研究发现，中美两国的相互关税涉及 1981 类商品，其中半数以上商品的订单已被分流，使全球供应链中出现受益者。[②] 而在 2019 年上半年，越南对美国的贸易顺差增长 39%，达到 253 亿美元。[③] 美国对中国征收的关税使美国进口商在电子产品、家居和旅游产品上明显开始寻找替代来源国；而中国对美国征收的关税则使大豆、粮食、棉花和飞机等订单由美国转移到智利、阿根廷等第三国。[④]

---

① 印度经济增长维持较高速度 [EB/OL]. 法国国际广播电台网站，2023 - 10 - 03.

② Michelle Jamrisko. Vietnam Tops List of Biggest Winners From U. S. – China Trade War [EB/OL]. Bloomberg，2019 - 06 - 03.

③ Michelle Jamrisko. US – China Trade War: How Vietnam Has Economically Benefited [EB/OL]. Bloomberg，2021 - 10 - 29.

④ 资料来源：中国商务部网站。

　　基于这样的发展现实，研究者们提出了各种预测。根据经济历史学家安格斯·麦迪森（2010）的研究，到2030年，中国和印度两个国家的经济总量将可能达到世界经济总量的1/3。① 根据澳新银行首席经济学家沃伦·霍根（2014）的说法，到2050年，中国在全球GDP的占比将达到1/3，加上亚洲其他国家，整个亚洲对全球GDP的贡献比例将超过一半。而美国和欧洲加起来，占比将不足15%。② 普华永道2017年发布《2050年的世界》报告，列出了对全球32个最大经济体到2050年的长期全球增长预测，这些经济体约占世界GDP的85%。分析的主要结果包括：到2050年，世界经济规模可能翻一番以上，远远超过人口增长，这要归功于技术驱动的生产力持续提高。新兴市场（E7）的平均增长速度可能是发达经济体（G7）的两倍左右。因此，预计到2050年世界七大经济体中有6个将成为新兴经济体，其中中国（第一）、印度（第二）和印度尼西亚（第四）为首。到2050年，美国在全球GDP排名中可能跌至第三，而欧盟27国占世界GDP的份额可能降至10%以下。③ 根据英国剑桥大学前高级研究员马丁·雅克的2020年的演讲内容，他预测，到2030年，中国可能占到全球生产总值的1/3，那时中国的经济规模将达到美国的两倍。④ 另据澳大利亚洛伊国际政策研究所（Lowy Institute for International Policy）2022年的研究预测：中国由于人口下降、资本密集型增长的局限性和生产率增长逐渐下降，可能会经历长期增长大幅放缓。预测到2030年和2040年，年经济增长率将分别放缓至3%左右或2%，而从现在到2050年的总体平均增长率为2%~3%。⑤

　　根据各种研究，可以得出一个判断：目前的国际经济格局势必转变，到2050年，全球经济的中心会是在亚洲，这就需要一个不同的全球经济秩序。

---

　　① Wendy Dobson. 亚洲新势力－2030：世界经济重心转移 [M]. 赵长一，译. 北京：中国金融出版社，2010：3.

　　② 中国GDP到2050年占全球三分之一 [EB/OL]. 新华网，2014－04－09.

　　③ The World in 2050 [EB/OL]. 普华永道官网，2023－01－10.

　　④ 马丁·雅克. 中国崛起是世界和平及发展的有力保障，而不是威胁 [EB/OL]. 中国日报新媒体，2020－09－21.

　　⑤ Revising Down Rise China [EB/OL]. Lowy Institute for International Policy，2022－03－14.

2.1.4 技术推动下的产业结构变化

技术进步是推动经济增长的首要因素，也是促进产业结构演变的根本动力。以信息技术、新能源、新材料广泛使用为标志的第三次工业革命，推动了产业结构的升级和经济增长方式的变革，同时也深刻影响了人们的生活方式和思维方式。新一代信息技术产业、生物产业、高端装备制造产业、新材料产业、绿色低碳产业、数字创意产业等成为面向未来的战略性产业方向。

但是技术的发展在全球是不均衡的，技术的不均衡发展会带来产业结构转型的不均衡。在这一过程中，人才既是转型的基础性因素，也会顺应产业结构变化而进行再一轮的流动与配置。各个国家都制定面向未来的产业发展战略，并加大投资力度，培养吸收相关人才，以支持产业结构升级目标。

发达国家侧重以科技进步推动产业升级：实施"再工业化"战略，重振制造业，虚拟经济与实体经济并重；适应生态环境战略，发展绿色产业；重视小企业发展，大企业、小企业发展并重。美国在大数据处理与存储、智能制造、无线网络等方面技术领先，加大健康产业的研发投入，加强航天产业的竞争力。欧洲在未来作物[①]、移动通信、空间技术、新型燃料、运输技术、健康技术等方面着力发展。日本在信息家电、网络、IT、网络传播产业、电子制造业、生命科学、健康医疗等方面发展迅猛，新材料和海洋经济也是发展的战略重点。

新兴国家产业结构升级变动的趋势体现在几个方面：首先，加大新兴产业科技研发的投入。2011 年，全球研发投入比 2010 年增加 3.6%，达到1.2 万亿美元，其中美国占 34%，亚洲占 35%，欧洲占 23%。新兴经济体的研发投资增速明显高于发达国家，韩国、印度、俄罗斯、巴西的增速尤其明显。中国每年的研发支出都几乎以 10% 的速度递增，2011 年与日本研发支出水平相当。其次，相继制定了新兴产业发展战略，如中国的《战略

---

① 欧洲注重作物生产、农药使用及未来作物保护政策的选择。

性新兴产业发展"十二五"规划》，俄罗斯联邦的《2020 年前创新发展战略》，印度将 2010～2020 年确立为创新 10 年。最后，新兴国家在一些产业上对美国、欧洲和日本形成竞争。①

总体上看，世界产业格局形成四个阶梯：第一阶梯是美国、欧洲、日本等发达国家，处于后工业化阶段。第二阶梯是韩国、中国台湾地区、新加坡等，进入后工业化社会不久，产业空心化不严重。第三阶梯是中国大陆、印度、巴西、俄罗斯等新兴发展国家，产业结构差异较大。第四阶梯是南亚和非洲等发展中国家，处于工业化早期和中期阶段，承接世界各国的产业转移。

在信息技术的推动下，数字经济已成为把握新一轮科技革命和产业变革的战略选择，各国都在抢抓数字经济发展的新机遇。2021 年 12 月 16 日，兰德公司发布研究报告《全球数字技能差距：当前趋势及未来方向》（The global digital skills gap：Current trends and future directions）。该报告从宏观层面描述"数字技能差距"正不断扩大的现状，并指出数字技能差距的根本原因在于数字技术人才供需差距与脱节，进一步分析导致这种差距的几个影响因素：（1）数字化和新兴技术的应用加速了对数字技能的需求；（2）数字基础设施和社会不平等影响发展数字技能的机会；（3）仅靠传统的教育模式可能无法满足雇主对数字技能的需求；（4）新冠疫情加剧了创造条件以有效利用虚拟工作和商业数字解决方案的紧迫性；（5）技术进步需要员工掌握新技能，以灵活适应新的市场和工作环境。②

2.1.5　新冠疫情的冲击

2019 年 12 月以来，中国湖北省武汉市部分医院陆续发现了多例不明原因肺炎病例，后证实为是由 2019 新型冠状病毒感染引起的急性呼吸道传

---

① 周天勇. 世界产业结构变化态势及其影响［EB/OL］. 国家科技评估中心网站，2018 - 11 - 21.

② Rand. The Global Digital Skills Gap：Current Trends and Future Directions［EB/OL］. www. rand. org，2021 - 12 - 15.

染病。2020 年 2 月 11 日，世界卫生组织总干事谭德塞在瑞士日内瓦宣布，将新型冠状病毒感染的肺炎命名为"COVID‐19"。新冠疫情很快蔓延全球，成为全球大流行病，对各国人民的身心健康造成了巨大威胁，对世界经济产生了严重影响，甚至导致全球政治格局的演变。

世界各国应对疫情的主要做法是迅速推进疫苗的接种。牛津大学在线研究网站"以数据看世界"（our world In data）数据显示，截至 2022 年 3 月 21 日，全球新冠疫苗接种总数已达 11014706692 剂。[①] 疫苗接种率越高的地区，疫情感染率和病死率都有效下降更多，证明疫苗接种是有效的办法。各个国家也在根据疫情的发展与病毒的变异情况，不断地研发改进疫苗，并建议接种第三针、第四针。

除了疫苗接种，各国对待疫情的态度和做法是有较大分别的，而且随着各地疫情的不断变化，防疫措施的松紧度也不同，这主要体现在限制人口流动尤其是跨国流动和病患隔离等政策上。

到 2022 年，大部分国家（地区）选择逐步放松防疫措施，如加拿大对待新冠疫情防控政策从"一种强调要求"转向"建议"；意大利于 3 月 31 日结束了新冠疫情国家紧急状态；西班牙自 3 月 28 日起实施新的新冠病毒感染病例监控战略，对病毒检测结果呈阳性但没有出现症状或症状较轻的病例无须强制隔离；韩国政府表示，新冠疫情的死亡率正逐步降低到季节性流感的水平，因此将考虑调整其传染病级别。英国国民保健制度（NHS）于 3 月 20 日宣布，将开始为年长者和免疫力弱的民众接种第四剂新冠疫苗；日本政府于 7 月以后进口辉瑞疫苗和莫德纳疫苗，实施新冠疫苗第四剂接种。[②] 新加坡对待新冠疫情经历了从严格到放松的几个阶段。从 2022 年 8 月 29 日起取消大部分场所佩戴口罩的要求（除了医疗场所和公共交通），放宽未接种疫苗游客的入境限制，自此基本恢复生活常态。

中国在新冠疫情的防控上措施更为严格。基于人口众多、发展不平衡、人均医疗资源配置低于欧美国家、对疫情的认识和心理承受力等因素

---

① 资料来源：世界银行网站。

② 中国国际商会. 各国（地区）因新冠肺炎疫情实施相关应对措施［EB/OL］. 网易官网，2022‐03‐30.

的评估，中国从疫情一开始就坚持严控的防疫制度，在安全码管理、人员流动管理、进口冷链食品检查、病例分类管理、隔离政策等方面措施严格。这样一方面保护了人民健康安全，另一方面也付出了巨大的经济代价。到2022年，中国的"动态清零"防疫原则没有变，但在病例管理、检测标准、隔离要求等方面在作出缓和调整。2023年1月8日起，中国对新冠病毒感染从乙类传染病按甲类管理调整为"乙类乙管"管理，疫情管控基本放松。2022年12月至2023年1月，出现了新冠感染高峰，随后疫情逐渐减弱。

新冠疫情对全球人口健康造成重大影响。世界卫生组织统计数据显示，截至2023年3月21日，全球新冠疫情累计确诊病例超6.82亿例，其中682万例死亡。据统计，美国新冠肺炎确诊病例超过1亿例，累计死亡1.15万例。①

新冠疫情对世界经济造成的冲击主要体现在两个方面：第一是控制疫情的隔离措施对经济按下暂停键，从而对消费端和生产端同时造成压力。第二是由于恐慌情绪的蔓延导致投资者信心受挫，从而引发金融和资本市场的动荡。② 疫情造成的直接影响包括：（1）各国相继采取交通运输管制、限制人口流动等措施，国际贸易量大幅缩减，世界经济增速普遍放慢；（2）疫情对供应链形成冲击，各国的工业生产受到影响，尤其对全球价值链融合程度高的行业，如汽车、电子和机械设备，影响最为明显；（3）市场恐慌情绪蔓延，跨国投资信心受挫，全球金融市场出现大幅波动；（4）因为出行限制和经济下滑，消费者信心不足，消费需求下降，大量文化和体育活动取消，文娱产业、航空业、旅游业等产业遭到摧毁性打击；（5）供应链中断对全球贸易、经济增长和价格稳定造成了压力。由于小公司的利润率较低，资源有限，因此供应链紧缩对它们的打击尤其严重，许多企业被迫关闭。

疫情后的世界经济仍然艰难，尤其发展中国家面临更大风险。第一，全球经济前景黯淡，投资动力不足，融资成本上升，经济增长压力巨大。

① 世卫组织冠状病毒（COVID-19）仪表板［EB/OL］. 世界卫生组织网站，2023-04-10.
② 中国2000年报告：新冠疫情如何影响世界经济［EB/OL］. 毕马威官网，2022-07-04.

第二，许多国家的通货膨胀率仍然居高不下，民众生活质量受到影响。第三，由于地缘政治局势紧张，全球贸易仍面临巨大压力。第四，发达国家的央行在 2023 年继续加息，美国和欧洲的银行业动荡也给货币政策增加了新的不确定性和挑战，造成全球金融风险上升。第五，利率上升与发达经济体的金融量化紧缩，加剧了债务脆弱性，给许多发展中国家和转型期经济体带来陷入低增长和高债务恶性循环的重大风险。[①]

2.1.6　俄乌冲突的影响

2022 年 2 月 24 日，俄乌冲突拉开序幕，让本就遭受疫情重创的世界雪上加霜。而且，俄乌冲突并未像最初估计的那样很快结束，而是旷日持久，并且有更大范围更多国家卷入其中，演变成一种新时期的"世界大战"。美国、欧盟国家对乌克兰持续的武器与金钱资助，使乌克兰得以与俄罗斯战争对峙，但乌克兰想加入北约的想法一直没有得到支持，各方利益斗争错综复杂。

俄乌冲突为世界增添了不安全因素。同时，美国及其盟国对俄罗斯的全方位制裁与俄罗斯的反制裁，给全球经济带来巨大影响：国际能源、稀有金属和原材料价格急剧上升；全球粮食供应出现短缺。

在新冠疫情影响下，俄乌冲突又加剧了世界经济与政治的艰难处境。各国更以政治安全和经济安全的理由加深了彼此的隔离甚至是相互制裁，过去几十年建立起来的全球供应链、产业链和价值链都遭受沉重打击。疫情影响有多深远，俄乌冲突将发展到什么程度，这些都是未知的。但明显的是，世界又进入了一个"去全球化"的危局，这对于每一个国家都是影响巨大而深远的。

2.2　新加坡经济社会发展形势与关切

除了世界政治经济的大局势，新加坡自身的发展形势和关切的社会问

---

① 世界经济形势与展望［EB/OL］. 联合国新闻网，2023 - 05 - 16.

题也是其人才管理的大背景和人才政策的实施基础。

2.2.1　政治站位

新加坡是东南亚国家联盟（ASEAN，简称东盟）的重要一员，虽是小小的岛国，但在经济和区域政治的影响力上是举足轻重的。新加坡位于太平洋和印度洋连通要冲，自立国起就靠"通、联"二字确保国家生存、发展和繁荣。全球化的发展赋予新加坡经济与社会发展的强劲动力。但近几年，受疫情影响，全球产业链遭到冲击，加之地缘政治安全存在的不稳定因素，让新加坡的当前和未来面临巨大的考验和挑战，充满了不确定性。

新加坡自独立以后，李光耀外交战略思想的一个重要原则就是平衡外交。首先，坚持不结盟思想，与美国保持友好，但不建立正式盟国关系。其次，采取类似于瑞士那样的中立政策，多交友，少树敌，尽量在对立双方不选边站。最后，不选边站并不意味着不发声，而是选准议题、找准时机，阐述自己的看法和立场，彰显新加坡的存在和影响。①

新加坡与中国、美国两个世界大国之间的经济关联、文化关联是极其密切的，也因此一直与双方保持友好合作的关系。中国、美国都是新加坡最大的投资国，新加坡国家投资公司淡马锡的 2021 年的投资组合中，新加坡占 24%、中国占 27%、美洲占 20%。② 中国是新加坡最大的出口市场，与许多亚洲国家一样，新加坡的经济也从中国崛起中受益。而且占新加坡最大比例的华人与中国有相同的文化基因，交流与人员往来更为频繁。美国是新加坡的主要安全合作伙伴，也是新加坡重要的投资对象。新加坡对美国市场的投资占 2019 财年新增投资的最大份额，其后是欧洲和中国；2020 年、2021 年继续加大在美国的投资，2021 年则减少了对中国的投资。③ 但两个超级大国之间的摩擦尤其是近几年的激烈贸易摩擦，威胁到了新加坡在区域间一直保持的这种微妙平衡，因此新加坡对待中美关系的

---

① 观点参考自深圳大学新加坡研究中心主任吕元礼的演讲内容。资料来源：东博社. 新加坡在中美之间的"平衡外交"，将如何取舍？［EB/OL］. 网易网站，2017 - 07 - 17.

② 资料来源：新加坡淡马锡投资公司 2021 年年报。

③ 资料来源：新加坡淡马锡投资公司官网。

态度是备受关注的。

2021 年 3 月 12 日，新加坡总理李显龙在接受英国广播公司采访时，表达了对中美关系的看法和新加坡的政治站位。李显龙期盼新任美国领导人成为"相信多边主义和国际贸易"的领导者。他也谈到了两者之间争夺全球主导地位的争论，他说："美国仍然排名第一，但第二名（中国）紧随其后，这是美国很难接受的"。

尽管如此，李显龙表示，新加坡无法支持任何一方。他说："这对许多国家来说是一个问题，这便是为何我们大家都期望并鼓励两个大国在决定另一方是敌手之前，必须非常仔细地考虑，如果无法打倒对方，那就压制对方。""我们希望大家共同繁荣和共同生活在一个稳定世界中。"在新冠病毒大流行和激烈的反全球化背景下，李显龙认为，全球化仍然有很大发展空间，特别是考虑到在新冠疫苗研发上进行合作。他说："你无法避免彼此合作……不可能再回到贫穷、绝望，以及那些不稳定和冲突的地方。"①

新加坡既定的下一任领导者，副总理黄循财在 2022 年 4 月 18 日，到访美国时在一场对话会上表示，中美两国间通过合作方式可"为世界带来更好的结果"，这远比试图遏制中国的崛起更好。中国的上升趋势不可阻挡，尝试围堵中国崛起不仅十分困难也不会有效。这是新加坡执政党第四代领导团队新领导人首次就中美关系的表态，就是不希望中美发生冲突、对抗，希望双方在共同利益基础上有更多合作，也真实反映了新加坡对自身所处安全环境的担忧。对于"独立于中国的安排"的"印太经济框架"的产生，黄循财公开主张无论是《跨太平洋伙伴关系全面进步协定》还是"印太经济框架"，都不应排斥中国。"这是该地区建立共同利益、相互依存关系的一种方式，也是确保各国远离冲突的一条道路。"②

可见现任总理李显龙和后任总理黄循财都遵循历代新加坡政府和领导人所确立和延续的"开门做生意"和"不选边站"策略。当然，如何在复杂的国际政治局势里面保持稳健的政治智慧，并采取合宜的真实举动，平

---

① 李显龙专访：美中摩擦继续，新加坡无法选边站［EB/OL］. BBC News，2021 – 03 – 12.

② Lawrence Wong. US and China can have Better Outcomes Through Engagement，Rather than Containment［EB/OL］. The Straits Times，2022 – 04 – 19.

衡好在两个对立的重要合作伙伴之间的关系，是对新加坡的持续考验，也会直接影响到自身发展的方方面面。

　　新加坡在自身的政治建设上，也是以一种开放、多元的态度来迎接未来的内外部挑战的。黄循财说，新冠疫情和俄乌冲突是历史的重大转折点，将把我们带进全新的、不同的世界。新一代新加坡人也进入成年，有着不同志向和期许，包括渴望更多元的社会、更多的制衡制度。"这意味着我们必须更广泛地检视我们的目标和优先事项，思考我们要如何集体更新和加强我们的社会契约，以及我们要如何确立建设下一阶段新加坡的使命。"①

2.2.2　经济形势

　　近十余年，在世界经济平均增速放缓的大环境下，新加坡的 GDP 增长率还是较为显著的。2010 年，新加坡 GDP 增速高达 14.52%，在主要经济体中增速最高，是从 2008 年金融危机中恢复最为迅猛的经济体（见表 2-1）。2010~2018 年的 9 年间，新加坡 GDP 平均增速为 5.42%，远高于美国、英国、澳大利亚、加拿大、德国、法国、日本等其他发达国家 2% 左右的平均增速，也比亚洲地区的日本、韩国的经济增速要高得多。2019 年，受贸易摩擦、地缘政治紧张等逆全球化因素的影响，新加坡的经济增速仅为0.73%。2020 年世界各国又受到新冠疫情的沉重打击。此后随着疫情防控政策的调整，2021 年经济发展恢复，新加坡出现了 7.61% 的增长，在发达经济体中表现优异。2022 年，新加坡经济增速降为 3.6%，较为稳健。

表 2-1　　　　　　2010~2022 年世界主要经济体 GDP 增速　　　　　单位：%

国别或地区	2010年	2011年	2012年	2013年	2014年	2015年	2016年	2017年	2018年	2019年	2020年	2021年	2022年
新加坡	14.52	6.21	4.44	4.82	3.94	2.98	3.56	4.66	3.66	0.73	-4.14	7.61	3.60
美国	2.71	1.55	2.28	1.84	2.29	2.71	1.67	2.26	2.92	2.29	-3.4	5.67	1.90
加拿大	3.09	3.15	1.76	2.33	2.87	0.66	1.00	3.04	2.78	1.88	-5.23	4.56	3.40

---

　　①　第四代团队将启动集思广益工作，制定国家下来 10 年及长远路线图［N］.新加坡联合早报，2022-05-01.

续表

国别或地区	2010年	2011年	2012年	2013年	2014年	2015年	2016年	2017年	2018年	2019年	2020年	2021年	2022年
澳大利亚	2.17	2.47	3.92	2.60	2.56	2.17	2.74	2.30	2.87	2.11	-0.28	1.48	4.30
英国	2.13	1.46	1.47	1.89	2.99	2.62	1.72	2.13	1.25	1.67	-9.27	7.44	4.30
法国	1.95	2.19	0.31	0.58	0.96	1.11	1.10	2.29	1.87	1.84	-7.86	6.96	2.50
德国	4.18	3.93	0.42	0.44	2.21	1.49	2.23	2.68	1.09	0.56	-4.57	2.89	1.80
日本	4.10	-0.12	1.37	2.01	0.30	1.22	0.52	1.68	0.79	0.65	-4.51	1.62	1.00
韩国	6.80	3.69	2.40	3.16	3.20	2.81	2.95	3.16	2.91	2.24	-0.85	4.02	2.60
中国	10.64	9.55	7.86	7.77	7.43	7.04	6.85	6.95	6.75	5.95	2.24	8.11	3.00
中国香港地区	6.77	4.81	1.70	3.10	2.76	2.39	2.18	3.80	2.85	-1.25	-6.50	6.42	-3.50
印度	8.50	5.24	5.46	6.39	7.41	8.00	8.26	6.80	6.45	3.74	-6.60	8.95	7.20

资料来源：快易理财网，世界银行网。

虽然新加坡的经济增长已明显放慢，但与其他发达国家相比显示出相当的弹性与适应性，并且近些年博得几个"第一"的盛名：第一是被评为"世界上最具竞争力的经济体"（IMD 的《世界竞争力年鉴》，2010 年、2019 年、2020 年；世界经济论坛的《全球竞争力报告》，2019 年）。经济自由度指数也是连续高居全球榜首（美国传统基金会的《经济自由度指数》，2020 年、2021 年、2022 年）。

第二是"世界政治和运营最稳定的国家"。新加坡以政治稳定、低腐败率和透明的公共机构，以及稳健的货币和财政政策，加上健全的司法体系，被评为"投资风险最低的国家"。根据 2019 年第三季度的欧洲货币国家风险调查，新加坡荣列"投资风险最低的国家"第一名，其后是瑞士、丹麦、挪威、瑞典。

第三是"世界上最大的外国直接投资接受国"。新加坡凭借多元发展的制造业（航天、能源化工、电子、信息通信、物流供应链管理、生物制药、医疗科技、创意产业等）和与之协同不断增长的服务业来吸引外国投资。2019 年新加坡接受了 1114.8 亿美元的外国直接投资，比 2018 年增长了 37.32%，占年 GDP 总值的 29.69%。① 根据美国知名财经杂志《全球金

---

① 新加坡外商直接投资（1960～2024）［EB/OL］. Macrotrends，2022 - 12 - 05.

融》公布的 2019 年吸引外国直接投资榜单，新加坡全球排名第一。新加坡不仅通过东盟开展世界业务，2020 年 11 月 15 日还与 14 个国家签署了世界最大的贸易协定——《区域全面经济伙伴关系协定》（regional comprehensive economic partnership，RCEP）①，通过该协定扩大和深化亚太地区的经济联系，简化商品和服务贸易，加强诸如电子商务和知识产权保护方面的努力，促进外国投资流动。

从质量上看新加坡也有着健康的经济增长。根据国际货币基金组织统计数据，2013 年，新加坡人均 GDP 就超过美国，达到 5.1 万多美元，在亚洲排名第一；拥有净值百万美元资产的家庭占全国家庭总数的 17%，排名世界第一。2022 年，新加坡人均 GDP 上升为 8.28 万美元。②

新加坡一直保持较高的就业率。这归功于其拥有敏捷性、适应性和积极性都较高的劳动力队伍。新加坡重视人才发展，除了一流的教育体系外，全国性技能培训计划也确保劳动者能够跟上经济发展的变化。

2.2.3　未来经济与产业发展重点

进入 21 世纪，新加坡的两个关键产业是制造业和服务业。尤其是近 10 年，半导体制造业、服务业迅猛增长，占新加坡经济总量的 1/3；金融服务和旅游相关服务的主体增长成为新加坡经济的主要动力；金融科技、机器人、创意 IT 解决方案、航空航天和先进制造业等新兴产业也在发挥重要的经济促进作用。

新加坡一直把科技视为国家经济发展的重要引擎，目前经济发展的重点是高科技创新型产业。自 2014 年提出智慧国愿景以来，新加坡政府便紧跟未来发展趋势，联合业界全力推动数字化转型进程，扶持数字经济发展。③ 近几年，新加坡持续加大投资以做好数字化准备，吸引高科技企业和资本进入，吸引科技人才和创业人才进入，创造亚洲最佳数字化转型环

---

① RCEP 成员占世界经济的 30% 和 1/3 的人口，包括所有 10 个东盟成员国和主要合作伙伴：澳大利亚、中国、日本、韩国和新西兰。
② 资料来源：世界银行网站。
③ 资料来源：《全球信息技术报告（2015、2016）》。

境，也在争取世界第一、最佳表现智慧城市。①

2017 年 4 月，新加坡政府推出"中小型企业数字化计划"，大规模扶持并推动中小型企业进行数字化转型。2019 年 6 月，由新加坡企业发展局、新加坡经济发展局和新加坡资讯通信媒体发展局成立新加坡数字产业发展司，协助新加坡电子商务、金融科技等领域企业进入亚洲市场，推广新加坡在网络安全、人工智能、云端科技等领域的解决方案。2019 财年政府在信息、通信和技术产业上招标 26 亿新元；2019 年智慧城市项目投资预算大于 10 亿美元；政府对人工智能投资 5 亿新元。2020 年 5 月，新加坡政府发布预算案，共拨款超过 5 亿新元协助推进企业数字化，包括推出"强化数字能力奖励"等激励计划。②

在这样的支持与推动下，新加坡在资讯通信、金融科技、电子商务等领域迅猛发展，为新冠疫情冲击传统线下经济的形势下，开辟了一条发展之路，不仅促进了国家经济复苏，也为海外投资创造了崭新机遇。

在资讯与通信方面，新加坡全面开启 5G 时代。5G 作为最先进的通信技术，正在成为数字经济的加速器，引领产业的全方位变革，广泛应用于互联网、交通运输、物流、电子商务等产业。同时，新加坡的相关基础设施建设如半导体产业链、光纤网络等也将从中获益并迎来新的增长点。③

在金融科技方面，新加坡推动"零接触金融"发展。在由排名分析公司 Findexable 发布的《全球金融科技指数城市排名 2020》报告中，新加坡在全球城市中位列第四，亚太地区之首。金融科技发展主要包括以下方面：（1）数字银行牌照，2019 年 6 月新加坡货币管理局宣布将向非银行机构发布数字银行牌照；（2）电子支付系统，2018 年新加坡推出全球首个统一付款 QR 码"SGQR"，支持 27 种支付模式，包括 PayNow、NETSPay、PayLah！等本地付款应用，以及支付宝和微信支付等海外应用；（3）创新比赛，举行一年一度的新加坡金融科技节（Singapore fintech festival）和新加坡创新技术周（SWITCH），汇集行业企业与专家，交流共享前沿科技并促进合作。2020 年 6 月，新加坡金融管理局启动"MAS 全球金融科技创新

---

① 资料来源：新加坡经济发展局网站。

②③ 新加坡紧跟未来发展趋势，扶持数码经济发展［EB/OL］. 新加坡经济发展局网站，2021－05－28.

挑战赛"（MAS global fintech innovation challenge），以"建立抵御，抓住机遇，不断壮大"为主题，推动亚洲金融弹性与绿色发展，同时应对疫情与环境的变化。①

在电子商务方面，新加坡建立通向东南亚的广阔电商市场，目前拥有Lazada、Shopee、Amazon 等电商平台，努力建设全球电子商务中心。根据谷歌、淡马锡和贝恩公司联合发布的《2022 年东南亚数字经济报告》显示，2022 年，新加坡、马来西亚、印度尼西亚、菲律宾、泰国、越南六国的数字经济市场规模达到 2000 亿美元，比预期达到这一数值的时间提前了三年。② 新加坡数字经济实现了强劲增长，GDP 占比从 2017 的 13 % 提升至 2022 年的17.3%，2022 年对国内生产总值贡献了 1060 亿新元，在技术领域创造了 20 万个就业机会。③

2.2.4　当前面临的经济问题

1. 经济增长放缓

2010 年以后，新加坡的经济增长明显放缓。2015 年，新加坡经济增长率仅为 2.98%，出口下滑 0.1%，为连续第三年下降，工业生产也创近年最大降幅。④ 2016 年略有好转，此后增长乏力。2019 年中美之间旷日持久的贸易战和电子行业的全球周期性低迷，更令新加坡遭受了沉重打击，GDP 增速降至 10 年内最低水平，仅为 0.73%。2020 年，又遇新冠疫情，GDP 增速更是低到 −4.14%。经济衰退会直接导致社会就业减少、政府财政能力和转移支付水平降低、社会保障能力下降、公共服务供给不足等问题。

新加坡还面临着贫富差距明显的问题。2014 年新加坡基尼系数为0.464，贫富差距高于国际上其他发达经济体。根据国际慈善组织乐施会发

① 新加坡紧跟未来发展趋势，扶持数码经济发展 [EB/OL]. 新加坡经济发展局网站，2021 − 05 − 28.

② Google, Temasek and Bain & Company . Through the Waves, Towards a Sea of Opportunity [EB/OL]. temasek，2022 − 10 − 27.

③ 新加坡数字经济快速增长对 GDP 的贡献率17%以上 [EB/OL]. 越通社网站，2023 − 10 − 09.

④ 焦点：新加坡金管局放松货币政策机率上升 因经济成长前景弱化 [EB/OL]. 路透社网站，2016 − 02 − 12.

布的"2018 减少不平等承诺指数"（commitment to reducing inequality index），新加坡在 157 个国家中，排在第 149 位，为倒数第八名。这个指数不是体现一个国家的实际贫富差距，而是衡量该国政府在减少贫富差距方面有多大作为。

近几年，新加坡政府针对低收入群体采取了各项措施来提高收入，受雇居民住户收入差距有所下降。根据新加坡统计局数据，基尼系数 2018 年为 0.458，2019 年为 0.452，2020 年为 0.452，2021 年为 0.444。但另外，拥有较高技能的雇员收入也正在日益增加，继续拉大收入差距。新跃社科大学商学院特斯拉博士认为，"这一趋势预计将持续下去，成为政府解决不平等问题的一股强大阻力"。①

2020 年开始，面对疫情的冲击，新加坡推出了多轮经济刺激和扶助方案。2020 年共投入了近 1000 亿新元，用以缓解疫情对企业和家庭造成的冲击。据财政部长王瑞杰表示，这一金额几乎占到了新加坡 GDP 的 20%。在这一系列经济刺激方案中，重中之重是保护就业。② 2021 年，新加坡政府拨出约 12 亿新元财政预算用以扶助公民、员工和企业的各项措施。③ 根据 2022 年财政预算案，政府将拨款 10.6 亿新元，继续帮助受影响的企业和家庭渡过难关，其中 5 亿新元用于就业及企业援助配套。④ 疫情未来反复不确定，这给财政造成了很大的压力。

2021 年新加坡经济恢复，实现 7.61% 的高增长。但 2022 年第二季度，占经济总量 23% 的制造业出现下滑，不仅电子支柱产业低迷（电子集群从之前的 22.3% 同比下降 6.3%），化学和生物医药集群在上半年也出现负增长。其主要原因是出口目的地的贸易活动疲软，新加坡最大的两个合作伙伴——中国大陆和香港地区的需求放缓。"如果这种趋势继续下去，最

---

① 新加坡贫富收入差距缩小，基尼系数自 2000 年第二低 [EB/OL]. 新加坡统计局网站，2022 - 02 - 17.

② 新加坡陷入史上最严重经济衰退，加强地区经济合作有助缓解 [EB/OL]. 第一财经网，2020 - 07 - 16.

③ 黄循财部长声明：政府拨款 12 亿新元扶持受防疫措施影响的国人 [EB/OL]. 新加坡联合早报，2021 - 07 - 05.

④ 五大重点看 2022 年财政预算案 [EB/OL]. 新加坡联合早报，2022 - 02 - 18.

终可能会成为一个令人担忧的问题。"①

　　新加坡作为世界最开放的经济体之一，高度依赖国际贸易，对于外部的冲击非常敏感，其经济表现可视为全球经贸健康状况的指标。新加坡联昌国际私人银行的经济学家宋诚焕在 2020 年曾说："新加坡是一个开放的小型经济体，贸易规模是国内生产总值的三倍。经济总量的急剧收缩反映了新加坡对外部事件影响的脆弱性。"② 虽然预计复苏将保持弹性，但新加坡最大贸易伙伴中国的发展，以及乌克兰战争导致的全球经济分裂等重大的不确定性给复苏前景蒙上了阴影，包括更多供应链中断、大宗商品价格上涨、最大发达经济体利率上升和主要贸易伙伴需求疲软带来的风险。③ 因此，新加坡贸工部将 2022 年的 GDP 增长预测从早先的 4% 下调至 3.5% 左右。对于 2023 年，GDP 增长的预测进一步降低至 0.5%~2.5%。④

2. 物价上涨、通胀率上升

　　过去 10 年内，新加坡的物价上涨明显，生活成本不断上升。根据经济学人智库发表的 2021 年《全球生活成本》调查报告，揭示全球十大生活成本最贵的城市。亚洲城市当中，新加坡、中国香港、大阪继续位列前十，新加坡排名超越中国香港成为第一（2020 年新加坡排第四，中国香港排第一）。在全球范围内，新加坡的"生活成本指数"为 104，与法国巴黎并列第二，排在以色列特拉维夫之后。⑤

　　新加坡金融管理局及贸工部 2022 年 6 月 23 日联合发布的新闻稿显示：新加坡 2022 年 5 月核心通胀率（不包括个人陆路交通费及住宿费）上升至 3.6%，创 13 年（自 2008 年）以来最高水平；整体通胀率则为 5.6%，

①　Nicholas Mapa. Singapore's Economy is Losing Steam ［EB/OL］. ING THINK，2022 – 09 – 05.

②　资料来源：财经网。

③　Krishna Srinivasan，Lamin Leigh. Singapore's Economy Rebounded on Decisive Policy Action，But Challenges Lie Ahead ［EB/OL］. International Monetary Fund，2022 – 08 – 24.

④　Ovais Subhani. Singapore's Slowing Growth Carries Risk of Technical Recession in 2023：Analysts ［EB/OL］. The Straits Times，2022 – 11 – 24.

⑤　Arina Sofiah. 2021 年全球十大最贵城市：新加坡超越中国香港，并出现新冠军 ［EB/OL］. 人力资源在线网，2021 – 12 – 02.

也是自 2011 年 11 月以来最高水平。而截至 2022 年 7 月，总体通胀率推高至 7.0%，核心通胀率急剧上升至 4.7%。食品价格上涨是通胀率急剧上升的主要原因之一；私人交通和公共交通成本价格大幅上涨；租金成本价格压力也很明显。① 据调查，2022 年，新加坡房租上涨 20%，蔬菜价格上涨高达 30%，水电费创 14 年新高，出租车起价，拥车证达 11.3 万新元。工资涨幅赶不上通胀快，加速的通胀最终会削弱消费。鉴于消费对经济总量的贡献为 35%，即使私人消费略有下降也会影响整个 GDP 的前景。

同时，新加坡消费税、个人所得税、房产税的上调都将进一步加大生活成本。（1）消费税：政府在 2022 年的财政预算案中宣布，将在 2023 年、2024 年分两阶段上调现今的 7% 消费税。消费税在 2023 年 1 月 1 日调高到 8%，2024 年 1 月 1 日再上调至 9%。（2）个人所得税：新加坡将从 2024 估税年起，调高个人所得税，主要针对高收入群体。征税收入超过 50 万元到 100 万元的部分，将被征税 23%；超过 100 万元的部分，从 22% 上涨到 24%。（3）房产税：新加坡将对年价值超过 3 万新元的自住住宅物业征收更高的房产税。这些物业占新加坡所有自住住房单位的前 7%，加税将分 2023 年和 2024 年两个阶段进行。

生活成本的上升，造成了新加坡人的普遍担忧，尤其是对年轻人的冲击比较大。智能投资顾问公司智安投（Endowus）在 2022 年 1 月至 2 月对 680 名来自不同的年龄层和背景的新加坡人进行了一次调查，调查显示：在 21~29 岁的受访投资者中，有 58% 最担心即将上调的消费税；有 13% 担心房价上涨会对他们的财务状况造成影响。另外，问到最担忧的财务问题时，调查也显示，45% 受访的新加坡人认为是通胀问题。担心退休金是否充足的人占比 27%，担心新冠疫情对工作保障和工资影响的人，占 12%。②

鉴于新加坡的经济复苏和通胀上升，对未来一两年新加坡的财政政策和货币政策都有较高要求。财政政策需要逐步正常化，同时又能有针对性地支持受疫情影响的行业来扩大复苏。如果有超出预想的进一步风险，还

---

① Nicholas Mapa. Singapore's Economy is Losing Steam ［EB/OL］. ING, 2022 – 09 – 05.

② 调查：担忧通胀和生活成本上升，五分之四受访新加坡人拟增加投资 ［EB/OL］. 中国国际贸易促进委员会网站，2022 – 04 – 30.

需要充足的财力来缓冲经济影响。货币政策要紧缩以应对高通胀的持续存在，但这种紧缩也必须是灵活的，还要审慎防范金融风险，包括房价偏离过大导致的脆弱性增加，以及利率上升导致家庭和企业债务增加。[①] 在这等挑战情势下，新加坡经济未来发展怎样？还需要拭目以待。

新加坡当前的经济问题，一方面，事关整体经济转型与发展局势，影响着劳动力市场的需求；另一方面，直接影响到本地居民和外来人员的就业心态与选择，人力资本与金融资本更趋保守的倾向，劳动力市场的供给产生变化。劳动力市场供求变化对人才管理形成新的挑战。

2.3　人口结构不平衡的压力

人口结构不平衡是新加坡当前发展面临的主要社会问题，体现为低生育造成人口补偿不足和老龄化日趋严重。这就造成新加坡劳动力不足的窘境，为此必须通过引进外国人才来予以补足，也就造成了对移民的依赖。人口与劳动力既是人才管理的基础条件，同时也是人才管理的主要着力点，是人才管理目标的一个重要组成部分。

发达国家中，美国、日本、德国、加拿大、澳大利亚等出生率都低于2.1，新加坡、韩国的人口出生率只有1.2。经济发达程度与生育率之间，呈现的是一种复杂的相关关系：从短期来看，经济增速、家庭收入增速与生育率呈正相关；但从长期来看，情况则恰恰相反，经济增速与生育率呈负相关。

2.3.1　人口总数与增长率下降

在人口政策方面，新加坡历经几个阶段。在独立之初，面临着强大的生存压力，政府在1966~1986年实行了抑制生育的方针，这一阶段，新加

---

① Krishna Srinivasan, Lamin Leigh. Singapore's Economy Rebounded on Decisive Policy Action, But Challenges Lie Ahead ［EB/OL］. International Monetary Fund，2022 - 08 - 24.

坡人口增长率一再下降，1977 年人口增长率下跌至 20 年来的最低点。新加坡政府意识到人口替代率过低将会带来的严重后果，从 1987 年开始实行鼓励生育的政策，这在一定程度上提升了人口出生率和增长率。2001 年，出台了鼓励结婚和生育的一揽子计划，2004 年、2008 年又进一步完善此计划。但是，生育政策并未能扭转生育率下降的趋势。表 2 – 2 显示了新加坡人口粗出生率、粗死亡率、总和生育率和自然增长率的历史数据，可见人口增长的显著下降趋势。

表 2 – 2　　新加坡人口粗出生率、粗死亡率、总和生育率与自然增长率　　单位:‰

时期	粗出生率	粗死亡率	总和生育率①	自然增长率
1950～1955 年	46.5	9.0	6.61	37.5
1955～1960 年	42.3	6.9	6.34	35.4
1960～1965 年	33.6	5.6	5.12	28.0
1965～1970 年	25.2	5.5	3.65	19.7
1970～1975 年	22.1	5.3	2.82	16.8
1975～1980 年	16.9	5.1	1.84	11.8
1980～1985 年	16.0	5.1	1.59	10.9
1985～1990 年	17.9	4.9	1.70	13.0
1990～1995 年	18.7	4.3	1.84	14.4
1995～2000 年	14.4	4.4	1.58	10.0
2000～2005 年	10.2	4.6	1.33	5.6
2005～2010 年	8.9	4.6	1.25	4.3
2010～2015 年	9.5	5.1	1.37	4.4
2015～2020 年	7.4	4.5	1.00	2.9

资料来源：Department of Economic and Social Affairs Population Division. World Population Prospects 2022 [EB/OL]. United Nations, 2022 – 12 – 03.

　　新加坡的低生育率问题突出。过去 30 年来，新加坡的生育率一直低于 2.1 的替代水平。据新加坡国家人口统计数据，2018 年新加坡全年生育率为 1.14，排名全球倒数第一。② 根据 2021 年新加坡人口报告，新加坡的整

---

　　① 总和生育率，是指平均每对夫妇生育的子女数。国际上通常以 2.1 作为人口世代更替水平，也就是说，考虑到死亡风险后，平均每对夫妇大约需要生育 2.1 个孩子才能使上下两代人之间人数相等。通常把低于 1.5 的生育率称为"很低生育率"。
　　② 李政毅，何晓斌. 新加坡面向创新驱动型经济的人才政策经验与启示 [J]. 社会政策研究，2019（2）：34.

体生育率从 2020 年的 1.10 微升至 2021 年的 1.12。

人口增长率下降是新加坡目前面临的一个人口人才的基础性难题。人口增长率在 2003 年曾降到 -1.5%。在婚育政策的刺激下，2004 年开始转为正增长，2008 年达到一个高峰 5.3%。但其后又急转直下，2010 年降至 1.8%。此后的十年人口增速达到了 1965 年建国以后的最低值，2011 年为 2.1%，2012 年达近十年来的最高峰 2.5%，此后持续下降，2017 年达到 0.1%，2018 年、2019 年出现短暂上升，2020 年开始连续两年负增长，2021 年的人口增长率更是降到 -4.1%（见图 2-1）。

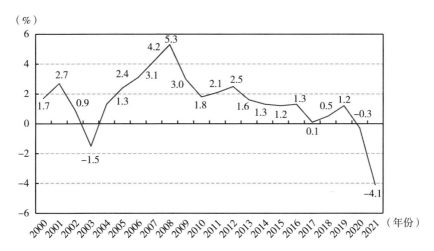

图 2-1　2000～2021 年新加坡人口增长率

资料来源：世界银行。

2.3.2　人口老龄化问题加重

一方面是人口出生率下降，另一方面是老龄化问题。根据世界银行数据，2006 年新加坡 65 岁以上人口占总人口的比例达到 7%，正式进入了老龄化社会。2009 年（7.02%）以后，随着生育率的持续下降和人口寿命的不断延长，新加坡人口老龄化发展速度更快，2021 年超过 14% 的界限达到 14.3%（见图 2-2），标志着新加坡已经进入中度老龄化阶段。[①] 根据新

---

① 根据国际标准，65 岁以上人口占比 7%～14% 为轻度老龄化，14%～20% 为中度老龄化，21%～40% 为重度老龄化。

加坡国家统计局发布的《2020年新加坡人口普查报告》，新加坡整体年龄中位数已从37.4岁步入41.5岁，65岁以上老龄人口2020年达到75.91万人，比2010年多了39.05万人。

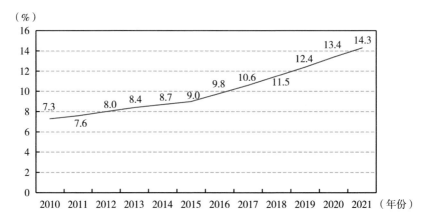

图2-2 2010~2021年新加坡65岁以上老龄人口占比情况

资料来源：世界银行。

与之相对应，新加坡15~64岁人口占比在逐年下降（见图2-3），2010~2020年这一比例下降了4.7个百分点，这也就意味着劳动力人口比例下降。

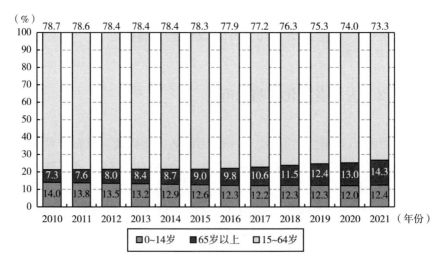

图2-3 2010~2021年新加坡人口年龄结构占比情况

资料来源：华经产业研究院网站。

2.3.3　对外来人才补充的依赖

新加坡的人口数量与结构发展特征，造成严重的劳动力不足问题。为满足劳动力需求，新加坡必须引入外国劳动力来补充供给。新加坡既需要补充一定数量的基础劳工，也需要引进高级人才以支撑和促进其经济转型与增长。引进国际人才，是新加坡一直以来坚持的一项人才战略。对于外籍人才的需求及其重要性，在历届领导人的施政策略中都有特别强调。

新加坡对外国人才的依赖，也加深了国际人才市场对其的影响，从生产、贸易等物力到人力均高度嵌入国际市场，从而也显示了一定的不确定性与脆弱性。特别是近些年，新加坡更加重了对外来人才依赖的问题。而全球各主要经济体都展开人才大战，尤其亚洲主要人才出口国中国和印度都加大了人才保留的力度，这对区域人才市场供给产生了巨大影响，这是新加坡不得不面对的客观条件。

此外，新加坡还面临人才外流问题。21世纪，在国外的新加坡人约占全国人口的3.3%。[①] 而且，外流的人口中还以受过高等教育的优质人才为主。这种情况加剧了新加坡人才不足的问题。

2.4　族群差异、代际文化差异与冲突

新加坡本来就是多种族国家，宗教不同，文化习惯也很不同。加之外籍人才大量进入，势必与本地人产生资源争夺，还涉及融入和协调问题。有差异，就有冲突。因此，种群融合和外籍人员融入，一直是事关新加坡稳定与团结发展的大问题。此外，社会文化的差异冲突不仅体现在不同国别、族裔的民众之间，而且在不同的年龄层次人群之间的差异也越来越大。可以说，这种种群、代际文化差异既是新加坡社会融合创新的基础，

---

① 新加坡"准马克思"社会下的人口流动，不寻常的人才外流 [EB/OL]. 快资讯，2020 – 05 – 23.

也是人才管理过程中的挑战。

2.4.1 种族差异与冲突

新加坡是个多种族、多宗教和多语言的社会。2020 年新加坡人口普查显示,族群比率 10 年来保持稳定,华裔、马来裔和印度裔分别占居民人口的 74.3%、13.5% 和 9.0%。人口普查还首次发现,英语已取代中文,成为新加坡人在家中最常说的语言,但多数人也会在家说第二种语言。[①] 截至 2020 年,在新加坡出生的居民国家人口比率分布如下:新加坡人 > 马来西亚人 > 中国人 > 印度人 > 印尼人 > 其他。各国人口在新加坡出生的比率跟 10 年前相比差别不大。[②] 各族群的语言不同、宗教不同、节庆、饮食等文化习俗也大不相同。根据新加坡政府网站资料,各族群渊源和特点如下[③]所示。

华族是新加坡最大的族群,大约占全国人口的 3/4。因此,华族文化在新加坡的方方面面都占据着突出地位,从语言和食物到娱乐和节日,都是如此。大多数华族来自中国的福建和广东等南方各省份。来自闽南语和潮州话方言区的华族人数最多,其次是来自粤语区、海南话方言区和其他少数方言区的华族。

马来族是第二大族群,是新加坡最早的定居者,他们的文化也影响了后来到达这里的其他族群。新加坡马来族人最早来自周边地区,包括印度尼西亚群岛中的爪哇岛和巴韦安岛,以及马来半岛。本地人讲的马来语更接近于马来半岛的马来语,而非印尼群岛的马来语。

印度族是新加坡的第三大族群,而且新加坡的印度族是海外印度族人数最多的族群之一。自 1819 年英国人在新加坡定居以来,许多印度族人从印度南部来到这里。目前,新加坡约有 60% 的印度族居民都是淡米尔人的后代。新加坡一半以上的印度族裔居民都信奉印度教。

欧亚族,生活在新加坡的欧亚族人虽然人数少,但影响力深远,是展

---

① ② Singapore Census of Population 2020 [EB/OL]. Department of Statistics Singapore,2021 - 07.

③ 资料来源:新加坡旅游局和新加坡经济发展局合作推出的联合形象品牌"心想狮城"网站。

现东西方融汇共生的一个鲜活缩影。欧亚族人融合了欧洲人和亚洲人的血统，自从 19 世纪初就开始在新加坡生活。大多数新加坡欧亚族人的欧洲祖先是葡萄牙人、荷兰人或英国人，而他们的亚洲祖先则是中国人、马来人或印度人。

新加坡的人口中还有土生华人，也称为海峡侨生。新加坡土生华人的起源可以追溯到 15 世纪的马六甲，当时土生华人的祖先是那些与当地马来族女性通婚的华族商人，土生华人是反映数百年来东南亚多元文化交融的独特族群。

1964 年 7 月 21 日，新加坡发生了种族暴动。[①] 为了纪念这一天，政府于 1997 年将 7 月 21 日定为种族和谐日，提醒国人应不分种族和宗教，融洽地相处。新加坡采取系列政策来体现各族群的平等与权益、维护种族和谐，例如，设计集选区制度以保证少数族群在议会中始终有代表，任何政党都不能狭隘地迎合任何特定的种族和宗教而获胜；将英语作为通用语言；修改宪法，设立了由大法官主持的少数民族权利总统委员会，该委员会有权拒绝议会通过的任何侵犯少数民族权利的法律；援引《国内安全法》限制和遏制任何种族歧视者或沙文主义者。

新加坡人从小接受种族和谐教育，在种族和谐日这一天，学校是最热闹的地方，举办各种庆祝活动，还鼓励学生们穿传统服装去上学。

各种族之间能够和睦相处、共建社会是新加坡能长治久安的基础。但是有新研究发现，新加坡组屋区的种族和阶级隔离现象，却在近年愈益明显，可能影响到得来不易的族群和谐。领导这项研究的新跃社科大学应用研究中心副教授梁振雄，于 2021 年 6 月 17 日在新加坡国立大学举行的一场线上研讨会上，发表初步研究成果。结合公开资料、全国民调（包括2016 年"新加坡生活质量调查"）和建屋局的组屋数据等现有信息，通过大数据分析，研究社区邻里组成对族群包容和信任的影响，得出两点结论：（1）外籍人士社区包容度小，少数种族邻里互信度低。（2）永久居民与少数种族"不相投"，与本地出生的人相比，永久居民社群整体上更乐

---

① 1964 年 7 月 21 日，新加坡穆斯林举办先知穆罕默德的诞辰纪念日大游行，引发了一起种族冲突事件。当时，有不少路人和旁观者被殴打，伤亡惨重。政府不得不实行戒严，并一直持续到 8 月 2 日。这次事件，导致了 23 人死亡，454 人受伤。

观，对生活也更满意；但与此同时，永久居民社群对移民的包容却较低，这意味着永久居民家庭和少数种族家庭比较集中的社区，发生冲突的可能性略高。①

事实上，族群歧视现象仍旧存在，尤其在新冠疫情压力之下显现：2021年4月，一名华族女子在地铁侮辱马来人；5月，一名印度族妇女遭到华裔男子用带有种族歧视的字眼辱骂，还被殴打受伤；6月，一名华族男子当街羞辱印度裔男子，称异族通婚是不对的；同月，华族邻居敲锣打鼓，干扰印度族男子进行宗教仪式；一个马来女性在公共巴士上对印度妇女使用种族歧视言语而被判刑等。② 这些歧视事件引起了各界关注。

2021年6月25日，新加坡财政部长黄循财在新加坡政策研究所，与拉惹勒南国际关系学院针对多元文化主义课题展开一场线上论坛演讲，并重点阐述了有关新加坡种族歧视的相关问题。首先，黄循财表示，种族主义在新加坡仍然存在。疫情对社会形成压力，这类事件的出现比过去要多；加上社交媒体发达，坏事传千里。他表示，对多元民族的新加坡来说，种族问题就是个基本课题。新加坡是一个"新加坡人的新加坡"③，就如李光耀在新加坡独立当天宣布道："我们将在新加坡建立一个多种族国家。每个人都会有自己的位置，是平等的"。黄循财指出，要在种族课题上平衡各方利益，需要各群体间互相理解与妥协；施行多年的各项种族政策仍有调整的可能，处理种族问题的方式也不是一成不变的。④

李显龙总理在谈及一些涉及种族歧视事件时，说："这些事件虽然令人担忧，但不代表这些行为已经很普遍。这些负面事件不代表我们促进种

---

① 黄顺杰. 隔邻隔心？从住房大数据解密新加坡族群关系［N］. 新加坡联合早报，2021 - 06 - 17.

② Jinri Toutiao. 新加坡部长：族群歧视因疫情压力显现；华人社群并非铁板一块［EB/OL］. National University of Singapore，2021 - 06 - 27.

③ 所谓"新加坡人的新加坡"，是指新加坡不是华人的新加坡，不是马来西亚人的新加坡，不是印度人的新加坡，而是多元种族的新加坡人共同的新加坡。

④ 黄循财. 为促进种族和谐，国人应诚实面对与解决种族主义问题［N］. 新加坡联合早报，2021 - 06 - 26.

族和谐的方式不管用。可是，这些事件体现了种族和宗教课题总是会引起情绪化的反应，很容易使我国社会分化。所以，政府必须不断密切关注这些课题"。他也说："我们要随着社会的演变不断调整，才能维持各族群之间的和谐。政府有义务代所有新加坡人，不分种族、言语或宗教，处理好这些课题。而我们需要全体国人的配合、支持和信任。"①

2021 年 12 月 11 日，新加坡人力部兼国防部高级政务部长扎吉哈说，为巩固各个种族的关系，政府必须和不同的种族和宗教社群进行更深入的对话，加强人们对不同文化的认识，更好地了解不同种族的感受，并对种族偏见发声，以建立更深厚的社区关系。②

可见，维护种族和谐是新加坡政府所坚持的国策，政府始终谨慎处理各种种族和宗教的问题。

2.4.2　外籍人与本地人的矛盾

新加坡的族群矛盾也体现在外籍人与本地人之间的矛盾冲突上。根据新加坡统计局历年人口数据，2011 年的总人口数为 518 万人，其中外籍人口约 143 万人，约占总人口的 28%；2016 年总人口 560.7 万人，外籍人口 167.3 万人，约占总人口的 30%；2022 年人口总数 564 万人，外籍人口 157 万人，约占总人口的 28%。③ 新加坡外来劳工数量大，但是他们有时会遭遇诸如工作生活环境恶劣、工资压低与克扣、被迫签订"霸王条款"等不公平待遇。李光耀在其 2011 年出版的《新加坡赖以生存的硬道理》一书中也承认，在新加坡内部，绝大多数人的国家意识淡薄，缺乏团结一致的凝聚力，国家认同度有所下降。如果数量庞大的外籍人口和外来劳工的社会问题得不到有效改善，新加坡也将面临巨大的社会风险隐患。④

---

① 维护种族宗教和谐须随社会演变不断调整［N］. 新加坡联合早报，2021 - 08 - 08.
② 扎吉哈. 为延续种族和谐国人意识需提高［EB/OL］. 8 视界新闻网，2021 - 12 - 11.
③ 资料来源：新加坡统计局历年人口统计数据。
④ Kuan Yew Lee, Zuraidah Ibrahim, et al. Lee Kuan Yew：Hard Truths to Keep Singapore Going［M］. Singapore：Straits Times Press, 2011.

剧烈的冲突也偶有发生。2012 年，一百余名中国籍巴士司机因薪资问题和不公平待遇举行罢工，打破了新加坡 26 年没有罢工事件的纪录。[①] 2013 年，400 余名印度籍劳工与警方发生冲突并引发大规模骚乱，这是新加坡建国 40 多年来首次发生大规模骚乱。[②] 这类事件反映了新加坡的社会阶层、利益群体、种族矛盾交织在一起。

另外，近 10 年来，随着移民政策的放宽和更多外籍高技术人才进入，越来越多新加坡本地人抱怨外来人口挤占了当地资源，产生推高房价、占据大学学额、抢夺工作岗位、压低工资和公共交通拥挤等问题，这也加剧了族群矛盾和社会问题。

2.4.3　代际差异与挑战

随着新加坡社会老龄化程度的加深，以及新生代与上一代迥异的价值观，代际问题越来越显著。"代"指的是一定社会中具有大致相同年龄和类似社会特征的人群。代际差异是指不同代人由于所处的社会文化环境不同，在价值观念和行为方式上存在的差异，具有自然和社会两重性，这种差异也称作"代差"或"代沟"。社会治理中常运用"代际方法"[③]（intergenerational approach）来加深代际理解，增强相互间的支持，同时减少年龄隔离及规避年龄歧视。

在研究代际问题时，研究者们普遍采用 X 世代、Y 世代和 Z 世代的说法。结合新加坡发展历史实际，不同世代有不同特点：（1）婴儿潮一代（1945～1965 年出生），"二战"结束后，世界掀起了一波生育高峰，出生于这一代的新加坡人见证了国家独立与发展的历史，逐渐积累更多的财富，也培养出坚韧不拔、自力更生的精神。（2）X 世代[④]（1965～1980 年

---

① 中国籍巴士司机在新加坡罢工 [EB/OL]. BBC 中文网，2012 - 11 - 26.

② Singapore Shocked by Worst Riots in Decades, As Migrant Workers Vent Anger [EB/OL]. Reuters in Singapore, 2013 - 12 - 09.

③ 代际方法是指在老一辈和年青一代之间创造有目的性的和持续性的资源和学习交流的社会工具。

④ 一般认为，X 世代的说法源自加拿大作家道格拉斯·柯普兰（Douglas Coupland）的同名小说《X 世代：速成文化的故事》。

出生），这一代新加坡人的成长既享受了越来越好的物质生活和更高的教育，同时也经历了经济社会转型的压力和经济危机的冲击。各种社会舆论也加剧了这代人的未知与迷茫。（3）Y 世代（1980～1995 年出生），也称"千禧一代"，这代人的成长伴随着互联网的普及和全球化的发展，基于更开阔的视野，形成了与上一代不同的生活态度与价值观，突出特征是自信、乐观、执着、坦率等。（4）Z 世代（1995～2010 年出生），他们是真正的数字原住民，也是新冠疫情的毕业生。他们信息来源多，性格更加自我、独立，生活上更注重体验感，也善于挖掘更高的价值和更好的服务。

当前，Y 世代已经成为新生代主力，Z 世代也开始进入职场。新加坡 Y 世代有几个特点：一是跳槽文化的盛行。这与就业稳定性下降、工作收入不平等的拉大等环境现实是直接相关的，同时也与新生代自身对于工作环境、工作福利和工作意义的更高要求有关。二是政治疏离感与政治参与诉求的并存。一方面，新加坡精英家庭和政党主导政治的情况下，参与主流政治被视作一种相当徒劳的做法，由此年轻人滋生出政治疏离感。另一方面，在经济全球化背景下成长起来的年青一代与父辈相比，还有着更多的政治参与诉求。三是数字公民身份支持的政治参与形式。年轻人对社交媒体平台的普遍应用，为政治参与创造了空间和新形式。千禧一代的政治更显示出个人化特征，反对等级森严、组织严密的参与形式；政治取向的特点是对日常真实性的诉求，而非执着于惊世骇俗的政治表达。①

代际差异不仅对政治治理提出新的挑战，同时不同年代的人由于关注点和面临压力不同，也易使社会分化。根据《经济学人》的一项研究显示，越来越多的新加坡年轻人想要"逃离"父母。新加坡是亚洲乃至全球房价最高的国家之一，居高不下的房价让新加坡的大多数年轻人都买不起房。虽然新加坡政府提供有优惠的政府组屋，但申请条件限制（结婚或年满35 岁）使许多35 岁以下的单身人士不得不与父母住在一起。新加坡国立大学杨伟俊的研究表明：新加坡住房政策使年轻人很难解开

---

① 克莱韦·阿圭列斯（Cleve Arguelles）.青年是否正在荒废青春？东南亚年青一代数字公民的新兴政治［J］.中国美术学院学报，2020（2）：26－27.

束缚。然而越来越多的年轻人需要成年人的空间，因此独居趋势明显。1990～2020 年，新加坡 35 岁以下独居或与非家庭成员一起生活的人数从 3.34 万人增加到 5.13 万人。由于没有资格申请公共住房，他们只得自己租房。①

另有数据调查也显示了新加坡年轻人对现实的担忧。由职总英康保险公司委托调查机构尼尔森对新加坡年轻人的一项调查②显示：90% 的新加坡年轻人担心未来的财务状况，认为自己尚未为此很好地加以准备；80% 的受访者对自己现有的财务状况缺乏信心。这体现出年轻人比年长的人有更深的担忧。

此外，对老龄化社会而言，年轻和年长人群的代际冲突更容易加深社会分化。比如，年龄隔离会造成对老年人的歧视；又如，要提高养老福利却没有增加税收，会导致国家的养老金不足，这须在减少养老金支出和增加课税间做出艰难抉择。代际冲突会导致几代人在有限资源之间的竞争，也会加深对代际战争的紧张恐惧并威胁社会的凝聚力。

新加坡社会老龄化程度越来越高，就必须高度重视弥合代际冲突的代际方法建设。2019 年财政部部长王瑞杰说，保持代际公平对维持社会契约至关重要。让每一代人为他们的支出买单，大家才能切身体会须付出的代价和享有的好处。同时也应积极投资在下一代身上，而年青一代也必须跟年长者分享成果。③ 政府采用什么样的财政政策保持代际公平，教育机构和家庭采取怎样的代际行动，来缓解越来越深的代际冲突问题，也是新加坡当前面临的一大挑战。

李显龙总理在 2021 年青年节发文，表达了对于年青一代的理解与期许：这一代的年轻人比前几代人接触到了更多的想法和理念，他们的梦想和抱负将引领新加坡前进。每一代人在成长过程中都会遇到挑战，从中自我发现，并找到在世上的立足之地，实现自己的一番作为。李显龙总理也

---

① Singapore's Thirty – Somethings are Leaving Home ［EB/OL］. The Economist, 2021 – 08 – 26.

② 这项调查针对 1000 多名年龄介于 18～29 岁的理工学院应届毕业生和大学生，以及刚踏入职场工作的年轻人而进行。

③ 王瑞杰. 全球化和科技扩大差异 适时更新社会契约应对内部分化挑战 ［N］. 新加坡联合早报，2019 – 09 – 21.

希望和他同属"婴儿潮世代"的国人能够为年轻人提供指导，聆听并考虑他们的想法，给予他们追梦所需的工具，让新加坡能为应对任何挑战做好准备。① 李显龙说："作为年轻新加坡人，你们可以随心所欲。你们拥有的机会比你们的父母多……但你们要抓紧这些机会，加以运用，进一步为自己制造更多机会。"②

2.5　新加坡劳动力市场状况与人才危机

新加坡正处在向知识经济的转型阶段，对人才数量和质量的需求都更高；同时，又处于国际环境动荡下的冲击转折期，经济增长放缓，影响人才的需求与供给。反过来，人才供求又是影响经济复苏的一项决定性因素，人才与经济互为因果。

2019 年，新加坡总理李显龙在接受《日经亚洲评论》采访时就指出：新加坡这颗小岛上有一颗定时炸弹，不是没资源也不是地方小，而是严重缺人。③ 可见，人才问题一直是新加坡的关键问题。尤其当前形势下，新加坡的人才危机，不仅由其内部发展的固有矛盾决定，也由若干内外部环境因素综合影响而加剧。

2.5.1　内部发展固有矛盾造成劳动力不足

首先是低生育率造成新加坡人口增速下降甚至负增长，老龄化情况随之加剧，劳动力比例下降，人才基数不足。从 65 岁以上老龄人口占比上看，2021 年达到 14.3%，已经进入中度老龄化阶段；而且据新加坡统计局2021 年预测，到 2030 年这一数值将达到 23.8%。④ 人口结构如此迅速地老

---

① 李总理：年轻人的梦想和抱负将引领新加坡前进［EB/OL］. 8 视界新闻网，2021 - 07 -04.

② 李总理：我国有条件成世界领先城市，但年轻人需把握时机［N］. 新加坡联合早报，2016 - 10 - 25.

③ 资料来源：狮城新闻。

④ 资料来源：《2021 年全国人口普查报告》。

龄化，造成劳动力不足的结果。如前所述（见图 2 - 3），新加坡人口中 15 ~ 64 岁的劳动年龄人口比率从 2010 年的 78.7% 逐步下降为 2021 年的 73.3%，降低了 5 个百分点以上。

其次是新的工作价值观，也是影响新加坡人力供给的一个重要因素。随着社会经济的发展，现在新加坡人有了比以前更好的物质生活条件，但同时也遭遇了更多的不确定性事件，这也导致他们对生活对工作的进取之心和信心有所下降。另外，信息技术的发展，也使人们有了更多的见识，以及更多元的价值观。可以看到现在的新加坡人，尤其是年轻人，更注重工作与家庭的平衡，注重追求自身的人生体验。新加坡政策研究所 2021 年关于国人价值观转变的调查显示，新加坡人对待工作的态度出现明显改变：在 2002 年认为工作占据重要位置的人占 90.8%，如今却降至 82.6%。近四成的国人不会为了工作而牺牲自由时间；但也有近八成赞同"不工作人会变懒"。与此同时，家庭生活在国人心目中依然保持核心地位，认为家庭在生命中占重要位置的人多达 92.1%。[①] 这些新现象、新趋势，对于劳动力供给市场产生较大影响，而且对人才资源管理也产生了新挑战。

2.5.2 环境因素影响外来人才供给

新加坡本身劳动力供给有限，外籍人力的补充是极其必要的。新加坡全国雇主联合会 2013 年 2 月 20 日针对人口白皮书发表文告指出，每年加入劳动队伍的新加坡人仅 3 万人，如果新加坡缺乏更多外籍员工来支持经济增长，经济将失去来自新兴企业、新投资项目和新领域的动力和活力。"事实上，这些外籍员工在经济衰退时期，将能为我国劳动队伍提供所需要的缓冲，并且实现 1% ~ 2% 的劳动力增长，也可能推动国内生产总值增长高达 50%。"[②]

近 10 年，全球经济都面临下行压力，虽然新加坡保持了较好的经济增

---

① 社论：年轻人对工作态度改观背后［N］. 新加坡联合早报，2021 - 02 - 09.
② 限制外来劳动力，新加坡将失去经济动力活力［N］. 新加坡联合早报，2013 - 02 - 20.

长速度，但是在国际大背景下是否能继续保持，还未可知。一系列因素影响到新加坡外来人才的供给。

逆全球化、中美关系、俄乌冲突等国际复杂的政治局面导致地缘政治风险上升，全球经济环境恶化。新加坡通胀加剧，接下来提高消费税、个人所得税与房产税的计划，也将进一步提高新加坡的生活成本。在生活成本上升的情况下，新加坡的人才吸引力将受到多大影响，也是个问题。

新冠疫情发展趋势具有高度的不确定性。疫情造成的边境封锁和人员往来限制已经对新加坡外来人才的供给产生重大影响。2020 年，新加坡就业人数收缩了 16.66 万人，其中外籍劳动力约 16 万人。2021 年，新加坡劳动力市场开始复苏，劳动力供给数量上升，但主要是当地居民就业提升，而外来人力供给增长不快。2022 年，新加坡逐步放松边境和国内防疫管控，总就业人数继续上升，接近疫情前水平。其中新增劳动力主要来自非居民雇员，绝大部分是 W 准证持有者（以建筑和制造业工人为主）；但高质量的人才增长很不明显，这对新加坡经济的贡献率和经济转型来说，支撑力仍然不足。而且有迹象显示，劳动力市场的改善势头放缓，不同行业的增长可能会出现一些不平衡。① 经济转型的重点行业 5G 和半导体行业需要发展，新加坡制造业急需扩张，信息通信业和金融保险业也要保持稳定增长，而这仅凭新加坡的人力是难以实现的，高科技外部人才有着巨大的缺口。

在接下来的发展中，疫情发展还是复杂多变，跨境限制可能仍然存在。人才对安全感的追求也在上升，对跨国流动持审慎态度，这些将会多大程度上影响新加坡的人才供给，还是不确定的。2022 年 4 月全国雇主联合会（SNEF）也指出，随着经济逐步复苏和就业率回升，人力短缺会是本地企业面对的长期挑战。②

在政策上，新加坡近几年的移民条件在明显收紧，这对于人才进入是

① 报告显示 2022 年第三季度新加坡劳动力市场继续改善 ［EB/OL］. 新华财经网，2022 – 10 – 28.

② 雇联会：劳资政合作应对人力短缺的长期挑战 ［N］. 新加坡联合早报，2022 – 04 – 28.

起到筛选作用的，但在数量上也会影响外来供给；还有收紧的签证配额制度，也限制了对外籍人员的雇用。另外，作为新加坡外部人才供给的两大来源国——中国和印度经济体量巨大，而且发展迅速，自身对人才的需求越来越旺盛，势必产生人才争夺。同时，美国、欧洲国家对于华人的排挤状态，无疑会增加新加坡的相对吸引力，吸引外国专业技术人才的签证得到更多欢迎。那么，几方面力量对新加坡人才市场的综合影响究竟是怎样的，还有待进一步观察。

2.5.3 新加坡劳动力市场的供求变化

1. 劳动力成本与市场情况变化

新加坡劳动力市场是与全球劳动力市场密切相关的。价格变化反映着市场供求关系，劳动力成本指数是反映劳动力成本变化的指标。如图 2 - 4 数据所示，总体上看，2010 ～ 2015 年，新加坡劳动力成本指数整体呈上升趋势，2016 ～ 2019 年末数值较平稳，2020 年、2021 年疫情期间波动剧烈，2022 年第四季度抬升幅度较大。劳动力成本的上升显示工资成本的增加，在某种程度上也反映了人力资源的短缺。

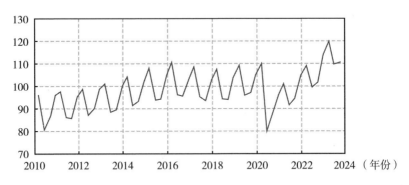

图 2 - 4　2010 ～ 2023 年新加坡劳动力成本指数变化情况

资料来源：Trading Economics。

图 2 - 5 显示了新加坡近几年职位空缺变化情况，可见劳动力市场供小于求问题在 2021 ～ 2022 年疫情情况下最为突出；从 2022 年下半年开始情况逐渐缓解，但仍有 10 万个以上的岗位缺口。

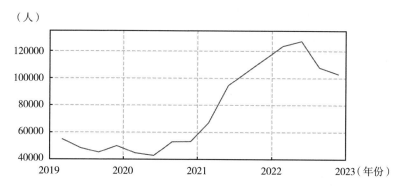

图2-5 2019~2023年新加坡职位空缺变化情况

资料来源：Trading Economics。

图2-6则体现了新加坡持续上涨的工资情况，除了有物价上涨的因素，也是劳动力市场供求的反应。

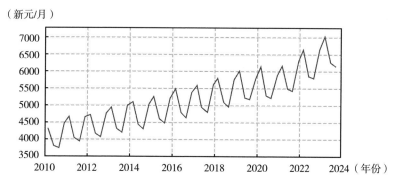

图2-6 2010~2023年新加坡工资情况变化

资料来源：Trading Economics。

2. 技术革新与劳动力市场

新加坡正在向知识经济和创新经济转型，跨国公司在本地得以大发展，高科技创业企业得到政府努力扶持，对技术人才和专业人才的需求都越来越高，尤其是各领域对高精人才的需求更为紧迫。

最近十年，新加坡最急需人才的行业是艺术与娱乐、银行与金融、生物医药科学、化工、通信与媒体、教育服务、纳米科技、保健、信息通信技术、物流与运输等。根据国际专业猎头公司哈德森全球资源公司2018年开展的一项调查显示，新加坡45%的用人企业表示要扩招人手，将要扩招的企业比例达到3年来的最高水平，20%的用人企业也预期员工薪酬将在此后12个月中上涨5%~15%。① 可见，这些行业的人才处于供不应求的状态。

根据新加坡人力部2020年10月2日发布的《就业形势报告第七版》，尽管各行业受到疫情不同程度的冲击，但仍有大规模的招聘需求，招聘的岗位主要集中在服务业。专业服务行业在2020年6月雇用了近256000名员工，大多分布在以下七个子行业（见图2-7）。其中，招聘的五个关键专业服务行业职位是会计、建筑与工程、广告与营销、设计和咨询，并且有专门技能的人可以要求更高的薪水。

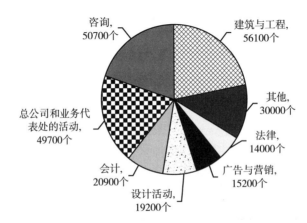

图2-7　2020年劳动力市场雇佣的主要专业服务行业职位数量
资料来源：新加坡人力部（MOE）网站。

根据2020年11月24日发布的《就业形势报告第14版——信息技术》，对数字营销、软件工程和网络安全等职能部门的人力以及推动企业数字化转型的领导者有着强烈的需求。自2015年以来，更多本地人在ICT行业（信息和通信技术产业）就业，就业人数增加了17000人，占该行业总就业人数的71%。截至2020年11月初，ICT领域仍有12000个职位空缺，其中约有30%属于技术辅助性职位，包括客户经理、数字营销专家和

---

① 新加坡十行业急需人才有哪些？［EB/OL］. Iask，2022-07-18.

售前顾问等职位；而其余职位则需要更精深的专业技术。① 另据 2021 年的系列就业形势报告，旅游与生活服务、贸易、人力资源及物流等行业企业都在积极转型中，重新设计工作岗位，对具备数字化、自动化等技能的劳动力需求较大。

新冠疫情减少了海外人才供给，加剧了新加坡的人才危机。从 2021～2022 年新加坡实际高科技人才供求上看，有几种表现：第一，跨国公司和新加坡公司高管职位空缺急需填补。第二，跳槽盛行，一般职位空缺也较大，外包给中介机构的工作岗位虽有所增加，但增加的岗位中大部分是为了取代现有的人才，而不是填补真正的空缺。第三，由于企业试图控制成本，外籍雇员的人数一直在下降。第四，科技行业对人才的需求最为旺盛，非科技公司对需要技术敏锐度的职位的需求也很强烈，也就是说都在钓同一个池子里的鱼。②

但 2022 年下半年，新加坡也发生了科技公司裁员的情况。面对该种情况，新加坡人力资源协会主席刘碧琴认为，科技业目前面临周期性变化，但这个阶段终究会过去；本地科技业没有出现大规模裁员现象，这个领域整体依旧面临人力供不应求的情况；受影响的主要是科技平台业者；金融科技、网络安全和资讯科技等领域对人才的需求仍非常高。③

3. 外籍员工与当地就业的关系

外籍就业者补足新加坡劳动力缺口，并且也为新加坡人创造了工作机会，在新加坡的经济增长方面功不可没。首先，外籍工人可以从事一些当地人不愿意做的职业，如建筑、废物处理等行业中的低技能工作、海事、护理等职业，有效填补了劳动力空缺。其次，高技能的外籍雇员扩充了新加坡的人才库，这对发展知识密集型产业是重要的要素支撑。高技能人才帮助做大新加坡的经济市场，为新加坡社会增进福利；并且还能通过创业，给新加坡人创造更多的工作机会，为各行业带来乘数效应。外籍雇员

---

① Jobs Situation Report［R/OL］. Singapore Ministry of Manpower，2020－11－24.
② Michael Switow. Singapore's Labour Crunch［EB/OL］. HRO Today，2021－02－22.
③ 陈紫筠. 专家谈最近裁员现象，本地科技领域人力资源仍供不应求［N］. 新加坡联合早报，2022－09－21.

和本地雇员共同从事的金融、销售等工作，为投资者提供了一个较大的劳动力市场规模，也有利于其业务拓展，更多的投资又会带来更多的工作机会。

当然，外籍雇员也存在不可忽视的经济和社会成本。第一，对于某些岗位，本地人和外籍人员都能胜任时，不可避免地会发生直接竞争，这会造成工资价格压低。政府为了保护本地人就业，会向外籍人员征税，这种征税制度会使本地劳动力更具竞争力①；还有"签证配额"制度，保护本地人就业。第二，如果雇主很容易招到充足的低成本的外籍人员，会降低工作岗位重组和提高劳动生产率的动力。第三，外籍人员的大量存在也增加了社会融合的难度。

综上所述，新加坡面临自身人口与劳动力增长不足、外部因素严重影响劳动力市场供求、技术革新和经济转型任务艰巨的复杂局面，人才危机越来越凸显。如何通过人才政策缓解世界劳动力变化带给本国的冲击？如何刺激人口增长提升劳动力数量？如何解决外籍人才与当地人的矛盾？如何培育人才队伍的竞争力？都是关乎新加坡发展的紧要事情。

---

① 黄雪珍，梁凤莲，曾益龙，等. 新加坡公共政策背后的经济学［M］. 顾清扬，译. 北京：中央编译出版社，2013：159.

第3章

新加坡21世纪人才管理的
战略依据与目标

进入21世纪，为了配合知识经济转型，新加坡以"能力创新"为导向，开启了面向未来的人才新战略。新加坡的21世纪人才战略主要体现在三个国家纲领性文件；并在其后的各个阶段，根据人才管理突出问题与重点工作，制定了系列人才规划与部署。这些成为新加坡人才管理的战略依据与行动目标。

3.1　21世纪人才管理纲领性文件

新加坡21世纪的人才管理以三大战略文件为纲领，包括《人力21世纪：人才资本的愿景》（Manpower 21：Vision of Talent Capital）、《新挑战、新目标：迈向充满活力的国际大都市》（New Challenges Fresh Goals：Towards a Dynamic Global City）和《可持续的人口，朝气蓬勃的新加坡：人口白皮书2013》（A Sustainable Population for Dynamic Singapore：Population White paper 2013）。

3.1.1 《人力21世纪：人才资本的愿景》①

1998年受到亚洲金融风暴的影响，新加坡陷入了自1986年以来的第一个经济衰退，经济增长缓慢，失业率上升，裁员人数创历史新高。面对此种局势，新加坡将"劳工部"改组为"人力部"，着手研制人力资源发展战略，不仅为当时的紧迫问题制定政策，更将目光放远，超越眼前的经济衰退，致力于新加坡的长期人力发展。因此，历时一年多制定了《人力21世纪：人才资本的愿景》，为新加坡的长期人力发展勾画出整体蓝图。

这一计划由新加坡人力部牵头，由来自公共部门、工会组织和私营部门等机构的150多名专家共同完成，其中也包括具有国际管理专业经验的教授参加，并征询了社会各界人士的意见。其制定的广泛性、专业性和国际性基础体现了人才战略是新加坡21世纪发展的重中之重。

"人力21世纪"（Manpower 21）是对新加坡竞争力委员会愿景的直接回应，与"产业21世纪"（Industry 21）② 和"科技创业21世纪"（Technopreneurship 21）③ 共同构成培育新加坡竞争力、促进知识经济转型的三大计划。"人力21世纪"旨在发展具有全球竞争力的劳动力，培育人力资本的战略优势：一方面，应对人力发展上的各种挑战，包括职业训练和技能升级，以满足科技进步和外部环境变化的需求；另一方面，提升工作环境品质，从而提高劳动生产率，提升企业竞争力，继而改善新加坡人的生活品质。为解决新加坡人力资源的有限性，必须引入外国人才以补充本地的人力资源。外国人才的稳步流入，将会帮助新加坡超越本身力量可以达

---

① Manpower 21 Steering Committee. Manpower 21：Vision of Talent Capital［R］. Ministry of Manpower of Singapore，1999.

② 1998年，新加坡竞争力委员会和经济发展局制订了"产业21世纪"（Industry 21）计划，设定目标新加坡要成为一个有竞争力的知识经济。在未来的一些年，新加坡将重点发展知识密集型和高附加值制造业以及相关服务与出口服务，计划在10年内将制造业和服务业发展为新加坡经济的双引擎。

③ 1999年，新加坡政府通过启动Technopreneurship 21（T21）计划，大力鼓励新加坡创业。"科技创业21世纪"（Technopreneurship 21）是由新加坡国家科学技术委员会牵头，与其他政府部门和私营机构合作制定的一项促进技术创业计划。

到的境界。但在引入外国人才的同时，也必须注意小心管理，以避免弱化国家认同和影响社会秩序。①

"人力21世纪"包含六大人才发展战略：整体人力发展规划、终身学习以提高职业能力、吸引国际人才扩大人才库、改善工作环境、发展有活力的人力资源产业与加强合作，并包含41项具体措施。

1. 整体人力发展规划

整体人力发展规划的目标是保证新加坡劳动力市场的供求均衡。规划侧重于两个方面：一是通过持续的在职培训保持员工能力的发展性；二是建立国内外人力资源联盟体系，以满足新加坡发展所需的劳动力供给，同时平衡好国内外人力资源的结构与关系。为了能够灵活地回应市场，发挥好人力资源快速重置与分配的功能，要求政府根据劳动力市场变化去做出相应决策，构建人力资源信息库，并为各方需求者提供劳动力市场可供分析的数据。国家人力理事会作为新加坡人力资源计划平台，主要负责制定人力资源战略和短期目标，建立人力资源信息系统，对人力资源市场进行调查分析，并制定应对措施。

2. 终身学习以提高职业能力

培养新加坡人终身学习的习惯，以确保其终身就业能力，是"人力21世纪"的主要策略。为全面推广"思考型学校、学习型国家"目标，新加坡构建"一校二制"模式，将大学、专科学校和职业学校都转型为终身学习学校制度的一部分，除了正规教育，也提供短期职前培训和在职培训。

除了完善教育培训体系，还建议设立全国技能鉴定系统，制定各行业的技能水平标准，并承认劳动者为达到这些标准而接受的训练。为此设立由行业人士、培训提供者、工会和政府部门组成的全国技能理事会。

对于雇主，贸工部要负责检讨用人单位所缴纳的技能发展基金征收率，以鼓励支持更多人接受培训。同时也要扩大能够让员工享有所得税回

① 王政东，吴美华. 经济金融危机的防范与因应：各国经验［M］. 台北：财团法人台湾金融研训院，2010：179.

扣的培训课程范围。

设立一站式职业中心，与社区发展理事会携手提供有关劳工市场、技能需求和培训等方面的资讯，以帮助无法找到就业信息和学习机会的成人工作者。公众也能从电子网络上获得中心所提供的资料和服务，第一所一站式职业中心在 2000 年开始运作。

3. 吸引国际人才扩大人才库

由于自身人力资源有限，新加坡必须吸引国际人才的到来。向知识经济目标的发展，也必须扩大高层次的人才来源，同时减少对非熟练劳工的依赖，以降低人力成本，提升人才效率。

（1）吸引高质量的外籍人才来新加坡发展。

把新加坡塑造成一个充满机会和宜居的好地方，塑造环球都市的新形象，增强人才吸引力。欢迎、尊重外籍人才在新加坡实现自己的价值；鼓励、支持外籍企业家的创业想法与创新精神；为外籍特殊人才，如专家、管理者们，提供职业发展机会和高品质的生活。同时也注意补足新加坡基本建设所需的低技能外国劳工。

（2）改进人才招募服务。

加强"联系新加坡"机构的运作和基础设施，以便扩展海外人才市场，寻找新加坡所需人才。新加坡通过建立面向国际人才的全球招聘网站，鼓励更多国际人才参与新加坡企业在海外的项目工程。政府还通过"新加坡朋友"等项目扩大人才网络和商业网络。同时，通过简化人才引进程序，提高诸如企业家在内的更多高附加值的国际人才的引进速度和效率。建立高效的外籍劳工管理系统，对低技能海外劳工在各行业间的配置进行重新规划。[①]

4. 改善工作环境

知识经济对工作性质、工作环境和工作规则都提出新的要求，为了提高劳动生产率、产业竞争力和职业生活质量，新加坡需要在改善工作环境上下功夫。首先，实行灵活弹性的工作安排。信息技术为更灵活的工作时

---

① 刘宏，王辉耀. 新加坡人才战略与实践［M］. 北京：党建读物出版社，2015：43.

间与工作地点创造了条件，可采用电话会议、视频会议、虚拟办公室等工作方式。灵活的工作安排和工作再设计，更加适应知识经济下的工作性质，可提升女性和老人的劳动参与率，也可提升职业生活质量。其次，更新低产量行业工作设计，合理配置劳动力资源，提升专业化水平。目前，对于建筑、环保、制造行业中的低技能需求工作，生产率低，工作环境也较差，只能通过外籍工人来补足需求缺口。对这些行业与岗位，要通过工作再设计来提高工作效率，而不仅依靠劳动力数量。再次，优化人力资源管理实践。关注中小企业，持续加强员工的发展与福利。为员工规划职业生涯，帮助其提升工作技能与彼此合作能力。设立"国民认可奖"来肯定激励好员工。最后，提高工作场所的安全性：于2006年颁布了"职业安全与健康法案"（workplace safety and health act①），提供工作安全指标与标准；完善工厂法案和工伤赔偿制度，加强劳动保护力度；提高支柱产业工作的职业化水平、生产效率和工作尊严，提升工作场所品质。②

在劳资和谐方面，主要通过三方性机构（人力部、全国职工总会、全国雇主联合会组成）来指导与协调。具体通过新加坡劳资政三方论坛（Singapore tripartite forum）、国家工资理事会（national wages council）、三方公平雇佣联盟（tripartite alliance fair employment practices）与工作生活战略三方委员会（tripartite committee on work‑life strategy）等机构，协调、监督与管理劳动力市场。这是新加坡强大的经济竞争力、协调的劳资关系和国家进步的核心机制。③

5. 发展有活力的人力资源产业

人力资源行业对提高产业人力资源管理水平，发展区域人力资本起到至关重要的作用，而且本身也是服务业的重要组成部分。因此，新加坡政府大力推进和支持人力资源行业发展，成为21世纪人力发展战略的重要一项。新加坡的人力资源管理行业分为三个集群，从不同职能角度支持人才战略目标。

---

① 资料来源：Singapore Statutes Online。
② 刘宏，王辉耀. 新加坡人才战略与实践［M］. 北京：党建读物出版社，2015：44.
③ 资料来源：Ministry of Manpower of Singapore。

（1）人力招募和发展集群：包括猎头公司、职业介绍所、职业发展顾问、职业介绍机构，招募人才尤其是外籍人才来增加新加坡劳动力，平衡劳动力市场的需求和供给，提高劳动力配置的有效性。

（2）人力学习发展集群：主要包括私立学校、职业学校、工业培训中心、合作培训中心和网络学习供应商等，是终身学习内容与服务的供应群体。

（3）人力管理集群：主要包括人力资源咨询、管理咨询和劳动力再设计等咨询公司，在优化工作环境和改进人力资源策略与实践方面起到巨大作用。

6. 加强合作

为实现 21 世纪人力发展战略，新加坡政府鼓励社会各层次加强合作：国家层面，为政府、雇主、工会三方合作提供强有力的支撑；行业层面，通过国家技能协会与各行业协会的联系来促进行业政策制定；社区层面，通过社区图书馆、社区中心、学习小组等组织和方式来促进终身学习，提高就业能力；雇主层面，为雇员提供学习培训机会，加强职业生涯管理；雇员层面，以发展眼光看待自身发展，不断提升技能以适应职业需求。

3.1.2 《新挑战、新目标——迈向充满活力的国际大都市》①

21 世纪伊始，新加坡进入一个重要转折时期。一方面，自身经济已经过了高速增长时期，增速下降；另一方面，全球化浪潮、中国的崛起和亚洲金融危机等国际环境改变了新加坡发展的环境背景。新加坡面临新的挑战，同时也需要挖掘新的机遇。

为此，设立于 2001 年 12 月的经济检讨委员会（economic review committee，ERC）开始反思新加坡的经济发展，立足新的形势，开始制定新的发展策略。于是 2003 年完成了《新挑战、新目标：迈向充满活力的国际

---

① The Economic Review Committee. New Challenges, Fresh Goals: Towards a Dynamic Global City [R/OL]. Ministry of Trade and Industry of Singapore, 2003 – 02.

大都市》这一报告，提出了未来15年经济发展、重塑新加坡的关键建议。其主要目标有三个方向：第一，在全球化经济中，新加坡要成为全球网络的重要节点，链接世界主要经济体。第二，新加坡要成为一个富有创造力和创业精神的国家，激发创造新产业的冒险精神，开辟新的成功之路。第三，塑造以制造业和服务业为主双元驱动的多元化经济，有活力的新加坡企业与跨国公司相补充，新创企业与传统企业互补，共同推进新加坡创新与创意。

报告共分为两部分：第一部分，概括了经济检讨委员会的建议，包括长期战略和短期目标，回应了新加坡面临的国外环境和国内形势变化。第二部分，提出了税收、工资、公积金、土地管理、支持创业、发展制造业和服务业，以及人力资本方面的政策建议。

1. 短期策略——降低成本，保持竞争力

面对2001年以来的经济不景气，新加坡必须强力推进长期战略，但是执行它们必须考虑现实条件。因此政府决定分步骤减轻新加坡人负担，以应对当前的不确定性。尤为重要的是，要通过降低成本来保持竞争力，为长期重组留下充裕时间。

（1）公积金调整。

为了降低成本，经济检讨委员会支持国家工资委员会压缩工资的建议，也要避免干扰劳动力市场运行，因此建议政府在两年内推迟任何让公积金缴纳率超过当时36%水平的措施。另外调低公积金缴纳工资基数上限和高龄（50～55岁）雇员的公积金缴纳率。这将有助于减轻经济恢复阶段雇主的法定薪资负担，也有助于减少失业。

（2）建立灵活的外籍工人政策。

必须确保雇佣外籍工人的灵活政策，这样才能让生产成本下降并保证企业的正常运行。同时，通过适当的征税管理对外籍员工的需求，以确保这是对新加坡人力的补充而非替代，最终有益于经济增长和国民福利。

（3）降低土地和其他成本。

为了鼓励投资和创新，新加坡政府将提供充足的工业用地和有国际竞争力的租用价格，并积极帮助解决其他困难。

（4）控制失业。

对于经济不景气带来的失业，新加坡政府将通过国民再教育和培训，来帮助失业人群提高再就业的能力；对于仍然没有找到工作的失业人员，政府提供相应援助。

2. 长远战略

在长远规划上，新加坡政府将在符合市场规律的前提下，尽量弥补市场失灵；将新加坡建成一个与世界关联度更高、更有价值的国家，也要建成一个具有国民属性的、更团结的社会。为此，经济检讨委员会提出了六个方面的战略建议。

（1）发展外部联系。

继续加深与美国、欧洲和日本等发达经济体的联系；密切关注中国、印度等新兴经济体的崛起，努力增进了解，积极挖掘与之合作发展贸易和投资的机会；保持与东盟国家的联系与合作，整合并增强区域竞争力；继续支持世界贸易组织的多边贸易协定，也积极拓展贸易伙伴补充自由贸易协定。

（2）保持竞争力和灵活性。

新加坡不仅要有明智的宏观政策和有吸引力的商业环境，也要持续增强微观竞争力：①改间接税制为直接税制，降低企业和个人税负，同时提高商品和服务税。②在一定时期内降低企业公积金缴纳比例，以减轻企业的法定薪资负担。③建立更灵活的劳动力市场和工资体系，促进企业采取更加弹性的工作安排，帮助个人增强就业能力。④确保基础服务设施和生产要素的竞争力，在电信服务、港口服务、电力供应和工业用地充足的情况下，保持价格及服务上的竞争力。

（3）鼓励企业家精神。

知识经济需要创新、创意和企业家精神来支持。没有自力更生就没有企业家精神，对新加坡人要强化脱离舒适区、培养创新与冒险精神的刺激。无论个人和企业都要具有拼搏进取的精神；创造力和企业家精神的培养是文化和价值观的深刻命题，也依靠长期而持续的实践。新加坡政府在1999年设立了"21世纪科技创业内阁委员会"（technopreneurship 21 ministerial committee），2001年更名为"21世纪企业家精神委员会"

（entrepreneurship 21 ministerial committee）。

推动企业家精神和创造力的重点在于企业。企业成长建议包含三个层面：一是鼓励初创企业和中小企业成长，发展产品，树立品牌，加强研发，实现主产业的迭代升级；二是整体推进新加坡企业在国际上的品牌声誉，支持新加坡企业的海外投资，也建议取消外国来源收入的双税制；三是帮助小型、传统企业接受尝试新的观念与流程，更新产品与服务，促进企业的升级，提升竞争力。

（4）促进制造业与服务业双引擎发展。

继续壮大制造业，降低成本，吸引高质量投资；挖掘电子、化学、生物医药和工程等基础制造业的潜能，发展IT产业、微电子、纳米技术和光学等新兴产业能力；建议建立产业集群来重点扶持新技术产业；加大研发投入，创建研发中心，开发更多具有自主知识产权的技术与产品；跨国公司将成为全球研发网络中的重要节点；政府推动研究机构和企业之间的合作与开发，缩短科研成果和产品商业化之间的距离；重点关注出口服务业的发展，满足中国、印度等高速发展经济体中不断扩大的中产阶级需求，提供教育、医疗和金融等各方面的高端优质服务。

（5）人力资本培育方面。

首先，从学生时代就开始培养企业家精神，学校推进课程改革，通过开放性实践、项目作业、技能导向的课程模块等设计，培养学生的思考力和创新力。教育部也将设置更灵活、更多样化的培训课程与项目。大学重组也将满足更多样的教育需求，而且将惠及成人劳动力培育上。其次，在重视技术和工程方面的制造业人才培养的基础上，还要加强培养具有良好增长潜能的服务业人才。还要培养青年人的研究精神，激发研究热情，并推动研究生教育。最后，在培养本土人才的同时，也要重视外国人才的引进。不仅需要技术人才和管理人才，也需要引进企业家高级人才。

（6）新加坡经济重构与就业。

经济重构将导致就业结构和工作安排的剧烈改变，社会也会面临长期失业的威胁。为此，提出促进就业的长期建议：①改革教育系统，促进继续教育与培训。经济检讨委员会建议政府设立国家继续教育与培训机构（CET）。②建议为结构性失业者建立一套综合的再就业帮扶系统，人力部和其他公共部门、雇主、职业咨询公司一起帮助失业者进行职业定位、提升技能，寻觅工作岗位以促进再就业。③对长期失业者，尤其是低收入的个人和家庭，建议改进当前的帮扶计划，聚焦最重要的帮扶需求，确保工作寻找、相关培训与帮扶结果之间的关联性，提高帮扶措施的交付能力。

3. 有关人力资本的专门规划

报告的第 12 章专门阐述新加坡未来的人力资本战略。要实现国家未来发展战略，需要具备相应硬件和软件技能的人力支撑。因此，新加坡集中发展人力资本，以满足知识经济需要的知识与技能：强化思考、沟通与管理能力，培养适应力和开放度，灌输外向的、全球的思维模式；强化终身学习的习惯，以及不断适应新型工作的准备；欢迎海外人才进入，与本地人一起，创建富有活力的、多元化的国际大都市。

（1）充分发挥个体潜能。

通过更灵活的学校课程设置来促进学生的全面发展，有更多的人文和科学科目选择，可以整合更多的艺术和体育项目；给予大学在招生标准和课程开设方面更大的灵活性，以满足学生发展和产业发展的需要。

（2）完善人力资源计划。

政府要持续发挥人力资源计划的作用，但同时更要通过灵活性和多样性来提高计划效用。

（3）培育全球思维。

发展新加坡人的全球视野、技能、知识和动力，这是在高度互联的世界里运行所必备的素质；方便海外的新加坡学生重返，包括调查那些相对小众的、有重返新加坡教育体系意愿的海外人群，可以专门放宽对其的母语要求。

（4）加强海外网络。

设立前进联络处（Majulah）①，构建新加坡人的海外圈并广泛交友，以此增强商业网络。

（5）吸引外国人才。

持续地吸引外国人才来补充新加坡人力资源库。

---

① 新加坡国歌是《Majulah Singapura》，马来语的意思是"前进新加坡"。

（6）强化人力资本管理。

通过培训和认证体系来提高人力资源从业者的能力和专业性；在新加坡商业联合会中设立人力专家中心（HR Center of Excellence），来推动私人部门人力资源实践的专业性；标准、生产力和创新委员会（Spring Singapore）① 与中小企业协会合作，增强中小企业人力资源功能和竞争力。

（7）丰富人才环境。

支持艺术、文化、运动和娱乐业发展，通过资助策略，承认它们对于新加坡经济发展的贡献；提高民众的参与意识，并提供参与机会。

3.1.3 《可持续的人口，朝气蓬勃的新加坡：人口白皮书2013》②

2013 年 1 月，新加坡政府公布了人口白皮书，这是新加坡首次绘制人口发展路线图。其背景是新加坡公民人口在 2012 年进入一个转折点。第一批婴儿潮（"二战"结束后生育高峰期）人口步入 65 岁。预测从那时到2030 年，新加坡将经历前所未有的人口结构转变。从 2020 年开始，每年退休的人数将超过刚步入社会工作的人数，劳动人口将会随之减少；同时生育率偏低，如果不引进新移民，公民人口将迅速老化，并从 2025 年开始萎缩。为应对人口结构变化所带来的挑战，需要提出未来人口政策规划，以实现经济社会可持续发展。

这份白皮书列出了新加坡人口政策的主要考量与方案。其政策方针是：确保以新加坡人为社会的核心，调控新移民与永久居民的人数，为新加坡人制造就业与发展机会，打造优质的生活环境，以及加强人民对国家的认同感和社会凝聚力。③

---

① 标准、生产力和创新委员会（SPRING Singapore）是新加坡政府贸工部下属的法定委员会。代理企业发展，帮助企业提升在新加坡市场的竞争力，也是国家标准和一致性机构。2018 年 4 月 1 日，SPRING Singapore 与 IE Singapore 合并为 Enterprise Singapore。

② 本部分内容参见：National Population and Talent Division. A Sustainable Population for Dynamic Singapore：Population White paper 2013 ［EB/OL］. Strategy Group in the Prime Minister's Office. 2013 – 01.

③ 可持续的人口，朝气蓬勃的新加坡：白皮书 ［EB/OL］. Strategy Group, Prime Ministry Office of Singapore，2013 – 01.

白皮书指出，可持续的人口和朝气蓬勃的新加坡需要三大支柱：首先，新加坡人是国家和社会的核心成员。要有一个坚强和团结的社会，就必须由新加坡人组成坚实的核心。其次，新加坡的人口和劳动力组合必须有利于经济发展，使经济保持蓬勃发展，为国人创造良好的就业与进取的机会，使国人得以施展抱负、实现理想。最后，必须继续建设新加坡，使其成为美好的家园，精心地管理、规划和发展这座城市，以适应正在改变的人口结构和经济环境，适应民众和经济对基础设施的新需求。

为实现这三大支柱，白皮书提出以下几个方面的规划与措施。

1. 鼓励生育

面对低生育率问题，新加坡政府在 2001 年推出了一项结婚生育配套计划，并于 2004 年及 2008 年加强了配套的内容。2012 年，政府再次加强这个配套，包括：（1）协助已婚夫妇更快及更容易获得组屋分配，以鼓励国人早日结婚生子；（2）受孕及分娩费用将获得更多补助；（3）进一步资助养育子女的费用，包括医药费；（4）协助在职夫妇平衡家庭与工作的需要；（5）通过父亲陪产假及父母共用产假的计划，鼓励为人父者在育儿方面扮演更充分的角色。在 2013 年的白皮书中，政府明确进一步推动该计划，在上述五个方面提出更具体、更符合国人需要的积极促进措施。

2. 吸引移民进入

为了避免人口萎缩，计划每年将引进 1.5 万~2.5 万名新公民，并将根据申请者的素质、生育率和国家的新需要，不时检视移民的人数。新加坡继续欢迎移民，基本前提是必须为新加坡作出贡献，并且愿意接受新加坡社会价值观并愿意融入。永久居留权是外国人在领取公民权之前的一个过渡阶段，受考虑的对象是认同新加坡长远利益并有意在此落地生根的人。新加坡政府在前几年已经大幅收紧这项政策，获得永久居留权的人数从 2008 年高峰期的 7.9 万人减至当前的每年 3 万人左右。而且，计划保持这样的步伐，把永久居民的总数维持在 50 万~60 万人。

3. 创造良好的就业机会

基于教育改革与在职培训对于整体劳动队伍素质提升的贡献，白皮书中预计到 2030 年，从事专业、管理、经营与技术工作（PMET）的国人将从当前的 85 万人增加至 125 万人，增幅将近 50%。不属于 PMET 的人员则预计会减少超过 20%，从当前的 85 万人减至 65 万人。也就是说，PMET 从业者比例将从当前的一半上升到 2030 年的 2/3。

蓬勃的经济和优秀的企业文化，是创造良好的就业与发展机会的先决条件。有能力的企业和有吸引力的城市，是新加坡为本区域和世界提供优质商品和服务的基础。为此，需要一支结合国人和外籍人士的互补性劳动队伍。外籍劳动力在带来专业技能、市场经验与多元背景方面，在平衡劳动队伍和保持劳动力市场弹性方面，都起到不可或缺的作用。据预测，在 2013～2020 年，本地劳动队伍的增长将放缓，总体劳动力增长也将放缓至每年 1%～2%（过去 30 年平均增长率为 3.3%）；在 2020 年之后，由于人口老化和劳动人口停止增长，总体劳动力增长将进一步放缓至每年约 1%。从当前至 2020 年，如果能维持介于 1%～2% 的总体劳动力增长，新加坡将有希望取得平均 3%～5% 的经济增长。从 2020～2030 年，如果保有竞争力并能和亚洲的增长接轨，那么有可能取得 2%～3% 的年经济增长。

4. 建设优质的生活环境

要把新加坡继续建设成为世界上最宜居的城市之一：一个适合各年龄层居住的城市，一个令人感到自豪的家园。为此，将投资于基础设施和打造优质的城市环境，为公众提供便利的设施、交通网络和服务。计划到 2021 年，地铁网络将增加约 100 公里，全长达 280 公里；将兴建更多组屋、医院和护理设施；架设新的公园和公园连道，国人将能够轻易地继续享用全岛各地的绿色空间；将继续通过新科技和革新的办法探讨如何善用土地资源，争取最有效益的用途。国立研究基金会已拨出 1.35 亿新元，就土地与宜居性课题展开研究，主要的目标是创造符合经济效益的新空间，使土地获得最充分的利用。只有预先做好基础设施的规划，并及时有效地落实这些计划，才能克服目前的人口压力与拥挤的问题，使新加坡有能力容纳更多的人口。

3.2 其他经济发展规划中的人才战略目标

除了 21 世纪三大发展纲领，其他几部经济发展规划阐述了不同阶段经济发展的定位与目标。它们或为三大纲领性文件的基础，或为进一步发展规划。其中人才战略都是经济战略的重要匹配内容。

3.2.1 《高技能人才、创新经济与特色国际城市》[①]

在经历 2008 年美国始发并蔓延全球的金融危机之后，2010 年 2 月新加坡国家经济战略委员会（ESC）制定并发布了名为《高技能人才、创新经济与特色国际城市》（High Skilled People，Innovative Economy，Distinctive Global City）的报告。这部报告是《人力 21 世纪：人才资本的愿景》与《新挑战、新目标：迈向充满活力的国际大都市》的延伸与强化，并与时俱进明确了下一阶段目标并提出了新思路与新建议。

报告提出，基于新加坡经济在过去 10 年中表现良好（平均每年增长5%）且更加多元化和全球化的背景，要抢抓未来 5～10 年新加坡发展的窗口机遇[②]，以最优秀的人力资本参与竞争，在亚洲建立强大的影响力，并提升为全球高价值制造业和服务业重要中心的地位。报告中设立的未来10 年新加坡经济发展目标为：保持每年 2%～3% 的生产率增长，是过去 10年年均 1% 增长率的 2 倍以上，这将使生产率在 10 年内提高 1/3；相应的战略目标就是建立高技能人才、创新的经济与特色全球城市，让技能、创新和生产力成为新加坡经济持续增长的基础，成为一个充满活力和开放多元的特色全球城市。

[①] Economic Strategies Committee of Singapore. High Skilled People, Innovative Economy, Distinctive Global City［R/OL］. Ministry of Trad and Industry of Singapore, 2010.

[②] 报告分析：新加坡具备在新兴的后危机世界取得成功的有利条件。全球危机加强了市场向亚洲的转移。中国、印度和东盟不断发展的城市化、基础设施建设以及日益增长的服务需求将发挥许多新加坡公司的优势。

报告指出，为了实现这个挑战性的目标，需要全国的全面努力，涉及每个部门的重大变革，而且将是持续的；核心途径是通过提高劳动者技能水平来提升生产率，实现生产力驱动型增长，从而实现经济质的转变。为此，提出三大优先事项和七大经济战略。

三大优先事项中的第一个是提高每一项工作的技能。在全国范围内建立一个优秀的继续教育和培训体系，让每个人都有机会获得更高的能力、知识和专长，覆盖面从最基本的工作到最复杂的工作；雇主和行业协会、工会和政府也必须共同努力，重新设计和创造更好的就业机会；建议逐步提高外籍工人税，以激励公司提高生产率。

第二，深化新加坡企业的能力，以抓住亚洲的发展机遇。跨国公司战略仍然很重要，但在未来5～10年也要吸引全球中型公司，并促进本地公司成长为亚洲的行业领导者。建议采取的措施包括：发展跨境融资市场；帮助企业进行海外扩张；大力推动科学技术的商业潜力。

第三，建设有特色的国际城市。新加坡的未来取决于高素质、富有创业精神的人才培养。凭借开放和多元文化社会的优势，继续吸引来自世界各地的优秀人才，同时进一步投资，为新加坡人才的成长和发展提供最好的机会。

经济战略委员会提出的七大战略为：（1）通过技能和创新促进经济增长；（2）将新加坡定位为全球—亚洲中心；（3）建立充满活力和多样化的企业生态系统；（4）让创新无处不在，加强研发商业化；（5）成为智能能源经济体；（6）提高土地生产力以确保未来增长；（7）打造独具特色的全球城市和富有吸引力的家园。

第一个战略就是"通过技能和创新促进经济增长"，其中提出了人才管理目标与重点建议。为了实现国内生产总值在未来十年平均每年3%～5%的增长率，需要把劳动生产率提高到每年2%～3%，提高生产力不仅要通过提高效率来实现，还要通过采用新思想和抓住新机会来不断增加经济价值。为此，经济战略委员会提出了如下建议。

（1）建立一个高级别国家委员会，监督和推动提高生产力和扩大继续教育与在职学习的活动。这将确保政府机构在国家级别的协调以及公共和私营部门之间的密切合作。①

（2）采用基础广泛并有针对性的方法，鼓励企业创新以及在技术和培训方面的投资。包括在整个经济领域引入强有力的财政激励措施，鼓励企业在提高生产率和创新方面提高投资；设立国家生产力基金，为行业和企业的生产力举措提供资助；建立生产力与创新中心，建设国家生产力知识库以供企业利用。

（3）采取综合方法来刺激服务领域的创新，提升服务质量，包括采用新技术改善供应链管理、优化工作流程。

（4）提高各级员工的技能。第一，补充高等教育机构的培育功能，为个人创造更多的学习机会，让终身学习成为不可或缺的一部分。通过学校教育和在职培训系统，为国民提供更多的发展机会和多种基于技能的晋升途径，与学术路线相补充；通过吸引一流的外国院校落户新加坡，并继续投资于新加坡的大学英语培训机构，进一步打造一流的大学英语培训体系，提供更广泛的资格证书。计划到 2015 年，每年至少有 24 万人参加大学英语等级考试。第二，在学术文凭和技能资格之间建立更强的联系和清晰路径。这将促进工人的向上流动，并让雇主清楚地了解不同资格之间的关系。第三，培育更多的 PMET 人才（专业、管理、经营与技术人员）。应培养具有"T 型"能力的人才，即既在其专业领域拥有深厚的技能，又拥有广泛的横向技能（例如，业务运营、项目管理、人力资源、销售或财务和管理）的人才；通过发展专业的持续培训课程，为国民注入新的专业知识，从而保证他们的终身就业能力。

（5）加强对低工资劳动者的支持。提高工作收入补贴（WIS）计划力度，以鼓励持续就业和支持收入提高。2007 年引入的 WIS 成功地提高了收入，并鼓励了低薪工人工作，下一步应该要加强该计划，特别是为老年工人提供更有力的激励措施，以使其继续留在工作岗位上。同时，提供额外的培训支持。WIS 虽缓解了工资增长停滞，但并不能直接使低工资劳动者摆脱低工资状况，所以应辅以鼓励低薪工人提升技能的激励措施，帮助他们拥有更好的工作和获取更多的工资。

---

① 这就是 2016 年成立的新加坡未来经济委员会。

（6）管理对外国劳动力的依赖。首先，逐步分阶段提高外劳税。① 这是确保国家经济对外国劳动力的依赖不会过度增长的最有效和最灵活的方式，一方面允许外国劳动力的波动与商业周期相符合，另一方面征税制度还将促进富有竞争力和活力的企业与行业抓住发展机遇，而不受外国工人的刚性配额或固定分配的限制。其次，必须提高外籍劳动力的素质：通过设置有效的质量标准，利用工作技能框架和其他技能识别框架来提升筛选水平；还应该鼓励雇主通过提高工人技能水平而节约纳税，② 并改进外国工人管理来引进和留住熟练的外国工人。

3.2.2 《贸工部关于人口与经济的不定期报告》③

2012 年，新加坡贸易与工业部（MTI）发布了《贸工部关于人口与经济的不定期报告》（MTI Occasional Paper on Population and Economy）。报告发表的背景是：新加坡位于一个快速发展的地区，这意味着更多的经济机会和更剧烈的竞争。在接下来的 20 年里，新加坡劳动力结构将老化，规模也将萎缩，即使劳动力受教育程度更高，即使新加坡努力维持一个有吸引力和充满活力的经济，满足低技能工作的人力需求也是越来越难。因此，为了应对人口变化，新加坡需要仔细调整政策，以保持竞争力和可持续增长。

报告中，进一步强调了人口、人才政策与经济发展的关系。首先，经济结构要维持多样性。作为资源有限的小规模国家，新加坡在发展过程中一直特别注重经济体系的完整性，以对抗各种可能出现的经济危机与动荡。经长期建设，新加坡的产业结构完整度与合理性都大幅提升。其次，经济发展需要强大的人力资源支持，而人口老龄化与人才结构变化会带来制约。为了解决这个问题，新加坡政府需要采取多管齐下的政策：一是继续通过业务重组和劳动力再培训来提高生产力；二是鼓励更多居民进入工

---

① 根据新加坡人力部规定，新加坡企业雇主雇用工作许可证持有人，必须每月为其缴纳税款。外劳税是一种定价机制，用于规范在新加坡的外国人数量。

② 根据新加坡人力部规定，高技能工人意味着更低的税收和更长的就业期。

③ MTI Occasional Paper on Population and Economy［R/OL］. Ministry of Trade and Industry of Singapore，2012.

作并留住劳动力；三是通过校准的移民率和外国工人流入率来补充新加坡常驻劳动力。这三项战略必须结合使用，才能抵消国家公民劳动力的自然下降。

报告中提出两大思路：一是创造更多的专业、管理和经营类（PME）职位，以适应人才结构优化的就业需求；二是本国劳动力就业岗位提升，需要更多外国低技能劳动力加以补充。具体实施方案包括：（1）通过产业转型和劳动力再培训持续提高劳动生产率，以支持未来20年实现每年2%~3%的增速；（2）继续提高本地居民就业率；（3）大力引进外籍员工，以满足用工需求；（4）发展离岸人力资源市场，积极拓展海外制造与服务业领地；（5）为本国雇员开发更多高端环节的就业机会；（6）重金支持继续教育和终身学习，培养高素质、多元化的人力资源队伍；（7）塑造多元文化社会，吸引各方人才；（8）降低就业总增长速度，基于经济的结构性重组，拟未来每年就业人数的增幅减少一半。

这部报告为2013年发布的《可持续的人口，朝气蓬勃的新加坡：人口白皮书2013》提供了重要的数据与论证基础。

3.2.3 《研究、创新与创业2020规划：科技赢得未来》①

新加坡总理办公室国家研究基金会（National Research Foundation, Prime Minister's Office, Singapore）2016年1月出版了《研究、创新与创业2020规划：科技赢得未来》（Research, Innovation, Enterprise 2020 Plan: Winning the Future through Science and Technology, RIE 2020）。研究、创新和创业是新加坡发展以知识为基础的创新驱动型经济和社会的国家战略的基石。1990~2015年，在研究和创新方面的公共投资一直有所增长。该报告是《研究、创新与创业（RIE）2015规划》的延续，根据规划，新加坡政府在2011~2015年投入160亿美元，将新加坡打造成全球研发中心；在2016~2020年政府将继续为"RIE 2020"计划投资190亿美元。

---

① National Research Foundation of Prime Minister's Office of Singapore. Research, Innovation, Enterprise 2020 Plan: Winning the Future through Science and Technology [R/OL]. Ministry of Trade and Industry of Singapore, 2016.

报告主要包含四项内容：一是 RIE2020 技术领域发展规划，涉及先进制造和工程、保健和生物医学、城市解决方案和可持续发展、服务和数字经济等领域；二是推动学术研究卓越发展；三是维持强大的研究人力基础；四是构建充满活力的国家创新体系。

　　其中，保持强大的科研人才基础、打造强大的科研创新共同体，是新加坡重要的战略目标。在 RIE2020 期间，政府将继续专注于建立强大的本地核心，通过增加新加坡人进入研究事业的渠道，来巩固研发能力，并培养新加坡博士成为科学领导者。同时也将继续吸引世界一流的科学家和工程师在大学、研究机构和工业界从事研究，并吸引具有创业精神的研究人员将研究成果转化为商业产品。政府将提供资金和培训计划，支持处于职业生涯不同阶段的研究人员，并加强研究生培养与行业的联系。政府还将助推项目管理与创新和创业人才库的建立，并培育其转换能力。报告还提出了人力资源发展的关键项目（见表3－1）。

表 3 – 1　　　　　　　　　　　"RIE2020" 主要人力发展计划

计划项目	内容描述
教育部研究奖学金 （MOE Research Scholarship）	●资助大学博士和硕士学生的津贴和学费 ●科研机构也可用来支持博士后和科研人员
科技局奖学金 （A∗STAR Scholarships）	●支持本地和海外大学本科、博士和博士后水平的教育和培训 ●向对科学或工程研究有浓厚兴趣的个人开放
经济发展局研究生课程（整合实践项目） ［EDB Industrial Postgraduate Programme（IPP）］	●资助博士和硕士学生与行业合作项目 ●对热衷于在企业研发环境中参加研究生课程培训的个人开放
卫生部人才计划 （MOH Talent Programmes）	●资助奖学金，培训医疗保健研究方面的临床医生/健康科学专业人员 ●向热衷于在研究或进行临床调查方面获得更高学位的临床医生和医疗保健专业人员开放
工程博士课程 （Engineering Doctorate Programme）	●为面向产业的研究生培养提供一个补充的博士培养路径 ●对适合特定行业特定职业的拟攻读博士的个人开放 ●从 2017 年开始在指定大学进行试点

　　资料来源：Research，Innovation，Enterprise 2020 Plan：Winning the Future through Science and Technology［R/OL］. Ministry of Trade and Industry of Singapore，2016.

3.2.4 未来经济委员会 2017 年报告：《下一代先驱者》①

成立于 2016 年 1 月的新加坡未来经济委员会（CFE），以经济战略委员会（ESC）2010 年报告为基础，2017 年 2 月发布报告《下一代先驱者》（Pioneers of the next generation），制定了未来 10 年的经济战略。

报告首先分析了自 2010 年以来，世界发生的重大结构性转变——全球增长放缓；全球生产率增长乏力；全球价值链也在发生变化。世界正处于一个技术快速革新的时代，创新周期已经缩短。尽管面临充满挑战的全球环境，但新加坡仍有许多机会：亚洲市场和其他新兴市场具有强大的市场潜力，新加坡也做好了进军多个增长领域的准备。例如，亚洲中产阶级的崛起和城市化将增加对金融、枢纽服务、物流和城市解决方案的需求。数字经济也为行业转型提供了机遇，而新技术可以帮助提高先进制造业等行业的生产力。

未来经济委员会的报告，为未来 10 年设定经济增长目标为每年增长 2%~3%。报告提出七大战略：（1）深化并扩展国际联系；（2）掌握并善用精深技能；（3）加强企业创新与壮大能力；（4）增强数字能力；（5）打造充满机遇的蓬勃互通都市；（6）发展并落实产业转型蓝图；（7）携手合作促进创新与增长。②

报告指出，要通过三大途径落实这七大战略：一是要保持新加坡开放和互联互通；二是要掌握精深和与时俱进的技能；三是劳资政三方要以新的形式继续加强合作。可见，人才战略和政策要点是非常明确的。

关于掌握并善用精深技能，报告提出如下几方面建议。

第一，促进更深层次技能的习得。（1）政府应与培训机构和高等教育机构合作，提供更模块化的培训课程，即由业界认可并经教育部批准的短期学习课程。（2）这些模块化的培训项目也应该辅以技术支持，学习可以在教室之外的移动设备上进行。（3）跨越不同资格框架的技能培训也应得

---

① 资料来源：新加坡贸工部网站。

② Report of the Committee on the Future Economy ［R/OL］. Committee on the Future Economy of Singapore，2017－02.

到广泛承认。（4）新加坡人也应该能够根据自己的兴趣、教育和培训基础，更好地做出合理的职业选择。

第二，加强技能习得与利用之间的联系。（1）技能创前程计划在科技企业启动的"技术技能加速器"项目已经取得积极成果，建议在其他部门复制该模式。（2）扩大教育和培训的范围，包括高等教育机构提供在职学习课程。（3）让公司在培养员工方面发挥更大的作用，政府应帮助企业建立领导力和人力资源管理能力。（4）鼓励并支持根据技能和能力而不是学业成绩或资格来雇用和提升雇员。

为了达到这些目标，政府应该强化个人学习平台功能，最大限度地减少求职者和雇主之间的错配；通过更多专业转换计划促进就业，帮助成熟求职人士重新掌握技能并找到新工作；任命更多的代理机构，包括全国职工总会的就业与就业能力研究所和其他私营部门中介机构，以加强求职者与潜在雇主的匹配；持续评估和改进现有的政府支持计划，如适应和成长计划（adapt and growth）、工资收入补充计划（workfare income assistance）、工作培训支持计划（workfare training support）和累进工资模式（progressive wage model）等。

关于继续加强劳资政三方合作，报告也明确要发挥行业协会商会和工会的更大作用。行业协会可以领导行业层面的举措，并支持企业扩大规模和进入海外市场，还可以支持技能框架的开发。新加坡的三方制度一直是一个关键竞争优势。工会可以通过如下方式与政府合作：（1）帮助工人再就业，尤其是相对弱势的工人；（2）帮助员工为未来的工作做好准备，与雇主、劳动力发展局和精深局密切合作，了解市场需求并培养相应技能；（3）支持生产力和创新工作，提高生产率；（4）改善工作条件，如在低工资的特定行业采用累进工资模式，以及在工作场所安全等方面与政府密切合作。

综上所述，21世纪的新加坡在每个重要时点制定长期发展规划，指引经济社会发展的方向与目标，强调人力资源的支撑作用，并确立人才引进、培养与使用的战略目标，明确指导着人才管理的组织、政策与实践。

第4章

新加坡人才管理系统架构

在国家人才战略的指引下，新加坡注重建立完善的人才管理组织系统。人才管理系统包含着战略制定与战略执行单位，包含着人才引、育、用、留各主体，各部门职责明确，彼此间协调与协作。

4.1 国家战略与人才政策制定部门

4.1.1 未来经济委员会——国家经济战略制定机构

未来经济委员会（committee on the future economy，CFE）成立于2016年1月，旨在制定经济战略，为新加坡的未来做好准备——成为一个充满活力和韧性的经济体，实现可持续增长，为所有人创造价值和机会。未来经济委员会由30名成员组成，由时任财政部部长的王瑞杰和贸工部长易华仁担任主席和副主席。

未来经济委员会成立了五个小组委员会，从不同方向研究区域和全球经济格局与新加坡国内环境的变化，以及新加坡的公司和工人如何调整和创新的问题。五个小组委员会分别为未来企业能力和创新小组委员会、未来增长行业和市场小组委员会、连通未来小组委员会、未来城市小组委员会、未来工作和技能小组委员会。为了更广泛地吸取专家的意见，小组委员会吸收了来自私营和公共部门的更多代表，每个小组委员会由（时任的）一名部长和一名私营部门成员作为联合主席共同主持。①

2017 年 5 月，新加坡设立未来经济理事会，具体落实未来经济委员会提出的发展战略，推动新加坡经济转型。未来经济理事会由 31 名来自政府、工商界、工会及教育与培训学院的成员组成，时任财政部长王瑞杰任主席，副总理尚达曼任顾问，成员包括贸工部长易华仁、总理公署部长陈振声、教育部长王乙康、国家发展部长黄循财等。

2018 年 4 月，新加坡政府相继推出产业转型蓝图的 23 个工商产业（合计占经济比重八成以上），集结为制造业、建筑与环境、基本公共服务、现代服务、生活服务、贸易运输物流六大产业群，制定产业群战略，加强相关产业间的合作，发挥协同效应，促进经济加快转型。②

在此之前，新加坡的国家经济发展战略制定机构，是 2009 年成立的由副总理尚达曼领导的经济战略委员会（ESC）；再之前是成立于 2001 年由时任副总理李显龙领导的经济检讨委员会（ERC）。

4.1.2　总理公署国家人口和人才署——人口与人才政策制定机构

国家人口和人才署（national population and talent division，NPTD）成立于 2011 年 1 月 1 日，隶属于总理办公室（PMO）。其前身是国家人口秘书处（2006 年 6 月设立），基本职责是制定人口政策目标并协调政府各部门在人口相关问题上的工作。NPTD 推动政府人口和人才政策的制定、协调和审查，以支持新加坡可持续人口的目标。其宗旨是建立一个强大而有凝聚力的社会，一个充满生机和活力的经济，为所有新加坡人提供良好的工作和机会，以及高质量的生活环境和家园。2016 年 8 月 1 日，NPTD 被纳入总理办公室的战略小组，以进一步推动政府在人口和人才政策方面的战略协调。

---

① Committee on the Future Economy Sets Up Five Subcommittees［EB/OL］. Ministry of Finance of Singapore，2022 – 06 – 05.

② 驻新加坡经商参处 . 新加坡发展规划［EB/OL］. 中国商务部网站，2018 – 09 – 10.

NPTD 设立两个部门：人口政策与规划局（PPD）和婚姻与生育政策局（MPPD），主要职责是领导和协调政府各部门，分析研究数据、审查并制定政策，以支持新加坡的人口目标和婚育目标。

NPTD 也在其官网上为民众提供相关资源，包括新加坡统计局的人口及结构数据、人口趋势数据、婚姻情况数据、移民情况、劳动力市场报告等，还有人口政策、人口分析等资料。

4.1.3　人力资源部——人力资源政策制定与归口管理机构

新加坡人力资源部（ministry of manpower，MOM）是国家人才战略制定和实施的主要部门，是人力资源管理的归口单位。人力资源部的愿景是为新加坡打造优秀的劳动力和优秀的工作场所。其使命是发展高效的劳动力和进步的工作场所，让新加坡人有更好的工作和安全的退休生活。其价值观包括：以人为本、专业精神、团队合作和持续改进（people - centredness；professionalism；teamwork；passion for progress）。人 力 部 以"HEART"原则为服务准则：H（Heart）代表倾听、理解并吸引客户和利益相关者；E（Easy）代表简化政策与流程以使之易于理解；A（Anticipate）代表预测并不断改进以满足客户和利益相关者的需求；R（Respect）代表尊重与人力部互动的每一个人；T（Timely）代表及时地满足服务标准和承诺。[①]

人力资源部的主要职能包括统计分析人力资源市场信息、制定人力资源规划、引进外来人才、完善工作环境、加强劳资政三方关系、创造公平先进的职业实践和促进工作与生活平衡等。人力资源部的组织框架如图 4 - 1 所示，包括外宣部、规划与管理部、客户服务部、外国人力管理司等 15 个职能部门，以及中央公积金局、新加坡劳工基金和新加坡劳动力发展局 3 个法定机构。

---

①　资料来源：新加坡人力部网站。

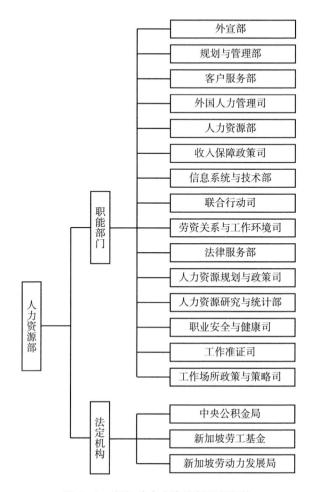

图4-1　新加坡人力资源部组织架构

资料来源：根据新加坡人力部网站资料整理。

1. 主要职能部门

职能部门的构造大致可分为两类，一类是管理、协调与服务部门，包括外宣部、规划与管理部、客户服务部、人力资源部、信息系统与技术部、联合行动司、法律服务部，这些管理部门的职能都是为了协调提升内部资源与能力，创造更有效的组织方式与流程，以方便与客户交流并推广，促进部门目标的达成；另一类是以业务为主的部门，分别负责人力资源管理某一领域的政策规划、监督与执行，并与其他部门通力合作，包括外国人力管理司、收入保障政策司、劳资关系与工作环境司、人力资源规划与政策司、人力资源研究与统计部、职业安全与健康司、工作准证司、工作场所政策与策略司。[①]

2. 三个法定机构

（1）中央公积金局。

中央公积金局（central provident fund board）负责管理中央公积金（CPF）是新加坡的社会保障储蓄计划，为在职的新加坡人提供老年和退休财务保障。它还管理与公积金相关的计划，如保健储蓄、工作福利和技能发展税。

新加坡的中央公积金制度开始于 1955 年，是一种强制性的、全覆盖的社会福利保障制度，由最初单一的养老保障功能发展成现在包括退休保障、医疗保障、住房保障和家庭保障在内的综合保障体系，由中央公积金局负责运作和管理。按照《新加坡公积金法》规定，凡在新加坡有薪金收入的人，必须在每月发薪后 14 天内与其雇主按相应比例将月薪的一部分存到公积金账户，公积金账户属于私人账户。

为满足不同需求，中央公积金分设四个账户：普通账户、专门账户、医疗储蓄账户和退休账户。普通账户积累的公积金可用于购置政府组屋、人寿保险、子女教育支出、信托股票投资等；专门账户用于为公积金成员积累退休金，提供养老保障；医疗储蓄账户可以为公积金参与者及其直系亲属支付住院、门诊医疗服务、缴纳疾病保险费等；退休账户资金来源于专门账户，在成员满 55 周岁时建立，年满 62 岁时开始支付养老金，若想提前支取或永久离开新加坡，必须符合相关支取规定。

中央公积金实行完全积累，所以涉及资金投资管理的问题。中央公积金投资主要分为三个部分：第一部分投资于国内的住房、基础设施建设和部分国外资产，由新加坡政府投资管理公司负责；第二部分是中央公积金投资计划，该计划允许公积金参与者将普通账户和专门账户中超过一定比例的公积金通过购买股票（限于蓝筹股）或共同基金的形式投资于资本市

[①] 刘宏，王辉耀. 新加坡人才战略与实践［M］. 北京：党建读物出版社，2015：30－35.

场；第三部分是保险计划基金，新加坡中央公积金包含多个保险计划（包括住房保险、家属保险、大病医疗保险等），保险计划基金的投资主要外包给资产管理公司，可投资于定期存款、可转让存款凭证、股票和债券。[①]

（2）新加坡劳工基金。

新加坡劳工基金（Singapore labour foundation，SLF）为全国职工总会及其下属工会、合作社和协会的教育、社会、文化和娱乐活动提供财政支持。它还通过福利计划向低收入工会成员提供援助。劳工基金会的资金主要来自工会、合作社的捐款和投资回报。

（3）新加坡劳动力发展局。

新加坡劳动力发展局（workforce Singapore，WSG）成立于 2003 年，它监督劳动力和行业的转型，以应对持续的经济挑战，目标是促进各级劳动力发展，提升就业能力。其主要使命是使新加坡人能够满足他们的职业抱负，在人生的不同阶段从事适合的工作，并帮助企业提高竞争力和人力资源水平。新加坡劳动力发展局与主要利益相关者合作，为企业主和公司提供支持，使其能够适应和发展，同时建立一支面向未来的劳动力队伍。

4.1.4 教育部——人才培育政策制定与执行指导机构

新加坡教育部（ministry of education，MOE），负责制定和实施有关教育结构、课程设置、教学方法和教育评估等相关政策。2022 年时任教育部长是陈振声，新加坡教育部的组织机构如下所示。

新加坡教师学院（academy of Singapore teachers），目标是支持教育员工的专业发展。核心价值观：（1）学习，激励教师持续学习；（2）卓越，为教师提供卓越的专业发展；（3）共惠，通过教师的专业成长来促进学生和学校的成功。主要职能包括：维护职业精神；建立以教师为主导的协作文化；营造持续学习和改进的文化；强化专业发展的推动力。

外宣司（communications and engagement group，CEG）的主要功能在于通过宣传与沟通，积极动员教育部门内外的相关者支持教育政策的实施和

---

① 李志明，邢梓琳. 新加坡的中央公积金制度［EB/OL］. 人民网，2014 – 06 – 16.

理解。CEG 下设六个科室：沟通部、研究部、设计办公室、数字办公室、规划办公室和行政办公室。

课程规划及发展司（curriculum planning and development division），负责设计推行国家课程体系。部门主要职能包括：（1）设计、审查教学大纲并监督其实施；（2）推广符合课程意图的教学方法，设计学习成果的评估模式；（3）设计和监督特殊课程计划，如人文奖学金计划、语言选修计划、英才/资优教育计划和学习支持计划；（4）培训学校人员设计教学大纲和教学计划，开发教学材料和数字学习材料；（5）支持学校图书馆的管理和运营；（6）监督教育部语言中心和泰米尔语言中心；（7）向学校、政府其他部门和出版商提供咨询服务。

课程政策办公室（curriculum policy office）功能是制定和审查国家课程体系形成的政策，推进健全、平衡、有目的和有效的课程、教学方法和评估管理实践。

教育科技司（educational technology division）的功能是推动教育技术的有效应用；设计和实施以用户为中心的应用程序、工具和平台，包括学生学习空间；培养学校领导、关键人员和教师有效利用教育技术提升学生学习的能力；开发数字媒体内容以支持课程设计、教学评价和专业发展。

财务和采购司（finance and procurement division），制定和管理教育部有关预算、费用和资金的所有政策。它还处理个别学校和教育部主要总部办公室的采购和招标相关事宜。

高等教育组（higher education group），监督大学、理工学院、技术教育学院、艺术机构和私立教育机构，还监督高等教育和终身学习的相关政策。其下设了几个机构：高等教育政策司、高等教育运营司、学术研究司、未来技能司和高等教育规划办公室。

人力资源组（human resource group），负责教育人力资源政策的实施，吸引教学领域的新人才，并支持教师职业生涯发展。其下设两个部门：人力资源解决方案和能力司、人力资源战略与领导司。

信息技术司（information technology division），为教育部和学校提供信息技术支持，促进教学和管理的数字化转型，部署信息技术与系统的战略，并提供优质信息技术服务和基础设施。

基础设施与服务司（infrastructure and facility services division），监督教育基础设施和设施服务的规划、开发和管理，审查企业服务的交付质量，检查学校和教育部总部的安全、安保和应急准备。

内部审计处（internal audit branch），是教育部内设立的一个独立分支机构，对组织治理、风险管理流程和内部控制系统的充分性和有效性进行独立评估与审计。

规划司（planning division），负责制定和检讨教育政策，分析教育部的关键数据和利益相关者的意见以支持政策决策；设计并改进教育部的工作流程；还审视和发展教育部的国际战略及关系。

信息研究与管理司（research and management information division），主要对数据及信息进行分析和利用研究，在数据战略和数据管理方面发挥领导作用。

学校行政司（schools division），确保学校由有能力的领导者来管理。

特殊教育司（special educational needs division），监督管理特殊教育的实施与发展，包括心理服务科（针对有轻度特殊教育需求的学生）和特殊教育科（针对有中度/重度特殊教育需求的学生）。

学生发展课程司（student development curriculum division），负责丰富课堂以外的课程，包括艺术、体育、品格和公民教育、职业指导等课外项目，以培养学生的认知、情感、健康和审美能力。

学生安置和服务司（student placement and services division），就学生安置（学区分配、录取和转学等事宜）为学校做战略规划，并在学生安置和奖学金事宜上提供支持。

4.2　人才培育体系与机构

新加坡的人才培育是个全过程、全民性的终身学习体系，不仅包括学校教育，还包括在职培训；不仅包括文凭教育，还包括实践技能培训；不仅政府提供教育培训资源，企业和社会组织也参与提供。在这个体系中，若干主体共同合作，联合实施培训开发以提升人才素养与能力。

目前，新加坡的人才教育培育路线如图4-2所示，分为小学、中学、高等教育和终身学习几个阶段。[①]

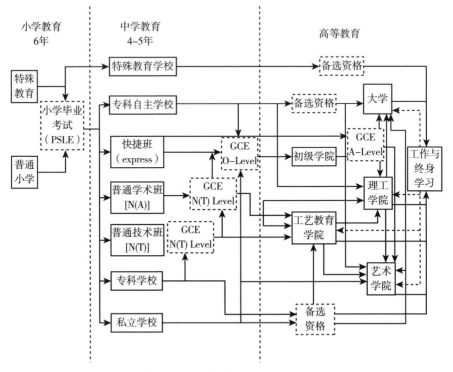

图4-2　新加坡的人才教育培育路线

资料来源：Education Statistics Digest 2021［EB/OL］. Singapore Ministry of Education，2022-06-13.

4.2.1　学校教育

1. 小学教育

在小学阶段，学生要学习6年的必修课程，目标是打造一个坚实的教育基础，包括培养读写能力、计算能力和解决问题的能力；同时塑造性格，培养良好的价值观和习惯。学习科目除了英语、数学、科学和母语以外，也开设艺术、音乐、公民教育、社会研究和体育课程。这些学科让学生

---

① Education Statistics Digest 2021［EB/OL］. Singapore Ministry of Education，2022-06-13.

在早期阶段接触不同的研究领域，让他们发现自己的兴趣和天赋，全面装备他们的知识和技能，发展一个人的核心价值观、性格和对社会的责任感。在初级基础阶段（小一到小四）后，学生可以在小五和小六学习基础或标准水平的科目。在母语方面表现良好的学生也可以接受高级母语语言教育。

在小学六年级结束时，学生参加小学毕业考试（PSLE），评估学术实力，并指导他们在中学的科目和学科水平，以适合学生的学习和节奏。学生也可以根据他们已展示的和潜在的才能申请进入中学；还可通过艺术和体育考试，被学校直接录取。

2. 中学教育

新加坡的中学也分为不同类型，包括普通中学、专科学校、直通车项目和特殊教育学校等。

普通中学：在6年制小学以后进入中学，中学阶段提供三种课程体系，以满足不同学生的学术进展与兴趣。一是"快捷课程班"（express），学习为期4年，可获得新加坡剑桥普通教育证书（GCE）O－Level认证。学生学习英语和母语，必修数学、科学和人文学科，还有自己选择的选修科目。二是"普通（学术）［N（A）］课程班"，也为期4年，可获得GCE N（A）－Level认证。学生学习的科目与快捷课程提供的科目类似。在N（A）级成绩优异的学生，可升入中五，参加O水准考试。[①] 三是"普通（技术）［N（T）］课程班"，为期4年，可获得GCE N（T）－Level认证。学生学习英语、母语、数学，以及侧重技术或实践的学科。

教育部和学校也会根据学生的能力和兴趣，帮助学生做好教育和职业选择。除了普通中学，新加坡也提供多元的中学学校和课程，以满足每个孩子的不同需要。这些学校包括如下类别：

专科学校：包括北烁学校（northlight school）及圣升明径学校（assumption pathway school），适合PSLE成绩不满足N（T）课程资格的学生。从这两所学校毕业的学生会获得工艺教育学院技能证书（ISC），可直接就业或被其他学校录取。

---

① 2013年开始，这一路径被其他方案替代。

普通（工艺）专科学校：包括裕峰中学（crest secondary）和云锦中学（spectra secondary）。这两所学校适合满足 N（T）课程要求并且更喜欢动手操作和技术实践的学生。学校重视实践教学，还和企业合作为学生提供相应的就业机会。学校提供 N（T）级别的英语、数学和母语课程，以及工艺教育学院技能证书（ISC）。从 2021 年中三班开始，该证书被工艺教育学院技能学科证书（ISSC）取代。学生也可选择 N（T）水平的科学课程，或者 N（A）水平的其他科目。

专科自主学校：包括新加坡国立大学附属数理中学（国大附中）、新加坡科技中学、新加坡艺术学校、新加坡体育学校。如果学生擅长数理学科、喜欢应用学习和发挥创意的学科，或在体育或艺术方面有天分，那么可以报读专科自主学校。

直通车项目（integrated programme，IP）：IP 课程项目适合学术能力强的学生，是个 6 年制特别课程，可以在中学四年级后直接跳过 GCE O-Level 考试，继续修读 2 年高中课程。然后可以获得新加坡 A 水准文凭（GCE A-Level）或国际课程（IB）毕业证书，或新加坡国立大学高中文凭。

据 2019 年数据，新加坡中学学生在各类课程班里分布比例大约如下：①直通车计划（integrated program）——5% 的高分学生；②快捷班（express stream）——50% 的高分学生；③普通学术班［N（A）］——20%~25% 的学生；④普通工艺班［N（T）］——15%~20% 的学生；⑤其余——重考/技术学院学生。

特殊教育：教育部为有特殊教育需求的学生制定的目标是使每个学生都能最大限度地发挥潜力，过上独立而有意义的生活。主要方法是将每个孩子安置在能够更好地满足他们需求的教育环境中：一是具有认知能力和适应能力的有特殊教育需要的学生进入主流学校，学校有具备特殊教育知识和技能的老师和专业人员，使用辅助学习设备，政府也开展支持计划，并提供社会服务机构的巡回学校教育支持服务；二是需要更集中和个性化特殊教育需要的学生进入特殊教育学校，新加坡共有 19 所政府资助的特殊教育学校，由 12 所公立学校管理，共同为残疾学生提供服务。

3. 高等教育

在中四或中五毕业后，学生可进入下一阶段高等教育机构就读。

（1）初级学院（junior colleges）和励仁高级中学（millennia institute）。

中学毕业的学生可以申请初级学院（2 年制课程）或励仁高级中学（3 年制课程）的本科前教育，获得 GCE A – Level 证书或国际课程（IB）证书［适用于英华学校（独立）和圣约瑟学院］。为了确保良好的功底和知识广度，参加 GCE ALevel 考试的学生选科必需覆盖文科和理科。

（2）新加坡体育学校（Singapore sports school）和艺术学校（school of the arts）。

对体育或艺术有天赋和强烈兴趣的学生可以申请专业教育，毕业可获得专科文凭。毕业生可以凭着所获文凭去申请本国或海外的普通或艺术类大学或学院。

（3）理工学院（polytechnics）。

更注重实践的学生可以申请理工学院的全日制文凭课程。理工学院通常招收具有 O 水准毕业文凭或新加坡工艺教育学院（ITE）颁发的国家工艺教育文凭的学生，表现优异的中四 N（A）学生也可以通过理工学院基金会计划申请进入理工学院。新加坡现有南洋理工学院、义安理工学院、新加坡理工学院、淡马锡理工学院和共和理工学院五所理工学院。理工教育的特点之一是大力强调以实践为基础的学习，工作实习是课程的重要部分，有利于积累工作经验。成绩优秀并愿意继续深造的理工学院毕业生也可以申请进入大学。

理工学院还招收具有相关工作经验的在职成年人，为成人学习者提供更灵活、更方便的学习提升机会。具体包括模块化设计的非全日制文凭课程、为在职学习而设计的学历后课程，以及在职培训项目，课程结束时，可获得行业认可的资格或专业证书。[①]

（4）工艺教育学院（ITE）。

工艺教育学院是新加坡一个公立职业教育机构，为中学毕业生和在职人员提供就业培训。学院提供涵盖工程、会计、企业管理、护理、医药、建筑和法律等领域的专业课程，并提供实习培训。学院可提供国家工艺教育证书（NITEC）、高级国家工艺教育证书（Higher NITEC）和特级国家工艺教育证书（Master NITEC）。[②]

---

① 资料来源：新加坡精深局网站。
② 资料来源：维基百科。

（5）艺术学院。

对创意、艺术感兴趣的学生可以申请拉萨尔艺术学院（LASALLE college of the arts，LASALLE）或南洋美术学院（Nanyang academy of fine arts，NAFA）。艺术学院提供视觉、美术和表演艺术方面的学位和文凭课程。

（6）自治大学（autonomous universities，AUs）。

自治大学是新加坡高级人才的培养基地。近年来，大学不仅提供本科教育，还提供更多的继续教育和培训课程，以支持毕业生的终身学习。现在，新加坡有六家政府资助的自治大学：新加坡国立大学、南洋理工大学、新加坡管理大学、新加坡科技设计大学、新加坡理工大学和新跃社科大学。

4.2.2　未来技能局/精深局——终身学习的推动部门[①]

新加坡未来技能局也称精深局（SkillsFuture Singapore，SSG），是教育部下属的法定委员会，于2016年成立，是为了支持新加坡推出的"技能创前程"培训计划、实现终身学习的目标而设立的机构。它负责推动和协调全国技能创前程计划的实施，促进终身学习文化，强化终身学习系统。它对接个人、雇主、培训机构和其他合作伙伴，提供不同角度的政策与规定。

精深局承担了私立教育委员会的所有职能，并指导成人学习研究所工作，在私立教育机构和成人培训中心的质量保证方面发挥着关键作用。精深局致力于提高成人教育工作者的能力和专业水平，并加强成人培训基础设施建设；发挥继续教育培训与职前培训的协同作用，通过技能培训持续满足不同经济部门的需求。

精深局的使命：让个人为生活而学习，追求技能提升与职业发展，为新加坡的未来做好准备。愿景是激励建立一个终身学习的国家，一个重视技能掌握的社会。

精深局本身追求高标准治理，建立了一个包括董事会和管理层的公司

---

① 资料来源：新加坡精深局、劳动局网站。

治理框架。董事会成员来自工会、私营和公共部门等不同背景，使决策群体具有不同的经验和观点。而且设立了审计和风险委员会、拨款委员会和薪酬委员会，各委员会向董事会报告。

精深局董事会 2016 年 10 月任命的私立教育理事会（CPE），根据《私立教育法》履行与私立教育相关的职能和权力。CPE 致力于提高私立教育的行业标准，制定规范流程并实施监管，还为教育消费者和学生提供指导和支持。主要职能包括：对私立教育机构的注册、专业性评估、课程设置、文凭证书发放、学费保护等方面进行监督管理，还通过"教育信托认证计划"（EduTrust）[①] 来规范行业质量。[②]

4.3　维护劳资关系和谐的三方性组织[③]

新加坡的三方性是指工会、雇主和政府之间的合作。三方合作伙伴是人力部（MOM）、全国职工总会（NTUC）[④] 和新加坡全国雇主联合会（SNEF）[⑤]。关键的三方问题包括：工作再创造、提高有效退休年龄、培训和提升劳动力、公平进步的就业实践和灵活的工资制度。三方性有助于提升新加坡的经济竞争力，促进和谐的劳资关系，为新加坡的整体进步作出贡献，这也成为新加坡的一项关键竞争优势。三方委员会（tripartite committees）[⑥]主要就工资、公平就业和雇用老年工人等问题提供指导和建议，主要有如下三方委员会组织：

新加坡三方论坛（Singapore tripartism forum，STF），由人力部、全国

---

① EduTrust 是一项质量保证计划，授予在整体教育服务提供中始终保持高质量标准并不断改进以产生积极学生成果的私立学校。

② 资料来源：新加坡精深局、劳动局网站。

③⑥ 资料来源：新加坡人力部网站。

④ NTUC 是新加坡工业、服务业和公共部门的全国工会联合会。其目标是帮助新加坡保持竞争力，让工人终身就业；提高工人的社会地位和福祉；并建立一个强大、负责任和有爱心的劳工运动。NTUC 是劳工运动的核心，该运动现由 60 个附属工会、1 个附属出租车协会、12 家社会企业、5 个相关组织和超过 780000 名第三代成员组成。

⑤ SNEF 成立于 1980 年。SNEF 是一个雇主工会，致力于维护行业和谐并帮助雇主实现卓越的就业实践，从而提高生产力、竞争力和员工的工作生活质量。在超过 3000 名企业会员的支持下，SNEF 积极推动政府、雇主和工会之间的三方伙伴关系。

职工总会和新加坡全国雇主联合会联合成立，旨在通过组织框架的扩大来强化三方精神的落实。该论坛为三方合作伙伴提供了一个表达关切并促成有效合作的平台。

全国工资委员会（national wages council，NWC）由来自雇主、工会和政府的代表组成，其成立是为了制定符合新加坡社会发展和长期经济增长的工资指导方针。NWC 每年举行会议，讨论工资及相关事宜并达成全国共识，以及根据讨论达成的三方共识发布指导方针。

老年工人就业能力三方委员会（tripartite committee on employability of older workers）成立于 2005 年，在提高老年工人的就业能力并帮助他们延长就业时间方面提出建议与措施。它还致力于塑造雇主、雇员和公众对雇用老年人的积极看法和心态。2013 年，该部门制定了新的方向，即推动三方努力支持老年工人的就业、提升就业能力和生产力。

低薪工人和包容性增长三方委员会（tripartite committee for low-wage workers and inclusive growth），其前身是 2007 年成立的"公积金和低薪工人工作福利三方委员会"，2010 年重组并更为现名。该委员会除了强调公积金缴款和工作收入补助计划之外，还对低薪工人问题采取更全面的做法，并帮助其参与包容性增长。①

工作生活策略三方委员会（tripartite committee on work-life strategy）由来自政府机构、三方合作伙伴和雇主的成员组成，成立于 2000 年，目的在于推动新加坡工作与生活的和谐。该委员会 2016~2017 年的工作目标核心是：帮助组织建立灵活工作安排的能力；鼓励组织采用有效的工作与生活平衡策略；增强员工的生产力和有效管理工作与家庭责任的能力；监督和审查组织采用灵活工作安排的情况，改善工作与生活的和谐状况。

工作场所社区参与三方小组（tripartite panel on community engagement at workplaces）由来自企业、工会代表和民族商会的主要领导人组成。它为企业和工会的社区参与计划提供指导，促进不同社区之间的理解、尊重和

---

① 包容性增长（inclusive growth）由亚洲开发银行在 2007 年首次提出，是寻求社会和经济协调发展、可持续发展的增长方式。与单纯追求经济增长相对立，包容性增长倡导机会平等的增长，最基本的含义是公平合理地分享经济增长。

联系，支持建立社会和谐与安全的工作场所。

三方联盟有限公司（TAL），为了落实、驱动三方性的作用，新加坡还设立了公司化组织——三方联盟有限公司，它是由人力部、全国职工总会和新加坡全国雇主联合会三方合作共同设立的担保有限公司。TAL的成立是为了成为进步工作场所与和谐工作关系的驱动者，致力于帮助雇主发展业务，帮助员工提升职业生活质量。它的角色是"值得信赖的三方组织""有效的调解人""忠诚的合作伙伴"和"先进工作实践的倡导者"[1]。TAL工作载体包括三部分：（1）公平和先进就业实践三方联盟[2]；（2）争议管理三方联盟；（3）工作场所安全与健康委员会/三方联盟。TAL还在10个方面规定了三方标准：关爱老人的职场实践；与个体经营者签约；雇用定期合同雇员；弹性工作安排；申诉处理；向媒体自由职业者采购服务；招聘实践；意外护理无薪假[3]；工作生活和谐；提高低薪工人的福利。根据以上标准评定对雇主颁发 TS 徽标，是为了激励雇主，表示组织已经实施的良好就业实践受到了三方的认可，也是为了达到激励员工的目的。

4.4　国家猎头及人才引进平台

4.4.1　联系新加坡——新加坡国家猎头公司

联系新加坡（contact Singapore）成立于2008年4月，它是由新加坡经济发展局和新加坡人力部创建的一个联盟，是新加坡政府旗下的一个机构。其主要任务是吸引世界各地的人来新加坡就业，并在新加坡投资和生活，促进新加坡当地经济发展。联系新加坡总部位于莱佛士城大厦桥北路250 号，在亚太、欧洲和北美设有办事处。

---

① 资料来源：新加坡三方联盟公司网站。
② 它提供一系列服务、工具和资源，包括培训研讨会、咨询服务和教育材料，以帮助组织实施公平和进步的就业实践；并遵守就业法律；受理面临职业歧视者的求助。
③ 是指员工为照顾住院期间或住院后的直系亲属而申请的无薪假。

其具体工作内容与目标：一是成为吸引全球人才来新加坡工作、投资和生活的一站式中心；二是积极联络专业人士、高校毕业生和新加坡主要成长型行业的雇主；三是协助那些考虑在新加坡投资和做生意的人们做决定并迁移至此地。

4.4.2 人才引进平台——企业、大学、科研机构等

新加坡的企业吸引、储备、培养了大量经营人才和技术人才，是重要的人才基地和人才蓄水池。

一方面，新加坡本土孕育出一批具有国际竞争力的企业，不断发展壮大，离不开企业人才战略的支持，以及对人才培养与使用的高度重视。如淡马锡控股公司是成立于1974年新加坡政府财政部拥有100%股权的国家投资公司，其投资业务遍布全球，并长期保持优秀的经营业绩。截至2022年3月31日，淡马锡的投资组合价值4030亿新元，以新元计算的20年期股东回报率为8%。[1] 淡马锡是全球最成功的国有资产管理公司。淡马锡的发展得益于其人才选用和培养战略，因此也成为高端经营人才培养的基地。淡马锡一直重视人才的作用与培养，这种精神写在《淡马锡宪章》中："培育在国际竞争中站得住脚的高级主干人员和管理精英，同时不断栽培公司出色的员工，为成功的企业奠定优秀的人才基础"（2002）；人力资本上要"培养高素质的董事会及管理层领导人才，培养尽职尽责的雇员"（2009）；"赢得客户支持和信任的员工是最大的财富"（2014）；支撑公司独特优势的宗旨原则之一是"投资于人的潜力"（2022）。

又如新加坡星展银行（DBS）是新加坡最大的商业银行，业务遍及18个市场，2022年总资产达7430亿美元，净利润达81.9亿美元，全球员工36000余人。[2] 星展银行业绩不菲，并取得多项殊荣，分别被《欧洲货币》《银行家》《环球金融》杂志选为"全球最佳银行"，获《欧洲货币》评为"全球最佳数码银行"及《银行家》评为"全球最佳创新数码银行"，

---

① 资料来源：新加坡淡马锡控股公司网站。
② 资料来源：星展银行集团网站。

2009～2021 年更连续 13 年被《环球金融杂志》评选为"亚洲最安全的银行"。星展集团通过系列优秀的人才管理实践，推动了人力资本和管理效率的提升。[①]

另一方面，新加坡拥有大量跨国公司，也是人才吸引和人才发展的宽阔平台。截至 2021 年底，新加坡大约有 2.6 万个国际公司。有超过 7000家跨国公司在新加坡设立营运机构，其中有 4200 家在新加坡设立区域总部。[②] 这些跨国公司里面集聚了大量高级经营人才与创新人才，并将随着企业的发展与转型，继续扩大人才培养规模。

此外，新加坡的大学与科研机构也是汇集高级人才的主要平台，成为科研与创新的重要载体；同时，通过吸引来自世界各国的留学生，为新加坡提供人才蓄水池。

---

① 详见本书第 11 章星展银行人才管理案例。
② 资料来源：中国国际贸易促进委员会网站。

第**5**章

新加坡人口政策
与就业促进

    21 世纪，人口出生率过低和老龄化加重是关乎新加坡发展的基础性问题。面对低生育率得不到缓解的情况，2001 年新加坡政府出台了婚育一揽子计划，并于 2004 年和 2008 年对此计划加以完善，来鼓励新加坡人结婚和生育。这一计划起到了刺激生育率的作用，生育率从 2003 年的负增长（－1.5%）到 2004 年的 1.3%、2005 年的 2.4%、2006 年的 3.1%、2007 年的 4.2%，2008 年达到一个高峰 5.3%。但其后，就陷入急剧下降阶段，2010 年又降至 1.8%。2012 年以后，"二战"后婴儿潮出生的人口开始进入老龄阶段，新加坡更是面临着低生育率和人口老龄化问题的双重挑战。对此，新加坡格外重视，政府提高预算金额，并协调建屋局、卫生部、公积金管理局、全国家庭委员会、企业和社区等各方面力量，为促进婚姻、鼓励生育提出更加具体的政策与措施。同时，通过政策组合促进就业，提升劳动参与率，以保证经济社会发展所需的人力资源供应。

5.1　人口生育激励政策

    政府通过系列计划加强生育激励和家庭帮助，主要体现为 2013 年出台

的《人口白皮书》① 中制定的加强版婚育促进一揽子计划和 2023 年发布的
《建设为家庭而设的新加坡：对婚育的支持概览》报告中所提出的支持政
策和举措。

5.1.1　2013 年《人口白皮书》一揽子计划

根据 2013 年《人口白皮书》制定的一揽子计划，新加坡政府提出多
方面的生育激励配套政策（见表 5-1）。为了支持这些政策，政府将预算
由原来的 16 亿新元增加到 20 亿新元。

表 5-1　　　　　　　　　　　新加坡政府促进婚育的政策措施

目标	政策	内容
结婚	帮助寻找伴侣	通过社交发展网（social development network）帮助单身人士寻找伴侣
婚姻育儿	"育儿优先配屋计划"（parenthood priority scheme）	建屋发展局预留一定比例的政府组屋给已育孩子的首次购房夫妇；把新组屋优先分配给育有孩子的首次申请购屋者，申请条件是孩子必须是新加坡公民，年龄在 16 岁以下
	"育儿短期住屋计划"（parenthood provisional housing scheme）	为已育孩子的首次购房夫妇在等候所申请的组屋落成期间以优惠的租金比例租住组屋单位。申请条件是孩子必须是新加坡公民，年龄在 16 岁以下
生育孩子	生育储蓄计划	用于支付分娩和产前医疗护理费用
	（完善）辅助生殖技术治疗合作基金	在公共医院接受辅助受孕技术疗程的夫妇，可按条件申请补助津贴，获得高达 75% 的辅助受孕技术疗程费用，每次的最高额度为 6300 新元，以三次胚细胞移植疗程及三次解冻冷藏胚细胞移植疗程为限
	辅助受孕疗程的医疗储蓄	对第一次、第二次、第三次接受辅助受孕疗程的夫妇，可分别使用 6000 新元、5000 新元和 4000 新元的医疗储蓄资金
	（完善）随生育次数变化的分娩费	公立医院的分娩费用不再因生育次数不同而有差异

---

① 参见本书第 5.1 节的专门介绍。

目标	政策	内容
婴儿护理	（完善）婴儿花红计划（enhanced baby bonus）	①2012 年 8 月 26 日及以后出生的婴儿，父母会得到一笔现金奖励：第一个或第二个孩子，每个奖励 6000 新元；第三或第四个孩子，每个奖励 8000 新元（2008 年 8 月 17 日至 2012 年 8 月 25 日之间出生的婴儿对应激励标准是 4000 新元、6000 新元）。奖金发放的周期也更短：婴儿出生发放 50%，6 个月龄发放 25%，12 个月龄发放 25%。自 2012 年 8 月 26 日开始生效。 ②从 2013 年 1 月 1 日起，儿童培育账户（CDA）将延长 6 年，持续到儿童出生后的第 12 年，政府将给孩子的 CDA 账户中存入与父母存入金额相等的资金，第一个和第二个孩子每人 6000 新元，第三个和第四个孩子每人 12000 新元，第五个孩子 18000 新元。家长可在核准机构使用该笔储蓄，支付教育和医疗等方面的费用
	（新）新生儿保健储蓄津贴	政府将为所有在 2012 年 8 月 26 日或之后出生的新加坡婴儿开设公积金保健储蓄户头（medisave account），3000 新元补助金分两次存入孩子的户头
	（新）扩大健保双全计划（MediShield）覆盖范围	从 2013 年 3 月 1 日起，先天及新生儿疾病将被纳入健保双全计划受保范围内
	生育退税（parenthood tax rebate）	父母生第一个孩子可以享受 5000 新元的税收回扣；生第二个孩子时，退税回扣可达 1 万新元；其后每生一个孩子，可得到 2 万新元的税收回扣
	子女、残疾子女所得税减免（qualifying/handicapped child belief）	父母可以申请每个孩子 4000 新元的子女所得税减免。残疾子女每个人可获得 5500 新元的所得税减免
	在职母亲子女所得税减免（working mother's child relief）	在职母亲可以享受子女所得税减免，孩子在 16 岁以下或者是全职学生；且孩子年收入少于 4000 新元。应纳税收入：第一个孩子减免收入的 15%，第二个孩子可减免收入的 20%，之后每个孩子减免收入的 25%，累加最多不超过 100%①

---

① 对同一个孩子，"抚养孩子的税务减免"和"在职母亲的孩子减免"两项加起来的总减免应税收入额度不能超过 50000 新元。另外，在职母亲享受的最高总减免应税收入额度与所有其他纳税人一致，都是每年 80000 新元。

续表

目标	政策	内容
婴儿护理	祖父母照顾小孩应税收入减免①（grandparent caregiver belief）	有 12 岁及以下孩子由祖父母照顾的，在职母亲可申请 3000 新元的祖父母照顾小孩应税收入减免
	以婴幼中心为基础的婴儿护理和儿童看护补贴	将孩子送到婴儿中心和幼儿中心看护的父母分别可获得每个月 600 新元和 300 新元的婴儿护理和儿童看护补贴
	外国女佣征费减免（foreign maid levy relief）	家里有雇用女佣的，在职已婚女性或母亲的税务减免额度是该税务年度女佣税的两倍
	外来家政人员税收特许（foreign domestic worker levy concession）	有 12 岁以下孩子并跟在父母身边的，父母可享受 95 新元的外来家政人员税收特许
平衡工作与生活	产假	在职母亲可享受 16 周的产假。不符合现时产假条件的在职母亲（如短期合同工）可以享受政府现金支付的产假补偿
	（完善）育儿假	至少有一个 7 岁以下孩子的父母，双方都享受带薪育儿假，每个孩子每年 6 天；育有 7~12 岁孩子的父母，可享受每名孩子 2 天的带薪育儿事假。每名家长每年可享有的带薪育儿假最多 6 天
	婴儿护理假	至少有一个 2 岁以下孩子的父母，双方可选择每年 6 天的不带薪婴儿护理假
	（完善）领养事假	领养未满 12 个月大婴儿的在职母亲，可享有 4 周带薪领养事假
	（新）政府支付的生育补贴（government – paid maternity benefits）	不符合现时产假条件的在职母亲，可获得政府以现金形式支付的相当于产假的补贴
	（完善）延长生育保护期（maternity protection period）	将生育保护期延长到孕妇的整个怀孕期，保证她们不会在怀孕期被无故辞退
	工作与生活和谐基金（work – life works fund, WOW）	该基金资助有利于工作—生活平衡发展战略的咨询和训练活动

---

① 孩子是新加坡公民，由长期居住在新加坡的祖父母或外祖父母照顾的，在职母亲一个税务年度可减免 3000 新元应税收入。"长期居住"指的是一个税务年度里面，在新加坡至少居住 8 个月。要享受这项减免，还要求孩子不超过 12 岁，且照顾孩子的祖父母或外祖父母不能从事任何有收入的工作。如果由两位老人同时照顾孩子的，本项应税收入减免额度依然是 3000 新元不变。

续表

目标	政策	内容
鼓励父母分担责任	（新）陪产假（paternity leave）	2013年5月1日或之后出生的新加坡籍婴儿的在职父亲，将可享有一周父亲陪产假
	（新）共享育儿假（shared parental leave）	在职父亲也可在妻子的同意下，移用其16周产假中的一周产假，为父母共用产假

资料来源：新加坡总理公署国家人口和人才署. 可持续的人口、朝气蓬勃的新加坡：人口白皮书2013［R］. 2013：71－73.

1. 帮助单身者寻找伴侣

通过社交发展网为单身人士提供更多的社交互动机会，以促进婚姻。新加坡每年大约有10万名单身人士从中得到这样的交流互动机会。

2. 已婚夫妇的住房支持

建屋局的"育儿优先配屋计划"（parenthood priority scheme）预留一定比例的政府组屋给已育孩子的首次购房夫妇；"育儿短期住屋计划"（parenthood provisional housing scheme）为已育孩子的首次购房夫妇在等候申请组屋期间以优惠租金租住政府组屋。

3. 降低育儿费用

政府提供多项育儿支持与奖励。在生育支持方面，除了提供孕产费用的生育储蓄计划以外，还提供辅助生殖医疗费用支持。在婴儿护理方面，提高婴儿花红计划的现金奖励；新增新生儿保健储蓄津贴，扩大健保双全计划范围；提供系列相关税收减免支持，包括生育退税、子女、残疾子女所得税减免、在职母亲子女所得税减免、祖父母照顾小孩应税收入减免、利用婴幼中心的婴儿护理和儿童看护补贴、外国女佣征费减免及外来家政人员税收特许等。

4. 平衡育儿期间的工作与生活

在原有的产假、婴儿护理假基础上，延长育儿假，延长生育保护期，完善领养事假；对不符合产假条件的在职母亲新增政府支付的生育现金补贴；还利用工作与生活和谐基金来鼓励企业为育儿员工提供灵活工作与作息方案，参与"工作生活和谐计划"（work – life works）。

5. 改善保育服务

在社区建立高品质的儿童保育中心，并吸引更多优秀老师进入儿童保育领域。还新增陪产假和共享育儿假，来鼓励父母分担保育责任。

在 2013 年的《人口白皮书》政策基础之上，新加坡政府继续推出强化的鼓励生育措施。按照规定，2015 年 1 月后出生的婴儿，可获得更高额度的现金资助：一胎和二胎可获得 8000 新元的奖励，三胎以上可给予 10000 新元的奖励。该笔款项将分成四期拨入申请人指定户头中。① 在 2020 年 10 月 1 日至 2022 年 9 月 30 日出生的婴儿，其父母将获得政府发放的一次性育儿补贴 3000 新元。这个育儿补贴是在婴儿花红现金奖励之外，额外提供的一次性生育补贴，以协助抵消新冠疫情下养儿育女的经济负担。②

2022 年，根据新加坡媒体的计算，若新生儿是父母的第一胎，可总共获得 2.1 万新元的补助；第二胎及以上，总体的补助金额还会增加；到第五胎时会达到 3.5 万新元的补助。

关于住屋政策的直接反馈有两种观点。一方面，这两项计划能帮助一部分夫妇有更大机会购买到新组屋，尤其是在剩余组屋销售活动中购得心仪单位；也能让正在等候预购组屋的夫妇，以低于市场价的租金租住组屋，这对带着孩子与父母挤在一个屋檐下的夫妇是有吸引力的。另一方面，一些受访专家和年轻人也认为，这两项新措施是在奖励已经育有孩子的夫妇，但难以鼓励单身者结婚与生育。全国家庭理事会主席林顺福指出，没孩子的年轻人不能在新措施下优先购屋或低价租住组屋，在鼓励年轻人早婚早生育上作用有限，而且由于预购的组屋需要至少 3 年时间兴建，

① 郑寰. 新加坡家庭政策的调适与创新［EB/OL］. 中共中央党史和文献研究院网站，2016 – 03 – 22.

② 本月起至 2022 年 9 月底出生婴儿可获 3000 元额外补贴［N］. 新加坡联合早报，2020 – 10 – 10.

很多情侣通过未婚夫妇计划提早申请组屋，等组屋竣工后才正式注册结婚。为不让人们因等房子而推迟结婚，林顺福认为，除了有孩子的夫妇，建屋局也应该能让那些还没有生育的年轻夫妇在等候组屋期间租住组屋，协助他们尽早筑建爱巢。①

5.1.2　2023 年强化版婚育支持报告内容

为了确保家庭得到政府和整个社会的更大支持，2020 年 6 月新加坡启动了"为家庭而设"（made for families）的品牌计划，采用品牌标志的雇主、企业和社区团体都有塑造支持和重视家庭有利环境的计划、举措、设施、产品或服务。

在此基础上，2023 年新加坡发布了新的婚育支持报告——《建设为家庭而设的新加坡：对婚育的支持概览》（Build a Singapore Made for Families：An Overview of Support for Marriage & Parenthood）。② 报告详述了住房、公积金、生育补助等各方面的支持条件。这些婚姻与亲子配套计划是逐渐完善的结果，也是对民众意见的积极反应。副总理兼财政部部长黄循财在 2023 年财政预算案中宣布，政府将加强对父母的经济支持和育儿假措施，并在养育孩子的早期提供更多的支持。报告中的主要支持政策措施如表 5 - 2 所示。

表 5 - 2　　新加坡政府婚育与家庭支持的最新政策措施（2023）

目标	政策	内容
结婚支持	帮助寻找伴侣	社交发展网（SDN）组织单身人士见面和互动，帮助寻找伴侣；并与合作伙伴合作，为组织活动提供费用
	婚姻准备教育	社会和家庭发展部（MSF）通过网络提供婚姻教育节目，宣传建立牢固持久婚姻的建议

---

① 新加坡社会如何看待新结婚生育政策 [EB/OL]. Eistudy, 2021 - 01 - 18.
② Marriage Parenthood Booklet [EB/OL]. Made for Families, 2023 - 12 - 03.

续表

目标	政策	内容
婚育住房支持	首次购房支持	从2023年8月起，符合条件的有18岁以下子女家庭/40岁以下已婚夫妇首次购房，享有2+1次投票机会。 剩余组屋出售和开放订购组屋帮助年轻夫妇更快地得到住房：三居室以上的剩余组屋至少95%预留给首次购房住户；至少95%的预购组屋留给首次购房家庭①
	育儿优先配屋计划（PPS）升级至家庭及育儿优先计划（FPPS）	怀孕或有18岁以下子女的申请家庭可享有PPS的优先权。预购组屋从2023年8月起，PPS升级至FPPS，范围扩大至符合条件的尚未生育的年轻夫妇，即不仅包括已育还包括已婚家庭。不超过40%的预购组屋和不超过60%的剩余组屋将被预留于该计划
	育儿短期住屋计划（PPHS）	正在等待购房且家庭月收入在7000新元以下的家庭，可以按补贴价格租用一套组屋
	未婚夫妻计划（fiancé/fiancée scheme）	新人们可以在正式登记结婚前申请购买新房或二手房
	三孩优先计划（third child priority scheme）	5%的预购组屋或剩余组屋预留给有三个以上孩子的大家庭
	邻近住房补助金（PHG）	为帮助家庭居住得更紧密，对于购买新组屋以与父母或子女居住在一起或相距4公里内的家庭，可享受高达30000新元的邻近住房补助金。此外，三代套房、已婚子女优先计划（MCPS）和多代优先计划（MGPS）也都适用
	公积金住房补助	为支持首次购房家庭，公积金住房补助金增加30000新元。对购买新房者，适用增强版公积金住房补助，不论户型均可享高达80000新元的补助；购买二手房，适用公积金住房补助者，四居室以下补助80000新元，五居室以上补助50000新元，收入上限均为14000新元；适用增强版公积金住房补助者，无论户型最高80000新元补助，9000新元收入上限；适用邻近住房补助金者，最高80000新元补助，无收入上限
生育支持	生育储蓄套餐	用于支付分娩和产前医疗护理费用。产前医疗费用最高可达900新元；分娩费用750~2600新元；住院补贴前两天每日550新元，第三天起每日400新元
	终身健保计划（medishield life）	严重的妊娠和分娩并发症，也可使用终身健保计划支付治疗费用

① 从2022年8月起，对于预购组屋，至少95%的四室以上组屋和85%的三室组屋预留给首次购房家庭，原来分别是85%和70%。

续表

目标	政策	内容
生育支持	辅助生殖技术支持补助	• 每对夫妇可获最高支持额度：第一次 6000 新元；第二次 5000 新元；第三次以上 4000 新元；终身限额 15000 新元。 • 政府合作基金为在公立医院接受治疗的 40 岁以下夫妇，提供高达 75% 的补助，支持范围为三次。 • 妇女接受辅助生殖技术的年龄和次数没有限制。 • 接受胚胎植入前生殖/单基因缺陷基因检测和染色体结构重排基因检测的符合条件的夫妇可获得高达 75% 的政府共同资助；也可以利用自己或配偶的医疗储蓄来支付费用
育儿支持	（完善）儿童花红计划（baby bonus scheme）	适用于 2023 年 2 月 14 日之后出生的新加坡儿童： • 婴儿现金奖励，每 6 个月发放一次，直到六岁半。第一/第二个孩子发放总额为 11000 新元（增加 3000 新元）；第三个以上孩子发放总额为 13000 新元（增加 3000 新元） • 儿童培育账户（CDA），政府为每个儿童账户首先存入 5000 新元（增加 2000 新元），然后与父母存入金额相等的资金：第一个孩子 4000 新元（增加 1000 新元）；第二个孩子 7000 新元（增加 1000 新元），第三个和第四个孩子每人 9000 新元，第五个及以上每个孩子 15000 新元
	生育退税（PTR）	具体额度：第一个孩子 5000 新元；第二个孩子 10000 新元；第三个及以上每个孩子 20000 新元
	子女、残疾子女所得税减免（QCR/HCR）	父母可以申请每个孩子 4000 新元的子女所得税减免。残疾子女每个人可获得 7500 新元（增加 2000 元）的所得税减免
	在职母亲子女所得税减免（WMCR）	符合条件的在职目前应纳税收入减免额度：第一个孩子减免 15%，第二个孩子减免 20%，之后每个孩子减免 25%，累加最多不超过 100%[①]
	祖父母照顾小孩应税收入减免（GCR）	有 12 岁以下孩子由祖父母照顾的，在职母亲可申请 3000 新元的祖父母照顾小孩应税收入减免。如果孩子是残疾且在前一年未婚，则没有年龄限制
	外籍佣工税优惠（MDW）	有 16 岁以下新加坡公民子女并雇用外国佣工看护的雇主可获得 60 新元的征税优惠
	外籍佣工税减免（FDWL）	家里有雇用女佣的，在职已婚女性或母亲的税务减免额度是前一税务年度女佣税的两倍。此计划将于 2025 课税年度失效[②]
	新生儿护照申请费免除	父母为他们的新加坡公民孩子申请第一本护照的费用可免除

---

① 这一减免将从"收入比例"改为"固定减免额"，从 2024 年 1 月 1 日开始应用。每个孩子可申请 QCR/HCR 和 WMCR 总额的上限为 50000 新元。

② 每个课税年度，个人可申请的所有税收宽免总额上限为 80000 新元。

续表

目标	政策	内容
学前教育支持	扩大婴幼儿看护能力	扩大教育部幼儿园和政府支持幼儿园①的数量与规模： • 到2025年，80%的学龄前儿童可以在政府支持的学前机构就读（目前超过60%）。 • 当前有超过20万个全日制学前班名额。教育部将与运营商合作，在未来两年内再开发22000个名额
	优化早期教育	• 成立国家幼儿发展研究所，作为幼儿教育工作者的培训机构，提高幼儿教育人员的专业素质。 •《儿童早期发展中心法》确保幼儿园和托儿中心的标准
	学前教育补助	• 为在职母亲提供600新元的婴儿全日护理/300新元的儿童全日看护基础补贴；母亲不工作的家庭每月可获得最高150新元的基础津贴。 • 在职母亲家庭月收入低于12000新元，每月最高额外补贴：467新元托儿费/710新元婴儿护理费。 • 家庭月收入低于12000新元家庭，若子女就读于政府支持幼儿园，均可申请幼儿园学费资助计划
教育支持	各类教育补贴	• 加强教育部资助计划和学校供餐计划，为低收入家庭提供更多支持。 • 所有小学都提供课后照顾。 • 根据学生照顾费援助计划，低收入家庭可获得高达98%的学生照顾费补贴。 • 为公立高等教育机构的学生提供助学金。 • 为在理工学院、自治大学、工艺教育学院、南洋艺术学院和拉萨尔艺术学院学习的低/中等收入家庭的学生提供更高的奖学金
医疗保健支持	新生儿医疗补助	政府为每个新生儿存入4000新元的医疗储蓄补助金在孩子的医保账户里，用以支付孩子的医疗费用，如健保终身保费
	终身健保计划	所有新加坡公民的婴儿，包括患有先天性和新生儿疾病的婴儿，从出生就自动获得该保险
	免费疫苗接种和儿童发育筛查	儿童可在综合诊所和所有社区诊所接受全额补贴的儿童疫苗接种；也可以进行免费的儿童发育检查
	综合诊所的母子服务	自2023年3月1日起，母亲可与其子女一起在9家综合诊所获得保健服务

---

① 政府支持幼儿园有费用限制和质量保证。学前教育类型：婴儿护理服务，为2～18个月的婴儿提供；托儿中心，服务于18个月至7岁以下儿童；幼儿园，面向18个月至7岁以下儿童（半日课程）。

目标	政策	内容
平衡工作与生活	带薪产假	在职母亲享有 16 周带薪产假；因工作安排无法休假的可申请政府支付的 16 周产假津贴
	带薪陪产假（加强）	2024 年 1 月 1 日以后出生孩子的父亲，带薪陪产假由 2 周加倍至 4 周；因工作安排无法休假的可申请政府支付的 28 天陪产假津贴
	带薪共享育儿假	符合资格的在职父亲可与配偶分享最多 4 周的产假或领养假。
	带薪育儿假/延长育儿假	最小子女不满 7 岁的在职父母每年 6 天假期；最小子女年龄在 7~12 岁的在职父母每年 2 天假期
	无薪婴儿护理假（加强）	子女未满 2 岁的父母，每名在职父母每年可享受 6 天无薪育儿假；从 2024 年 1 月 1 日起，增加 6 天假期
	带薪收养假	1 岁以下婴儿的在职养母有 12 周带薪收养假；因工作安排而无法休假的可申请政府资助的领养津贴
	怀孕员工的生育保护	在没有充分理由的情况下，不能解雇怀孕员工；员工在休产假期间不得被解雇
	采用三方标准的雇主提供的婚育和家庭支持	• 通过《灵活工作安排三方标准》①。 • 员工孩子在 2 岁以下，并且（a）早产，（b）是多胞胎的一员，或（c）患有先天性或任何其他疾病，每年最多有 4 周无薪假期。 • 为所有员工提供至少两种员工支持计划，如现场托儿设施、老年人护理补贴、健康和保健方案等。 • 考虑有家庭照顾责任的员工工作安排，如减少工作时间（工资相应减少），或弹性时间/地点的替代支持安排。 • 提供至少两个额外的企业休假福利（如同情假、延长育儿假），并鼓励员工利用产假、陪产假、育儿假和年假
	家庭黏合	• "家庭乐趣、家庭时光"的系列主题互动节目，鼓励家庭建立更紧密的关系，并为家长提供育儿知识和技巧。 • "运动新加坡"（ActiveSG）② 通过体育活动和游戏创意等资源，促进亲子关系。 • "家庭为生活"（families for life）③ 提供丰富活动，如比赛、家庭周等，以促进家庭纽带和加强家庭关系。 • 育儿方案：通过 300 多所中小学、幼儿园和社区合作伙伴提供免费育儿方案，以发展更牢固的亲子关系

① 政府将在 2024 年引入《三方指引》，进一步指引雇主公平和对员工灵活工作安排的要求。灵活工作安排包括灵活时间、灵活地点、灵活工作范围等。

② ActiveSG 是由新加坡体育局管理的全国性体育运动组织。

③ 2014 年 2 月 7 日，由原来的"全国家庭理事会"（成立于 2006 年 5 月 1 日）更名为"家庭为生活"（families for life），以支持新加坡家庭更紧密的联系。

续表

目标	政策	内容
其他支持	便利公共交通	● 所有的公交车都安装了婴儿车固定装置，以便放置婴儿车。 ● 所有新建巴士交汇处及综合交通枢纽都设有婴儿护理室。 ● 出租车等都为身高低于1.35米的幼儿提供儿童座椅选择。 ● 儿童优惠卡，7岁以下儿童可免费乘坐公共交通工具

资料来源：Marriage Parenthood Booklet［EB/OL］. Made for Families, 2023：8-22.

1. 住房支持

（1）扩大组屋获取机会。

这包括系列支持政策：①首次购房支持：通过剩余组屋出售和开放订购组屋来帮助年轻夫妇更快地得到住房，并且提高预留给首次购房家庭的组屋比例。从2023年8月起，符合条件的首次申请组屋家庭在两次申请不成功的情况下，还可增加一次额外的竞购机会。②"育儿优先配屋计划"升级至"家庭及育儿优先计划"，预购组屋从2023年8月起，该计划覆盖范围从已育家庭扩大至已婚未育的首次申请住房家庭。③育儿短期住屋计划，等待购房且月收入7000新元以下的家庭，可按补贴价格租用组屋。④未婚夫妻计划，他们在正式登记结婚前就可申请购买新房或二手房。⑤三孩优先计划，为三个以上孩子的大家庭预留5%的预购组屋或剩余组屋。

（2）帮助家庭居住得更紧密。

通过邻近住房补助金鼓励并支持与父母/子女一起或就近居住，并可结合三代套房、已婚子女优先计划和多代优先计划等优惠政策一起使用。

（3）购房补助。

强化应用公积金住房补助的力度，并可分两期缴付首付款。

另外，对于再次购房家庭，重新拥屋计划帮助有年轻子女并租住组屋的家庭再获购房权；现有两居室家庭预购三居室新房或二手房，或者组房租户想预购两居室、三居室的新房或二手房，可获15000新元的升屋津贴。

2. 生育支持

通过生育储蓄套餐、终身健保计划和辅助生殖技术支持补助来支持生育。生育家庭可以使用医保储蓄来支付孕期和分娩医疗费用；遇到严重的妊娠和分娩并发症，也可使用健保人寿支付住院治疗费用。支持辅助受孕，动用医保储蓄来支持体内人工授精和辅助生殖技术，对于新加坡公民夫妇支持比例达 75%，公民—永久居民夫妇支持比例为 55%，公民—外国人夫妇支持比例为 35%。

3. 育儿支持

强化版婴儿花红计划，适用于 2023 年 2 月 14 日之后出生的新加坡儿童，婴儿现金奖励和儿童培育账户的额度都有显著提高。

税收优惠与减免政策包括生育退税、子女、残疾子女所得税减免、在职母亲子女所得税减免、祖父母照顾小孩应税收入减免、外籍佣工税优惠和减免等。其中，残疾子女所得税减免从 5500 新元提高至 7500 新元。

另外，对新生儿护照申请费也给予免除。

4. 学前教育支持

第一，扩大教育部幼儿园和（政府与合作机构）共建幼儿园的学额，以扩大婴幼儿看护能力。政府指定幼儿园不但有费用上限规定，而且有质量保障，为国民提供安心的学前教育。第二，为提高幼儿教育人员素质，成立国家幼儿发展研究所作为幼教人员的培训机构；并用《儿童早期发展中心法》确保学前教育标准。第三，对在职母亲提供婴幼儿教育补贴，并对中低收入家庭提供就读政府幼儿园的费用资助。

5. 各级教育支持

加强教育部资助计划和学校供餐计划；小学均提供课后照顾，而且高额补贴低收入家庭的学生课后照顾费；为公立高等教育机构的学生提供各种助学金和更高的奖学金。

6. 医疗保健支持

儿童医疗保健支持包括新生儿医疗补助、终身健保计划、免费疫苗接种和儿童发育筛查等政策；从2023年3月1日起，还增添了综合诊所（9家）的母子保健服务。

7. 平衡工作与生活

（1）育儿假期。

包括带薪产假、带薪陪产假（2周增至4周）、带薪共享育儿假、带薪育儿假/延长育儿假、无薪婴儿护理假（从2024年1月1日起由6天增至12天）、带薪收养假等。其中带薪产假、带薪陪产假如因工作原因无法休假，还可申请政府支付的产假津贴。

（2）生育保护。

员工在休产假期间不得被解雇；而且在没有充分理由的情况下，怀孕员工也不能被解雇。

（3）采用三方标准的雇主提供的婚育和家庭支持。

采用三方标准的雇主除了执行政府政策，还会提供额外的婚育支持举措：①采用灵活工作安排，包括灵活时间、灵活地点、灵活工作范围等；②有患病孩子的员工每年最多可请4周无薪假期；③提供如职场托儿设施、老年人护理补贴、健康和保健方案等至少两种员工支持计划；④对有家庭照顾责任的员工，考虑减少工作时间或弹性时间/地点的替代工作安排；⑤提供至少两个企业休假福利，如同情假、延长育儿假等，并鼓励员工利用好假期。

（4）家庭黏合。

发动各界组织，利用"家庭乐趣、家庭时光"系列主题互动节目、"运动新加坡"组织的体育活动、"家庭为生活"组织的多样活动，以及中小学、幼儿园和社区合作伙伴提供的免费育儿培训，来发展更紧密的家庭关系和更牢固的亲子关系。

8. 便利公共交通

在公共交通方面，也通过设置婴儿椅、婴儿车位置、婴儿护理室和儿童免费乘车优惠卡等方式，为儿童乘车提供安全和便利。

综上所述，新加坡充分发动社会，对婚育和家庭支持做出了持续努力，内容周到，涉及方方面面，期待更好的人口与生育支持效果。

5.2 促进就业政策举措

新加坡政府把促进就业作为主要职责。为了促进就业，政府一是促进经济重组和企业能力升级，积极发掘创造新的工作岗位；二是提升就业服务水平，建立就业信息平台，提供就业指导，给予再就业培训支持；三是为企业提供雇佣支持，对失业者进行补贴。

5.2.1 扩大经济增长，创造就业机会

就业首先依赖于经济的增长。新加坡致力于挖掘经济增长机会，打造具有竞争力的企业，聚焦如何顺应科技带来的变化，不断学习与提升，实现转型发展。新加坡善用新科技帮助企业转型，推陈出新以提高生产率。自 2016 年，政府陆续推出了 23 个产业转型蓝图（ITMs）。之后，又把 23 个工商产业集结为六大产业群，并推出产业群战略，加强产业间合作，发挥协同效应。以此帮助本地企业把握机遇，加快实现转型。

政府通过产业转型蓝图和产业群战略的指引，帮助企业参与以互联网、数字科技、人工智能为核心的第四次工业革命，采用的具体措施包括：（1）开办数字服务实验室，让企业和科研伙伴一同针对数字化挑战，研发解决方案。（2）延长自动化辅助配套，协助企业采用自动化科技。（3）将中小企业数字化计划扩展到更多行业，以让更多中小企业享受数字科技带来的便利。此外，政府也提供更多预先批准的数字化方案供企业选择。（4）执行企业扩充资金支持计划。如在 2019 年的财政预算案中，政府宣布了多项措施，协助中小型企业融资，并且深化现有资金来源。计划包括企业融资计划、中小型企业流动资金贷款计划和中小企业合资基金。（5）政府也在高等学府和研究院设立创新中心，支持企

业利用科研结果实现创新。①

　　在推动企业科技转型促进经济增长提高就业容量的同时，新加坡政府还着重于工作岗位的创造和再设计，以提升就业机会。2017 年 7 月开始，新加坡人力部联手财政部、卫生部、通信及新闻部和贸工部等相关政府部门，与劳资政三方伙伴合作，专门对金融、专业服务、医疗、资讯通信与媒体、批发贸易五个领域进行分析，关注五个领域的就业情况及需求。因为这几个领域受转型冲击比较大，技能需求较低的工作机会流失不少，但仍有庞大的增长空间，可以通过科技的采用，制造大量新的工作机会。2019 年财政预算报告说明会中，财政部长王瑞杰指出，为了鼓励企业采用科技、重新设计工作、提升员工技能，政府将通过生产力解决方案津贴（PSG）和企业发展计划（EDG）为企业提供高达七成的资助；同时配合培养员工精深技能的"技能创前程"计划及"应变与提升计划"（Adapt & Grow），共同创造更好的就业条件。

　　新冠疫情以后，新加坡政府更是制定并启动企业负责人培训计划，来帮助企业应对疫情挑战，促进转型升级。2020 年，"中小企业负责人转型计划"正式实施。新加坡国立大学李光耀公共政策学院副教授顾清扬表示：疫情对中小企业造成巨大冲击，直接影响了新加坡就业市场。新加坡政府推动中小企业转型，希望借此找到新的经济增长点，实现就业目标，带动经济平稳发展。该计划通过授课培训、交流实践等活动，提升参加培训的中小企业负责人的管理能力，为企业规划新的发展方向，制定未来战略。根据新加坡企业发展局 2020 年底资料，首批有 38 家中小企业的 60 名负责人参与培训，主要来自贸易运输、制造机械、信息技术、生活消费等领域，尤以贸易运输企业居多。② 2021 年 10 月，星展集团同南洋理工大学与企业发展局又联手推出"企业转型领袖培训"计划。这项计划为期一年，旨在支持前景看好的中小企业商业领袖开发拓展海外市场方面的业务增长能力和创业技能。③

------

① 资料来源：新加坡财政部长王瑞杰于 2019 年 3 月 8 日在新加坡富尔顿酒店出席《联合早报》2019 年度预算商务论坛的致辞。
② 新加坡为中小企业转型推出培训计划［EB/OL］. 新华网，2020 - 11 - 17.
③ 星展与两机构推出企业转型领袖培训计划［N］. 新加坡联合早报，2021 - 10 - 05.

2020 年，新加坡政府又推出了三项融资计划：临时过渡性贷款计划、中小企业营运资金贷款计划和企业融资计划—贸易贷款计划。《联合早报》2020 年 4 月 7 日报道：副总理兼财政部长王瑞杰宣布，从 4 月 8 日至次年 3 月 31 日，政府在各项贷款计划下分担的风险，将从之前的 80% 增至 90%，以进一步帮助企业取得融资和缓解资金周转压力；融资贷款顶限从最初 100 万新元一度增至 500 万新元，现为 300 万新元。另《联合早报》2022 年 2 月 18 日报道：2020 ~ 2021 年，三项融资计划为超过 2.7 万家公司提供支持，让企业获得 247 亿新元的融资，为疫情影响下促进就业提供了支持。新加坡贸工部的研究表明，主要是提供营运资金的贷款援助对企业提供了支持，其中临时过渡性贷款计划帮助企业减轻了财务负担。调查发现，公司每获取一笔平均额度的临时过渡性贷款，出现财务压力、无法按时还款的概率会降低 0.05 个百分点。平均而言，在资金帮扶下，公司的总聘用人数增加了 0.26%。贷款对就业的影响主要体现在员工不超过 50 人的小公司，而大公司和小公司的财务负担都得到减轻。[1]

此外，政府也号召商会与商团引领行业的发展，为企业创造更多的合作机会，促进经济转型。作为行业的领头羊和代言人，商会最能了解企业不同发展阶段的需求，通过量身定做的培训和咨询服务，以及商会建立的知识共享平台，更好地帮助企业成长；在深化员工的能力方面，商会也能够与工会、教育机构和企业合作，确保培训课程与行业的转型计划一致；商会通过商业合作，带领企业到国外进行考察，可以帮助本地公司进一步了解全球化的行业趋势及市场状况，协助本地企业扩大规模。[2] 尤其对于中小企业，面对诸如视野不足、人才短缺、规模受限等更多挑战，商会的带动引领作用将更为显著。

5.2.2 提升就业服务支持

新加坡人力部联合金融管理局、经济发展局及资讯通信媒体发展局等

---

[1] 新加坡的三项融资计划过去两年支持逾 2.7 万家公司 [N]. 新加坡联合早报，2022 - 02 - 18.

[2] 资料来源：新加坡财政部长王瑞杰于 2019 年 3 月 8 日在新加坡富尔顿酒店出席《联合早报》2019 年度预算商务论坛的致辞。

政府部门，找出各行业领域的职业空缺及技能需求，帮助国人把握机会，从事具备更高技能及更好的工作。

1. 建立求职平台

2014 年，新加坡政府劳动力发展局正式建立了以新加坡公民和永久居民为对象的工作信息库——"职业库"。职业库里列出职位空缺，吸引雇主和求职者登录对接。从开始一直到 2018 年 4 月，有超过 30 万求职者和约 3 万名雇主注册设立户头。[①] 2018 年 4 月，由劳动力发展局和科技局合作推行的求职平台"职业前程配对网"（MyCareersFuture. sg）开始启用，借助人工智能科技，列出与求职者技能匹配的工作，进而提升工作配对的效率。启用后，不断参考用户反馈并定期评估各利益相关者的需求，采取措施进一步改进平台，包括扩大与知名国际求职网站 Indeed 的合作。这使涵盖23 个产业领域的职位空缺数量从每个月约 2.3 万个增至 3.5 万个。这一平台于 2019 年 1 月 4 日正式推介，取代了职业库的职业配对功能。[②]

2. 丰富"职业联系站"职能

2018 年 7 月，劳动力发展局设立的"升级版"职业中心——"职业联系站"（careers connect）[③] 开始启用。中心设有更具针对性的服务及计划，帮助更多求职者寻找适合的工作。"职业联系站"设有自助服务电子平台，供求职者查询求职资讯，包括市场需求较高的职位及如何精进技能、加强面试技巧、提升就业机会等。配合新职业中心成立，劳动力发展局为面临挑战及困境的求职者提供相关援助及职业配对服务，包括："职业催化剂"（career catalyst）计划，为期 2 个月，帮助求职者发掘自己的兴趣及志向，指导他们规划事业道路，并增进技能以达到目标；"职业充电"（career

---

① New jobs portal MyCareersFuture. sg Uses Technology to Better Match Jobseekers and Employers［EB/OL］. The Straits Times. 2018 – 04 – 17.

② 资料来源：狮城新闻。

③ 劳发局职业联系站设于巴耶利峇的终身学院、淡滨尼天地（our tampines hub）和兀兰民事中心（woodlands civic centre）。

recharger）计划，旨在帮助失业者重拾信心，为求职者提供一对一的精神辅导，帮助他们度过艰难的事业低潮。再有，职业联系站首次为雇主提供辅导，指导他们如何改善招聘广告，如何更好地筛选聘用，避免造成人岗不匹配的结果。[①]

3. "新心相连"技能提升计划

2020年，新加坡政府和持续教育与培训中心、大学等机构合作，推出"新心相连"技能提升计划，为求职者提供一系列培训课程，帮助他们学习行业技能、提高就业能力。在培训期间，参加者每月将获得政府培训补贴，一般能覆盖95%的学费。该计划提供涉及制造业、餐饮业、信息和通信技术等领域的40门课程，为参加者提供3~12个月的培训以及工作或项目实习机会。参加者在选择课程前可以通过咨询服务，找到最能发挥他们自身优势的课程。同时，政府还提供职业咨询和就业援助，帮助他们尽快就业。

据统计，到2021年底，"新心相连"就业与技能计划（SGUJS）帮助新加坡求职者取得超过16.63万个工作和培训机会，其中超过七成是职业配对。在"新心相连"职场新人培训计划的支持下，2020年从高等学府毕业的学生，整体就业率和之前两年接近。[②]

4. 其他促进就业的专项政策

（1）高龄劳动力就业促进。

鼓励老年人适当参加工作一直是新加坡一项提升劳动参与率的做法。自1999年起，新加坡政府就已将退休年龄从60岁提高至62岁；2022年7月起，退休年龄由62岁调高到63岁；2030年将继续调高到65岁；重新受雇年龄由67岁调到68岁，2030年将进一步调高到70岁。

为了提供更多就业岗位，并为年长劳动力提供工作对接机会，政府鼓励雇主展开工作再设计并改善工作场所条件，以符合高龄员工的能力与特

---

① 人力部将大力促进五领域就业情况［N］. 新加坡联合早报，2017 – 07 – 20.
② 新加坡的三项融资计划过去两年支持逾2.7万家公司［N］. 新加坡联合早报，2022 – 02 – 18.

点。并且，2012 年 1 月，新加坡修改退休与再就业法案，针对高龄员工给予特别就业补贴（special employment credit），来弥补员工培训和工作再设计的成本，从而鼓励企业雇佣高龄员工。①

2000 年以后，新加坡的劳动力参与率一直呈上升趋势。2001 年，年龄在 25～64 周岁的新加坡人口中 76.3% 正在工作和找工作中，2011 年这一比例上升至 80.8%。其中 55～64 岁新加坡人的劳动参与率从 2001 年的 45.4% 上升至 2011 年的 63.4%。② 据新加坡政府调查数据，55～64 岁新加坡公民的就业率 2011 年达到创纪录的 61.2%，而前一年这一比例为 59.0%。其中，这个年龄段的男性公民就业率从 75.0% 升到 76.4%，女性公民的就业率从 43.4% 升到 46.3%。③ 2017 年新加坡 55～59 岁劳动力参与率达到近十年最高值 74.9%，60～64 岁参与率达 63.6%。65～69 岁的参与率为 43.4%。④ 据 2020 年数据，65 岁及以上居民就业率上升，达 28.5%，比上年同期的 27.6% 高出 0.9 个百分点，是自 2012 年（21%）以来的最高值。⑤

（2）对低收入劳动者的就业促进。

新加坡政府通过专项计划，维持低收入劳动者收入的可持续增长，措施包括：第一，包容性增长计划（inclusive growth programme），是 2010 年由新加坡总工会推出 1 亿新元的支援计划，帮助企业的生产自动化和流程再设计，取得的成果则和低薪工人来分享。据 2013 年 10 月的一项报道，本地企业已经实行 800 个改善劳动生产率的计划，其中 2/3 的企业是中小企业，已经拨出 4200 万新元。⑥ 第二，就业补助计划（workfare income supplement，WIS）⑦ 自 2007 年推出，以收入最低 20% 的员工为主要援助

---

①② 刘宏，王辉耀. 新加坡人才战略与实践［M］. 北京：党建读物出版社，2015：68，67.

③ 新加坡政府：2011 年新加坡就业率升至 78% 新高［EB/OL］. 中国新闻网，2011 - 12 - 01.

④ Ministry of Manpower. Singapore Labour Force Survey：Ref. General Household Survey（GHS）：Participation Rate［EB/OL］. CEIC，2020 - 12 - 04.

⑤ 资料来源：《2020 年新加坡劳动力报告》。

⑥ 新加坡总工会：5.3 万低薪工友将在劳生率计划下涨工资［EB/OL］. 南洋视界，2013 - 10 - 04.

⑦ 资料来源：新加坡人力部网站。

对象，通过提供收入补贴和公积金补充，协助缓解社会不平等问题。WIS设立之初的年度预算近5亿新元，被资助者每年最多可获得2800元资助。2020年起，政府调高补助，申请者的月收入顶限从2000元调高至2300元，每年可获得就业补助金额最高达4000元。[①] 2022年2月公布的财政预算案中说，政府将进一步加强就业补助计划。2023年1月起，该计划的合格月收入顶限从2300元调高至2500元，并将受惠年龄从35岁进一步降至30岁。30~34岁的低薪员工，每年可领的最高补助金额为2100元；越年长的员工，可领取的补助金越高；60岁及以上的员工，每年可领的最高补助金额从4000元增至4200元；残疾员工不论年龄，同样可领取最高4200元的补助金。[②] 第三，工作技能支持计划（workfare skills support）于2020年7月推出，为接受培训的低薪员工提供津贴，支持员工提升技能以争取获得更高的薪金。第四，扩大渐进式薪资模式（progressive wage model，PWM）。新加坡为帮助低薪员工，2012年提出这一模式，由劳资政三方为不同行业制定最低工资标准，同时根据行业制定职业进阶所需的培训及相应的工资增幅，让雇员随着培训掌握更多技能，并赚取更高等级工资。PWM模式适用于清洁、安全、园艺、电梯管理和零售等部门的新加坡公民和永久居民，也鼓励雇主对外籍雇员采用累进工资原则。根据人力部资料，清洁工和从事粗工的雇员等，月薪中位数从2012年的1000元涨到2019年的1408元，增幅超过40%。[③] 目前，累进工资正逐渐扩大至更多低薪岗位：2022年9月1日起，累进工资扩大到零售工人、内部清洁工、保安人员和园艺工人群体；2023年3月起扩展到食品服务、管理人员和司机岗位；2023年7月起扩展到废品服务与管理岗位。[④]

（3）疫情下的稳就业措施。

新冠疫情下，新加坡人力部还出台多项规定以稳定就业。如"裁员通

---

① Workfare Factsheet – Chinese ［EB/OL］. Ministry of Manpower of Singapore, 2019 – 12 – 30.
② 预算案：就业入息补助计划 合格月入限调高至2500元 ［N］. 新加坡联合早报, 2022 – 02 – 18.
③ 新加坡扩大渐进式薪资模式 ［EB/OL］. Ttaiwan trade – Southern Star Club, 2020 – 05 – 01.
④ 资料来源：新加坡人力部网站。

知政策"，人力部规定从 2021 年 11 月 1 日起，拥有 10 名员工以上的雇主都必须将所有裁员行动通知人力部。此前，雇主只需要在 6 个月内裁员 5 名及以上员工时通知人力部；新政策实施后，雇主必须在向受影响的雇员发出裁员通知后的 5 个工作日内向人力部通报，否则将有可能被处以 2000 元以下的罚款。雇主在裁退第一名员工之际就通知人力部，意味着第三方合作伙伴和相关机构能够及时为被裁员的工人提供支持和帮助。又如，雇用外籍女佣，出现雇佣合同提前终止时，关于居家隔离和新冠检测费用的分摊，人力部也做了专门规定。[①]

5.2.3　雇主雇佣补贴与支持

1. 雇佣支持计划

雇佣支持计划（jobs support scheme，JSS）是新加坡政府于 2020 年 2 月开始实施的一项为雇主提供工资支持、以在经济不确定时期留住当地雇员（新加坡公民和永久居民）的资助计划。除政府组织（本地和外国）和代表处外，所有雇主都有资格获得 JSS，获得资助的水平和期限取决于雇主所在的行业。

根据 JSS，由计划开始直至 2021 年 3 月，由政府出资向每名当地雇员支付每月总工资中前 4600 新元部分。2021 年 4 月 1 日至 6 月 30 日，旅游业获得了 30% 的一级 JSS 支持，2021 年 7 月 1 日至 21 日支持比率为 10%。2021 年 8 月至 2021 年 10 月，政府对食品饮料、体育健身、艺术摄影、艺术表演与艺术教育行业，以及零售、电影院、博物馆、美术馆、历史景点、家庭娱乐和旅游业，提供了两类不同的就业支持额度，于 2021 年 11 月 22 日至 12 月 19 日又提出了加强版的 JSS 支持（见表 5 - 3）。

---

① 资料来源：狮城新闻。

表 5 - 3 新加坡 2021 年雇佣支持计划（JSS）

JSS 支持行业	此前支持措施					加强支持措施
	5 月 16 日 ~ 7 月 11 日	7 月 12 日 ~ 21 日	7 月 22 日 ~ 8 月 18 日	8 月 19 日 ~ 31 日	9 月 27 日 ~ 11 月 21 日	11 月 22 日 ~ 12 月 19 日
• 餐饮业 • 体育健身 • 艺术表演与培训	50%	10%	60%	10%	25%	10%
• 零售 • 影院 • 艺术馆、美术馆、博物馆 • 家庭娱乐 • 旅游	30%		40%			

资料来源：Jobs Support Scheme（JSS）［EB/OL］. Inland Revenue Authority of Singapore，2022 – 08 – 19.

2. 雇佣增长激励计划

为了平缓新冠疫情对经济、就业和企业雇佣的压力，以支持企业扩大本地招聘规模，2020 年 9 月 4 日，新加坡政府宣布了一项投入 10 亿新元的"雇佣增长激励计划"（job growth incentive，JGI）。该计划的具体内容是：从 2020 年 9 月到次年 2 月底期间的招聘，如果聘请 40 岁或以上、月薪 1400 新元以上的本地员工，政府将支付这些员工前 5000 新元月薪的一半，为期一年（补贴总额可达 3 万新元）；如果聘请 40 岁以下的员工，补助额则为 25%（补贴可高达 1.5 万新元）。自 2020 年 4 月至 9 月，在"新心相连就业与培训计划"的帮助下，超过 1500 家公司提供了约 9000 个工作机会，其中 80% 是 PMET 职位。[1] 其中，有 1400 多名求职者获得了 JGI 的补贴支持。[2]

JGI 计划第二阶段的资格窗口期从 2021 年 3 月至 9 月。根据该计划，

---

① PMET 是专业人士（professional）、经理（managers）、经营者（executives）与技师（technicians）的缩写。

② 资料来源：新加坡新闻头条。

新加坡政府将连续 12 个月向所有本地新雇员支付其月工资总额中的 5000 新元（3700 美元）的 25%。如果新雇员年龄超过 40 岁，是残障人士或刑满释放人员，新加坡政府将连续 18 个月支付其月工资总额中的 6000 新元（4400 美元）的 50%。① 新加坡人力部的官方数据显示，截至 2021 年 5 月，JGI 已助力 5.8 万家企业招募了近 40 万名本地劳动者。

JGI 第三阶段的资格窗口期从 2021 年 10 月至 2022 年 3 月，但该计划提供的工资补贴下调。对于月薪不低于 5000 新元的 40 岁以下新员工，企业获得的补贴额是每月每人 5000 新元的 15%，补贴期最长 6 个月，相当于企业每雇佣一位这样的员工，最高可获得 4500 新元的补贴；对于月薪不低于 6000 新元的 40 岁以上新员工，如果是残障人士或刑满释放人员，企业获得的补贴额是每人每月 6000 新元的 50%，补贴期最长 12 个月，相当于企业每雇佣一位这样的员工，最高可获得 3.6 万新元的补贴。②

3. 雇佣支持补贴

新加坡政府还于 2021 年 1 月推出了雇佣支持补贴（the enabling employment credit，EEC），向雇佣月工资不到 4000 新元的新加坡残疾公民的雇主提供工资抵消。对于这类雇主，新加坡政府根据每个新雇员的月收入，为雇主提供 20% 的工资抵消，每月抵消金额最高可达 400 新元。对于雇佣月工资不到 4000 新元且已失业 6 个月的新加坡残疾公民的雇主，新加坡政府将额外提供 20% 的工资抵消，在该类雇员就职后的 6 个月，每月抵消金额最高可达 200 新元。计划的有效期为 5 年，从 2021 年持续至 2025 年。JGI 和 EEC 计划都是基于雇主每月为雇员向中央公积金缴纳的资金的自动评估。③

4. 新冠疫情复苏补贴

除了对雇主的雇佣补贴，新加坡政府还对受疫情影响的失业者实施救助。《联合早报》2021 年 12 月 21 日报道：为继续支援在新冠疫情中生计受影响的新加坡人，新加坡政府将新冠疫情复苏补贴（COVID - 19 recovery

---

① 新加坡的雇佣补贴计划为 27 万份岗位提供支持［EB/OL］. OUT - LAW 新闻，2021 - 08 - 19.

②③ 新加坡拟延长本地雇佣补贴计划［EB/OL］. OUT - LAW 新闻，2021 - 10 - 11.

grant）的申请期限延长到 2022 年底，具体规定是：（1）申请者若因裁员或非自愿终止合同而失业，或被迫休无薪假至少连续 3 个月，可获每月最多 700 新元的补贴，每轮为期 3 个月。（2）若个人收入比过去每月平均收入减少一半，并长达至少连续 3 个月，或是自雇人士在申请补贴时，至少连续 3 个月的净营收比 2020 年或 2021 年的每月平均营收减少一半以上，也能获得最多 500 新元的补贴，同样每轮为期 3 个月。[①]

据统计，截至 2021 年 12 月，雇佣补贴计划总共发放了 280 亿新元的援助，2020 年就保住了大约 16.5 万名员工的岗位；招聘奖励计划也让企业增聘了 4.7 万多名本地员工。另外，新冠疫情复苏补贴为 2.75 万名雇员和自雇者提供了支援。[②]

5.2.4 新加坡就业促进新计划

在新加坡《2022 年预算案》中，政府提出了几方面促进就业的新举措。

第一，提出一项 5 亿新元的就业及企业援助配套。受新冠疫情严重影响的中小企业每雇佣一位本地雇员，可获得 1000 新元津贴，每家企业最高可获得 1 万新元津贴。获得津贴的一条标准是：截至 2021 年 12 月 31 日，企业的年运营收入必须少于 1 亿新元，或员工人数少于 200 人。该配套计划适用于餐饮、零售、表演艺术和艺术教育、旅游、酒店、会展等商业领域的中小企业，也适用于运动器材、影院、博物馆、画廊、历史遗址、室内游乐场及其他娱乐中心运营商。符合资格的本地独资企业、合伙企业，以及有执照的小贩、市场和咖啡店摊贩将获得一次性津贴。

第二，因新冠疫情失业或被迫休无薪假的员工可申请新冠疫情复苏补贴。该补贴的有效期延至 2022 年底，援助额高达 700 新元/月，为期 3 个月。招聘奖励计划继续援助年长和弱势员工求职，有效期延至 2022 年 9 月，但援助比率会逐步降低。

---

① 为支援生计受影响者 新加坡新冠肺炎复苏补贴申请期限延长至明年底［N/OL］. 新加坡联合早报，2021 – 12 – 21.

② 新加坡的三项融资计划过去两年支持逾 2.7 万家公司［N］. 新加坡联合早报，2022 – 02 – 19.

财政部部长黄循财在公布 2022 年新财政年预算案时也宣布，从 2023 年起，月收入达到 500 新元及以上的才符合就业补助计划的申请资格。人力部考虑进一步扩大就业补助计划，让因看护责任而无法赚钱的人也能受惠（见表 5 - 4）。

表 5 - 4　　　　　　　　　新加坡 2023 年就业补助计划

从 2023 年起	每年最高补助金额		
	年龄层（岁）	受雇者（新元）	自雇者（新元）
扩大至 3~34 岁年龄层 增设 500 新元月薪门槛 月薪顶限提高至 2500 新元 补助金额提高至 4200 新元 残疾人皆可获得最高补助	30~34	2100	1400
	35~44	3000	2000
	45~59	3600	2400
	60 以上	4200	2800
	残疾人	4200	2800

资料来源：8 视界新闻网。

第三，临时过渡性贷款计划和加强版贸易贷款计划的有效期从 2022 年 4 月 1 日延至同年 9 月 30 日。加强版企业融资计划中，面向国内建筑工程行业的项目贷款的有效期也再延长一年至 2023 年 3 月 31 日。

第四，新加坡政府还将推出一项新的渐进式加薪补贴计划，于 2022~2023 年分担企业 50% 的加薪，2024~2025 年分担 30% 的加薪，2026 年分担 15% 的加薪。为此，2022 年政府将首次注入 20 亿新元支持该计划。该项补贴主要面向月薪不超过 2500 新元的本地员工。对于月薪 2500~3000 新元的员工，政府分担比率会下降，由 2022 年、2023 年的 30% 下降为 2024 年的 15%。[①]

---

① 新加坡 2022 年预算案：宣布就业援助新举措 [EB/OL]. OUT - LAW 新闻，2022 - 03 - 25.

第**6**章

新加坡人才培育新举措

为了支持 21 世纪经济战略目标，新加坡在人才管理上首要重视人才培育与发展，不仅在学校教育体系上持续改进与变革，而且在继续教育和终身技能培训方面强力支持与推进，形成一种学校教育和非学校教育相结合、终身学习的人才培养体系。围绕"面向未来"和"创新能力"目标方向，培养适合经济社会发展与转型战略的人才力量。

首先，新加坡一直对教育保持高额的投入，教育部门是仅次于国防部的第二大财政支出部门。2002 年新加坡公共教育支出占全年财政支出的 19%，2005 年这一比率上升至 20.8%，教育支出高达 61.65 亿新元，人均教育经费达 1800 新元。[①] 其中，政府对大学的投入从 2005 年的 12.4 亿新元增长到了 2010 年的 25.2 亿新元。近 10 年来，新加坡教育支出总体上持续增长，如图 6 - 1 所示，2017 年教育支出超过 124 亿新元，比较 2005 年翻了一番；2019 年教育支出 128.4 亿新元，2020 年教育支出受疫情影响而略有下降为 126.30 亿新元，2021 年教育类财政预算支出达 136 亿新元。从教育支出占政府支出的比例上看（见图 6 - 2），2012 年高达 31.37%；新冠疫情之前的 10 年（2010～2019 年），新加坡教育支出占政府支出的平均比例达到 22.9%。对教育的重视与连续高额投入是新加坡教育发展的基础。

---

① 刘宏，王辉耀. 新加坡人才战略与实践［M］. 北京：党建读物出版社，2015：86.

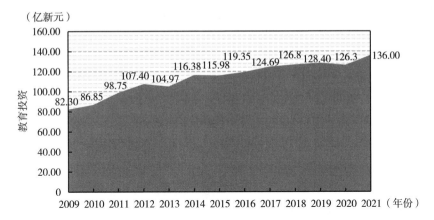

图 6 - 1　2009 ~ 2021 年新加坡政府教育支出（百万新元）

资料来源：新加坡财政部数据。

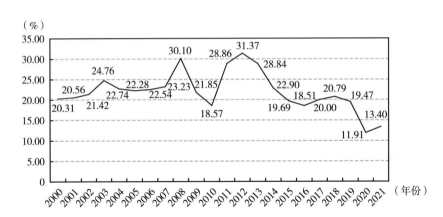

图 6 - 2　2000 ~ 2021 年新加坡教育支出比例

资料来源：世界银行网站。

6.1　基础教育体系的持续改革

1997 年新加坡教育部提出了"思考型学校、学习型国家（thinking schools，learning nation，TSLN）"的理念，描述了学习型国家和负责任公民的特征，要使教育系统有能力应对 21 世纪的挑战。进入 21 世纪，新加坡人口方面经历了一个代际变化，年青一代显示出与以往不同的特点。

2004 年，教育部对企业高管和雇主做了一项调查来了解年青一代的长处和弱点，调查显示年青一代不愿意冒险和尝试新的东西。① 这种情况与社会发展是不相匹配的。因此，新加坡政府特别重视通过教育改革来提升国民素养，增加教育投入，引入体验式学习，打造能够让所有公民接受的高质量教育系统。21 世纪，新加坡对教育体系进行了持续改革。改革的基本依据就是如何适应经济转型与社会发展需要，如何培养能够"面向未来"的人。

6.1.1 教育分流制度改革

新加坡在基础教育阶段，过去一直实施分流制度。学生要经过三次分流，分别是在小学四年级后、小学毕业后和中学毕业以后。这一系列分流，对于教育资源的分配是有效率的，在人才筛选、分类培养、精英教育方面曾经产生了明显效果。但进入 21 世纪以后，新加坡经济发展到更高水平，资源也更加丰富，经济社会转型对人力资本的需求数量和质量也更高了。在此情况下，分流制被反思，过早分流对于人才长期培养是否科学、教育是否公平成为问题。

于是，2000 年以后，新加坡对分流制度施行系列改革：2004 年，在小四分流中，只保留 1% 的英才选拔，而其他的不再分为快、慢班；2008 年，小学分流全面废止；2019 年，小学一、二年级的所有考试被正式取消；2021 年，改革小六会考的评价方式，废止总分评价的方式，而用"积分等级制"来评价学生的表现；2020～2024 年逐步在中学推行全面学科分级制（SBB），计划到 2024 年全面取消中学分流，不再分为 4 年制的快捷班和 5 年制的普通班。在全面学科分级制度下，根据学生的学术能力提供三个级别的课程：G1、G2、G3，分别对应当前的普通（技术）[N（T）] 课程、普通（学术）[N（A）] 课程和快捷课程（express）标准。中学教育结束时，所有的学生将参加一个统一的国家考试（提供 G1、G2 和 G3 级别）。计划从 2027 年起，原来实行的分类毕业证书将被统一的新加坡剑桥普通中

---

① 资料来源：新加坡总理办公室官网。

学教育证书取代。按照教育部长王乙康的说法，按学科分级的这种分流模式是一种"保底不封顶"的政策，就是用人唯才，保持社会的流动性，使教育更加包容和开放。①

6.1.2 教育理念与内容设计的改革

在"思考型学校、学习型国家"理念的基础上，2003年教育部强调创新和创业精神的培养。2004年李显龙总理在他的就职演讲中，又提出"教的少、学的多"的思想，希望通过教师和学生之间的互动改进教育质量，为未来生活做好准备，重点培养学生的理解力、批判性思考能力、问题意识及解决问题能力。2018年，新加坡教育部提出新一轮的改革目标——"为生活而学习"。

为了实现这些目标，新加坡的教育体系改革是历经反复权衡的，而不是为了改变而改变。一方面，小心翼翼地保留原有教育体系的核心优势，为学生提供正确的价值观和强大的计算能力、读写能力和关键软技能基础。另一方面，在这个成熟的体系中，实施大胆改革，对几个重要目标重新权衡取舍：第一，严谨和快乐之间的平衡，考虑的关键点是系统有多大的稳健性，以及学生多么辛勤是必要的。第二，学业差异的锐化与模糊，希望将考试成绩作为分配和录取的依据，而不是削弱学生之间的成绩差异，也就是在不鼓励过度竞争的情况下能够衡量学习成果。第三，定制还是污名化，课程的差异化设计是为了迎合不同学习速度和学习需求的学生，而不是无意中污名化某些学业能力较低的学生群体。第四，实际技能和资质资格，是指在获得证书和获取有效工作技能之间的重要性权衡。②通过技能创前程计划，将这两个方面结合起来，为新加坡的学生建立一个多路径系统。

———————

① Ong Ye Kung. Lear for Life – One Secondary Education, Many Subject Bands ［EB/OL］. Ministry of Education of Singapore，2019 – 03 – 05.

杨东平. 新加坡教改：取消中学分流，人才保底不封顶 ［EB/OL］. 狮城新闻，2021 – 12 – 12.

② 教育部长王乙康在学校工作计划研讨会上的开幕致辞 ［EB/OL］. 新加坡教育部网站，2018 – 09 – 28.

在权衡利弊和大胆选择间，新加坡教育改革也成为常态化。1998 年的第一轮教育改革中，将学校课程内容减少了约 30%，加强了教师培训，并鼓励在学校之间分享教学经验和想法。2005 年，第二轮教育改革贯彻少教多学原则，课程进一步减少了 20%，同时进一步加强教师教学培训，帮助教师通过体验式学习更好地吸引学生并发展学生的批判能力。与此相应，缩短新加坡的中小学生在校时间，小学生实行半天上课制，中学生下午 3 点以后放学。① 这为学生创造更多自主支配时间和自主学习的机会，并能够参加更丰富的课外活动。国家财政支持学校提供诸多艺术、体育类兴趣活动班，学生参加这些活动也纳入学校成绩。

2018 年，新加坡教育部启动了第三轮教育改革，改革目标是"为生活而学习"，培养面向未来的、具有 21 世纪技能的新加坡公民。为此要加强品德与公民课程、数字素养和了解亚洲的课程学习。② 在新加坡 2018 财年的预算报告《多路径、新机会——为新世界一起做好准备：赋权个体，培养学习兴趣》中，明确一个目标是扩大和加强应用学习，即在真实情景中参与亲手实践的体验式学习。按照计划，2018 年，新加坡所有中学和 80 所小学（共有 191 所小学）开展应用学习项目；2019 年，将拓展到另 80 所小学；到 2023 年，所有小学将推广应用学习项目。此外，教育部每年计划投入约 1900 万新元支持小学发展各自的专长项目，包括科学、技术、工程、数学、美学、人文等方面的应用学习。新加坡教育部将为教师提供更多指导，帮助他们为学生设计应用学习和体验式教学。

为了推进"为生活而学习"运动的顺利进行，新加坡教育部与学校师生、家长们沟通，逐步解释其中的变化。如教育部长王乙康于 2018 年 9 月在新加坡学校工作计划研讨会的开幕致辞中，曾解释如何更好地平衡学校学习的严谨性和快乐性，从中可以看出新加坡教育改革与政策制定的逻辑：如果摆脱死记硬背、反复练习和考试，学生会从学习中获得更多乐趣；但并不能说这些就毫不可取，恰恰相反，这些做法有助于塑造更高级的概念和更扎实的学习基础，并且可以灌输纪律性和韧性，让学生习惯于

---

① 新加坡教育部部长发言：取消考试排名等级是为了下一代"终身学习"！[EB/OL]. 新加坡教育网，2018 - 12 - 27.

② 杨东平. 新加坡教改：取消中学分流，人才保底不封顶 [EB/OL]. 狮城新闻，2021 - 12 - 12.

克服困难并解决问题。这就需要在严谨和快乐之间取得平衡，此前新加坡的社会对严谨有着强烈的共识，因为新加坡学生在这方面做得很好，多年来领先的国际学生能力评估（PISA）分数可反映这些成果。[①] 然而，当把分数除以总学习时间，也就是说按学习时间计算标准化分数时，新加坡的标准化分数低于世界经合组织的平均水平，落后于芬兰、德国、法国、英国和日本等国家。经合组织的数据还显示，学业成绩与总学习时间之间实际上存在负相关关系，学习时间较长的国家不一定是表现最好的国家。幸运的是，新加坡是个例外——学生每周学习约 51 小时，高于经合组织约 44 小时的平均水平，同时成绩也非常好。这种勤奋和卓越的精神是新加坡的基因。但是，可以减少不必要的努力，同时取得相同或更好的结果。首先，经过 1998 年、2005 年两轮重大的课程削减，进一步缩减的空间不大。如今，新加坡各级课程的覆盖率与世界各地的其他教育体系相当，应该关注的是需要抑制重复性过分努力，并评估考试负担和学费负担，因为这都意味着不必要的努力和成本。其次，要为学生腾出时间，同时必须避免用额外的练习来填补它的倾向。最后，必须小心不要过度纠正，以免无意中破坏了教育系统的严谨性。日本 20 世纪 90 年代 "Yutori 计划"[②] 的失败为新加坡提供了教训和经验，显示了在重新调整系统内的快乐和严谨之间的平衡时可能面临的挑战。[③]

6.1.3　个性化、多元互通的学校和课程体系完善

根据新加坡《教育统计摘要 2021》，教育部强调在小学阶段，教师在设计课程时要考虑学生的能力，以确保学生能够以最适合的速度学习；对

---

① 例如，新加坡在 2015 年国际学生评估项目（PISA）中科学的得分在世界经合组织国家中最高。

② 20 世纪 90 年代，日本在学校系统中实施了一项名为 Yutori（日语意为 "放松"）的计划，目标是减少死记硬背的学习和记忆工作，引导学生学习创造力和软技能。但此举适得其反，随着日本学生的 PISA 分数下降，家长的焦虑情绪加剧，学生开始担心自己在高考中考不好。因此，Yutori 政策不得不解除，5 年后，政府不得不再次增加课程内容和教学时间。虽然出于善意，但 Yutori 的目标是超前的，而且它的实施被认为是一个过于激进的举动。

③ 资料来源：新加坡教育部官网。

在读写和计算能力方面需要更多帮助的学生，将通过针对性的项目予以额外的支持；采用灵活的教学方法和小组教学法，来提升学生学习效果。此外，"资优教育计划"（gifted education programme，GEP）① 继续满足高能力学习者的教育需要。为此，教育部继续重视对教师能力的培训，并进一步加强对教学方法和教学质量的整体评估。

中学阶段，新加坡的普通中学都设有三种课程班：（1）可获得 GCE O - Level 认证的"快捷课程班"；（2）可获得 GCE N（A）- Level 认证的"普通（学术）[N（A）]课程班"；（3）可获得 GCE N（T）- Level 认证的"普通（技术）[N（T）]课程班"。按照原来的路径，在 N（A）级成绩优异的学生，可升入中五，参加 O 水准考试。自 2013 年起，在 N（A）- Level 考试中成绩优异的学生也可通过一年制理工学院基础课程升入理工学院；或通过工艺教育学院的高等理工学院课程，参加为期 2 年的理工学院直接入读计划。

虽然学生最初被安排在一个特定的课程班，但在整个中学阶段都有横向转学的机会。2020～2024 年要在中学逐步推行全面科目分级制度，在这种制度下，所有的学生都可以从中学一年级开始学习有些科目的更高水平内容（如果其在小六会考中这些科目表现良好）。而且，只要学生在中学取得进步，在学科上表现出天赋，就继续有更多的机会在不同的节点上学习更高水平的学科。

所有中学均设有多样化的课程，以更好地支持学生不同的学习需要、兴趣与才能发展。尤其是应用学习项目和终身学习项目，通过应用课堂学习和在真实环境中获得生活技能，为学生提供更多发展 21 世纪所需能力的机会。还有开放给职业技术学院和理工学院学生的选修模块和高级选修模块，也是基础课程的重要补充。而且有兴趣和能力的学生也可以在不同学校提供的学科之间进行选择，以追求特定领域或更深入的学习。课外活动和价值观实践等活动项目也为学生提供了实践和拓展的机会。

---

① 资优教育计划（GEP）是新加坡一个严格筛选的培优计划，通过针对语言、数学和空间能力的两轮测试，每个学年选出具有突出智力的学生（比例开始是 0.25%，后来扩大到 0.5%，再后来是 1%）。选定的学生将被转移到提供 GEP 的学校。GEP 课程由资优教育处设计，为了适应学生的学习能力，尽可能涵盖更广泛和更深入的主题和内容，而不是使用现成的教科书。

所有中学除了设有艺术及音乐基础课程，还提供选修课程和提升课程，以支持有兴趣和潜能的学生发展。体育教育使学生参与广泛的体育活动与运动，并在此过程中培养学生的性格和价值观。户外教育向学生灌输弹性和坚韧的价值观，以及团队合作能力，这有课堂上无法复制的经验。

除了普通中学，新加坡中学生还有其他学校类型可以选择，包括专科学校、普通（工艺）专科学校、专科自主学校，以及直通车项目学校。为了帮助学生做出更好的选择与规划，从 2015 年 11 月开始，教育部开始为学生和家长提供教育和职业指导服务，还陆续招募并派遣"教育与职业指导员"到中学、初级学院、职业技术学院及理工学院，去指导帮助学生。职业指导由 MySkillsFuture 学生门户、职业探索实践和咨询指导三部分共同构成。MySkillsFuture 学生门户提供最新的教育和职业/行业信息和工具，帮助学生了解自己的兴趣、价值观、能力、教育和职业选择。职业指导和实践包括讲座、职业介绍会、到教育机构或产业参观学习等方式，帮助学生提高自我意识，并指导他们的教育和职业规划。

6.2　高等教育的强化与提升

强化高等教育是新加坡 21 世纪人才培养战略的一个重点，主要目标是促进高等教育国际化转型升级，扩大规模并通过多元化与差异化来扩大高等教育竞争，以及提升高等教育产业的国际竞争力。

为了争夺国际高等教育市场，提升高等教育对经济的贡献率，新加坡政府于 2002 年提出了"环球校园"计划。该计划设定的总体愿景是：将新加坡打造成为一个世界名校、本地大学和其他办学机构的聚集地，吸引大批留学生来此留学，促进其在本地的消费，并提升人力资源储备，以贡献于本国经济。其具体目标：首先，在 10 年内吸引至少 10 所世界一流大学到新加坡办学，通过国际名校加盟新加坡高等教育来树立新加坡高等教育的品牌，打造具有国际影响力的"全球校园"；其次，到 2015 年吸引世界各国（主要是亚洲国家和地区）的 15 万名国际付费留学生来新加坡留学，以从价值2.2万亿美元的全球教育市场分一杯羹；最后，提高高等教育对经济的贡献率，使其对GDP的贡献率从2000年的3%提高到2015年的5%。①

该计划的核心是要建立一个富有活力的、多样化且分层次的高等教育体系，形成一个金字塔式的结构：最顶层是世界一流大学，主要提供研究生教育并主要从事高端科技研发，将使新加坡成为名副其实的高端教育中心；第二层是3所公立大学，即新加坡国立大学、南洋理工大学和新加坡管理大学，它们负责技术研发，并为国内提供人力资源，以及通过奖学金吸引本区域学生，实现教育的公益功能；金字塔的底部是其他私立大学，这些学校专注于教学和应用研究，满足来新加坡求学的外国留学生的需求。其他私立大学使新加坡的高等教育供给更具多样性，其运作模式与前两个层次的学校有所不同，既可以是国内或外国私人主办的独立高等教育办学机构，也可以是国外与当地合作经营的办学机构。根据新加坡教育部的计划，这三个层次的高等教育机构共招收11.1万名本科生和3.45万名研究生。其中，第一层次的世界一流大学以招收研究生为主，目标是招收1000名本科生和2000名研究生；第二层次的本地公立大学以招收本科生为主，目标是招收5万名本科生和2万名研究生；第三层次的其他私立大学是吸引外国留学生的主体力量，目标是招收6万名本科生和1.25万名研究生。② 在这样的目标和计划之下，新加坡的高等教育取得了长足的进步。

6.2.1 壮大规模形成多元格局

进入21世纪，新加坡在原有两所公立大学——新加坡国立大学、南洋理工大学之外，2000年成立了新加坡管理大学，2009年成立新加坡科技设计大学，2014年成立新加坡理工大学，2017年成立新跃社科大学，共有六所政府资助的自治大学（见表6-1）。

---

①② Panel Recommends "Global Schoolhouse" Concept for Singapore to Capture Bigger Slice of US 2.2 Trillion World Education Market [EB/OL]. Singapore：Ministry of Trade and Industry，2002.

表 6 - 1　　　　　　　　　　　新加坡六所公立大学概况

大学名称	创立时间	历史背景	类型特点	地位	特色优势
新加坡国立大学（NUS）	1980 年	前身为 1905 年成立的海峡殖民地与马来亚联邦政府医学院；1912 年改名为爱德华七世医科学校；1928 年，莱佛士学院成立；1949 年，爱德华七世医学院与莱佛士学院合并为马来亚大学；1955 年，新加坡华人社团组织创立了南洋大学；1962 年，马来亚大学位于新加坡的校区独立为新加坡大学；1980 年，新加坡大学和南洋大学合并成为新加坡国立大学	综合性研究型大学，拥有 17 个院系、23 个大学级研究机构/中心和 3 个卓越研究中心。历史悠久，学科门类齐全，科研机构众多，国际合作项目丰富	新加坡世界级顶尖大学；QS 排名 2019～2022 年高居第 11 位，亚洲第一	工程、政治经济、生命科学、生物医学等学科领域
南洋理工大学（NTU）	1991 年	前身为 1955 年创办的南洋大学；1981 年在南洋大学校址成立南洋理工学院；1991 年南洋理工学院重组，将国立教育学院纳入其中，更名为南洋理工大学	综合性研究型大学，工科和商科并重，除了五所学院外，还有李光前医学院	国际科技大学联盟（G7 联盟）发起成员；2018 年、2021 年 QS 世界大学排名第 11；2022 年第 13	商学、生物医学、材料技术、环境与水务技术、互动与数字媒体科学、教育学等学科领域
新加坡管理大学（SMU）	2000 年	与美国宾夕法尼亚大学沃顿商学院合作成立	财经类专业型和研究型大学，包括 6 个学院。注重管理综合素养培育；奖学金、交换生项目丰富	亚洲乃至世界顶级财经类院校和计算机信息技术强校	商科、信息技术、社会科学、法学、心理学等
新加坡科技设计大学(SUTD)	2009 年	与美国麻省理工学院（MIT）和中国浙江大学合作成立	设计创新的研究型及应用型大学，拥有多学科、以人为本、以设计为重点的课程	是世界上第一所集设计创新于研究与工程中的大学。2018 年入选"全球十大工程教育新兴领袖"，并排名第一	建筑与可持续设计、工程产品开发、工程系统与设计、信息系统技术与设计等

大学名称	创立时间	历史背景	类型特点	地位	特色优势
新加坡理工大学（SIT）	2014年	前身是新加坡科技学院	以科学和技术为重点的应用型大学；提供强调实践导向学习和与行业联系的海外大学		工程、信息技术、社会医疗、护理。工读结合课程是SIT学位课程的一大特色
新跃社科大学（SUSS）	2017年	前身是2005年由新加坡管理学院成立的新跃大学（SIM University）	重点为社会科学领域培养专才；有5个学院，提供70多个本科和研究生课程；设有全日制和非全日制学习模式		人文和社会科学、商学、法学、人力发展等

资料来源：新加坡各大学官方网站。

除自治大学外，理工学院队伍也在壮大，在南洋理工学院、义安理工学院、新加坡理工学院、淡马锡理工学院之外，2002年新成立了共和理工学院。目前，新加坡共有五所理工学院。理工学院的壮大满足新加坡高等职业教育培养需求，是高等教育的重要组成部分。

新加坡还成功吸引了一批海外大学在新加坡设立分校和教育机构，扩大了新加坡的私立教育市场。2003年8月，时任贸工部长杨荣文在"新加坡——环球校园"的推介仪式上表示：新加坡目前教育业占国内生产总值的3.6%。政府计划，在10年内使这一比重增加到5%。经过经济发展局与外国学校的磋商，吸引到新加坡办学的外国大学（依据2013年新加坡《私立教育法案豁免条例》豁免审查的外国大学分校）包括：欧洲工商管理学院（法国）、SP Jain商学院（印度）、埃塞克商学院（法国）、内华达大学拉斯维加斯校区（美国）、德国科技学院——慕尼黑工业大学（亚洲）（德国）、科廷大学（澳大利亚）和北方高等商学院（法国）等（见表6-2）。

表6-2　　　　　　　　　在新加坡建立亚洲分校的国际大学

名称	本部所在国	亚洲分校建立年份	简要描述
欧洲工商管理学院新加坡校区（INSEAD）	法国	1999	2015年扩大规模，分校师资达70名，提供高管教育、硕士课程（MBA、EMBA）和博士课程
SP Jain 全球管理学院（S P Jain School of Global Management）	印度	2006	本科专业：全球工商管理、经济学、商务传媒；硕士：全球商业硕士、全球工商管理硕士、行政管理硕士、高级工商管理硕士；以及在职人员培训
埃塞克商学院新加坡校区（ESSEC）	法国	2006	工商管理学士、硕士和博士培养
内华达大学拉斯维加斯分校（University of Nevada, Las Vegas）	美国	2006	设立 William F. Harrah 酒店管理学院，提供酒店管理的学士学位和硕士学位课程
慕尼黑工业大学亚洲（新加坡分校）（German Institute of Scienceand Technology – TUM Asia）	德国	2002	先后与 NTU、NUS 和 SIT 合作开设工科学士与硕士项目；还提供高管教育（EXD），包括工业4.0/智能工厂、物流、铁路工程、运输和食品科学与营养等课程
科廷大学新加坡分校（Curtin Singapore）	澳大利亚	2008	提供商业、健康、大众传媒及英语语言等学科的课程，包括本科和硕士项目
北方高等商学院新加坡校区（EDHEC Risk Institute – Asia）	法国	2010	提供本科、硕士和博士学位，包括金融、市场、法律和管理学等学科，也提供 MBA 和 EMBA 项目。授课为法语或者英语
迪吉彭理工学院新加坡分校（DigiPen Institute of Technology Singapore）	美国	2008	提供数字艺术和动画艺术学位课程、实时互动模拟理学位课程、游戏设计理学位课程与游戏设计美术学位课程
芝加哥大学布斯商学院新加坡中心（The University of Chicago Booth School of Business）	美国	2000（2014迁出）	包括金融、战略、国际商业、企业领导、整体管理、经济、会计、市场营销及 EMBA 课程。新加坡、伦敦与芝加哥三个校区互通。注：2014年将 EMBA 课程从新加坡迁至中国香港；2016年开始与新加坡国立大学商学院联合开设亚洲高管系列课程
亚洲索邦国际法学院亚洲分校（Sorbonne – Assas International Law School – Asia）	法国	2012	提供四种类型课程：国际商法法学硕士；高管教育（10个不同模块的法律课程）；面向学生和专业人士的为期3周的冬季短期课程；面向硕士、学士和专业人士的3周暑期课程

名称	本部所在国	亚洲分校建立年份	简要描述
纽约大学蒂奇艺术学院亚洲分院（New York University Tisch Asia School of the Arts）	美国	2007	提供四个艺术硕士学位课程：电影、动画、剧本、制片
澳洲詹姆斯库克大学新加坡校区（James Cook University，Singapore Campus）	澳大利亚	2003	开设信息技术、商业、工程、医学和法律、文科、社会科学、教育、科学等学科和专业，提供从学士学位到博士学位的170种以上的本科和120种以上的研究生课程

资料来源：依据2013年新加坡《私立教育法案豁免条例》豁免审查的外国大学分校及各大学官网整理所得。

新加坡的私立教育目前由精深局任命的私立教育理事会（CPE）管理，根据《私立教育法案》履行管辖职责，并按照增强型注册框架和教育信托认证制度予以管理。

6.2.2 转型升级增强国际竞争力

在扩大高等教育规模、分层布局的同时，政府加大资金投入和各方面政策支持，推动新加坡国立大学和南洋理工大学两所本地高水平大学向研究型大学转型，建设世界级一流大学。在1998年以后的10年间可以称为转型调整期，这一时期两所大学顺应知识经济需要，不断创新学科与课程设计，增加教育项目与课程模块；加大人才引进力度，实现师资大换血，开始实行终身教职制度；积极同世界先进大学展开研究合作，并建立合作项目；吸引各国留学生前来学习，积极交流。到2008年基本成功实现转型，进入持续改进期。新加坡的这些投入与建设成效显著，新加坡大学逐渐与香港大学形成竞争态势，并在国际上越来越有竞争力。2015年，在世界大学QS排名中，新加坡国立大学（排名第24）首次超过香港大学（排名第26），成为全球排名最高的亚洲学府。此后新加坡国立大学与南洋理工大学一直稳居亚洲大学前列，成为世界级名校，形成人才吸引与成果贡献之间的良性循环。在2023年QS世界大学排名中，新加坡国立大学排名第 11，且是数年连续保持这个高位次；南洋理工大学排名第 19。

目前，新加坡高等教育资源丰富，大学课程开发、创新踊跃，国际化程度越来越高，既是吸引优秀人才的高地，也是联合研究与人才培养基地，还是产学合作基地，发挥着吸引、培养人才的作用，并促进人力资本的转化。

积极开展国际合作，创建合作学院或者研究中心——新加坡国立大学的国际合作包括：与杜克大学建立第二所医学院，与约翰·霍普金斯大学建立音乐学院，与耶鲁大学建立新加坡第一所文理学院，即耶鲁 – NUS 学院。[①] 还以其开创性的"新加坡国立大学海外学院"计划而闻名，该计划培养学生的创业敏锐性，开展学生交流、双学位和联合学位等全球项目，并与世界顶尖大学开发合作课程。南洋理工大学与伦敦帝国理工学院合作成立李光前医学院（见表 6 – 3）。

表 6 – 3　　　　　　　　　　NUS 与 NTU 的国际合作学院

学校	合作项目	合作对象	合作形式与内容	开始时间
新加坡国立大学（NUS）	耶鲁 – 新加坡国立大学学院（Yale – NUS）	耶鲁大学	是亚洲领先的文理学院	2011 年（计划 2025 年终止合作）
新加坡国立大学（NUS）	杜克 – 国大医学院（Duke – NUS）	杜克大学	为生物医学科学领域培养新兴医师科学家专才	2005 年
新加坡国立大学（NUS）	杨秀桃音乐学院（Yong Siew Toh Conservatory of Music）	美国约翰·霍普金斯皮博迪音乐学院	新加坡第一所音乐学院。2003 年以捐助者杨路林博士命名，后以他的身为音乐教育者的女儿杨秀桃命名	2001 年
南洋理工大学（NTU）	李光前医学院（LKC Medicine）	伦敦帝国理工学院	目标成为创新医学教育的典范和变革性研究中心；主要临床合作伙伴是国家医疗保健集团；提供本科和研究生课程	2010 年

---

① 该联合学院已定于 2025 年终止运营，由国大学院（NUS College）代替。

新成立的大学，也对标国际高水平大学并积极展开国际合作。如新加坡管理大学（SMU）是与美国宾夕法尼亚大学沃顿商学院合作建立的，以沃顿商学院为典范建立学科课程与教学模式，并签署了 沃顿－管大（Wharton－SMU）研究中心合作协议，沃顿商学院副院长珍妮丝·贝拉斯（Janice Bellace）教授担任了 SMU 第一任校长（任期两年）。[①] 新加坡科技设计大学（SUTD）则是与中国浙江大学（ZJU）、美国麻省理工学院（MIT）建立战略合作，目标在于融合东西方的教育价值观并追求最佳实践。SUTD 与浙江大学合作开发和教授中国商业文化与创业课、技术和设计对中国增长的作用课和文化形成与创新产品设计课三门选修课，将中国文化、礼仪、历史和视野等元素融入 SUTD 的教育中；并建立SUTD－ZJU创新设计与创业联盟，共同举办国际技术与设计会议。SUTD 和 MIT 也于 2010 年 1 月签署了一项包括教育和研究工作的合作协议。教育合作侧重于本科课程关键领域和科目的开发与联合提供；合作期间，MIT 教职员工和研究生定期来到 SUTD，双方共同开展教学与交流。该协议分别于2017 年 6 月和 2021 年 6 月结束。[②] 这些合作与创新在某种程度上发挥了"鲶鱼效应"，提高了大学之间的竞争意识，促进了新加坡的高等教育大发展。

学科与课程创新、培养方式创新——新加坡国立大学于 2020 年 12 月成立了人文与科学学院（CHS），包括艺术与社会科学学院和科学学院，提供基础广泛的跨学科教育。新加坡管理大学追求通识教育，注重培养深厚的学科知识和适应能力，开展一系列创新：每一位学生都将经历全球化教育、社区服务、实习和职业培训课程；100% 基于研讨会的教学法促进课堂互动与协作；学生还参加"SMU－X"课程，在导师和行业合作伙伴的指导下研究现实的产业问题。新加坡科技设计大学开发了很多独特的课程和框架：2020 年设计了世界一流的新学位课程"设计与人工智能"；以科学、技术、工程和数学（STEM）为基础的实践课程还让学生接触人文和社会科学，目的是培养批判性思维，并融入创业、管理和设计思维的元

---

① 资料来源：新加坡管理大学官网。
② 资料来源：新加坡科技设计大学官网。

素；还有独特的"队列教室"（cohort – based classroom）① 授课形式和小组式协作学习。新加坡理工大学与海外知名大学合作，提供注重实践导向、与行业密切联系的学习方式，工读结合课程成为一大特色。新加坡社会科学大学还面向社会科学领域的毕业生和成年学习者，提供全日制和非全日制学习项目。

另外，2021 年 3 月，新加坡教育部宣布，拉萨尔艺术学院（LASALLE）和南洋艺术学院（NAFA）将联合成立新加坡第一所艺术大学。与自治大学不同，这是一所由政府支持的私立艺术大学。联合以后，LASALLE 和 NAFA 仍是独立的法律实体并保持自己课程的不同学院，将成立一个新的中心机构来推动这一联合进程。2023 年 5 月 10 日，新加坡教育部长陈振声为新加坡艺术大学的新校徽揭幕；2023 年 8 月开放招生，并将于 2024 年 8 月迎来第一批本科学位和文学硕士课程的学生。

6.3　技能创前程计划

2014 年，新加坡提出"技能创前程"计划（也称"未来技能计划"，SkillsFuture），这是一场终身学习运动。终身学习政策起始于 1997 年"思考型学校、学习型国家"愿景的提出，是为了改变国人过于关注成绩和文凭而养成被动学习的弊端，旨在提高学习者的批判精神与创造力。为此，新加坡将终身学习发展为重要的人才政策，培养所有劳动者的终身就业能力，通过创新驱动新加坡的经济转型与发展。2014 年，终身学习升级为技能创前程计划，与以往预算不多、培训范围不大的情况相比，此计划是面向所有新加坡人的全员终身学习计划。为此，新加坡政府加大财政投入。据统计，2015 ~ 2020 年政府在继续教育和培训上面平均每年支出 10 亿新元。

---

① 队列教室是基于模块化设计、随着学生活动而变化教室的一种教学方法。学生可以先进行小组讨论，然后在下一个教室进行动手演示。先进的实时响应系统和教育技术已内置到队列教室中，以鼓励主动和协作学习。教师还可以根据课程中学生的实时反馈提供建议和量身定制的课程，并支持整个学期的学习进度。这些空间由学生选举委员会管理，可全天候使用，以开展项目、自学、小组讨论或独立活动。资料来源：新加坡技术与设计大学网站。

技能创前程终身学习运动有三个理念:第一,学习不能限于学校,也不能限于年轻时。第二,学习不仅是为了拿文凭,而是为了掌握精专技能。第三,要重新思考社会"成功"的定义与"唯才是用"的定义。王乙康(时任教育部长)如此解释成功含义的变化:金字塔时代早已过去;也曾把成功比喻成连绵不断的山峰,每个人都要爬山。但实际上每个人的人生目标都不一样,每个人成功的途径也不一样。技能创前程,包含所有不同成功的定义。社会唯才是用的定义也在不断拓展。①

6.3.1 "技能创前程"计划推进的组织机构

早在 2010 年,新加坡就设立了国家生产力与继续教育理事会(national productivity and continuing education council)。理事会由政府、企业和工会代表共同组成,负责与生产力提升相关的各项事宜。对于企业,设立了国家生产力基金(national productivity fund),斥资 20 亿新元资助与生产率提升、信贷创新和能力发展有关的计划与活动。对于员工,通过继续教育和培训计划来提升工作技能,增强就业能力。②

为了有力地推进"技能创前程"计划,2014 年 11 月 4 日,新加坡政府成立了未来技能委员会(skills future council),委员会主席由新加坡副总理尚达曼担任。未来技能委员会致力于教育、培训和职业生涯发展之间的整合,支持个人技能发展,以及鼓励全国形成终身学习的文化氛围。为达成上述目标,未来技能委员会提出四大核心任务:第一,帮助个人在教育、培训和职业上做出明智的选择。第二,适应产业需求发展完整且优质的教育及培训体系。第三,与雇主联合设计技能框架,依据员工个人潜能提供相应培训与提升,并支持职场应用。第四,培养终身学习文化,劳动力发展局下设的"终身学习理事会"负责利用未来技能基金推广终身学习相关措施。③ 可见这项运动涉及各组织之间的合作与多个利益相关者,包

---

① 王乙康专访 Q&A:未来经济也需要像鲁班这样的杰出工匠 [N]. 新加坡联合早报, 2016 – 03 – 29.

② 刘宏,王辉耀. 新加坡人才战略与实践 [M]. 北京:党建读物出版社, 2015:64.

③ 资料来源:新加坡人力部网站。

括个人、雇主、行业协会、工会，培训提供者和政府机构。

2016 年 5 月，教育部、人力部、贸工部三个政府部门与劳动力发展管理局联合发表通告，宣布新的"技能、创新与生产力委员会"成立。新的委员会延续原来未来技能委员会和全国生产力理事会的工作，继续为各领域制定产业转型蓝图，并确保其有效实施。[①]

2016 年，新加坡政府成立了未来技能局（也称精深局，SSG），是隶属于教育部下属的法定机构。它对接个人、雇主、培训机构和其他合作伙伴，提供各项推动和协调全国技能未来计划、培养技能促进终身学习、强化优质教育和培训生态系统的政策与规定。

6.3.2 "技能创前程"计划的实施

"技能创前程"计划的实施，主要包括几个方面的综合行动：（1）开发高校、培训机构、企业等在职培训课程，拓展实地培训与网络培训资源；（2）政府支持个人参加培训并发放培训津贴；（3）为企业提供员工培训补贴；（4）建立各行业技能框架；（5）为企业、个人提供学习和职业咨询指导；（6）建立强化终身学习的文化。

1. 全面开发技能未来培训课程

（1）未来技能在职培训计划（从 ELP 到 WSPostDip）。[②]

为强化学用合一环境，协助理工学院与工艺教育学院毕业生就业，新加坡政府于 2015 年 4 月分阶段施行未来技能在职培训计划。该计划率先试行于物流、零售、食品制造业和餐饮业，参与计划的毕业生可获得 5000 新元的奖励，一旦学生毕业后加入所配对的企业，雇主须提供系统化在职培训与指导，雇员则可边赚钱边进修专科文凭或高级专科文凭等课程，并通过实习工作获得企业需要的技能。另外，为支持企业栽培人才，新加坡雇主最高可获得 15000 新元津贴，培训周期一般为 12 ~ 18 个月。2016 ~ 2017

---

① 新"技能、创新与生产力委员会"成立 ［N］. 新加坡联合早报，2016 – 05 – 20.

② 未来技能在职培训，先是指"SkillsFuture Earn and Learn Programme, ELP"，后被称为"SkillsFuture Work – Study Diplomas/Post – Diplomas/ Certificates, WSPostDip"。

年工艺教育学院一半课程推出提升版的实习计划，理工学院则有2/3的课程推出这类实习计划。政府的最终目标是到2025年，1/3的技职院校毕业生参与该项计划。

（2）工读文凭课程（WSDegs）。

2017年，新加坡理工大学和新跃社科大学联合企业合作伙伴创立了第一个技能创前程工读文凭课程项目。此后，自治大学都陆续推出了类似课程，进一步加强了教育和培训之间的联系。这些项目的特点是增加了雇主的参与，公司和自治大学共同设计并提供理论和实践紧密联系的课程，并共同评估学生在工作场所的表现。培训方式：①学员在大学和工作场所交替度过1~2个学期；②工作日与学习日交替，例如，每周在公司工作3天，在大学学习2天；③前两者的组合。

南洋理工大学在2019年新学年为在籍学生推出6个新的技能创前程工读文凭课程。除了公立大学外，部分私立学校也参考理工学院和工艺教育学院，为部分课程制定规范化的实习必修单元。① 2020年，本地学府又推出4个新的技能创前程工读计划，包括新加坡国立大学、精深局和全球消费者互联网公司冬海集团（Sea Limited）合作推出的电脑科技学士课程；南洋理工学院推出的电子商务及数字内容课程；共和理工开办的数字营销与品牌课程；淡马锡理工开办的兽医技术课程。其中，电脑科技学士课程首次以入职培训的模式，让高等院校同企业展开合作。②

新加坡继续扩大工读文凭课程覆盖面，让高等院校同更多企业合作，协助学生有机会在工作场所中学习。政府的目标是从2000年至2025年底之前，让每年参与这个计划的毕业生，从3.5%提高到12%。

（3）终身学习单元（lifelong learning units）。

为了满足成人学习者的需要，大学还提供更短、更小的课程设计。其中一些还可以提供毕业认可证书。大学还扩大了对校友的终身学习支持，如新加坡国立大学的终身学习者（L3）计划，支持时长是从入学开始

---

① 开启SkillsFuture新阶段，新加坡各类院校积极响应增加课程学额［EB/OL］. KEWO，2020 – 02 – 24.

② 本地学府推出新精深技能工读计划，新加坡加快金融科技创新发展［EB/OL］. 狮城新闻，2020 – 08 – 21.

后 20 年。①

（4）技能未来系列课程（SkillsFuture Series）。

2020 年技能未来运动进入下一个阶段，公立高等教育机构新制定了一系列与行业相关的短期培训课程，称为"技能未来系列"，重点关注数据分析、金融和技术支持服务等优先发展和新兴技术领域。课程分为基础、中级和高级三个水平。

2. 为个人提供培训津贴与奖励

（1）未来技能职中强化补贴（SkillsFuture Mid-Career Enhanced Subsidy）。

为了应对不断变化的工作环境和职业生涯的更大挑战，新加坡政府推出"未来技能职中强化补贴"，以鼓励 40 岁以上新加坡公民提升现有技能或学习新技能，以便在就业市场上保持竞争力。自 2015 年 10 月 1 日起，40 岁以上且符合申请条件者可获得高达 90% 的学费补助。目前，新加坡劳动力发展局支持的培训课程超过 8000 项，未来将提供更多新课程。

（2）未来技能进修奖（SkillsFuture Study Awards）。

为配合经济转型，新加坡政府针对未来发展领域，以提供学习奖励资助的方式，支持员工深化专业技能，并扩展新的技术与能力。新加坡政府为每位员工提供 5000 新元的学习奖助。这一资助自 2015 年 10 月 20 日起开放申请，第一阶段申请的领域包括建筑环境、航空运输、国际化、海事、财金、社会服务、食品服务、零售 8 项专业领域，名额 500 位；第二阶段是每年奖励资助 2000 位。

（3）未来技能培训补助（SkillsFuture Credit）。

这项计划于 2016 年启动，用于补助所有年满 25 岁的新加坡人参与技能培训课程，超过 200 万名公民可获得每人 500 新元的一次性补助。该项补助使用是开放性的，不限制使用期限，既可当前使用，也可用于未来更适合的培训课程；补助可用于选择多种课程，包括劳动力发展局、教育部、公共机构、人民协会补助或认可的课程，课程总数达 1 万多项；部分课程可在网上学习，部分课程则为短期进修课程，未来也将继续扩大课程

---

① 资料来源：新加坡教育部网站。

范围供民众申请。[①] 2020 年，政府加强未来技能培训补助，在所有 25 岁以上公民都可获得 500 新元未来技能培训补助的基础上，又为 40 ~ 60 岁的新加坡人提供了 500 新元的额外补助，可用来报读职业过渡课程。根据 2024年预算案，年满 40 岁的新加坡人将可获得额外 4000 新元的技能创前程职中培训补助，用来进修专业课程，加强就业能力。

3. 为企业提供员工培训支持

（1）中小企业培训津贴（SkillsFuture Training Subsidy）。

2019 年 7 月 1 日起，新加坡政府为中小企业提供额外的培训津贴。新加坡本地企业可通过扩大后的生产力解决方案津贴计划，申请最高 1 万元的津贴，补贴高达 70% 的员工培训费用。这是在技能创前程原有高达 90%培训补贴的基础上，额外提供给企业的培训津贴。也就是说，企业若出资让员工参加一个学费为 1000 元的课程，最终只需支付 30 元的费用。以此鼓励中小企业让员工参加培训课程，提升技能来推动企业转型。

（2）未来技能领袖培育计划（SkillsFuture Leadership Development Initiative）。

为了培养具有潜力的新加坡职员成为企业领导人，新加坡政府提出"未来技能领袖培育计划"，协助企业通过工作轮调或到海外工作等方式，培养员工成为企业管理层的能力；也持续强化教育培训机构与企业的合作，为员工提供优质的领导管理课程。

（3）未来技能导师计划（SkillsFuture Mentors）。

为帮助中小企业克服能力提升的困境，培养其管理层指导下属的技能，新加坡政府自 2015 年推出"未来技能导师计划"，与企业界合作发展共享的未来技能导师人才库，使中小企业能够接触不同专业领域的导师资源。该计划由新加坡标准、生产力与创新局来协调。导师来源于不同领域的技能高深且经验丰富的退休者，或具有高级管理经验的专业在职人士。按照计划，新加坡标准、生产力与创新局预计投入 4500 万新元，并于2016 ~ 2018 年 3 年建立 400 位导师人才库，帮助 2000 家中小企业提升学习与发展的能力，中小企业前 3 年将获得 100% 的资金支持。

---

① 李慧筠. 新加坡：SkillsFuture – 未来技能计划［N］. 台湾经济部人才快讯电子报，2016 –04 – 12.

4. 建立各行业技能框架

技能框架（skills framework）是新加坡产业转型蓝图的组成部分，由雇主、行业协会、工会和政府部门联合开发，旨在为个人、雇主和培训提供者创建一种通用技能语言，帮助促进技能识别，并支持技能和职业发展培训计划的设计。在技能框架中，提供有关部门和就业、职业道路、职业/工作角色和职业/工作角色所需的现有和新兴技能的关键信息；还提供一系列技能掌握和升级的培训计划。技能框架从 2016 年开始逐步推出，从酒店和住宿服务、幼儿保育教育、精密工程、海运、航天、餐饮服务、零售、电子产品、后勤、会计、能源与化工等扩展到 35 个产业与职业板块的技能描述。①

学生、个人、雇主和培训提供者都将从技能框架中受益。学生可以根据志向确定学习路径；在申请工作之前做出职业选择；准备工作申请和面试。家长、老师和职业顾问，能够了解行业和就业前景，了解行业雇主要求的职业/工作范围、工作环境和工作属性，在孩子和学生选择他们想要的职前培训计划时为他们提供知情建议。工作者能够从技能框架中，了解行业和就业前景以及新兴的工作和技能需求，了解行业雇主要求的职业/工作范围、工作环境和工作属性，在决定职业选择或转换职业之前，评估个人的职业抱负并做出明智的决定，评估职业道路的长度和进入理想职业/工作角色的要求，根据技能和职业需求寻找合适的培训课程。雇主可以根据技能框架，识别新兴技能并建立新能力，制定职业/工作概要，为公司创建全面的能力框架和培训路线图，加强组织能力、发展员工以提高绩效，强化人才吸引、管理和保留。培训机构也能据此更好地了解行业趋势和当前新兴的技能需求，从而创新课程设计和培训计划以适应雇主和学习者的需求，并为企业制订系统的培训计划和业务改进计划。

5. 为企业、个人提供咨询指导

除了技能框架为企业和个人提供学习和职业方向指导以外，新加坡精深局、劳动力发展局和教育部还联合推出了技能创前程个人资源库

---

① 资料来源：新加坡技能创前程网站。

（MySkillsFuture Portal）。"我的技能未来"（MySkillsFuture）是一个帮助个人规划职业生涯和终身学习路径的一站式在线门户网站。资源库的服务对象是小学五年级以上的本地学生和各年龄层的工作人士。用户能用个人电子政府密码（SingPass）登入网站 MySkillsFuture.sg，便会获得一个个人账户。该网站与多个政府机构及各领域企业合作，不断充实网站内容，提供行业信息和在线评估工具，记录个人用户的技能、证书和许可证，以及技能值。这有助于个人识别自己的技能差距，并提供个性化的课程建议，促使他们做出明智的职业和培训决定。小学五年级至大学预科阶段的学生，利用学生门户网站是他们课程的一部分，能够提高自我认识和对工作的理解，帮助确定职业抱负，并能得到教育和职业决策方面的指导。个人门户网站还有一个课程目录，供个人检索符合技能创前程学分要求的课程。①个人门户网站网页如图6-3所示。

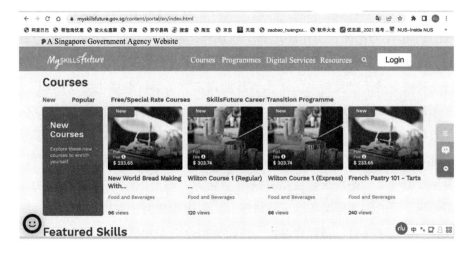

图6-3　"MySkillsFuture"的个人门户网站网页

资料来源：新加坡"MySkillsFuture"网站。

6. 建立强化终身学习的文化

技能创前程计划推进一直是以培养终身学习文化为基础的。正如教育

---

① 资料来源：新加坡教育部网站。

部长王乙康（2018）所强调："终身学习是我们需要具备的一种价值观、一种态度和一种技能，它是确保教育继续成为社会进步力量的基础，是技能未来运动的基础。"① 终身学习的一项主要任务是从一个人生命的前20年依赖于前置的教育系统转向继续教育终身学习。随着行业变化步伐和技能更替情况的加剧，前期教育已不足以支持对未来的准备。因此，政府在技能创前程新阶段大幅增加继续教育方面的支出，并为员工提供更加方便和实惠的服务。

2020年技能未来运动进入下一个阶段。在前期良好进展的基础上，新加坡政府宣布了下一个技能未来计划，着重于三个目标：一是个人提升，积极利用政策资源和企业培训，有计划投资提升自己；二是加强企业在培训员工中所扮演的角色与贡献，重点在于工作场所学习和与高校合作扩大工作学习途径；三是专门协助中途转业者，对于四五十岁的职业中期员工，帮助他们提高技能、更新技能，以适应新的工作机会。技能创前程这项全民终身学习运动还将继续完善并强化。

---

① 教育部长王乙康在学校工作计划研讨会上的开幕致辞［EB/OL］．新加坡教育部网站，2018－09－28．

新加坡人才引进新政策

新加坡本身人口基数小，对外来人才的依赖性一直较大。人才战略中，历来强调对外来人才的吸引与利用。进入 21 世纪，为了支持经济转型和产业升级目标，新加坡在《人力 21 世纪》报告中制定人才战略的一个重要目标是扩大人才库：扩大高端人才的数量和规模，进一步减少对低端人才的依赖，从而降低对社会资源的浪费。为了扩大人才库，要吸引高质量外籍人才来新加坡发展。2003 年的《新目标、新挑战——迈向充满活力的国际大都市》报告中也明确加强人才引进的长远战略，主要建议：在人才引进方面建立灵活高效的人才签证制度；吸引外籍企业家到新加坡创业；通过民间机构帮助跨国企业高管融入新加坡社会。在《人口白皮书 2013》里面，规划了吸纳海外移民的政策目标与吸引外籍人才及融入的措施。

面对人口问题压力和经济转型的重任，新加坡做出了吸引外来人才的积极努力。正如李显龙总理所强调的，"新加坡不能在全球人才争夺战中落在后头"。

新加坡的人才引进工作拥有一个协同作用的系统：国家制定符合阶段性人才战略的签证与移民政策；各公共部门营造宜业宜居的社会发展环境；经发局、移民局、旅游局等政府部门，以及公共媒体和自媒体不断强化对新加坡的宣传；国家猎头公司——"联系新加坡"为国际人才提供优质的一站式服务；同时利用各类职业中介机构、国际猎头和本地猎聘公司为新加坡吸引、招聘和配置国际人才；政府和高校也设立奖学金吸引国际留学生到新加坡求学；高校、科研院所、企业作为人才引进的主体，为高端人才和技术人才创造优良的就业岗位和有吸引力的薪资待遇。除了引入外籍人才，新加坡也重视海外新加坡人才回流，并通过构建强大的人才信息网络，进一步提升在全球范围引进人才的精准性和效率。

7.1　移民与签证政策的调整

7.1.1　工作签证的种类与调整

1. 签证种类及适用条件

新加坡实施多元化的外籍人员工作许可政策，目前为国际人才提供 16 种工作签证和 5 种家庭成员签证，主要类型与适用条件如表 7 - 1 至表 7 - 5 所示。①

表 7 - 1　　　　　　　新加坡外籍人士工作签证类型——专业人士

签证类型	适用对象
就业准证（EP）	面向外国专业人士、经理和高管。候选人需要每月至少赚取 4500 新元并具有可接受的资格
创业准证（EntrePass）	适用于热衷于在新加坡创办和经营由风险投资支持或拥有创新技术企业的符合条件的外国企业家
个性化就业准证（PEP）	适用于高收入的现有就业准证持有者或海外外国专业人士。PEP 提供比就业准证更大的灵活性

① 资料来源：新加坡人力部网站。

表 7 – 2　　　新加坡外籍人士工作签证类型——熟练和半熟练工人

签证类型	适用对象
S 准证（S Pass）	适用于中级技术人员。候选人需要每月至少赚取 2500 新元并符合评估标准
WP – 外国劳工工作许可证	适用于建筑、制造、海洋造船厂、加工或服务部门的半熟练移民工人
WP – 家庭佣工工作许可证	让移民家庭佣工（MDW）在新加坡工作
WP – 月子保姆工作许可证	从雇主的孩子出生起，马来西亚的月子保姆可以在新加坡工作长达 16 周
WP – 表演艺术工作许可证	适用于在酒吧、酒店和夜总会等公共娱乐场所工作的外国表演者

表 7 – 3　　　新加坡外籍人士工作签证类型——实习生和学生

签证类型	适用对象
培训准证（TEP）	适用于接受实践培训的外国专业人士。候选人必须每月至少赚取 3000 新元
工作度假签证（WHP）– 工作度假项目	适用于希望在新加坡工作和度假 6 个月的 18 ~ 25 岁的学生和毕业生
工作度假签证（WHP）– 工作度假通行项目	适用于希望在新加坡工作和度假 1 年的 18 ~ 30 岁的澳大利亚和新西兰学生和毕业生
培训工作许可证（TWP）	适用于在新加坡实习不超过 6 个月的半熟练外国学员或学生

表 7 – 4　　　新加坡外籍人士签证类型——家庭成员

签证类型	适用对象
家属准证（DP）	适用于符合条件的就业准证或 S 准证持有人的配偶和子女
长期探访准证（LTVP）	适用于符合条件的就业准证或 S 准证持有人的父母、同居配偶、继子女或残疾子女
预先批准的同意书（PLOC）	适用于持有移民局（ICA）颁发的 LTVP/LTVP +[①] 的新加坡公民或永久居民（PR）的配偶或子女。持有人已预先获准在新加坡工作；只能在申请或更新 LTVP/LTVP + 时申请 PLOC

[①] LTVP 是新加坡政府颁发的一种可以在新加坡长期居住的准证，期限从半年到十年不等。其中新加坡公民的配偶又可以申请获得 LTVP + ，LTVP + 的好处是时间更长，而且享有医疗和就业福利。

续表

签证类型	适用对象
人力部签发的同意书（LOC）	适用于持有 ICA 颁发的 LTVP/LTVP + 准证的新加坡公民或永久居民的合格配偶或子女。LOC 允许持有人在新加坡工作。雇主必须申请 LOC
家属准证持有者同意书（LOC for DP）	适用于希望经营企业的合格家属准证持有人

表 7 - 5　　　　　　　　新加坡访问通行证期间的豁免和工作

签证类型	适用对象
杂项工作准证（miscellaneous work pass）	适用于在新加坡从事长达 60 天的短期工作任务的外籍演说者、宗教工作者和记者
工作准证豁免活动（work pass exempt activities）	用于在没有工作准证的情况下进行符合条件的短期活动。候选人仍必须将他们的活动通知人力部
外国学生工作准证豁免（work pass exemption for foreign students）	适用于在新加坡认可的学校或机构全日制学习的外国学生
ICA 签发的长期访问准证持有人的工作准证（work passes for holders of long term visit passes issued by ICA）	适用于与新加坡人或永久居民结婚的外国人，或陪伴在新加坡学习的孩子的父母

2. 签证种类及条件的调整

新加坡根据每一发展阶段人才需求和外部环境的变化，来调整移民政策。2019 年开始的中美贸易摩擦和随之发生的新冠疫情等大事件显著影响着全球经济，对于新加坡这个开放而脆弱的经济体冲击尤其明显。新加坡需要调整、更新人才引进的政策，并寻找引进创新人才的新思路。同时，经济冲击导致就业市场疲软，加上新加坡 2020 年大选结果所反映的政治竞争加剧，使政府更加注重保护本地劳动力。因此，新加坡政府必须在这些不断变化的矛盾利益之间取得新的平衡，在保持新加坡竞争力和对外国人才和资本吸引力的同时，保护本地劳动力就业。总体上看，工作签证和移民政策呈现明显收紧趋势。

第一，提高了 EP 和 SP 的申请标准。从疫情开始的 2020 年，新加坡人力部为了保护本地公民和永久居民的就业，收紧了外籍人士工作签证的申请，并且几度上调 EP 和 SP 的薪资标准。随着疫情逐步解封，2021 年审批数量才逐渐放宽。关于薪资标准变化，对一般 EP 新申请人，最低薪金标准从以前的 3600 新元提高到 3900 新元（从 2020 年 5 月 1 日起），又进一步提高到 4500 新元（从 2020 年 9 月 1 日起）。此外，对经验较丰富的 40 岁以上 EP 申请人的最低薪金标准也相应提高，保持在年轻申请人最低薪金标准的两倍左右。对于续期的申请人，这些新的最低薪金标准于 2021 年 5 月 1 日起生效。从 2022 年 9 月 1 日起，薪资底线继续提高，新的 EP 就业准证的薪资要求从 4500 新元提高到 5000 新元，年长的求职者则要求高于 5000 新元。此外，S 准证申请者的收入门槛也从 2500 新元调高到 3000 新元；并计划还会在 2023 年 9 月和 2025 年 9 月再度调高。

而且，新加坡人力部提出从 2023 年 9 月开始，新加坡工作准证 EP 申请将采取计分制度来评估申请者与企业的申请资格。这个积分框架被称作"互补专才评估框架"（COMPASS），主要用来评估准证申请人的能力是否符合本地劳动市场的需求，以此来判断是否批准该准证申请。这个评估标准及格线为 40 分，分成基础评估标准和奖励标准两大部分。COMPASS 评估分为四个基本项目：一是薪资，申请人月薪是否达到或超过同龄同行 65% 的水平；二是学历，申请人是否毕业于百强大学；三是企业雇员是否来自多元化的国家和地区；四是是否聘用足够的本地员工。四个项目打分均可分为 0 分、10 分、20 分三个档次。除此之外，框架中还包含两个奖励标准：（1）若是从事新加坡紧缺职业清单上的工作，可以额外加 20 分；（2）当申请人所在公司符合创新或国际化评估标准，也可以加 10 分。新的框架更具透明度、清晰度及可预见度，这些标准也更利于解决技能短缺和支持战略经济优先事项，同时可为新加坡人创造良好的就业机会。"新加坡将继续致力于提升劳动力的目标，包括在劳动队伍中构建强大的新加坡人核心，同时引进高质量和多元化的外国人才"。[①]

新加坡财政部长黄循财解释，我们会不时调整 EP 的收入门槛，政府的目标是确保新的 EP 持有者可媲美新加坡最顶尖的 1/3 的白领员工，S 准证持有者也应该与新加坡最顶尖的准专业人士和技师不相上下。[②]

---

① 国会拨款委员会 2022 年 3 月 4 日辩论人力部开支预算，人力部长兼贸工部第二部长陈诗龙参加辩论时所言。

② 2022 年 9 月起新加坡提高申请就业及 S 准证的收入门槛［N］. 新加坡联合早报，2022 – 02 – 19.

第二，提出对行业工作签证的特别要求。新加坡政府一改过去不对任何行业制定薪金门槛要求的做法，规定了金融服务领域 EP 申请的最低限额，而且也一再提升：最低薪金标准自 2020 年 9 月 1 日起提高到 4500 新元；2020 年 12 月 1 日起，对新申请人的最低薪金标准进一步提高到 5000 新元。事实上，当时新加坡的金融服务岗位有较大空缺，但仍然提高签证门槛，放慢引入速度。自 2022 年 9 月 1 日起，金融服务行业执行了更高的资格工资标准：EP 最低月薪调高至 5500 新元，S 准证最低月薪也调高至 3500 新元。这体现了这一行业一直对外国人才有强大的吸引力，劳动力市场的供求状况反映了新加坡在这一领域加强保护本地劳动力工作的必要性。

第三，收紧 SP 的配额。从 2021 年 1 月 1 日开始，SP 准证持有者只可以占公司总员工数的 10%（也就是每雇佣 9 个本地人，才可以雇佣一个 SP 持有者，在此之前是只需要雇佣 7 个本地人即可）；如果所在公司无法满足要求，未来 SP 准证将无法续签。[①] 此外，新加坡政府也计划逐步调高 S 准证的劳工税，预计在 2025 年之前从目前的最低 330 新元上调至 650 新元。[②]

第四，WP 工作准证政策的调整。为缓解疫情期间新加坡的人力短缺问题，尤其是为满足建筑、海事与加工业的劳工需求，2021 年，新加坡人力部宣布推出以下四项针对外劳的放宽措施：（1）2021 年 7~12 月准证到期的外籍员工可更新准证有效期长达两年。包括因达到最长就业年限或者超过就业年龄顶限而不符合续约标准的雇员。雇主不必满足熟练工人要占至少 10% 的要求。（2）如果因为入境政策收紧等情况而无法入境的所有工作证件持有者，其原则性批准信（IPA）可延长一年。（3）政府推出"保留计划"（rentention scheme），对于有经验的建筑业等工作准证持有者，如果有意继续留在新加坡工作，可帮助他们找到新的雇主。（4）2021 年 10 月 1 日至 2022 年 3 月底，建筑业、加工业雇主聘用或者续聘中国客工及非传统客工来源国员工时，不再受最低聘用期约束。[③]

随着新冠疫情缓解，新加坡政府将建筑和加工业的外劳配额从 1∶7 调低至 1∶5。此外，将计划用外劳税制度取代现有的外劳配额制度。为了让企

---

① 工作签证门槛提升？你还可以选择这样移民新加坡！[EB/OL]. 环球出国网，2020 – 12 – 25.

②④ 2022 年 9 月起新加坡提高申请就业及 S 准证的收入门槛 [N]. 新加坡联合早报，2022 – 02 – 19.

③ 新加坡放宽外劳准证限制 [EB/OL]. 狮城新闻，2021 – 08 – 14.

业有更多时间应对变化,外劳配额和外劳税的调整将在2024年1月生效。④

第五,创业准证(EntrePass)的政策调整。新加坡创业准证是2004年开始出台的,由人力部、标新局及资讯通信媒体发展局和新加坡国立研究基金(2017年增加后两个部门)联合审核的一种面向外国企业家/投资人/创新者来新加坡的工作居住签证。为了跟上新加坡企业生态系统和人才库的增长变化,确保创业企业对当地经济的贡献,创业准证标准定期修订。

2013年增加对申请人在新加坡注册创业公司的行业范围和创新条件要求,需要提交5年的商业计划书,或新注册的公司需要满足以下一个创新条件:(1)获得第三方认可的风险投资或天使投资;(2)拥有专利、知识产权或著作权;(3)与新加坡科技研究局认可的高等院校或研究机构进行研发合作;(4)成为新加坡标新局或国家研发基金会支持的孵化项目。2014年,准证续签改为每年一次,要达到每年最低运营商业开支和聘请本地员工人数的要求略有提高。

2017年8月3日开始实施的调整,创业准证要求变化主要有以下几点:第一,申请者不再需要最少5万新元的起步创业资金,这主要是考虑到这些外国创业人才可能给新加坡带来的是非货币形式的贡献,如他们在相关行业拥有的专业知识。第二,放宽评估条件:(1)创业准证更新从1年延长至2年;(2)增加新的合作伙伴,新加坡资讯通信媒体发展局和新加坡国立研究基金加入此计划,协助新加坡人力部评估来自各自领域外国创业人才的居留申请;(3)修订创业准证的家属准证要求,创业准证持有者若持有准证超过3个月,并符合第二年续签后的要求,就能帮符合条件的配偶和子女申请家属准证①;(4)创新条件增加了3项选择。调整前后要求对比如表7-6所示。

表7-6 新加坡创业准证2017年政策变化

要求	2017年8月3日前	2017年8月3日后
基本要求	须持股30%及注册一间新加坡私人有限公司	创业准证第一年到期后将可续签两年(新政)
	须缴纳5万新元的创业资金	无此要求(新政)
	公司成立要少于6个月	公司成立要少于6个月

---

① 资料来源:新加坡人力部网站。

续表

要求	2017 年 8 月 3 日前	2017 年 8 月 3 日后
条件（至少满足之一）	1. 获得新加坡政府认可的风险投资或天使投资； 2. 拥有知识产权； 3. 与新加坡高等院校或研究机构进行研究合作； 4. 成为新加坡政府认可的孵化器中被孵化项目公司	1~4 项无变化，增加如下： 5. 拥有商业网络和企业投资业绩（新政）； 6. 在专业领域有非凡的成就（新政）； 7. 有成功的投资业绩（新政）

资料来源：新加坡人力部。

2021 年，新加坡人力部发布了最新的创业准证更新条件。整体来说是有所收紧，变化主要集中在第六次（第 10 年）及以后的更新条则上，从 2022 年 1 月 1 日开始实施，具体变化是：（1）创业准证第 6 次（第 10 年）及以后的更新要求，PME 的最低薪水标准从 3900 新元[①]提高到 4700 新元（见表 7 - 7 和表 7 - 8）；（2）3 个 LQS[②] 抵 1 个 PME 的标准，最多 12 个 LQS 可用于这个标准。例如，第 6 次续订中，创业准证持有者可以雇用 12 个 LQS 和 1 个 PME，而不是 15 个 LQS 来满足雇用 5 个 PME（或同等人员）的标准。[③] 可操作等式如下：第 8 年，12LQS = 4PME；第 10 年，12LQS + 1PME = 5PME；第 12 年，12LQS + 2PME = 6PME。[④]

表 7 - 7　　　　　　　　　　创业准证 2022 年以前的规定

更新次数	本地员工数（个）		公司运作成本（新元）	其他要求
	普通员工（PTE）	管理人员（PME）		
第一次	—	—	—	在创业批准的行业领域且持有至少 30% 的股份
第二次	3	1	100000	
第三次	6	2	200000	
第四次	9	3	300000	
第五次及以上	12	4	400000	

注：1. PTE 指全职工作的新加坡公民或永久居民，工作至少满 3 个月，且月薪最低 1400 新元。

2. PME 指全职工作的新加坡公民或永久居民，工作至少满 3 个月，且月薪最低 3900 新元的专业人士、经理、执行人员等。

————————

① 此前，不管第几次更新，PME 的最低薪水标准都是 3900 新元。

② LQS 是指月薪至少 1400 新元，并领取 CPF 供款至少 3 个月的新加坡人和永久居民。

③ 资料来源：新加坡人力部网站。

④ 人力部更新新加坡创业准证条件 ［EB/OL］. 新加坡新闻网，2021 - 10 - 16.

表 7 - 8　　　2022 年更新后的创业准证要求（2022 年 1 月 1 日起）

持有 EntrePass 的年数	年度业务总支出最低限额（新元）	本地 PME（或同等人员）的最低数量（个）	PME 合格工资（新元）
1	—	—	3900
2	100000	1	
4	200000	2	
6	300000	3	
8	400000	4	
10	700000	5	4700
12	750000	6	
14	800000	7	
16	900000	8	
18	1000000	9	
20	1150000	10	

注：1. LQS 指全职工作的新加坡公民/永久居民，工作至少满 3 个月，并且月薪最低 1400 新元。

2. PME 指全职工作的新加坡公民/永久居民，工作至少满 3 个月，并且月薪最低 4700 新元的专业人士、经理、执行人员等。

资料来源：新加坡人力部网站。

　　第六，专才就业准证（employment pass eligibility certificate，EPEC）。这是一项实施了 19 年的引进人才签证制度，2021 年 12 月 1 日人力部终止了这个项目。其特点是：基于对各类海外专才学历、专业能力、工作技能等方面的综合评估审核而签发的一种特别许可证，持有 EPEC 的专业人才可从其签发之日起的两年中，随时赴新加坡找工作、求职面试和培训进修等，并可在新加坡一次或多次累计逗留 6 个月。在两年有效期间一旦被聘用并签署雇佣合约，EPEC 持有者即可换领两年或以上的 EP/SP 类专业人才就业准证，在新加坡合法工作，其配偶或子女也可获批 DP 陪伴准证。① 这项签证政策对于新加坡引进各类专业人才发挥了阶段性的作用。

　　第七，最新推出"顶级专才准证"（ONE Pass）。为了吸引全球顶尖人才，新加坡人力部推出新的高薪就业准证——"顶级专才准证"（overseas

---

① 资料来源：新加坡教育网。

networks & expertise pass，ONE Pass），有效期长达 5 年，允许持有者同时经营和任职于多家企业，他们的伴侣如果想在新加坡本地工作也只需获得同意书，不必另外申请工作证件。顶级专才准证从 2023 年 1 月 1 日起开放申请。

能够申请 ONE Pass 的顶尖人才，过去一年的月收入须达到 3 万新元，或来到本地后会赚取相同金额的月收入。海外申请者也须证明自己在市值超过 5 亿美元或年收入超过 2 亿美元的企业担任要职。在文化艺术、体育、科技和学术方面有卓越成就的个人，可以不必满足月收入条件。持有者须每年向人力部通报个人专业活动，以确保他们作出有意义的贡献。[①] 人力部将同相关政府部门联合审查这些申请者的资格。

7.1.2　长期居留与移民政策的变化

新加坡入境签证分为两类：一类是短期签证（在新加坡停留不超过 3 个月），另一类是长期签证。关于移民的居留政策包括长期居留和永久居留。长期居留政策主要对应留学生签证、各类工作签证和长期探访签证；而永久居留是指通过新加坡移民局获得的一种权利，成为新加坡永久居民。永久居民是在新加坡的外国国籍人士的移民身份，可享受新加坡公民待遇，可在新加坡自由就业与创业，也可申请加入新加坡国籍成为新加坡公民。在新加坡，获得永久居留身份主要有几种途径：一是专业、技术人员和熟练工人计划，通过长期居留身份转为永久居民。该计划是申请数量最多也是批准最多的移民计划，据估计，新加坡境内永久居民身份获得者 95% 是通过该计划申请成功的。[②] 二是抵境永久居留计划。三是投资移民的全球商业投资者计划。四是海外艺术人才移民计划。五是外国学生移民计划等。移民计划种类与资格、待遇内容如表 7 - 9 所示。

---

① 资料来源：新加坡联合早报。
② 刘宏，王辉耀．新加坡人才战略与实践［M］．北京：党建读物出版社，2015：143 - 144.

表 7-9   新加坡主要移民计划

移民计划	目标人群	申请资格	待遇
专业技术人员和技术工人计划（PTS）[1]	有意愿成为 SPR 的 Employment Pass，EntrePass，PEP 和 S Pass 持有人	年龄在 50 岁以下，持以下准证的： ·P 类准证（从事高层次管理或技术工作的人士，包括 P1、P2） ·Q 类准证（从事一般性管理或技术工作的人士，包括 Q1、Q2） ·PEP（高收入的现有 EP 持有者或海外外国专业人士） ·S 类准证（从事专业技术工作的专业工人或技师） ·EntrePass（来新加坡创业的外国企业家） 其他评估指标：学历、年龄、财务状况、就职机构、居留和就业时间、在新加坡有无亲属等	允许其配偶和 21 岁以下未婚子女一同申请；21 岁以上的子女和父母或岳父岳母可以申请长期访问签证，有效期最长为 5 年，并可延期
抵境永久居留计划（LPR）	尚未在新加坡工作，有意向移民的拥有专业资格或者大学文凭的人	·学历：拥有大学学士学位，并具有相关技术工作经验 ·资历：拥有新加坡目前所需求的技能。律师、军警及医师无法申请 ·年龄 50 岁以下；如申请者年龄超过 50 岁，但拥有特别优异条件的也可申请	男申请者可与其配偶及 21 岁以下子女一起申请永居权；女申请者可与其 21 岁以下子女一起申请永居权，其丈夫单独申理
全球投资者计划（GIP）	能为新加坡创造价值与就业机会的企业家，申请不通过移民局（ICA），而是通过新加坡经济发展局（EDB）	评估标准有三个选项可供选择： A - ·投资最少 250 万新元 ·投资必须是新业务 ·扩大现有的商业运营范围 B - ·投资最少 250 万新元 ·投资于一个 GIP 基金，并已确认该基金将进一步投资于新加坡的企业 C - ·投资最少 250 万新元 ·资产至少 2 亿新元的一个家族办公室，总部设在新加坡 此外，还要有良好的商业记录，以及需要遵守的商业建议和投资计划	配偶和 21 岁以下的未婚子女也有资格获得永居权；21 岁以上子女可以申请长期访问证

---

[1]   Singapore Company Registration Specialists［EB/OL］. RIKVIN, 2013 – 10 – 15.

移民计划	目标人群	申请资格	待遇
外国艺术人才计划（ForArts）	针对能推动新加坡艺术和文化发展的国际杰出艺术专业人士。该计划由国家艺术委员会和移民局共同管理，ICA 有最终决定权	·必须接受过相关培训或教育 ·对新加坡的艺术领域作出过重大贡献 ·在媒体和/或设计、文学艺术、视觉艺术或表演艺术方面有相当大的成就 ·能够展示将如何参与新加坡的艺术和文化领域	申请人的配偶及 21 周岁以下未婚子女可以一起申请永居权；父母、已婚子女、超过 21 周岁的子女也可以申请 5 年 LTVP 长期探访准证；持有永久居民身份 2 年后可申请入籍
外国学生计划	国际学生（S 准证学生签证持有人）	至少通过一个国家考试(PSLE、O – Level、A – Level)，并且在申请时在新加坡居住了至少 2 年时间；需要根据学术成就及相关文件来评价申请者的优点	

资料来源：① 在新加坡长期居留：申请新加坡永久居民身份的 5 种方式［EB/OL］. Singapore Professional Immigration Consultancy，2022 – 08 – 02.

② 刘宏，王辉耀. 新加坡人才战略与实践［M］. 北京：党建读物出版社，2015：144 – 146.

就投资移民而言，在 2012 年以前，新加坡的投资移民项目有两种，一种是经济发展局推出的全球商业投资者计划（GIP），另一种是金融局推出的金融投资者计划（FIS）。FIS 计划于 2012 年 4 月底取消，GIP 成为唯一的投资移民项目，并且投资移民门槛不断提高。

1. 全球投资者计划的调整

全球投资者计划（GIP）自 2005 年设立，是由新加坡经济发展局管理的一个主要针对企业家和企业主的投资移民计划。被批准的申请人可以获批新加坡永久居留权。政府希望通过此计划，吸引优质的企业家把自身的经商经验和各种资源带来新加坡，为新加坡经济作出实质性贡献。所以新加坡政府会在申请人落户新加坡之后，每年定期检验该申请人提交的商业计划书中的投资落实情况，切实做到为新加坡经济作出可持续性贡献。该计划随着新加坡经济发展与需求的改变，已经历经了多次调整（见表 7 – 10）。

表7-10   新加坡全球投资者计划（GIP）政策变化要点

年份	调整内容
2005	计划开始，要求投资人投资100万新元到新加坡政府批准的基金
2009	B种投资方案中，投资金额升至150万新元
2011	投资金额改为250万新元，取消原有方案C
2012	增加了对主申请人或直系亲属的合理居住要求； 也要求公司近3年的年均营业额达到5000万新元以上；房地产和建筑行业则要求2亿新元以上
2014	申请费用从5650新元上调至7000新元；排除新加坡饱和行业
2020	申请人公司最近1年营业额须达到2亿新元，且最近3年年均营业额达到2亿新元

资料来源：新加坡哪些政府部门影响企业家/投资人获批绿卡？［EB/OL］. 保和移民网，2020-07-13.

GIP计划于2005年开始实施时，基金投资额要求至少100万新元，并且对投资者无居住要求。2009年，GIP计划基金投资额调整为150万新元。

2011年，GIP政策变化最大，调整了投资方案要求。在此之前GIP有三种投资方案，方案A：100万新元投资在全新的业务或扩充现有业务；方案B：150万新元或以上投资在基金上；方案C：200万新元或以上投资在经本计划批准的基金上，其中50%或以下可用于投资私人住宅，仅供本人居住。在此之后调整为，方案A：250万新元投在全新业务上或扩充现有业务；方案B：250万新元投资在基金上；方案C则被取消。

2012年，EDB对GIP计划再次做出调整：250万新元的投资额要求保持不变，但增加了对投资者的居住要求，同时对投资者的资格也做了更加详细的规定，如要求申请人公司最近3年的年均营业额须达5000万新元（房地产和建筑相关行业年营业额则须达2亿新元以上）。

2014年，EDB除了将申请费用从之前的5650新元上调至7000新元外，更对申请人公司所在行业进行了限制[1]，其中房地产和建筑行业

---

[1]   申请人公司所在行业清单——航空业、新能源业、汽车工程业、化工业、消费产品业、电子业、能源业、工程服务业、医疗服务业、信息通信产品及服务、物流及供应链管理、海洋事务与离岸工程业、传媒娱乐业、医疗技术业、纳米技术业、自然资源业、保险安全业、宇航业、航运业、制药及生物科学业、精密工程业、专业服务业（咨询、设计等）、艺术商业、体育商品业、家庭理财及金融服务业。

被剔除。①

2020年3月1日实施了最新政策，GIP全球投资移民计划的营业额要求标准下限由原有的5000万新元改为2亿新元，门槛提高5倍。对于投资移民的候选人资格，也有细致规定（见表7-11）。

表7-11　　　　　　2020年3月1日以后GIP投资移民候选人资格

类别	成熟企业主	下一代企业主	快速成长公司的创始人	家庭办公室负责人
要求	①申请人必须拥有至少3年创业和经营业绩。②申请人目前所经营的公司在申请前1年的年营业额至少为2亿新元，且在申请前3年内的平均年营业额至少为2亿新元。③如果申请人的公司是私人控股，申请人应持有公司30%以上的股份；如果申请人的公司是上市公司，申请人必须是最大的个人股东之一。④申请人公司必须从事一个或多个受批准的行业	①申请人的直系亲属应持有用于申请的公司的至少30%的股份，或者是该公司的最大股东。②该公司在申请前1年的年营业额必须至少为5亿新元，并且在申请前3年内的平均年营业额至少为5亿新元。③申请人必须是公司管理团队的一员（如高管/董事会）。④申请人的公司必须从事一个或多个受批准的行业	①申请人必须是一家估值为至少5亿新元的公司的创始人和最大个人股东之一。②申请人的公司必须由著名的风险投资/私募投资公司投资。③申请人的公司必须从事一个或多个受批准的行业	①申请人必须拥有至少5年的创业、投资或管理业绩；②申请人必须拥有至少2亿新元的可投资资产净值。（注：可投资资产净值包括所有金融资产，如银行存款、资本市场产品、集体投资计划、人寿保险单和其他投资产品的保费，但不包括房地产）
投资方案	方案A：申请人需投资250万新元于一个新的商业实体或扩大现有的商业运作（需提交详细的5年商业或投资计划）方案B：申请人需投资250万新元于投资位于新加坡的公司的GIP基金（需提交未来业务或投资计划）方案C：申请人需投资250万新元于一个新的或现有的位于新加坡的单一家庭办公室，其管理资产至少为2亿新元（需提交详细的5年商业计划）			方案C（见左列）

资料来源：迁往新加坡：最新动态及签证政策［EB/OL］. 金杜律师事务所网站，2020-12-02.

① 新加坡投资移民政策三次变迁［EB/OL］. Skyline Builders Merchants，2019-07-09.

通过 GIP 计划，新加坡近几年实际获得批准的投资移民行业范围比较广泛，包括消费品业务、电子、能源、工程服务、医疗保健、物流及供应链制造、媒体及娱乐、船运、药剂及生物科技、专业服务，以及家庭办公室及金融服务等。但投资于某些受监管行业，如金融（如银行、资本市场服务）和大众媒体等，需要事先通知有关监管机构或获得该机构的批准。

获批的原则性批准函（IPA）一经发出，申请人需在 6 个月内进行必要的投资。一旦投资被核实，将发出最终批准函，申请人须在 12 个月内正式确定其新加坡永久居留身份。只要符合相关的续签标准，永居身份将在第 5 年之前续签，续签期限为 5 年或 3 年。①

GIP 计划的主要优势是，申请成功者可直接获得新加坡永久居民身份，而其他计划则仅提供工作准证但不提供永久居民身份。GIP 与科技准证的主要区别在于，GIP 持有人必须在新加坡实际创业或投资，而科技准证持有人则可以灵活地参与各种活动。GIP 与创业准证的区别是，创业准证投入小（申请只需要 5 万新元注册资金）、公司无须先运作（获得创业准证后才筹备运作公司）、可控性高（注册资金自己控制运作）。

2. 永久居民的申请与待遇

永久居民是指获得永久居留身份的外国人，允许其永久居住在新加坡。永久居留也是入籍新加坡成为公民的必要条件。

符合以下条件的外国人，可能有资格申请永久居留：（1）新加坡公民或新加坡永久居民的配偶；（2）在与新加坡公民或永久居民合法结婚的情况下出生或已被新加坡公民或永久居民合法收养的 21 岁以下的未婚子女；（3）新加坡公民的年迈父母；（4）就业准证或 S 准证持有人；（5）在新加坡读书的学生；（6）新加坡的外国投资者。申请由新加坡移民局进行评估，评估依据主要是个人与新加坡人的家庭关系、经济贡献、资格、年龄、家庭概况和居住期限等因素，整体衡量评估申请人为新加坡作出贡献和融入社会的能力，以及申请人在新加坡扎根的承诺。

---

① 迁往新加坡：最新动态及签证政策［EB/OL］. 金杜律师事务所网站，2020－12－02.

新加坡公民与永久居民的权利差别：（1）新加坡公民持新加坡护照，而新加坡永久居民持本国护照。新加坡护照，可免签 160 多个国家和地区。在政治权利上永久居民不可以在新加坡享受任何只属于公民的权益，如选举权，以及政府规定只有公民才可以做的工作，如政府公务员；（2）永久居民的子女也只能持有永久居民身份；（3）新加坡永久居民身份需要延期，通常第一次申请永久居民是 5 年，然后延期申请可以选择 5 年或者 10 年；（4）永久居民持有者进出新加坡需要获得许可多次出入境的签证；（5）新加坡公民享受政府花红、红利、津贴等，而永久居民不享受；（6）永久居民持有者第一代男士不需要服兵役，而公民都需要服兵役；（7）新加坡公民购买政府组屋享受政府津贴，而永久居民没有。①

新加坡永久居民可享受的福利包括：

（1）享受与公民一样的公积金福利和个人所得税税率。

（2）享受各种政府医疗补贴和优惠政策，包括保健储蓄账户、终身健保计划和保健基金计划等。

（3）可以选择购买私人公寓，也可以购买政府组屋（必须自住，不能出租）。

（4）子女就读新加坡政府学校，享受和公民同等的待遇；在学费上也比外国人更优惠。

（5）可以为配偶和 21 岁以下未婚子女申请永久居留权；也可以为他人做签证担保。

（6）有更多的工作机会，新加坡政府对于聘用永久居民没有限制。

（7）可以进一步申请成为新加坡公民。

7.2　人才引用专项政策与项目

新加坡不仅在不同阶段动态调整签证与移民政策，同时根据其经济发展战略与人才需求重点制订专项人才引进计划，其中定向引入计划主要靠

---

① 资料来源：新加坡教育网。

科技准证的推出；短期计划主要有"智慧国专才计划"；外国人才利用则有培训与能力转移计划等。

7.2.1 科技准证

新加坡经济发展局和企业局于 2019 年 7 月 30 日宣布了一项为期两年的试点项目——"Tech@SG"。该项目旨在为高潜力的科技公司提供进入商业网络的渠道和在新加坡组建新团队所需的人才。试点于 2019 年第四季度启动，针对领域是数字、医疗技术、生物技术、清洁技术、农业科技和金融科技等成长型领域的企业。[①]

随后，新加坡增强科技专才引入力度，设置了专门的工作准证，2020年 11 月宣布推出科技准证计划，于 2021 年 1 月起开放申请，首批共设置 500 个名额。该计划是为了吸引经验丰富的国际高科技专才投入本地的科技生态系统建设中，使新加坡在全球电子商务、人工智能和网络安全等高科技领域中领先。吸引对象包括创始人、领导者、技术专家等高科技专才。

科技准证的持有者能够灵活参与活动，如募资和经营企业，担任一家或多家新加坡公司的投资者、员工、顾问或董事，在高等院校担任顾问、导师或讲师等。而且申请科技准证者不一定要受雇于任何企业，而是只需满足以下 3 项条件中的 2 项。

（1）过去一年的固定月薪至少 2 万新元。

（2）曾在市值至少 5 亿美元（约 6.75 亿新元）或拥有至少 3000 万美元资金的科技企业担任领导职位最短 5 年。

（3）曾主导科技产品的研发工作。该科技产品的活跃使用者人数至少10 万人，或收入至少 1 亿美元。

科技准证的有效期为 2 年，2 年之后可一次性续签。续签科技准证需要满足几项要求，包括申请人在 2 年内赚取至少 24 万新元的应税收入，或

---

① 新加坡科技公司招募外国人才的试点计划［EB/OL］. 新加坡福智霖投资资讯，2019 - 07 - 31.

证明其每年的商业支出总额至少为 10 万新元。①

可见，与就业准证（EP）相比，科技准证的一个主要优势是，其申请人在申请前无须在新加坡已找到工作，可以在没有雇主赞助的情况下申请。与创业准证（EntrePass）的要求相比，科技准证申请更为宽松。科技准证直接针对有成就的申请者，对于补充新加坡诸多科技公司人才需求，在巩固新加坡国际科技中心吸引力方面有积极作用。2021 年，新加坡贸工部长陈振声表示，这一吸引科技专才的项目，可能会扩展到技术驱动以外的其他领域。

7.2.2　智慧国专才计划

为了支持智慧国建设目标，2016 年 3 月新加坡资讯通信发展管理局推出新的人才计划——"智慧国专才计划"（smart nation fellowship programme），吸引海内外顶尖数据与科技专才参加 3 ~ 6 个月的短期项目，协助政府开发改革性的数码和数据服务，以改善新加坡人的生活。② 技术专才同资信局政府数码服务团队的软件工程师、数据分析师和产品发展员，以及其他政府机构人员合作，也同政府高级决策人接触，商讨如何借助科技之力落实公共政策。专才计划招募的对象包括在海外科技公司工作的新加坡人，以及在本地或大专学校工作的人。专才计划的门槛颇高：申请者必须是即将完成博士课程的博士生、博士后或在大学担任终身教职 3 年以下的。如果来自业界，他们必须有至少 3 ~ 7 年的工作经验；如果在大学担任终身教职超过 3 年，或拥有至少 8 年相关工作经验的人，将属于这个计划的高级人员。

为方便继续同参加过"智慧国专才计划"的人联系，新加坡还成立了"全球专才联谊会"，注重扩大宣传范围与力度。李显龙总理 2016 年 2 月到美国加利福尼亚州出席"亚细安—美国峰会"时，就透露政府有意推出新的吸引人才计划，鼓励旅居海外的新加坡人或外国人到新加坡工作一段

---

① 新加坡推出全新"科技准证"吸引最杰出的技术人才［EB/OL］. Hawksford，2021 – 03 – 30.

② 两本地人加入智慧国专才计划［N］. 新加坡联合早报，2016 – 10 – 08.

时间协助完成一些项目。

7.2.3 能力转移计划

能力转移计划（capability transfer programme，CTP）于 2017 年推出，旨在将外国专家的能力"转移"给本地劳动力，以提高新加坡各行业和实体的劳动力素质。企业可以利用 CTP 获得资源，优化和发展其劳动力，从而增强自身竞争力。这是一项引才引智与培养拓展员工能力并举的计划。CTP 计划支持项目、内容与额度如表 7 – 12 所示。

表 7 – 12　　　　　　　　CTP 计划支持项目、内容与额度

类别	构成	实体分类	申请级别		
			低	中	高
1. 外籍培训师费用在新加坡进行培训 2. 国外成本专家进行远程能力转移 3. 当地培训师费用在新加坡进行后续培训 4. 本地学员费用被派往海外获取新能力	外籍培训师和新加坡学员： 工资支持，COLA，机票 本地培训师： 外籍专家的薪金支持 远程能力转移：工资支持 注意：如果需要，可以为行业级别的 CTP 项目提供场地成本支持	非中小企业	30%	30%	50%
		中小企业	30%	50%	70%
		工业	50%	70%	90%
5. 与转移有关的设备产业级 CTP 项目的能力	设备	工业	高达 70%		

资料来源：Microsoft Word – CTP_Factsheet_Jan 2022_final［EB/OL］. Workforce Singapore，2022 – 08 – 28.

在 2021 年《联合早报》财政预算案商业论坛上，新加坡副总理兼财政部长王瑞杰强调 CTP 计划的重要性，指出：企业强健靠人才，要引进外国专家传授技能。①

---

① 王瑞杰. 与时俱进更新产业转型蓝图 掌握后冠病时代机遇［N］. 新加坡联合早报，2021 – 03 – 18.

7.3 人才引进支持与服务

新加坡的人才引进有专门的政府机构负责，也有民间就业服务机构参与，还有高等学院、研究机构等人才平台的积极引入，同时还有旅游会展部门的聚集与吸引，商会等民间组织也发挥了宣传作用。总体来看，新加坡注重自身人才品牌的建设，合力形成人才吸引力与平台。

7.3.1 人才引进机构与吸引措施

1. 政府猎头——联系新加坡

联系新加坡是新加坡引进人才的主要政府机构，成立于2008年8月，由新加坡经济发展局和人力资源部共同组成。联系新加坡根据经济发展局制定的国家战略性产业规划，按照人力部每年制定的关键技能列表，来搜寻海外人才，并吸引进入新加坡。目前，该机构在印度的钦奈、孟买，英国的伦敦，澳大利亚的悉尼，北美的波士顿、纽约、旧金山，以及中国的北京、上海等全球人才资源丰富的区域设立了9个分支机构，与总部位于新加坡的雇主和行业参与者合作，在世界各地的城市举办职业展览和社交活动，面向全球投资者、专业人士推广职业发展机会和项目，并帮助国际人才来新加坡就业、定居。联系新加坡及分支还建立了专门的引才网站，其主要推广和吸引行为包括：

（1）职业@新加坡（Career @ Singapore）：联系新加坡经常在亚太、欧洲和北美的主要城市举办联谊会，将来自特定行业的新加坡雇主与全球专业人士以及对在新加坡从事这些行业工作感兴趣的应届毕业生对接。参与者可以找到有关在新加坡工作和生活的更多信息，并与行业专业人士和新加坡雇主建立联系；雇主也可以获取现成的人才库。专门针对居住在海外的新加坡人的类似会议被称为"职业@家"（Career @ Home）。

（2）体验@新加坡（Experience @ Singapore）：是向来自顶尖大学的本科生和研究生介绍新加坡的工业发展和生活的各个方面，使他们有机会与新加坡公司的高层管理人员见面，并参观基础设施项目。通过此计划提供实习和学习旅行，参与者可以获取有关新加坡的职业和行业信息。针对居住在新加坡境外的新加坡人的这项计划则被称为"体验@家"（Experience @ Home）。

（3）洞察@新加坡（Insights @ Singapo）：是专门为海外新加坡人举办的会议，联系新加坡邀请行业专家通过 Insights @ Singapore 会议分享他们在各自领域的行业知识和专业知识。

（4）工作度假计划（working holiday scheme）：该计划允许大学生和 17～30 岁的应届毕业生在新加坡居住和工作长达 6 个月，旨在吸引热衷于出国旅行并体验外国文化的年轻人。它有利于参与者发现生活在新加坡的各种职业机会。

（5）新加坡信息发布会（working at a Singapore information session）："联系新加坡"为有兴趣的全球人才举办"新加坡工作"信息发布会，介绍有关在新加坡工作和生活的更多信息。联系新加坡在其工作门户网站上列出新加坡各领域公司的职位空缺，求职者可以通过该门户提交应聘简历。

（6）全球投资者计划（GIP）：全球投资者计划支持渴望在新加坡投资或开展新商业活动的企业家和商人通过在新加坡进行投资来申请新加坡永久居留权。

除联系新加坡这一政府猎头外，新加坡还通过 1100 多家职业中介机构和民间猎头公司来引进人才。

2. 高等院校人才吸引举措

新加坡高等院校一方面通过优越的个人发展平台和有竞争力的薪酬待遇吸引国际学者与教师，另一方面通过品类繁多的奖学金计划吸引国际留学生，为新加坡充实人才储备库。

（1）教师、研究员的吸引与储备。

新加坡具有新加坡国立大学、南洋理工大学两所国际一流大学，凭借丰富的研究资源、国际化的研究平台和丰厚的待遇与发展机会吸引全球人才，而且积极到世界名校开专场招聘会以吸引优秀毕业生，并设立人才管理专门机构。

以南洋理工大学为例，学校专门设立人才招聘与职业支持办公室，这是大学的一项新举措，旨在促进对博士后、年轻教师和知名科学家等人才的吸引。该办公室根据国家研究基金会奖学金等人才吸引计划招募早期职业教师和研究人员，并负责协调、安置、流动、绩效管理和其他相关管理工作；还管理"加强创新和推动卓越计划"（accelerating creativity and excellence，ACE），通过这项资助计划，促进教师跨学院和非常规跨学科研究，以支持持续的高端成果创造。

2022年，南洋理工大学提供更多配以优越条件的人才引入项目：南洋助理教授、研究助理教授、总统博士后奖学金、李光耀博士后奖学金、加强创新和推动卓越计划、社会科学研究委员会、研究生研究奖学金等。[①]

（2）奖学金吸引留学生。

政府针对外籍学生设置有吸引力的奖学金。此外，个人捐赠与社会组织设立的奖学金也品目众多。

政府设置的奖学金主要包括：新加坡奖学金（对东盟国家内的中学生选拔）、东盟国家奖学金（选拔对象是东盟国家中学生和大专生）、新加坡科技局印度青年奖学金（选拔对象是印度中学生）、香港奖学金（筛选优秀的香港学生，分为初等教育奖学金、中等教育奖学金和大学预科奖学金）和"SM"系列奖学金（选拔优秀的中国学生，SM1是对初三毕业生；SM2是对高二理科生；SM3是对名牌大学大一学生）。

新加坡国立大学对国际留学本科新生提供的奖学金包括三类：第一类，由学校管理的奖学金：东盟本科奖学金、科技本科奖学金。第二类，由教师管理的奖学金：国学专业奖学金。第三类，由外部组织提供的奖学金：本吉·格林伯格奖学金、马来西亚昌联国际银行东盟奖学金、吴庆瑞博士奖学金、政府投资公司奖学金等。

南洋理工大学对留学生的奖学金包括两类：第一类，由学校管理的奖学金：南大学者计划奖学金、南洋奖学金（杨振宁学者计划）、南洋奖学金、大学奖学金、人文、艺术和社会科学奖学金、东盟本科奖学金、南大

---

① 资料来源：南洋理工大学网站。

理工科本科奖学金。第二类，由外部组织管理的奖学金：吴庆瑞博士奖学金、郭氏基金本科生奖学金。

新加坡管理大学对留学生新生的奖学金包括三类：第一类，由学校管理的奖学金：李光前学者计划、东盟本科奖学金、科技本科奖学金。第二类，捐助者和其他奖学金：曼谷银行奖学金、拿督许慧明奖学金、邱运康（Hiew Yoon Khong）和李素琴（Lee Su Chin）奖学金、昌锐集团奖学金、点燃奖学金、李嘉诚奖学金等多项。第三类，由学校管理的在读国际学生奖学金：会计学院金融奖学金、经济学院奖学金、社会科学学院奖学金。

新加坡科技设计大学对于国际学生的奖学金包括两类：第一类，由学校管理的奖学金：全球卓越奖学金、本科优秀奖学金、东盟本科奖学金、女性技术奖学金等20多项。第二类，由外部组织赞助管理的奖学金：新加坡科技局本科生奖学金、残疾人基金会奖学金、吴庆瑞博士奖学金、远东工程/建筑奖学金、政府投资公司奖学金、建屋局本科奖学金、新加坡金融管理局奖学金等数十项。

3. 科研机构引入外籍科学家

除了高等学校外，科研院所也是集聚高端人才的重要平台，其中新加坡科技局是最重要的科研机构。

新加坡科学、技术和研究局（A∗STAR）成立于2002年，目标是推动科学和创新科技研究，同时助力新加坡科技机构及相关产业培育及吸引人才。事实上，该研究局的一个重要职能，正是为新加坡从世界各地招募顶级的科学家。其下辖各专业研究委员会及系列研究机构、平台和企业承担人才引育功能，如生物医学委员会和生物资源中心、新加坡免疫学网络，科学与工程方面的先进再造与技术中心和人工智能前沿研究中心等。[①]

根据科技局官方网站，该部门的高级管理层都属于不同科学领域的专家，其中不少管理者更是多个国际权威机构的成员。他们会运用自身的人际网络，通过参与国际专业会议、与高等院校开展合作项目，以及利用社交网站等途径，结识及联系外籍高端科技人才，并鼓励其到新加坡发展。

---

① 资料来源：新加坡科技局网站。

研究局会为引进人才提供多方面的福利及支援，如丰厚的研究经费、为其家庭落户等所需的支持。

此外，科技局也为新加坡多所院校提供系列科研奖学金，申请对象不限于该国的学生，也涵盖外籍学生。科技局成立专责小组，与成功申请奖学金的学生保持联系。尤其是对于留学生获奖者，科技局不仅通过网络会议与其定期会面交流信息，科技局成员甚至高级管理者也会亲自探访，重点介绍新加坡的发展机遇，争取优秀学子到该国发展。[①]

新加坡—麻省理工学院研究与技术联盟（SMART）是麻省理工学院（MIT）与新加坡国家研究基金会（NRF）于2007年合作成立的大型研究机构。SMART是麻省理工学院在美国以外的第一个也是迄今为止唯一的研究中心，它也是麻省理工学院最大的国际研究项目。麻省理工学院的教职员工在SMART设有实验室，指导博士后和研究生，并与新加坡和亚洲的大学、研究机构和行业的研究人员合作。由麻省理工学院高级教员领导，研究项目被组织成跨学科研究小组。研究领域涉及抗菌素耐药性、医药制造的关键技术分析、农业颠覆性和可持续技术、未来城市交通、低能耗电子系统等。这一机构已经集聚大批具有研究和创新热情的教师、博士后和研究生，组成了一个全球人才团队，计划将吸引800多名麻省理工学院和新加坡研究人员在跨学科研究小组中工作和合作。同时，也通过新加坡—麻省理工学院本科生研究奖学金计划，支持来自麻省理工学院、南洋理工大学、新加坡国立大学和新加坡科技大学的本科生参加为期8周的麻省理工学院教员新加坡实验室的研究项目。[②]

此外，还有设在大学的众多研究中心与机构，如设在新加坡国立大学的新加坡癌症科学研究所、量子科技研究中心、新加坡力学生物学研究所、新加坡环境生命科学工程中心（国大与南洋理工大学联办）等大学研究机构与中心等，都成为吸引国际高级学者的平台。

4. 企业引入高端管理人才和技术人才

新加坡有大量跨国公司，也是吸引人才的宽阔平台和吸纳主力。截至

---

① 关于新加坡引进人才政策的分析［EB/OL］. 澳门贸易投资促进局研究及资料处，2019－01.
② 资料来源：新加坡—麻省理工研究与技术联盟（SMART）网站。

2021 年底，新加坡大约有 2.6 万个国际公司。根据新加坡经济发展局报告，有超过 7000 家跨国公司在新加坡设立营运机构，其中有 4200 家在新加坡设立区域总部，区域总部数量居亚洲城市之冠。全球 500 强大公司中有 1/3 在新加坡设立区域总部。① 《财经产业研究中心》统计也显示，在 2021 年《财富》世界 500 强排行前 300 的公司中，除去亚洲企业，有 100 家在亚太地区设立了区域总部，其中 46 家选择了新加坡，29 家选择中国香港地区。② 美国重要科技企业脸书、亚马逊、苹果、网飞和谷歌，都在新加坡设立科技与工程团队或数据中心。另据新加坡经济发展局统计，全球 100 强科技公司当中有八成在新加坡设有区域中心；根据金融管理局统计，截至 2022 年 5 月已有超过 1400 家金融科技企业在新加坡设立基地。这些跨国公司吸纳了 10 万名以上外籍高、精、尖人才。

还有为数不少的跨国公司在新加坡设置研发中心，尤其是近几年，在新加坡"智慧国"建设的目标和政府实际支持下，金融科技和数字技术方面的研发中心与日俱增。据统计，全球银行和跨国公司已经在新加坡建立超过 50 个创新实验室或研究中心，如花旗银行、瑞银集团、英杰华集团、法国安盛公司、中国的平安保险、阿里巴巴和腾讯等。③ 这些研发中心聚集了大量数字人才，而且一部分中心还将扩大规模。如 2022 年 8 月在美国上市的径点科技公司投资 1 亿元在新加坡设立研发中心，计划在 2026 年前，雇佣和培训超过 500 名数字科技专才人士，将本地现有的产品和科技专才团队增加近两倍。④

新加坡的高校与科研院所成为高层次人才的主要集聚地；大型公司也吸引并培养了大批经营人才与技术专才；同时产学研合作又进一步推动了人才的数量与质量，为新加坡发展提供了丰厚的智力资本。

5. 会展旅游吸引外籍人才

新加坡还积极通过会议与展览、协会会议、奖励旅游等多种方式吸引

---

① 资料来源：中国国际贸易促进委员会网站。
② "新港之争"，香港的软肋与应对 [EB/OL]. 新浪财经网，2022-06-25.
③ 白士洋. 新加坡打造智慧金融中心的战略 [EB/OL]. 中国商务部网站，2022-05-26.
④ 资料来源：新加坡联合早报。

外国人来到新加坡、体验新加坡，并从中吸引人才来新加坡工作与定居。新加坡聚焦"可持续"，迎接众多会展和赛事活动（MICE）①，是为了产业发展创造直接经济绩效，同时也支持另一目标，就是通过高品质的活动策划与组织，展现新加坡的组织能力和效率，建立国际品牌形象与吸引力。

新加坡清晰地意识到举办国际协会有利于优化智力资本，还可推广知识合作伙伴计划，这是人才吸引的窗口，也是地区间合作、促进高端人才市场流动的好机会。虽然其对人才吸引的直接收益难以衡量，但作用却广泛而深远。

7.3.2　引进人才服务的强化

除了各种工作准证和投资移民政策的调整以外，新加坡还强化外籍人才招聘服务。根据招聘中必须遵守的"公平考量框架"（FCF），公司就业准证申请要满足 14 天的最短招聘广告时间。但如果公司的员工人数少于10 人，可以豁免招聘广告要求。这项豁免对于在新加坡设立由小型核心团队支撑的控股公司或单一家庭办公室的中国和其他外国投资者来说特别有帮助。② 而且计划从 2023 年 9 月起，雇主要聘请薪资处于顶级 10% 的就业准证者，不必在公平考量框架下刊登招聘广告，这个收入标准相当于月薪2.25 万元；也无须达到互补专才评估框架（COMPASS）的分数要求。③

在外籍雇员的管理上，新加坡有大量人力资源公司提供专业的服务，包括：（1）招聘服务，利用科技和数据库管理来实现高管招聘和猎头工作。（2）签证和工作准证申请服务，协助申请、更新和取消工作准证和商务签证。（3）人力资源咨询，提供雇佣法、人力部法规、解雇员工、人力资源宏观政策等方面的解释。（4）薪酬规划，处理复杂的薪资账户情况，确保按时支付公积金，遵守报税要求，对公司内薪资信息保密等。（5）员工培训与职业发展，根据客户的需求制定和开展适合培训要求的课程或项

① MICE 活动：会议（meetings）；奖励旅游（incentives）；大型企业会议（conferencing/conventions）；活动展览（exhibitions/exposition）和节事活动（event）。

② 迁往新加坡：最新动态及签证政策［EB/OL］．金杜律师事务所网站，2020 – 12 – 02.

③ 雇主请收入最高 10% 就业准证者不必打广告［N］．新加坡联合早报，2022 – 08 – 29.

目。(6) 人力资源和培训补助金申请服务等。尤其对于聘请外籍雇员的小公司，因为本身可能不具备专业知识来充分了解并遵守就业规则，可以把这部分业务外包给专业人力资源服务公司。

7.3.3　人才吸引与保留环境的建设

为引进优秀的外籍人才，新加坡政府提出了"三最"，即要用最好的工作条件和最具挑战性的工作来吸引最优秀的人才。

1. 优质的城市环境

第一，新加坡有着独特的地理位置优势，位于马六甲海峡南部咽喉。马六甲海峡连接太平洋和印度洋，是亚洲和太平洋的十字路口，也是连接东西方的必经之路，被称为"黄金水道"。新加坡航运、航空设施发达，是世界最重要的贸易港之一，从新加坡前往世界各地都十分便捷。第二，新加坡有着"花园城市"的美誉，拥有完善的城市规划与宜人的环境，以及优良的治安、医疗、食品安全等环境，这些都为吸引人才提供了良好的宜居条件。第三，新加坡有着发达且稳定的经济，居民有较高的生活水平，由此创造了丰富的职业发展机会。新加坡家庭收入稳步增长，年均增长率为 6.4%，家庭年收入中位数为 141324 新元；新加坡居民 91% 拥有房屋，达到居者有其屋；也是失业率最低的国家。第四，新加坡融会东西方文化，本身也是多种族国家，多元文化兼容的国际社会更容易吸引世界各地的人才。[①] 第五，新加坡政府清廉，办事高效，这也是一个吸引外来人才非常重要的基础。

新加坡政府注重打造自己的国家形象和人才品牌，获得多项世界级殊荣：经济自由度全球第一；亚洲第一对外投资国；整体法治指数全球第一；2017（全球）最佳表现智慧城市；亚洲最佳数码转型环境；人才竞争力位列亚洲第一世界第十（吸引全球人才世界第二、创业人才世界第二、吸引和赋能人才亚洲第一）；世界第二侨民宜居之地。

---

① 资料来源：新加坡经济发展局网站。

2. 外籍人才政策环境

（1）移民配套支持。

为增加外籍人士居留意愿，新加坡提供配套优惠措施。如外籍专业人士可为配偶及未足 21 岁的子女申请亲属准证（DP）；个性化就业准证（PEP）持有者可允许其配偶、21 岁以上未婚女儿、残障子女、未成年子女、父母或配偶父母申请长期探访许可证（LTVP）；可依照条件申请成为永久居民，享有与当地公民类似的权利。

（2）子女教育。

新加坡基础教育资源丰富，不仅有基础扎实、质量公认领先的公立教育，还有 30 多所使用英语作为教学语言的国际学校，包括美国国际学校、加拿大国际学校、澳洲国际学校等，还有一些使用日语、韩语、印度尼西亚语等的国际学校，可满足不同国际教育需求。高等教育也很发达，有本地大学六所、理工学院五所，且国际化程度较高，新加坡国立大学和南洋理工大学还居于世界大学前列。此外，还有多家国际大学在新加坡的分校可供选择。新加坡的教育对亚洲国家和地区的学生很有吸引力。在新加坡前三所大学中，外国留学生约占 22%，其中中国留学生又占其一半左右。

（3）住房支持。

住房方面，1997 年新加坡政府开始实施"外来人才居住计划"（scheme for housing for foreign talents），协助外国人士以较低的成本租住政府组屋单位。针对新加坡永久居民、就业准证持有者和半熟练工人提供临时性住所。组屋类别包含三房式、四房式、五房式和公寓式几种可供选择。

（4）赋税优惠与投资自由。

新加坡拥有全球较低的整体税负水平。低税负提高了个人和企业在新加坡定居和经营的吸引力。

对外籍人才的税务优惠：新加坡政府 2002 年开始实施的海外工作者纳税人计划（not ordinarily resident，NOR），对外国工作者规定有 5 年的税务优惠期。但这一计划在 2020 估税年终结，部分高薪外籍雇员之后不再享有优惠税务待遇。①

避免双重征税：新加坡与50多个国家签有避免双重征税协定（DTA），如澳洲、加拿大、中国、英国、日本等国。这一协定确保新加坡税务居民公司在新加坡和条约国之间的经济交易不遭受双重征税。

100%的外资所有权，没有外汇管制：新加坡允许外国人持有新加坡公司100%的股份，不需要任何当地合伙人或股东。这使企业家创业者能够以希望的资本结构类型来创建公司，并给予他们其所有权分配以满足自身的投资需求。此外，企业家创业者可以从他国带任意资本投资新加坡公司，新加坡对注资无限制。新加坡对利润汇回他国没有限制，出售企业的资本收益也不征税。同样，支付给股东的分红也不征税。②

（5）完善的移民评价。

新加坡还制定了完善而公正的移民评价指标，包括对移民收入、违法违纪情况的长期综合考察，以及对社会认同感和积极性的调查，以保证移民获得永久居留权之后的社会融入与归属感。

---

① 长期海外工作者税务优惠2025年将不再获批［N］. 新加坡联合早报，2019－09－03.
② 资料来源：GROUP LOBEVISA。

第8章

新加坡人才激励与保障新方法

新加坡在利用人才方面，一是强调创新、创业的人才激励，为人才提供创新平台与支持，激发人才创造力；二是注意工作—生活平衡，尽可能地为劳动者提供理想的薪酬与工作环境，创造和谐的劳动关系。为此，从人力资源产业层面和企业人力资源管理层面，强调提升人才服务的标准与水平，为人尽其才提供各种激励与保障。

8.1 创新、创业人才激励

8.1.1 创新创业规划与主要政策

2010年，新加坡国家经济战略委员会提出的经济战略中，明确将人力资源和知识资本作为主要竞争优势，利用科技创新来增强自身国际竞争力。新加坡政府通过提出"国家科技发展五年计划"和"智慧国"等规划，推动着科技创新。新加坡总理公署旗下的国立研究基金会承担着制定新加坡研究、创新与创业五年计划和科研创新政策、支持经济增长并应对未来挑战的责任。

早在2006年，新加坡就推出"智能城市2015"发展蓝图，设定的目标全部提前实现，且有超额完成，成为全球资讯通信业最为发达的国家之一。2014 年，将该计划全面升级，推出"智慧国 2025"的 10 年计划。2016 年的科技五年计划——"研究、创新与企业 2020 计划"（RIE 2020）提出重点发展先进制造和工程、保健和生物医学、城市解决方案和可持续发展、服务和数字经济。2019 年又提出要强化关键数字能力、发展细胞治疗制造能力和食品研究三个重点方向。2019 年 11 月，新加坡发布一项为期 11 年的国家人工智能战略，提出了新加坡未来人工智能发展的愿景、方法、重点计划和建立人工智能生态等内容。2020 年 12 月 11 日，新加坡副总理王瑞杰在阐述"研究、创新和企业（RIE）2025"计划的记者会上说，新加坡政府将投入 250 亿新元用于未来 5 年的研究与创新，将聚焦于健康、可持续发展、数字经济和制造业这四个关键领域，并坚定支持基础研究。研究计划的一个重要领域是帮助新加坡灵活应对未来的未知传染病。①

为鼓励企业家创业与创新，新加坡企业发展局汇总了三种类型的商业计划，为初创企业提供支持，支持其在新加坡快速扎根、发展及推广创新技术，其中包括合作伙伴生态系统网络、渐进式监管框架和支持性金融工具等。

计划一：提供专业知识、资金和网络的创业孵化器与加速器。

为了成为全球创新中心，新加坡致力于建立一个充满活力的创业生态系统，其中包括世界 500 强企业的全球研发实验室，以及 150 多个风险投资基金、创业孵化器和加速器。SGInnovate 是新加坡深科技公司的主要投资部门，已对来自新加坡、美国和欧洲的 80 多家公司投资超过 5000 万新元（约合 3760 万美元）。另一个典型是全球创新联盟（GIA）加速计划，该计划支持初创企业将新加坡作为跳板在亚洲扩大规模。②

计划二：联合投资计划和突破性技术奖励。

新加坡多个政府机构为科技初创公司提供激励和扶持政策，以鼓励公司创新和拓展其突破性技术。其中四个主要计划的措施如表 8－1 所示。

---

① 我国未来五年投资 250 亿元强化科研能力［N］. 新加坡联合早报，2020－12－11.
② 资料来源：新加坡企业发展局网站。

表 8 - 1 新加坡为科技初创公司提供的创新激励计划

计划名称	实施方式	符合条件	具体补贴
创业特别基金	以可转换债券或债券的形式对具有较大潜力的初创企业进行联合投资	在新加坡注册不满 10 年，在新加坡设有总部和经营主要增值业务；基于个案进行评审，初创公司需具备创新或知识产权、可行的商业模式、增长潜力和一支忠诚而有能力的管理团队	公司可获得早期高达 200 万新元，后期高达 1000 万新元的 1 : 1 联合投资
科技创业计划	为专有突破性技术提供资金	至少 30% 的本地持股；申请时注册不满 5 年；公司集团的年营业额少于 1 亿新元或雇员人数少于 200 人；在新加坡开展核心业务；申请者必须分别为 POC 和 POV 注入 10% 和 20% 的实缴资本	概念证明（POC）：拨款上限 25 万新元；或价值证明（POV）：拨款上限 50 万新元
创业股权计划	共同投资通用科技或深科技	在新加坡注册不满 5 年；在新加坡开展核心业务；最低 5 万新元实缴资本；确定了一个独立的第三方投资者，并准备向每个初创公司投资至少 5 万新元	通用科技：共同投资首次投资中 25 万新元的 70%，共同投资后续的 50%，200 万新元封顶。深科技：首次投资中 50 万新元的 70%，50 万~400 万新元的 50%，和 400 万~800 万新元的 30%
金融管理局金融科技创新奖励	为金融服务行业的试验、开发和传播创新技术提供资金支持	奖励金融局监管的金融机构或与之合作的技术或解决方案提供商，用于金融业创新解决方案的早期研发阶段	高达 70% 的成本补贴，上限 40 万新元，具体取决于小组评估的结果

资料来源：新加坡企业发展局网站。

计划三：人才计划，以确保稳定的技术人才队伍。

在全球对顶尖技术人才的激增需求和激烈竞争中，新加坡致力于帮助公司获取和培训所需的人才。对于在全球范围内寻找高技能技术人才的公司，科技准证（Tech. Pass）计划可提供快速解决方案。该计划可为符合条件的公司提供公司级别的担保，降低人力部拒发就业准证（EP）的风险。

8.1.2 创新创业人才培养与专项激励

除了通过创业准证和科技准证引进外国创业企业家和技术人才外，新加坡政府还推出"加快培训专才计划"（TechSkills Accelerator，TeSA），以满足科技创新和人才需要。

2016 年 9 月，新加坡信息通信媒体发展局宣布推出加速培训专才计划，以培训大批专业人员，促进建立强大的信息通信媒体业。2017 年 11 月，新加坡金融管理局、资讯通信媒体发展局和精深局宣布推出针对金融科技领域的加快培训专才计划。这项计划联合六家新加坡本地大学和五家行业协会，通过加强在校学生的就职培训和从业人员的持续教育，为新加坡培养更多金融科技专才。① 2017 年 12 月，信息通信媒体发展局与思特沃克科技公司（ThoughtWorks）合作，推出为期 3 个月的培训课程，让不同领域的人才掌握数字科技和编程等方面的技术，以此帮助他们转型加入数字行业。②

财政部长王瑞杰 2018 年 3 月宣布，政府将额外拨出加快培训专才计划款项，自 2016 年这个计划推行后，已资助超过 2.7 万个学额。政府接下来 3 年为加快培训专才计划再注入 1.45 亿新元，开辟更多人工智能和数据分析等课程，可资助额外 2 万个培训学额，进一步培养数字经济所需的劳动队伍。③

据联合早报 2020 年 10 月 16 日报道，为满足市场对网络安全人才的需求，政府自 2016 年已通过加快培训专才计划，协助近 5000 名职场新人和中途转业人士接受网安培训。④

2020 年 8 月 13 日新加坡金融管理局宣布，未来 3 年将通过"金融领域科技和创新 2.0 计划"再投入 2.5 亿新元，来加快金融业的科技和创新

---

① 新加坡副总理尚达曼：周边区域关注普惠金融是新加坡金融科技领域契机 ［EB/OL］. 新加坡新闻头条，2017 – 11 – 18.

② 资媒局与科技公司合作推出数码培训课程 ［N］. 新加坡联合早报，2017 – 12 – 13.

③ TeSA 计划增加拨款资助两万个培训学额 ［N］. 新加坡联合早报，2018 – 03 – 06.

④ 网络安全岗位比 2014 年多了超过一倍 去年近 6000 人从事网安工作 ［N］. 新加坡联合早报，2020 – 10 – 16.

发展，支持大规模创新项目，培养本地金融科技人才。①

在新加坡发布 2020 年《就业形势报告》（第 16 版）中指出，从整体看来，信息通信、医疗保健、制造业、专业服务和金融服务行业的就业率最高，这 5 个行业总共填补了 19200 个职位，约占配置机会的 1/3。其中，信息与通信行业和医疗保健行业的机会最多。在信息通信行业，加快培训专才计划对为用户体验/界面设计、数字营销和网络工程等领域提供更多工作和实习机会起到了巨大推动作用。②

2022 年 2 月 24 日，通信及新闻部长兼内政部第二部长杨莉明发言表示，资讯通信媒体发展局于 2016 年推出加快培训专才计划至今，已培训了 1.2 万名资讯通信科技领域专才。这项计划接下来会扩大，为本土人才创造更多参与到本地科技生态链中的机会。③

除了加快培训专才计划外，新加坡产业部门还根据实际需求执行其他人才培育计划。如 2021 年 9 月 3 日金融管理局宣布将扩展国际外派计划，支持对象从担任管理职位的中高级人员，扩展至年轻专业人才。据统计，2016 年以来，有近 110 名新加坡人受益于该计划，他们之中大多数都已回国且担任更高职务。另外，金管局也会扩展金融助理管理计划，以支持金融机构派遣有才华的年轻国人到海外栽培。④

此外，新加坡建设全球科技人才联盟，通过促进越南和印度市场技术人才的获取来支持初创企业的国际化努力。根据联盟倡议，公司可以利用精选的具有优秀市场影响力和业绩记录的人才服务提供商来建立本地团队，雇佣和管理市场人才，帮助他们遵守当地法规，从而更有效地进入市场。⑤

8.1.3　大学创新创业人才培养举措

2017～2022 年，在新加坡国家研究基金会的资助下，新加坡的高等教

---

① 资料来源：新加坡联合早报。

② 新加坡发布 2020 年最后一波就业报告，就业率最高的居然不是医疗 [EB/OL]. 新加坡头条新闻，2021 - 02 - 10.

③ 至今逾 1.2 万人受训，资媒局将扩大加快培训专才计划 [N]. 新加坡联合早报，2022 - 02 - 25.

④ 金管局加码支持本地金融人才到海外工作 [N]. 新加坡联合早报，2021 - 09 - 03.

⑤ 资料来源：新加坡创新生态系统网站（The Singapore Startup Ecosystem）。

育机构正在共同努力创建一个国家"精益发射平台"（LLP）[1]，结合学校教育、创业人才培养和技术商业化能力，促进学术以外的技术商业化研究，即政府、科研院所和企业三大驱动力协同发展，推动产学研一体化发展，整合资源加强国家层面的创新生态系统。

与传统的讲座和案例研究范式不同，LLP 的教学法强调探索与发现过程，通过体验式学习来培养创业思维。目前，新加坡国立大学、南洋理工大学、新加坡科技设计大学和新加坡管理大学都建立了新的 LLP 卫星节点。学校接受了 LLP 教学法培训，作为分散的站点在校园内开展该计划，并促进学术研究人员参与该计划。卫星节点网络将扩大对更多技术创新市场的潜力评估，并产生一系列可商业化的技术，这些技术可能会进入产业化。为了支持创业进入海外市场，LLP 毕业团队有资格获得大学和国家研究基金会共同资助的高达 10000 新元的支持。

以下针对新加坡国立大学和南洋理工大学的创业支持体系分别加以介绍。

1. 新加坡国立大学的创新创业人才培养体系

新加坡国立大学（NUS）致力于推动人才培育、研究创新和产业应用，提供体验式创业教育，建立积极的行业合作伙伴关系，提供全面的创业支持和通往产业的桥梁。大学设有专门的创业部门——NUS Enterprise，也有一整套创新创业人才培养与激励体系。[2]

第一，学生、教师创新创业教育：（1）"新加坡国立大学海外学院"（NOC），帮助开启学生创业梦想，全日制新生或一年级学生都可以加入 NOC 网络，了解举行活动、实习信息和初创企业的机会等。目前，国大海外学院项目包括北京、以色列、洛桑、慕尼黑、纽约、上海、硅谷、新加坡和斯德哥尔摩九个地点。（2）国大企业创业暑期课程，面向在读本科生，可以通过申请加入。主要课程有新加坡和东盟的商业和社会文化背景、企业家的实用见解和技能、创业专题等；形式包括讲座、与初创公司

---

① "精益发射台"（Lean LaunchPad Singapore）是新加坡首个针对研究人员的创业教育计划，于 2013 年 6 月启动，该计划是以美国国家科学基金会"I–Corps"计划为蓝本的。

② 资料来源：新加坡国立大学官网。

对话、构思和推销会议以及对各种组织的访问等。另外，各学院也不断开发适应需求的各类创新课程。如2020年7月，NUS的金融科技实验室和战略技术管理学院联合推出国大金融科技人才培养计划，课程为期2个月，覆盖金融科技和计算机编程基础等多个方面知识，还为参与课程的学生提供9~12个月的全职培训/实习机会。[①]（3）NUS Enterprise加入"精益发射台"试点。（4）设立风险创造理学硕士项目。（5）NUS技术访问计划，这是一项体验式创新计划，帮助将深度技术创新从实验室推向市场。

第二，创业支持系列。（1）NUS"创业启动跑道"分为准备阶段、成长阶段和连接阶段。准备阶段，提供校园创业基地，容纳NUS初创企业和企业家，培养他们的商业理念，酝酿创业想法。成长阶段，主要有三个支持项目：一是"BLOCK71"项目，是与知名企业和政府机构建立战略合作伙伴关系、推动创业的一项举措；二是"NUS Enterprise @ Singapore Science Park"项目，是和亚洲著名房地产公司凯德集团（Capitaland）之间的合作伙伴关系，通过培养一个由深度技术初创公司、企业合作伙伴以及大学研究人员和学者组成的社区，来促进新兴的深度技术领域的创新；三是新加坡国立大学农业技术中心项目。在业界连接上，主要包括海事专家与企业群、网络安全企业家群和亚洲的旗舰技术创新会议。[②]（2）创新行动。一是提出"菲利普·杨倡议"，建立一个培养人才的组织平台，并实施两个重点项目："菲利普·杨创新研究员"计划[③]和"菲利普·杨·格兰特"计划[④]。二是具有社会影响的创新。影响承诺创新（I2P）作为一项新举

[①]　资料来源：新加坡国立大学官网。

[②]　InnovFest由新加坡国立大学的创业部门NUS Enterprise组织，是亚洲的旗舰技术创新会议。InnovFest汇聚了整个创新和企业生态系统，包括初创企业、风险投资家、企业、高等教育机构、政府机构和媒体，是思想、市场和人才汇聚的地方。NUS Enterprise自2006年起在新加坡和2015年起在苏州举办该活动。2015~2019年，新加坡国立大学与总部位于伦敦的Unbound公司一起组织了InnovFest Unbound，为IMDA智能国家创新周的技术和创新空间部分带来了新的视角。2021年，新加坡国立大学与Informa合作，于7月14日至16日举办了InnovFest，作为IMDA和Informa举办的Asia Tech x Singapore的官方启动活动。

[③]　Philip Yeo创新研究员计划旨在支持拥有可以产生巨大积极社会影响的MAD（make a difference）项目/想法的个人，申请成功者可以获得高达2万新元的资助，以及获得指导和交流的机会。

[④]　让充满激情和创业精神的学生能够参加长达一年的新加坡国立大学海外学院（NOC）计划，通过创业实习、国际沉浸和创业经验，在课堂外获得宝贵的技能。每笔助学金可高达5000新元。

措，研究重点集中在可持续创新、关注环境和社会创新上。初创企业包括：开发电动汽车的阿尔法电气（Alpha Electrics）、开发智能电气处理系统的水跃（Hydroleap）等 20 多家公司。三是提供创新创业资金支持，包括多项支持计划，也涵盖股权支持、技术补助金支持等。

第三，企业合作伙伴。多年来，NUS 与跨国公司和大型本地企业建立了牢固的合作伙伴关系，以促进创新和创业生态系统发展。与 NUS Enterprise 合作的内容包括：（1）获得新加坡国立大学技术和知识产权来开展创新；（2）获得与科技创新相匹配的系统解决方案，以解决业务挑战；（3）进入新加坡国立大学人才库；（4）访问 NUS 的全球初创企业和生态系统合作伙伴网络；（5）创新培训和企业高管教育和培训。目前，企业伙伴包括新加坡海事和港务局、新加坡航空、新加坡电信、腾讯－国大云启动、欧莱雅、拜耳、国防科学技术局、奔驰、华为等多家大企业。此外，还提出了"新加坡国立大学之友企业计划"，主要关注物联网、未来健康、智能环境和食品科技四个领域。

第四，可利用的创新平台与当前的项目。NUS 现有的创新平台，创新科技展（InnovFest unbound），汇集亚洲和西方的研究人员和学术界、企业、初创企业和政策制定者；还有技术东盟（TechASEAN），提供东盟最全面和最新的科技初创企业名录，以及有关其创始人、投资者、孵化器、技术来源和促进中介机构的信息。截至 2022 年 8 月 20 日，在研项目十余个，近期完成项目 20 多个。[①]

2. 南洋理工大学的产学研合作实践

南洋理工大学（NTU）通过积极的产学研合作提升师生的创新创业能力。NTU 尤其重视产学研一体化，吸引了各领域大公司建立合作关系，包括阿里巴巴、微众银行、惠普、沃尔沃、大陆集团、台达电子、新加坡电信、盛裕集团等，在人工智能、金融科技、数据科学、机器人技术、智能交通、个人化医学、医疗保健、清洁能源等领域展开合作（见表 8–2）。

---

① 资料来源：新加坡国立大学官网。

表8-2　　　南洋理工大学与产业企业建立的联合研究院和实验室

研究机构名称	合作企业	主要内容
阿里巴巴 - 南大联合研究院（Alibaba - NTU Singapore Joint Research Institute）	中国阿里巴巴集团	2018年2月建立的人工智能研究院，与阿里巴巴的自然语言处理（NLP）、计算机视觉、机器学习和云计算等领先技术相结合，将人工智能技术应用于健康、老龄化、家庭和社区等领域
大陆集团 - 南大企业实验室（Continental - NTU Corporate Lab）	德国大陆集团	致力于新加坡汽车行业的创新，并将研究成果转化为面向未来的城市交通解决方案。主要内容：自主机器人、导航、人工智能（AI）、网络安全、智能材料、传感、通信和云技术等领域的研发与应用
台达电 - 南大网宇实体实验室（Delta - NTU Corporate Laboratory for Cyber Physical Systems）	中国台湾台达电子公司	网络物理系统开发，从大型基础设施系统（如供水和配电）到新兴的消费系统
惠普 - 南大数码制造技术联合实验室（HP - NTU Digital Manufacturing Corporate Laboratory）	美国惠普公司	2018年11月1日启动，是NRF、HP Inc.和NTU之间的合作项目。该实验室支持新加坡在数字制造和3D打印技术领域推动行业转型。先进制造和工程是研究、创新和企业（RIE）2020计划下的四个技术领域之一，该计划是新加坡发展以知识为基础的创新驱动型经济和社会的国家战略
南大 - 微众银行金融科技联合研究中心（Joint NTU - WeBank Research Centre on Fintech）	中国（第一家纯数字银行）微众银行	新加坡首个金融科技联合研究中心，支持银行4.0，研究重点：行为金融、数字营销、量化金融、智慧农业、客户分析、财富管理、物联网
劳斯莱斯 - 南大企业研究室（Rolls - Royce @ NTU Corporate Laboratory）	英国劳斯莱斯公司	2005年建立合作，由劳斯莱斯、南大和国家研究基金会联合投资，2022年发展成为一支由300多名顶级研究人员和技术专家组成的团队，还为全职研究人员、博士、硕士和本科生提供培训。第二阶段（2019～2024年）专注于五个核心研究领域：劳斯莱斯电气（RRE）、制造技术（ManTech）、先进的维修和材料（ARMS）、数据分析和复杂系统（DACS）、物联网（IoT）

续表

研究机构名称	合作企业	主要内容
新电信企业认知与人工智能研究室（SCALE @ NTU）	新加坡电信集团	培养人工智能与数据科学专业人才，支持新加坡的智慧国家转型，打造与众不同的智慧城市技术
盛裕 – 南大企业实验室（Surbana Jurong – NTU Corporate Laboratory）	新加坡盛裕集团	为期 5 年的研究合作，由新加坡国家研究基金会（NRF）支持，致力于研究智能城市、可持续发展、未来建筑和地下工程这三个方面问题的解决方案

资料来源：南洋理工大学官网。

其他与南大合作共同建立研究中心的知名机构，还包括法国替代能源与原子能委员会等多家组织，侧重于电子废物回收与重新利用；世界卫生组织，合作方向为数字保健与教育。

8.1.4　产业创新激励——以数字产业为例

新加坡强化数字经济地位，注重数字产业的发展，政府制定打造"数字中心"的中长期发展战略，要成为数字经济强国。为此，积极培养并引入数字经济人才，也为人才激励提供了多方面的政策举措。

1. PIXEL 创新空间

PIXEL 是一个 25000 平方英尺的创新空间[①]，为信息通信和媒体行业提供设施和项目。申请加入这个社区的优惠包括：该社区融汇了游戏开发、媒体与设计领域；可以访问利用 PIXEL 设施，如制作工作室、沉浸式体验实验室和用户测试实验室，以及共享空间；可以参加主题联谊会、大师班和研讨会；接受专家或导师的指导，了解构建以客户为中心的数字产品和体验的核心能力。新的 PIXEL 计划为成员提供四个领域的能力开发培训：设计思维、用户界面与用户体验、数字故事讲述、沉浸式媒体。[②]

---

① PIXEL 位于新加坡 One – North。
② 资料来源：新加坡信息通信媒体发展局网站。

2. SG：D Spark 计划

这个计划是利用不同的政策工具和资金支持有前途的新加坡信息通信和媒体初创企业的发展。加入 SG：D Spark 的公司将通过新加坡信息通信媒体发展局获得政府和行业的支持，具体包括：优先处理拨款申请；协助技术人才招聘；与先进行业伙伴的优先交流机会，获得专家建议和参加大师班。

3. 企业能力升级计划（T－UP）

该计划是通过聘请来自新加坡科技局的科学家或工程师进驻企业，在企业任职 2 年，帮助企业确定和执行合适的研发或创新项目，以达到升级运营的目标。

4. 津贴支持的人才培养计划[①]

（1）能力转移计划（CTP）。

该计划支持外国专家的能力转移给本地劳动力，以提高新加坡各行业和实体的劳动力素质，继而支持创新。CTP 的资金支持对象与内容如前所述（见第 7 章）。

（2）公司主导的培训计划（CLT）。

这是加速科技专才培养（TeSA）计划下的一项，可帮助公司为员工配备当前需要的相关技能。该计划支持包括：学员每月薪金与津贴、本地或海外培训课程费用、海外实习（机票和生活津贴）费用。

（3）企业发展补助金（EDG）。

这一补助旨在加强企业的人力资源管理能力，促使其达到合格目标，资助项目包括与之相关的第三方顾问费、软件和设备费。资助额度：中小型企业 70% 的合格成本，非中小企业 50% 的合格成本。

（4）全球准备人才计划（GRT）。

这一计划是为了帮助积极培养人才以支持海外扩张的公司。包括两个

[①]　资料来源：新加坡信息通信媒体发展局网站。

项目：一是实习计划，为本地、海外或混合实习生提供高达 70% 的月实习津贴，海外实习提供额外的生活津贴和一次性旅行津贴；二是管理助理计划，每位参与者可得到 70% 的支持，包括每月基本工资和第 13 个月的薪金、海外配套如生活津贴、住宿、机票和旅行前管理费用（如签证申请、旅行保险），每年上限为 50000 新元。

（5）加速科技专才培养（TeSA）职业中期发展计划。

对 40 岁以上的职业中期雇员提供培训支持，以增强其职业能力，促进职涯发展与晋升。符合条件的申请者将获得的支持包括学员月薪、本地/海外培训的培训费和海外挂靠费用。

（6）职业转换计划（CCP）。

该计划支持个人在职业中期实现转换。雇主将获得如下支持：40 岁以下的公民或永久居民在 CCP 培训期间可获得月薪 70% 的补助（每个企业每月上限为 4000 新元），以及 70% 的课程费（内部培训最高每小时 15 新元）补助。长期失业者（6 个月以上）和 40 岁以上公民在 CCP 培训期间可获得月薪 90% 的补助（上限为每月 6000 新元），和 90% 的课程费用补助。[1]

此外，还有"全球人才流动指南"和"海外市场研讨会（中国）"等人才培养支持方式。

8.2 工作条件保障与激励

8.2.1 薪酬激励与保障

新加坡注重通过生产力的提升和劳资政三方薪资建议来保证劳动者的薪资水平持续上涨，创造工作薪酬保障与激励。

在加薪与提高生产力孰先孰后之间，新加坡决策方是历经了一场激烈的论战的。[2] 2012 年 4 月 9 日，南洋理工大学温斯敏经济学讲座教授林崇

---

① 资料来源：新加坡信息通信媒体发展局网站。
② 该论战内容参见吕元礼. 新加坡政治几何学［M］. 新加坡：八方文化创作室、世界科技出版公司，2019：207－218.

椰先生在讲座中指出，新加坡存在的收入不平等情况恶化和对廉价外国劳工过度依赖的问题是两个致命弱点。"有的企业高层的薪金比下属 300 名员工加起来还多。当总裁进一步加薪时，会导致连环效应，促使财务总监和运营总监等也一并加薪。这将对公司的财务造成很大压力，甚至影响竞争力。"而低薪阶层却面对薪金滞胀的情况。与此同时，新加坡基尼系数不断上升，从 1980 年的 0.422 上升至 2001 年的 0.454，再增至 2011 年的 0.473；薪金占 GDP 的比重又从 2001 年的 46% 下降至 2010 年的 42%。① 基尼系数早就超过了 0.382 的警戒线；薪金占比降低，意味着新加坡国民并没有从薪金中充分享到经济增长的成果。针对这一重大社会经济问题，林崇椰提出进行"第二次经济重组"的建议。②

林崇椰的建议是立即给低薪工人大幅加薪。但是总理公署兼全国职工总会秘书长林瑞生提出异议并表达隐忧：低薪人士 3 年提薪额度累积达到 50%，而 3 年里的生产力不可能提高 50%。"风险是将失去竞争力，失业率可能因此上升，更重要的是结构性失业率会越来越严重。"③ 这就是先加薪还是先提高生产力的"双林之争"。

职工总会推行"增长与同惠计划"（IGP），让本地中小企业通过机械化提高生产力，进而使员工加薪。第一，这基于一个论证：提高低收入者的工资意味着积极分享，从而加强凝聚力以提高生产力④；雇佣关系存在一种"礼尚往来"（gift exchange）的现象。⑤ 第二，低薪阶层要渐进式加薪，以防止欲望型相对剥夺感。⑥ 李显龙在 2014 年 5 月 1 日"五一劳动节集会"上的讲话中表示，要防止不切实际的期望，也要防止欲望型相对剥

---

① 华京京，周文龙. 林崇椰教授：解决薪水两极化仍需"休克疗法"［N］. 新加坡联合早报，2012 – 10 – 26.

② 1979 年第一次经济重组是由新加坡全国工资理事会推动进行的，当时理事会主席就是林崇椰。

③ 林崇椰"第二次经济重组"追踪；林瑞生：跟不上步伐员工会被裁［N］. 新明日报，2012 – 04 – 14.

④ 根据经济学家恩斯特·费尔（Ernst Fehrh）的研究建议：如果提高新加坡低收入者的工资，新加坡的生产力也可能因此提高。

⑤ 诺贝尔奖得主乔治·阿克洛夫（George Akerlof）的观点。

⑥ 美国学者格尔（Gurr）提出：每个人都有某种价值期望，而社会则有某种价值能力。当社会变迁导致深灰的价值能力小于个人的期望价值时，人们就会产生相对剥夺感。相对剥夺感越大，人们造反的可能性就越大。

夺感。

在"增长与同惠计划"的指引下，新加坡致力于提高生产力并与员工分享相应价值。

2022 年 5 月 30 日，新加坡人力部发布《2021 年薪酬报告》显示：2021 年，新加坡经济增长率为 7.6%，75.4% 的雇主取得盈利，高于 2020 年的 62.8%。和 2020 年相比，2021 年所有领域都有较高的工资增长，69.5% 的雇员获得加薪，工资增幅达到 6.3%，2020 年则是 4.5%。[①]

图 8 - 1 显示了新加坡各行业 2019～2021 年的平均薪酬情况。可见，外向型领域在疫情期间都取得正面发展，工资增长强劲。加薪幅度较高的领域有信息通信（5.1%）、金融与保险服务（4.1%）及制造业（4%）。在内向型领域中，零售贸易的工资涨幅最高（5.5%），受疫情影响的行业经历低潮后为雇员加薪，如住宿（1.7%）、运输和仓储（2.8%）及餐饮服务（2.6%），但普遍增幅比疫前低。

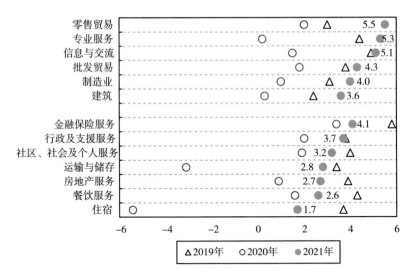

图 8 - 1　新加坡各行业 2019～2021 年的平均薪酬变化情况
资料来源：2021 年薪酬报告 ［EB/OL］. 新加坡人力部网站，2022 - 11 - 22.

图 8 - 2 则显示了不同级别雇员的薪酬增长水平：非管理层或执行级别

---

① 人力部工资报告：所有行业员工去年获较高工资增长 ［N］. 新加坡联合早报，2022 - 05 - 31.

的雇员，2021 年加薪 3.5%；初级管理层有 4.5%；在招聘、解雇、升迁和人力资源课题有决策权的高级管理层，工资涨幅则有 4%。2020 年，这三组雇员的加薪幅度介于 0.8%～1.5%。

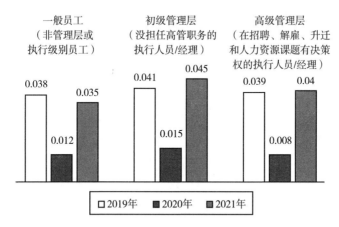

图 8－2　新加坡 2019～2021 年各层级雇员平均薪酬增长情况
资料来源：2021 年薪酬报告［EB/OL］. 新加坡人力部网站，2022－11－22.

另外，在新加坡 2022 年预算案中，也有薪酬保障方面的新举措。政府将采纳老年工人三方工作组的建议，继续调高新加坡 55～70 岁员工的公积金缴存比率。在 2022 年第一次调整的基础上，2023 年将进行第二次调整。未来两年内，55～70 岁劳动者的公积金缴存比率将上调 3～4 个百分点。另对所有住在宿舍及从事建筑、海事和加工业的外国劳工，人力部规定雇主必须为其购买初级医疗计划，报销其医疗费用。初级医疗计划将覆盖外国劳工的大部分基本医疗需求，每位外国劳工每年医疗成本在 108～138 新元不等。①

8.2.2　工作环境的改善

为了改善工作环境，提升企业效率和职业生活质量，新加坡政府推出多项计划，例如，"优化职场计划"（WorkPro）和"灵活工作制基金"（Flexi－Works），来支持企业和员工实现工作与生活平衡并获得更大的收益。

---

① 新加坡 2022 年预算案：宣布就业援助新举措［EB/OL］. OUT－LAW 新闻，2022－03－25.

1. 优化职场计划的推行

新加坡人力部 2013 年 4 月开始推行优化职场计划（WorkPro）。优化职场计划是精益企业发展计划的一部分，这项计划帮助企业进行工作再设计，进而提高用工效率，也协助中小企业在转型过渡期通过创新精简人力。推行之初，只要有 30% 的员工参与灵活工作制，雇主就可获得每年 4 万元的奖励金。从 2014 年 7 月 1 日开始，优化计划全面升级，规定只要有两成的员工参与，雇主就能获得 2.5 万元。计划施行一年，就有 1000 家企业推行了灵活工作制，4800 名员工受益。①

2016 年 4 月新加坡人力部宣布，从 2017 年 7 月 1 日起将重新受雇年龄顶限从 65 岁延长至 67 岁。② 为适应这一调整，人力部在 2016 年 5 月宣布在未来 3 年拨款 6600 万元，通过改良版的优化职场计划（Enhanced Work-Pro），加大力度推动企业调整工作程序和环境③；7 月改良版优化职场计划实施，工作再设计津贴顶限被提高，从原来每家公司 15 万元增至 30 万元；截至 9 月底，超过 40 家企业在 3 个月内申请补贴，有 20 多家企业承诺推行让年长员工直接受益的措施而获津贴，有 1000 多名年满 50 岁的员工受惠；到 2017 年底已有超过 3400 家公司获得优化职场计划拨款，改造工作环境，更好地照顾年长员工的需求并推行灵活工作制。④

2018 年 3 月 4 日人力部再宣布，优化职场计划持续改良，政府将通过三方组织加强"工作与生活平衡津贴"计划，鼓励更多雇主采用灵活工作制。新计划从 7 月 1 日开始；政府在接下来两年内计划拨款 3000 万元。⑤ 计划推行收到较好成效，到 2019 年 2 月，已有 1750 个企业和约 2 万名员工从改良后的计划受惠，远高于预期的 700 家企业。⑥

---

① 资料来源：新加坡眼。

② 新加坡的法定退休年龄是 62 岁，但同时 2012 年初实行了《退休与重新雇佣法令》，规定凡是年满 62 岁法定退休年龄的员工，只要健康状况和工作表现良好，雇主都有法律义务为他们提供重新受雇的选择，直到他们 65 岁。

③ 更多企业申请津贴打造亲乐龄职场 [N]. 新加坡联合早报, 2016 – 11 – 02.

④ 人力部：逾 3400 家公司获优化职场计划拨款 [N]. 新加坡联合早报, 2018 – 05 – 20.

⑤ 工作与生活平衡津贴延长两年，政府将加强计划让员工与雇主获益 [N]. 新加坡联合早报, 2018 – 03 – 05.

⑥ 优化职场计划改良后 1750 家企业近 2 万员工受惠 [N]. 新加坡联合早报, 2019 – 02 – 15.

新加坡人力部一直检讨优化职场计划和特别就业补贴计划的实施效果，以继续打造有利于年长雇员的职场环境。

另外，职工总会也推出职总优化职场计划（NTUC in your workplace）。2021 年 8 月开始，符合条件的中小企业可通过这一计划，在固定的员工福利之外，为每名员工提供价值达 2300 元的额外生活福利及优惠。①

2. 工作与生活平衡支持举措

新加坡政府也致力于鼓励雇主推动工作与生活平衡。在这方面，人力部启动了专项资金，新加坡公司可以利用这些资金来制定改进策略，实施平衡工作与生活的措施。

（1）工作—生活策略的含义与意义。

工作—生活策略是用人单位通过系列实践与举措，创造积极的、更有支持度的工作环境，解决职场与生活平衡问题的特别方案。灵活的工作安排、休假福利和员工支援计划是工作生活策略中的关注点。工作—生活策略对于提高劳动效率至关重要，也有利于更好地应对经济给人力资源管理带来的挑战，如老龄雇员的增加、女性劳动力管理、工作时间的延长、双职工家庭的矛盾、劳动力市场紧张、出生率下降等，都是促使新加坡实施工作生活战略的因素。有效的工作生活策略会影响公司的方方面面，如工作绩效、人力资源管理成本、客户满意度、组织生产力和企业形象等。

（2）实施工作生活策略的基金计划。

根据职工总会调查，新加坡员工普遍工作时间过长，的确需要实行工作生活策略。鉴于此，新加坡政府推出了津贴来鼓励企业采取工作生活策略。目前，新加坡的工作与生活平衡津贴包含两部分：开发津贴和灵活工作安排津贴。

① 开发津贴：开发津贴是 2013 年 4 月推出的一项奖励措施，取代之前的"工作与生活平衡发展基金"（WoW!）。刚开启工作生活策略或有意

---

① 透过职总优化职场计划，中小企可提供每名员工 2300 元额外福利［N］. 新加坡联合早报，2021 - 08 - 26.

愿这个项目的雇主，都有资格申请得到这笔津贴。这是一次性补助，每家公司可获高达 40000 新元的津贴，可用于员工培训、咨询和基础设施添置等在工作生活策略计划中产生的费用，帮助雇主实现在职场环境中达到工作与生活平衡的目标。

② 灵活工作安排，帮助企业建立有弹性的职场，把弹性时间、弹性工作地点和兼职工作引入公司。这个项目有两种支持形式：A. FWA 奖励，是针对已实施一部分灵活工作安排内容的雇主。B. 灵活工作制基金（Flexi - Works），是为了鼓励雇主招聘兼职员工或做出灵活工作安排，如错时工作、弹性工作时间、工作分享、远程办公或替代工作时间表。实施灵活工作安排的公司可以申请高达 10 万新元的津贴。灵活工作制基金是由新加坡劳动力发展局发出，并与全国职工总会和全国雇主联合会合作，公司通过后两个机构来申请资金。

在新冠疫情期间，灵活工作安排更显重要。新加坡制定政策时注重民众的真实工作需求与生活需求，展开多次网络调查，并根据劳动者意愿提出灵活工作安排的政策与支持措施。李光耀公共政策学院新加坡政策研究所从 2021 年 7 月防疫高警戒解封阶段，到 2022 年 4 月防疫措施进一步放宽期间，共展开 19 轮网络调查，访问了超过 2000 名新加坡公民和永久居民。结果显示，愿意大部分时间回到工作场所的办公者，从 2021 年 7 月的半数左右增至 2022 年 4 月的 74%。① 据此，不同企业根据实际情况安排工作场所和居家工作天数与具体时间，并根据实际情况动态调整。在此期间，雇主与雇员协调，提高了对工作—生活平衡的意识与实践能力。

8.2.3　对零工经济新就业模式——平台员工的政策支持

近些年，零工经济在世界各国都发展成为一种新型经济模式。对于零工经济的定义，有多种不同阐释，但从就业角度来说，一些特点是得到共识的：一是独立工作者和企业基于短期工作、项目而签订合

---

① 林慧敏. 调查：近半雇员认为灵活工作安排应成为职场新常态［EB/OL］. 新加坡国立大学官网，2022 - 04 - 26.

同的用工①，即工作种类、工作时间等越来越灵活的用工模式②；二是具有依托互联网和移动技术的特性，基于互联网的数字平台实现供需的大规模匹配③；三是具有共享特征④，从传统的"雇佣关系"转向"商业合作"模式。⑤

目前，零工的主要形式有：互联网平台用工、传统零工（非全日制用工、兼职、日结、自雇合作）、劳务派遣、人力资源外包与实习等。因为这种用工方式打破了传统雇佣关系的合约限定，所以对企业用工管理、零工个体的权益维护和政府的就业政策等都提出了新挑战。

新加坡政府对于零工经济也已经有所关注。2019年5月新加坡人力部就在网站上发表了文章，对零工进行了解释并表达关注理由。首先，明确定义零工的两个特点：一是固定期限合同，按照一个商定的时期（例如6个月或1年）员工为雇主工作。一旦约定的期限届满，合同要么终止，要么续签。二是临时的、随叫随到的工作，如当公司需要额外人手时临时雇佣的员工，又如送餐司机/骑手。然后，解释为什么要关心非永久性工作。零工经济在新加坡正在崛起，在满足个人工作需求的同时，也适应用人单位战略调整和弹性用工的需求。这种就业形式有别于永久工作和自由职业者。虽然工作具有更大的灵活性，但与长期和定期合同员工相比，收入稳定性和福利更少。⑥ 因此，这一趋势对政策产生更新的要求。

以平台用工为例，截至2022年11月新加坡约有8.8万名平台工人，其中包括超过1.6万名快递员，其余是私人租赁和出租车司机。⑦ 新加坡

---

① Manyika J. et al. Independent Work：Choice，Necessity，And the Gig Economy［R］. San Francisco，California：McKinsey Global Institute，2016：2.

② Mulcahy D. Will the Gig Economy Make the Office Obsolete？［J］. Harvard Business Review，2017（3）：2－4.

③ 清华大学社会科学学院经济学研究所，北京字节跳动公共政策研究院. 互联网时代零工经济的发展现状、社会影响及其政策建议［R］. 经济学研究所网站，2020－11.

④ Horney N. The Gig Economy：A Disruptor Requiring HR Agility［J］. People Strategy，2016，39（3）：20－28.

⑤ 乐琰等. 从"雇佣关系"转为"商业合作"超2亿人进入零工经济［N］. 第一财经日报，2023－09－04.

⑥ It's Not All About the Gig Economy［J/OL］. Singapore：Ministry of Manpower，2019－05－09.

⑦ Gig Workers in Singapore to Get Basic Protection Including Insurance And CPF From As Early As 2024［N/OL］. The Straits Times，2022－11－23.

的平台工作者大多被视为自雇人士，因此不符合资格享有当地雇员的多项法定劳工福利，如退休金、超时工作薪酬、标准工时、有薪年假等，也游离在劳动法的保护范围之外。为维护平台企业就业员工的劳动安全与经济保障，新加坡政府为这种就业模式的员工提供政策支持。

根据新加坡联合早报 2022 年 7 月 5 日讯，2021 年 1 月以来，有五起涉及送餐和送货平台工人的致命工作相关交通意外。就此，人力部工作场所安全与卫生理事会与送餐和送货平台合作，审查工作流程，以加强送餐员与送货员在工作时的道路安全，防止交通事故发生。与此同时，平台工人咨询委员会（advisory committee on platform workers）也一直与平台公司和平台员工接触，讨论如何为受工伤影响的员工提供经济保障。①

1. 平台工人的就业支持政策

从 2022 年 11 月开始，新加坡政府接受了平台工人咨询委员会的一系列建议，并开始实施政策支持。

第一，根据新的建议，平台公司需要为平台员工提供与一般雇员在《工伤赔偿法》下享有的同等水平的工伤赔偿；平台员工受伤时，所在的平台公司将根据员工在受伤的平台部门的总收入负责赔偿；平台也可通过保险公司提供工人赔偿保险。②

第二，平台公司和平台员工的中央公积金缴费率将与一般雇主和雇员保持一致。同时，2023 年 3 月 1 日人力部表示，政府将在头几年为低收入平台员工提供高达 75% 的额外公积金供款，在公积金过渡的第二年和第三年，资助将降至 50%，在第四年降至 25%。每月收入不超过 2500 新元且增加公积金供款的平台工作人员将有资格获得过渡支持。在这样的政策下，从 2024 年下半年开始，平台员工和平台公司的公积金缴费率将在 5 年内逐步提高，员工每年提高 2.5 个百分点，公司每年提高 3.5 个百分点。③

此外，2007 年新加坡推出的"工资性收入补充计划"为低收入新加坡

---

① 2021 年至今有五起送餐送货平台工人致命工作相关交通意外［N］. 新加坡联合早报，2022 – 07 – 05.

② 新加坡的平台工人将在工作中获得更多权益［EB/OL］. OUT – LAW 新闻，2022 – 12 – 06.

③ 资料来源：新加坡人力部网站。

人提供现金补助和公积金充值，以鼓励他们继续工作和为退休储蓄。这个计划也应用于平台员工。从 2024 年下半年起，所有符合条件的平台员工，无论是否提高公积金缴费率，都将每月领取工资费。

目前，月薪在 500 ~ 2500 新元的平台员工每年能领取到的工资约为同等年龄和收入水平的一般雇员的 2/3。一旦平台员工的公积金缴费率与一般雇员的缴费率保持一致，他们的工资收入将趋于一致。符合条件的平台员工每年可获得最高 4200 新元的工资，从目前的每年最高 2800 新元增加到 4200 新元。

以上两项措施都会缓解平台员工对税后工资的担忧，同时支持他们的退休储蓄大幅增加。

2. 平台工人代表机构的组织权利保障

平台工人由于受自谋职业的就业身份限制，不能组织工会。目前，在新加坡的平台工人分别由三个产业协会作为代表：全国私人雇车协会、全国优胜递送协会和全国租车协会。2023 年 7 月 12 日，人力部在官网上发表了"政府接受平台工人代表三方工作小组提出建议"的声明，表示接受平台工人代表三方工作小组（成立于 2022 年）提出的关于赋予代表平台工人权益组织法律效力的全部八项建议，并宣布新的立法框架将于 2024 年 7 月开始实施。[①] 这八项建议可以分为如下三类。

第一，平台工人代表机构获取平台工人代表权的程序。其对应的四条建议包括：（1）平台工人代表机构可以通过直接认可或无记名投票的方式获得授权；（2）除了新人和不活跃的人，所有平台工人都可以进行无记名投票；（3）投票将通过电子方式进行，并由人力部组织实施；（4）对于一个平台工人代表机构，如果获得了参加投票平台工人 20% 的支持率，就取得了代表授权。

第二，关于谈判范围和正式谈判协议，有三项建议：（1）平台工人代表机构和平台运营商应该被给予决定谈判领域的灵活性；（2）谈判将以三方

---

① Government Accepts Recommendations by Tripartite Workgroup to Enhance Representation for Platform Workers ［EB/OL］. Ministry of Manpower of Singapore，2023 – 07 – 07.

工作组商定的一套原则为指导；（3）集体协议必须经产业仲裁法院认证。

第三，关于平台工人代表机构与平台运营商之间的分歧如何解决的建议是，未解决的集体纠纷可以向人力部提出调解，如果调解失败，可以向产业仲裁法院提出仲裁。①

8.3 人力资源行业发展与服务水平提升

8.3.1 人力资源管理行业的发展

1999 年新加坡发布的战略纲要《人力 21 世纪：人才资本的愿景》②，制定了人力资源的战略规划，其中发展蓬勃的人力资源产业是个战略重点。人力资源行业在人力资源的招募、配置、培育等方面发挥重要的作用，提高人力资本水平，推动经济有效运行，并促进创新与发展。新加坡人力资源行业有三个集群：人力招募与发展集群（包括猎头公司、职业介绍机构、职业发展顾问等）、人力学习开发集群（包括私立学校、职业学校、培训中心和网络学习供应商等）、人力管理集群（包括人力资源咨询、管理咨询和劳动力再设计等咨询公司）。新加坡政府积极推进和支持人力资源行业发展。人力部长陈诗龙说，人力资源是新加坡最重要的资源，妥善管理至关重要，而人力资源行业将一直都是朝阳行业。③

第一，新加坡人力资源从业者的培训与认证。与其他国家一样，新加坡人力资源从业者并不需要强制认证。但也有相关的专业培训可供选择，如新加坡人力资源学院颁发的 SHRI 人力资源管理高级证书；又如人力资源专家协会的 IHRP 认证，有三个级别：专业认证（IHRP Certified Professional）、高级认证（IHRP Senior Professional）、专家认证（IHRP Master Professiona）。

---

① Tripartite Workgroup to Enhance Representation for Platform Workers. Enhancing Representation for Platform Workers［EB/OL］. Ministry of Manpower of Singapore，2023 – 07 – 30.

② 详见本书第 3.1 节内容。

③ 近 5 年来，600 家企业人力资源政策获政府认可［N］. 新加坡联合早报，2021 – 10 – 20.

第二，新加坡人力资源行业市场情况。人力资源管理公司的主营业务包括一般人力资源管理、人力管理咨询、猎头和人力资源外包服务，不同类型公司各有业务侧重。临时全球咨询机构"人力资源行业分析师"（staffing industry analysts）2017年的统计报告显示：新加坡有3674家人力资源公司，其中773家公司属于初创阶段，成立2~5年的企业达到1175家，拥有6~9年营业经验的企业有866家，而10年以上的企业有646家。该报告还显示，2017年新加坡人力资源公司排名前5的是：HRnetGroup（1992年成立，总部位于新加坡）、Kelly（1946年创立，总部位于美国密歇根州Troy）、Adecco（1996年成立，总部设在瑞士日内瓦）、Energy Resourcing Singapore与Air Energi Group。[①]

第三，人力资源行业发展趋势。在当前互联网、大数据时代，人力资源行业已经突破传统模式，开始发展起全新的业务与管理模式。《联合早报》2020年12月11日报道：一项由新加坡人力部和人力资源专才协会联合委托咨询公司韦莱韬悦进行的调查显示，人工智能、数据分析和手机应用的普及，改变了人力资源从业者工作的方式，九成新加坡人力资源职位在未来3~5年内或多或少会受到科技的影响。就此，新加坡副总理王瑞杰讲话指出，新冠疫情加速企业转型，人力资源专才未来将扮演更重要的角色。新加坡人力部长扎吉哈也强调，人力资源领域应投资于科技，以便为企业创造更高价值。他说："人力部将继续支持企业增强人力资源管理能力，并帮助这一领域的人员掌握新技能，为企业和工作队伍的转型提供更好的支援。"[②]

从实际情况上看，新加坡的人力资源管理无论在行业还是企业范围内，近年来都在大力推广人工智能科技。据相关的技术供应商反映，疫情暴发推高了智能科技使用率，近两年公司过半的客户在这方面的开支增加了四成。尤其是人工智能招聘系统，越来越受到企业的欢迎。人工智能快速扫描简历，寻找关键词，并且加以分析和提问，整个过程人工参与较

---

① Staffing Industry Analysts. SIA Announces Largest Staffing Firms in Singapore List［R/OL］. Staffing Industry Analysts，2017-07-05.

② 调查：未来3~5年新加坡九成人力资源职位将受科技影响［N］. 新加坡联合早报，2020-12-11.

少；而且还尝试辅助给求职者打分并加以筛选。按照新加坡人力资源协会代表陈志强的说法，"通常花 20～30 天左右才能招聘一个人，采用人工智能可以将这个过程缩短到 5～7 天"。①

8.3.2　人力资源管理水平的提升

1. 中小企业人力资本运动计划

新加坡本国企业，特别是中小企业，长期受到人力资源短缺问题的限制。据新加坡 DP 信息公司 2015 年发布的一项调查结果显示，随着新加坡外劳政策持续收紧，人力市场进一步紧缩，有近 50% 的企业面临人力资源短缺难题。

为帮助企业摆脱人力资源短缺的局面，2015 年，新加坡贸工部下设的标新局制定并推出了中小企业人力资本运动计划。标新局首先组成了中小企业人力资本倡导者专业咨询团队，成员来自不同领域的资深人力资源总监，他们为受困于人力资源瓶颈的企业提供人力资源方面的专业辅导和支持。同时，标新局也鼓励企业利用人力资源管理诊断工具，进而改进人力资源管理工作。此外，标新局还积极创造企业与行业协会、商会及高等学校合作的机会，促进用人企业与年轻人才的相互了解和双向交流。②

2. 人力资本伙伴计划

2016 年，新加坡劳资政三方联合推出"人力资本伙伴计划"（human capital partnership programme），来肯定系统提升员工技能、重视人才培养的企业，也吸引采用良好人力资源措施的企业申请加入。对入选伙伴计划的企业要求：须以新加坡员工为核心，并打造包容性的工作环境；聘请外籍员工时，应确保他们与本地员工形成互补关系而非替代关系；积极推动外籍专业、管理、经营与技术人员（PMET）向本地 PMET 传授技能知识，提升本地员工素质。

---

① 疫情推动公司使用人工智能提高招聘效率［EB/OL］. 8 视界新闻网，2022 - 04 - 25.
② 刘威. 新加坡：人力资源短缺成难题［EB/OL］. 新华新闻，2015 - 08 - 07.

成为人力资本伙伴的企业将获得如下支持：第一，人力部将为其开设专用咨询热线，关于外籍员工的工作准证和工伤事件等问题，能迅速联系人力部并得到帮助。第二，劳资政公平与良好雇佣联盟也为其设立一站式咨询服务，针对企业需求介绍政府津贴与措施，帮助企业转型和拓展。第三，伙伴企业还会获得人力资本伙伴标签，认可其系统培养员工知识与技能的成就，使这些企业在竞争激烈的人力市场中更具吸引力。① 据新加坡人力部 2021 年 10 月 20 日发布的第 26 份就业情况报告，过去 5 年约 600 家企业成为人力资本伙伴。②

近几年，适应数字科技推动创新改革的趋势，人力资本伙伴计划也经常与媒体平台合作，邀请劳资政代表、业界领袖和人力资源从业员共同参加交流会，分享彼此通过开发人力资源、改善员工与业务整体水平的心得。③

3. TAFEP 模范雇主奖

模范雇主奖是由劳资政公平与良好雇佣联盟（TAFEP）设立的，从 2010 年起，每两年颁发一次模范雇主奖，用以表彰雇主在公平雇佣上的杰出表现。在 2016 年第四次颁奖仪式上，人力部长林瑞生指出，雇主除了投资于科技与自动化外，也应投资在人力资源上。并举例星展银行作为获奖公司之一，因其投资员工，并让员工清楚知道职业展望，获得了新设立的"IFuture"奖项。④ 在 2021 年的颁奖仪式中，人力部代部长陈川仁发言表示，TAFEP 在 2006 年成立时，仅有 200 多家公司签署公平雇佣信约，但2020 年已有超过 2600 家企业签署信约。2021 年共有 78 家企业报名参选模范雇主奖，其中有 36 家是中小企业，比上一届的 15 家增加了近 1.5 倍。⑤

4. 新加坡国民的人力银行

2014 年，新加坡政府根据公平考量框架（fair consideration frame-

① 劳资政推出人力资本伙伴计划［N］．新加坡联合早报，2016 – 11 – 16.
② 近五年来600家企业人力资源政策获政府认可［N］．新加坡联合早报，2021 – 10 – 20.
③ 吸引及留住人才 企业须改变思维［N］．新加坡联合早报，2019 – 01 – 30.
④ 苏世鹏.15 家公司机构获模范雇主奖［N］．新加坡联合晚报，2016 – 04 – 08.
⑤ 资料来源：意腾留学网。

work)① 推出了人力银行，由新加坡人力部的法定委员会营运。人力银行属开放式平台，融合了关于培训和就业环境信息的新加坡精深局个人学习档案，让新加坡国民了解市场目前的就业需求。因此，人力银行也被誉为新加坡国民的就业数据库，凡新加坡公民都有机会在此申请专业人士、经理与执行人员职位。人力银行的推出是新加坡人才招聘上的一大飞跃，实施后大大提高了整体劳动力市场的配置效率。② 还有技能创前程计划中的个人门户网站——MySkillsFuture，帮助个人规划自身的职业生涯和终身学习路径，也是一项重要的人力发展支持方法。

5. 其他人力资源管理支持举措

新加坡政府各部门还尽可能为人才管理主体提供周到便捷的服务。比如，在经济发展局编制的《新加坡创业指南》（2018 年 11 月）中，专门有人力资源一章，介绍企业雇佣管理条例、各高等学校与职业学院的毕业生求职网站、可用的人力资源机构和猎头网站，以及工作准证管理和薪酬服务在内的服务网站链接等。又如对国家体育人才实行人才编号的认定机制，国家青少年体育运动学院（NYSI）通过管理系统，跟踪并支持青少年运动员的发展。③

8.3.3 人力资源产业人力计划

人力部于 2017 年推出了人力资源产业人力计划④，为提升新加坡人力资源管理的专业性和人力资源部门的服务效率提供了一个明确的路线图。该计划制定基于这样的背景：全球化和自动化，加上数字工作场所和移动

---

① 公平考量框架自 2013 年 9 月由新加坡人力部提出，用于保护新加坡专业人士、经理和行政人员（PME）公平的就业和发展机会，以应对一些雇主的不公平雇佣做法。要求雇主在雇佣就业准证（EP）持有者之前公平地考虑新加坡人，强制雇主在提出新的就业准证申请前，必须先在将要设立的工作信息库中刊登至少 14 天招聘新加坡人广告。根据人力部最新规定，从 2020 年 1 月起正式落实更新后的公平考量框架；同时，首次对未遵守框架规定的违例雇主加重惩罚。

② 新加坡人力银行［EB/OL］. 3E Accounting，2022 - 08 - 20.

③ 资料来源：National Youth Sports Institute.

④ HR Industry Manpower Plan ［EB/OL］. Ministry of Manpower of Singapore，2022 - 06 - 10.

劳动力的兴起，正在改变企业运作和竞争的方式以及人们的工作方式。为了可持续增长，组织的业务和员工队伍必须变得更加敏捷和相互关联。只有将员工视为人力资本并对其发展进行投资的组织才能更好地利用新兴机会。与此相应，人力资源行业的敏捷性迫切需要提升，以满足业务和劳动力转型需求。在这个经济发展的新阶段，强大的人力资源行业是释放员工和企业潜力的关键推动力；也是支持 23 个行业转型、促进关键行业增长和竞争力培育，并为新加坡人创造良好就业机会的基础。

1. 人力资源行业人力计划的制定

首先成立了人力资源行业三方委员会，由三方合作伙伴、行业、人力资源机构和协会以及学术界的代表组成，共同制定人力资源行业人力计划。委员会与 700 多名人力资源和商业领袖进行了广泛磋商，并完善其建议。计划制定了三项关键战略：第一，加强人力资源专业能力；第二，加强对雇主的人力资源支持；第三，培育充满活力的人力资源服务业和人力资源生态系统。

2. 人力资源技能框架

人力资源技能框架是人力资源行业人力计划的一个组成部分，由人力部、精深局和劳动力发展局在人力资源专业协会的支持下共同开发，清楚地说明了面向未来的人力资源专业人员在支持业务和劳动力转型方面保持敏捷的相关技能与能力。技能框架中的技术和能力也将作为人力资源专业协会认证的一部分，可作为人力资源管理者专业水平的基准。

3. 人力资源行业转型咨询小组

在人力资源行业人力计划的基础上，人力部还成立了人力资源行业转型咨询小组（HRTAP），由各行业的商业领袖、人力资源服务部门的代表和三方合作伙伴组成。该小组将制定新加坡人力资源服务部门进一步发展的战略，包括支持专业人士年轻化、人力资源服务科技化和业务转型的建议和措施。

小组的主要贡献，首先是确定了人力资源行业在新环境下面临的短期和长期挑战与机遇。其次，提出两个关键建议及目标：第一，对于公司，建立支持组织部门和企业转型的人力资源能力。目标是到 2025 年进行 5000 次人力资源实践成熟度评估，80% 的公司将提高评估分数。第二，对人力资源专业人士，丰富相关技能和经验，提升人力资源专业性。目标是到 2025 年，10000 名专业人员获得人力资源专业协会认证或同等认证，颁发 10000 个人力资源专业协会技能徽章。人力资源行业转型咨询小组还将跟踪公司业务成果的改进和人力资源专业人员的工资情况。①

4. 人力资源专业人士和雇主的受益途径

对于人力资源专业人士来讲，受益途径有：（1）利用人力资源技能框架，来设计自己的职业生涯，提高自身职业技能。（2）依赖人力资源专家协会，获得人力资源专业协会的认证。（3）可获得技能未来人力资源研究奖，继续深化专业技能。（4）进入人力资源领导者计划，成为人力资源领域的领导者，与行业领先者和公共部门领导人建立联系；参加 CEO 董事会挑战赛；接触真实世界的案例研究；向不同行业的同行学习。

对雇主来说，受益途径有：（1）可以使用人力资本诊断工具来评估企业人力资本流程和实践的成熟度；（2）使用 OneWorkplace. sg② 计划的入门工具包帮助来自不同背景的员工在工作场所进行良好的工作和互动，还可以指定 OneWorkplace. SG 代表以获得更多关于促进工作场所整合的帮助；（3）进入人力资本合作计划，成为人力资本伙伴；（4）中小企业可获得生产力解决方案补助金，被支持采用人力资源共享服务和人力资源技术解决方案。

8.4　劳资政关系的协调

根据《人力 21 世纪：人才资本的愿景》战略纲要，为实现新加坡人力资源发展战略，政府鼓励社会各层次加强合作，一起推动"人力 21"计

---

① HR Industry Transformation Advisory Panel ［EB/OL］. Ministry of Manpower of Singapore，2022 - 08 - 25.

② OneWorkplace. sg（OWP）是全国雇主联合会设立的一项支持计划，旨在促进和加强雇主建立一体化工作场所的能力，帮助来自不同背景的员工更好地工作和互动。

划的实施。这种合作涉及从国家、政府、社团、雇主到员工的各个层级。通过加强政府、雇主和工会三方合作，为新加坡持续提供有效的领导力。三方机构各组织通过制定工资指导方针、支持公平就业、保障劳动安全与健康、提升职业生活质量等方式促进和谐劳动关系。

8.4.1 制定工资指导方针

全国工资委员会（National Wages Council，NWC）是由来自雇主、工会和政府代表共同组成的，负责制定符合新加坡社会发展和长期经济增长的工资指导方针。工资委员会每年举行会议，就工资及其有关事项进行审议并达成全国共识。值得注意的是，自1986年以来，灵活工资制度一直是该委员会的一项重要建议。2020年的调查显示，88%的私营部门雇员在采用灵活工资制度的机构里工作。[①]

工资委员会指导方针的制定——在提出年度工资调整建议时，委员会考虑生产率增长、就业状况、国际竞争力以及经济增长和预期等因素。在制定指南时，也会征求和考虑公众意见。方针制定的指导原则是，实际工资增长应与长期的生产率增长保持一致，并确保工资增长长期可持续。

工资委员会指南的使用——无论公司是否加入工会都使用工资指南。加入工会公司的雇主和工会根据每家公司的实际情况将这些指导方针作为工资谈判的框架。不参与集体谈判的非工会雇主也将该指南作为确定其雇员工资增长的参考点。自1985~1986年的经济衰退之后，工资委员会发布的指南从定量转向定性。这为工资谈判提供了更大的灵活性，并有利于加快工资改革，使工资增长与经济增长、公司业绩和员工个人绩效紧密相连。灵活的工资制度还能使公司的工资成本更具弹性以适应不断变化的商业环境，从而保持市场竞争力。[②]

在经济形势复杂的近几年，新加坡工资委员会发挥的指导作用尤其明显。在新冠疫情开始阶段（2020年4月1日至2021年6月30日），工资

---

①② 资料来源：新加坡三方架构网站。

委员会提出的工资指导方针强调，雇主要从长远角度看待人力需求，为了维持业务和保住工作，应考虑以下事项（按优先顺序）：一是降低非工资成本，考虑采取多种措施利用和管理过剩的人力，如培训和技能提升、灵活的工作时间安排、支持员工寻找第二份工作以补贴收入等；二是利用政府支持抵消企业和工资成本，并推动企业和劳动力转型；三是削减工资成本；四是万不得已必须裁员，但要确保以负责任的方式进行。

关于工资建议，工资委员会提出：受到疫情影响并面临不确定前景的雇主可以在管理层以身作则的情况下减薪；减薪时，雇主应考虑雇员可变支付或休无薪假已经对整体工资产生的影响；如果工资水平难以持续，雇主可考虑调整可变工资部分；雇主应尽可能努力向其雇员支付年度工资补助；任何减薪都应公平适用于本地和外籍员工。[1]

2022 年 11 月，工资委员会公布最新的工资指导原则，建议业绩良好的雇主给予低薪员工加薪 80～100 新元。工资委员会也调整低薪员工的定义，将总月薪 2200 新元及以下的员工归纳为低薪员工，高于前一年的 2000 新元标准；同时，呼吁雇主积极采纳灵活工资制；考虑到全球经济仍存在下行风险，新加坡经济增长接下来将放缓，此外也仍会受到地缘政治的影响，委员会建议雇主，按员工表现提供公平、可持续的加薪或可变动工资。[2]

8.4.2　公平就业的维护

成立于 2006 年的新加坡公平和进步就业实践三方联盟（tripartite alliance for fair and progressive employment practices, TAFEP）由劳资政三方合作伙伴构成，旨在推动社会采用公平、负责任和进步的就业实践。三方联盟帮助雇主建立能让员工受到尊重、重视并能够充分发挥潜力的工作场所；雇主可以向三方联盟寻求工具、资源和其他帮助，在工作场所实施公平和进步的做法；遇到工作场所歧视或骚扰的员工或个人也可以向三方联

---

① 国家工资委员会 2020/2021 年指南［EB/OL］. 新加坡人力部网站，2020－03－30.

② 全国工资会建议业绩良好雇主给予低薪员工加薪至少 80～100 新元［EB/OL］. 8 视界新闻网，2022－11－14.

盟寻求帮助和建议。[①]

该机构最重要的做法是提出并推动实施"公平就业实践三方指南"，所有在新加坡的组织都应遵守三方准则。根据该指南，雇主必须根据技能评估招聘和筛选员工，不分年龄、种族、性别、宗教、婚姻状况和家庭责任或残疾。三方联盟将调查所有工作场所歧视案例。指南规定，公平就业实践基于五项原则：择优录用；尊重员工；提供公平的就业机会；奖励公平；遵守劳动法。[②] 关于三方指南如何适用于各类就业实践，联盟的网站上提供了有关招聘广告、工作申请表、工作面试、申诉处理、绩效管理、解雇、裁员等系列资源。雇主可以在官网上签署"公平雇佣惯例承诺书"；所有人可以上网查询签署组织的名录。

在公平考量框架下，不遵守三方指南的雇主将被人力部审查，并减少其工作准证特权。此外，为加强公平招聘，人力部规定自 2020 年 10 月 1 日起所有职业介绍所都必须满足新的许可条件，即要求介绍所在代表其客户进行招聘时要遵守三方联盟中规定的公平招聘要求。

由于职场歧视问题，公平就业在新加坡越来越被重视。李显龙总理在 2021 年国庆群众大会上宣布，政府将把现有公平雇佣指导原则纳入法律，立法遏制涉及国籍的职场歧视行为。这将使公平和进步就业实践三方联盟拥有更大的权力处理职场歧视问题。而且，除了国籍之外，涉及性别、年龄、种族、宗教的职场歧视行为也都不容许。[③] 该职场公平法预计在 2024 年底完成制定并在国会辩论通过。[④]

8.4.3　工作安全与健康管理

新加坡高度重视工作安全与健康管理，这方面的法律依据是 2006 年颁布的《工作场所安全和健康法》。它包括工作场所工作人员安全、健康和福利条例，要求利益相关者为工人和其他受工作影响的人的安全和健康采取合理可行的措施。

---

① ② 资料来源：新加坡公平和进步就业实践三方联盟网站。
③ 公平雇佣指导原则将纳入法律，遏制职场歧视行为 [N]. 新加坡联合早报，2021 - 08 - 30.
④ 引入职场公平立法，加强和谐工作文化 [EB/OL]. 新加坡联合早报，2024 - 03 - 25.

具体推进该项职能的组织主要是工作场所安全与健康（WSH）委员会，属于人力部下属法定机构，由三方联盟有限公司支持，也称工作场所安全与健康三方联盟。委员会的主要职能包括：（1）增强行业能力以更好地管理工作场所安全与健康资源和计划；（2）促进工作中的安全和健康，并表彰具有良好 WSH 记录的公司；实施安全与健康实践以维护行业标准（如操作守则、指南）。委员会实施零愿景活动[①]，目标是在 2028 年之前将工作场所死亡率降至每 10 万名工人 1.0 以下。为支持该目标，委员会推出一些特色项目：全面工作场所安全与健康计划、商务安全计划、文化安全计划、重返工作计划、启动安全计划、培训师培训计划、工作场所安全与健康倡导计划等。活动方式包括比赛和奖项（商务安全奖、WSH 奖等）、举办会议和媒体活动等。还通过网站提供丰富资源，包括有关制度规则、实务手册、资源工具包、案例分析、时事通信、技术咨询等。[②]

为了强化工作安全健康的落实，新加坡 2014 年还成立了"工作场所健康三方监督委员会"（TOC），在 TOC 的第一任期（2014～2017 年）中，致力于提高安全和健康意识，在成熟工人的健康管理和企业集群工人健康行为方式的采用方面发挥了积极推动作用，并提交了总结报告。[③]在第二个任期（2017～2020 年）中，委员会扩展了上一任期所做的工作，将工作场所安全纳入其中，因此更名为"安全与健康三方监督委员会"。[④]从 2017 年 10 月至 2020 年 10 月，有超过 853000 名工人参加了工作场所安全与健康计划。在第三个任期内，委员会继续推进工作场所的安全与健康。[⑤]

除了在公平就业和劳动安全与健康方面的举措，新加坡各种三方性组织还在老龄人口就业、工作生活平衡等方面做出了诸多努力并收到良好成效。三方性组织在推动进步工作场所和促进和谐工作关系方面，发挥了重要作用，积极扮演着值得信赖的三方组织、有效的调解人、忠诚的合作伙伴和出色工作实践的倡导者角色。

---

① "零愿景"于 2015 年发起，是一项持续的运动，呼吁雇主、工人、工会和政府接受并承诺一种心态，即工作中的每一次伤害和健康损害都是可以预防的，并相信零伤害是可能的。
② 资料来源：新加坡公平和进步就业实践三方联盟网站。
③④⑤ 资料来源：新加坡健康促进委员会（HPB）网站。

8.5　法律保护与税收支持

提升人才管理水平需要有效的人才政策与实践，也依赖于社会整体的制度条件与保障。新加坡在法律保护和税收支持方面为人才的吸引和保留发挥了重要支持作用。

8.5.1　法律保护

新加坡主要通过《雇佣法令》《劳资关系法》《工会法》《移民法案》《外国工人雇佣法案》《职场安全与健康法案》等几部律法来规范劳动力市场中所涉及的劳动关系、工作准证、外国工人管理及职业安全与健康等方面问题。

1.《雇佣法令》

《雇佣法令》是新加坡的主要劳动法令。它规定了雇佣的基本条款与条件，以及雇主与雇员在雇佣合约中的权利与责任，如关于工作时间、给付薪水、工作合同等规定。新加坡目前雇佣法令是修订后的新条例（2014年4月1日起生效）。此次修订依据新加坡劳动力情况及雇佣标准形势的变化，在咨询劳资政三方合作伙伴的基础上完成，以确保《雇佣法令》能更好地保护雇佣关系。为了帮助更好地理解和执行，新加坡人力部还专门编制印发了《雇佣法令修订内容指南》[①]，说明修订的条款要点及目的：（1）更好地保护更多工友的权益，主要是扩大了保护范围[②]并做出了雇佣标准和员工福利改善的规定。（2）赋予雇主更大灵活性，包括雇主可对在公共假日工作的经理和执行人员施行补休；雇主无义务承担雇员在整形咨

[①]　人力部．雇佣法令修订［EB/OL］．新加坡人力部网站，2022 – 09 – 14.

[②]　一是规定受保护的非劳力工人基本月薪顶限的界定从2000元提高到2500元；二是基本月薪不超过4500元的经理和执行人员，将受《雇佣法令》一般条款保护，其中包括对不公平解雇提出申诉。

询及该方面的病假和门诊费用。（3）关于雇佣标准的执行和遵守，对违反《雇佣法令》者，将被处以更高刑罚；违法行为的销案罚款最高金额也从1000元提高到5000元；强化违反《雇佣法令》的单位负责人责任；雇佣监察员的权力进一步扩大。

2. 《劳资关系法》

新加坡的《劳资关系法》规定了劳资关系协调解决的基本程序和方法，界定了劳资关系及解决当中若干主体（包括雇主、雇员、总监、调解员、法庭、劳资关系官员、检查官员、非行政雇员、工会、受让人等）的权利与义务，同时也规定了违反劳资关系法令的处罚办法。法律条款包括序言、劳资仲裁法庭、集体谈判、行政雇员的有限代表、仲裁、裁决、法院程序和权力、调查委员会和其他规定九部分。①

3. 《工会法》

新加坡目前沿用的是《1940年工会法》的2020修订版②，自2021年12月31日起生效。该法案规定了工会会员的资格与注册程序、工会的权利和义务、组织规则、财产管理等内容。其中，对"罢工和工业行动"做了专门规定。

新加坡全国职工总会的职能与建国初期相比，已经大大转变，目前履行的职能是与人民行动党和政府配合，维持产业秩序，加强劳动纪律，维护职业公平，成为政府与工人沟通的桥梁和纽带，也是政策施行的助推者。新加坡的工会会员人数在稳步上升，从2011年的68万名到2014年的88.8万名。③ 不仅蓝领，越来越多的白领也加入工会，也希望能获得工会的保护。而且职工总会所提供的诸多福利，如职总平价合作社、超市回扣、工会保险、工会培训援助计划、关怀基金等，以及工作咨询、法律诊

---

① 新加坡共和国劳资关系法 ［EB/OL］. 中国驻新加坡大使馆网站，2017 - 11 - 30.

② Ttrade Union Act 1940（2020 Revised Edition）［EB/OL］. Singapore Statutes Online，2022 - 09 - 14.

③ 全国职工总会 2015 年全国代表大会秘书长报告书 ［R/OL］. 新加坡全国职工总会网站，2022 - 09 - 15.

所、就业计划和职业机会、工会网络和课程、娱乐设施等非金钱回馈利益，也是吸引劳动者加入工会的原因。

4. 《外国工人雇佣法》

《外国工人雇佣法》是新加坡一部保护外国雇员雇佣关系的重要法律，该法案列明了雇佣外国工人的条款和条件，规定了对雇主或工人违法行为的处罚，有利于维护新加坡特别针对外籍工人所建立的工作准证系统并保护外籍工人的福利。2007 年 5 月 22 日，新加坡国会审议通过了该法案的修订稿。新法案的立法权限较旧法案更为清晰，所规范的内容也更加全面。其中进一步放宽了对引进中国工人的行业限制，具体内容如下：新加坡海事业公司可以聘用不超过公司外籍员工总量 75% 的中国工人；新加坡制造业公司可以聘用不超过公司外籍员工总量 25% 的中国工人；新加坡服务业公司可以聘用不超过公司外籍员工总量 10% 的中国工人。[①]

5. 即将出台的《职场反歧视法》

新加坡职场反歧视法有望出台。2021 年 8 月，李显龙总理在演讲中透露，公平和进步就业实践指导方针将被制定为法律。职场公平三方委员会（TCWF）正在考虑如何将公平和进步就业实践三方联盟制定的反歧视准则纳入法律。人力部长许宝琨在议会中也说："政府还希望扩大对歧视的潜在补救措施范围，以便采取更相称的执法方式。"[②] 2022 年 4 月，内政部长兼律政部长尚穆根电邮答复《联合早报》询问时表示，公平雇佣指导原则有了法律支撑，政府便能采用更多样的惩处措施，也能为遭歧视者提供更多讨回公道的途径。立法遏制职场歧视行为，非但不影响公平雇佣指导原则提倡的公平标准，还会释放出我国不容许职场性别歧视的有力信号。[③]

---

① 新加坡劳工法主要内容［EB/OL］. 中国驻新加坡使馆经济商务处网站，2009 – 02 – 18.

② 新加坡职场反歧视法改革建议有望在 2022 年出台［EB/OL］. OUT – LAW 新闻，2021 – 09 – 26.

③ 尚穆根：公平雇佣原则纳入法律，立法释放出职场不容性别歧视有力信号［N］. 新加坡联合早报，2022 – 04 – 05.

8.5.2　税收优惠与支持

根据 2011 年总体税负水平比较，世界平均税负水平 47.8%，亚洲平均为 36.9%，而新加坡是 25.4%[①]，是世界上最低税负的国家之一。税收方面的优惠与支持，对新加坡吸引人才和保留人才是极其有利的。

1. 个人所得税

新加坡是全球个人所得税率最低的国家之一，税率介于 2%~22%，大约是中国的一半，且没有资本税，免全球双重课税，海外收入不收税。自 2024 估税年开始，新加坡的最高个人所得税率将从 22% 上调至 24%。[②] 但这仍低于大多数发达国家的总体个税水平（如美国 15%~28%、加拿大 17%~29%）。

新加坡的纳税居民包括公民和永久居民，还有在纳税年度的前一年在新加坡境内居住（合理的临时离境除外）或者工作（作为公司董事的情况除外）超过 183 天的外国人。新加坡的报税季为每年的 3 月 1 日至 4 月 18 日，纳税居民要在这段时间内完成头一年的个人所得税申报。

应税所得是年度收入减去"减免项目个人扣除额"的差额。新加坡个人所得税实行累进税率制，税率等级如表 8-3 所示。

表 8-3　　　　　　　　新加坡个人所得税税率

应税所得（新元）	税率（%）	应纳税额（新元）	累计应纳税额（新元）
20000 以下	0.0	0	0
20001~30000	2.0	200	200
30001~40000	3.5	350	550
40001~80000	7.0	2800	3350
80001~120000	11.5	4600	7950
120001~160000	15.0	6000	13950

---

① The World Bank, International Finance Corporation. Paying Taxes 2011: The Global Picture [EB/OL]. PWC, 2011.

② 50 万元以上但不超过 100 万元的应纳税收入，最高边际所得税税率将调高到 23%；超过 100 万元的应纳税收入则会被征税 24%。50 万元以下的则不变。

续表

应税所得（新元）	税率（%）	应纳税额（新元）	累计应纳税额（新元）
160001～200000	18.0	7200	21150
200001～240000	19.0	7600	28750
240001～280000	19.5	7800	36550
280001～320000	20.0	8000	44550
320000 以上	22.0	—	—

资料来源：上海侨驿因私出入境服务有限公司网站。

新加坡个人所得税征收方面的一个优越条件就是有诸多的税收减免和回扣项目，包括配偶减免、子女减免、父母减免、残障减免、养老金或公积金缴款减免、退休辅助计划减免、培训课程费用减免、外籍女佣人头税减免、国民服役减免、亲子回扣等项目。主要个人扣除项目及免征额如表8-4所示。

表8-4　　　　　新加坡个人所得税年度纳税扣除项目（部分）

扣除类型	扣除额
配偶免征额	2000 新元
残疾配偶	5500 新元
劳动所得：	
55 岁以下	1000 新元
55～59 岁	6000 新元
60 岁以上	8000 新元
残障人士劳动所得：	
55 岁以下	4000 新元
55～59 岁	10000 新元
60 岁以上	12000 新元
子女免征额	每人 4000 新元
残疾子女免征额	每人 7500 新元
赡养父母（至多两人）：	
与纳税人共同生活	9000 新元
未与纳税人共同生活	5500 新元
赡养残障父母：	
与纳税人共同生活	额外 5000 新元
未与纳税人共同生活	额外 4500 新元
祖父母照顾小孩免征额（针对职业母亲）	3000 新元

资料来源：上海侨驿因私出入境服务有限公司网站。

2. 企业所得税①

新加坡在企业所得税方面，有三点优越性：第一，没有双重征税。新加坡企业所得税采用单级地区统一税率的课税制度，对于单级企业所得税制度下的利益相关者没有双重征税，对公司向其股东支付的股息不再征收新税。第二，新加坡的资本收益不征税。固定资产出售收益、资本交易外汇收益等都属于资本收益。第三，适用条件下的税收优惠政策。

从 2010 年课税年开始，新加坡公司不论是本地公司还是外国公司，其应纳税收入均按 17% 的税率征税。新加坡的企业所得税税率是很具有吸引力的。② 而且，应用免税计划还可帮助公司降低整体纳税额。

（1）新公司免税计划。

所需资格包括：①在新加坡注册成立；②在新加坡居住纳税；③不超过 20 名股东，其中至少一名股东是持有至少 10% 普通股的个人股东；④房地产和投资控股公司除外。符合条件的新加坡新设企业，纳税所得额的前 20 万新元可以享受部分税务豁免。自 2020 年起，新注册公司经营前三年享受的优惠：第一个 10 万新元应税收入的有效税率为 4.25%，第二个 10 万新元有效税率为 8.5%，此后为 17%；公司第四个以后纳税年度享受的优惠：首个 1 万新元应税收入的有效税率为 4.25%，下一个 19 万新元有效税率为 8.5%，此后为 17%。

（2）部分免税。

所有其他不符合新公司免税计划资格的公司都可享受部分免税待遇。

（3）一次性企业所得税回扣。

根据新加坡财政预算案公告，每家新加坡公司都有资格获得一次性退税。比较各年份企业所得税回扣比例（见表 8 - 5）。2021 年、2022 年两年因为疫情压力与负担，没有实施退税。

---

① 新加坡企业所得税税率［EB/OL］. 3E Accounting, 2022 - 09 - 15.
② 瑞士为 18%，美国为 21%，中国为 25%。

表8－5　　　　　　　　新加坡企业所得税回扣比例及上限

课税年（YA）	企业所得税回扣（%）	上限（新元）
2020	25	15000
2019	20	10000
2018	40	15000
2017	50	25000
2016	50	20000
2013～2015	30	30000

资料来源：（1）新加坡企业所得税税率［EB/OL］. 3E Accounting, 2022－09－15.（2）中资企业（新加坡）协会网站。

（4）企业的外国来源收入豁免条款。

汇入新加坡的外国收入应在新加坡纳税。外国来源收入包括：来自海外的股息、外国分公司的利润、来自海外的服务收入。但是，根据新加坡所得税法规定，公司可以从外国来源的收入豁免计划中受益。豁免计划的前提是该海外国家的公司税率至少是15%，并且该笔收入已经在该海外国家纳税。

第9章

新加坡人才融入新促进

　　新加坡本身就是多种族国家，同时引进大量外国人才，那么人才怎样融入新加坡这个多元文化的社会就是个重要的命题。人才融入不仅涉及人才的利用与保留，更涉及社会和谐和政治稳固。

　　外籍人士一方面缓解了新加坡自身人才与劳动力不足的问题，但是另一方面也造成了和当地人争抢资源的事实。随着近些年来新加坡经济增速放缓（自2010年后新加坡经济增速低于两位数增长）与竞争加剧，反移民和外来劳工的情绪日益加重。2011年大选期间，有调查机构曾总结新加坡选民的五大不满，其中第一项是外来移民增多。这促使了新加坡移民政策的不断调整。

　　《人口白皮书2013》中强调，新加坡为应对人口结构带来的挑战，必须引进移民和外籍员工，但引进外籍人口过多又将削弱国人对国家的认同感与归属感。政府发表这份白皮书的目的就是寻找一个恰当的平衡，以达成"可持续的人口，朝气蓬勃的新加坡"的目标。具体目标是：塑造多元文化社会，吸引各方人才；大力引进外籍员工，以满足用工需求；同时继续提高本地居民就业率；强调新加坡人的核心地位。这奠定了引进外来人才并促进融入、追求本地人和外国人平衡与和谐的基调。

　　为此目标，新加坡既通过促进增长创造容纳空间，也依靠人才引进动态政策施以调节，还依赖群策群力、加强沟通来解决矛盾，促进国民和谐。在促进外来人才融入新加坡社会方面，政府、社区、雇主和社会组织协同做了多方面的努力。

9.1　国民融合意识的培养及沟通

9.1.1　国民融合意识的培养

新加坡一直强调国民意识的培养，以强化自身文化根基与国家认同感。为了国民融合，新加坡政府提供了基础性保障和国家主导作用。按照美国政治学家弗朗西斯·福山的说法："集聚合法的权力并运用于特定的目标，这是只有国家和国家集团才能做到的事情。"① 当所在地空间提供平等的内涵，居民会考虑继续整合进当地秩序中；当所在地语境有所失衡和偏差，居民则会考虑再次成为移民，在离散与凝聚之间进行另一轮的安排。因此，国家和政府必须提供一个平等发展的互动语境，解决国民融合与社会和谐是首要问题。②

作为国民融合与社会和谐的主导性力量，新加坡政府通过制定相应的政策并组织实施来推进新移民的融入过程，包括：根据新加坡发展战略制定人才分层引入规划；基于人口结构和劳动力市场情况调整移民政策；通过对公民和永久居民的不同待遇，保护本土人的利益；筛选新移民重点考虑其对新加坡的认同感与忠诚度；确保民众对政府的满意度，以提升对移民政策的认同度；通过宣传、教育与活动增进公众和社会的包容性等。其中，除了打造融合基础，群策群力、积极沟通也是新加坡促进国民融合的主要着力点。

第一，让民众充分认识国民意识和国民融合的重要性。李显龙总理在各种沟通媒介中反复对新加坡民众强调："我们必须强化民族认同，以身为新加坡人为荣，并且明白我们的国家利益在哪里"；"我们的民族文化和

---

① Francis Yoshihiro Fukuyama. Political Order and Political Decay［M］. London：Profile Books Ltd，2015.

② 新加坡的中国新移民：认同困境与治理路径（Ⅲ）［EB/OL］. 新加坡新闻网，2019 - 11 - 01.

宗教传统是我们身份的重要组成，但最重要的是我们都是新加坡人"。尤其面对当前复杂的国际背景，李总理在多次讲话中提醒："我们必须警惕，对于把我们拉向不同方向的外力，正受到各种'劝说'和错误信息宣传与煽动的影响，尤其是来自网络和社交媒体上的。在一个被竞争和紧张局势撕裂的世界里，这种情况更加严重。"对于新移民融合问题，李显龙也坦言："移民带来深远的影响，关系的不只是经济表现，而且是社会的和谐及国民的认同感。因为这个原因，我们筛选移民的标准比外劳严格得多，移民人数也比外劳人数少得多，从而避免改变我国社会的本质。我们只引进能够融入新加坡社会，又能作出贡献的人"。①

第二，如何让新移民更好地融入新加坡社会。对于新移民而言，要努力推动自身的角色转型，增强社会融入度和认同感。社会组织天府会署理会会长杨建伟教授在谈到新移民的融合之道时提出：新移民一方面要保持正确心态，尊重本土社会；另一方面要学会为客之道，学会感恩，以实际行动来践行融入新加坡的承诺。②但不能仅限于为客，融入才是根本。有学者指出，新移民无论来自哪里，在心态上和行动上都要摆脱移民式的客居心态，实现移民身份到本地身份的转型，树立明确的本土认同。"只要身在新加坡，你的前途就取决于新加坡的繁荣。"③

李显龙总理号召新移民要积极融入当地社区，热爱新加坡，同时也呼吁本土新加坡人也要敞开胸怀，以开放包容的心态接纳和帮助新移民，共同促进新加坡的社会和谐与发展。他表示，土生土长的新加坡人熟悉社会的价值观、作风和习俗，但新移民则需要经过一段时间的潜移默化，才能了解新加坡人的思维和想法，而这正是一个需要下功夫甚至是需要从错误中吸取教训才能走上正轨的过程。他因此呼吁新移民在这方面多下功夫，也希望新加坡人主动帮助新移民，对新移民采取包容的态度。在2010年国庆群众大会上李显龙说："实际上，我们都是移民的后代。我们的祖先选

① 李显龙在2010年8月的国庆演讲［EB/OL］. 新加坡国家档案馆，2010–09–14.
② 专论：国家与社会的互动——新加坡族群多层治理与国民融合进程［EB/OL］. 新加坡新闻网，2019–10–10.
③ 新加坡的中国新移民：认同困境与治理路径（Ⅲ）［EB/OL］. 新加坡新闻网，2019–11–01.

择移居，到南洋来打拼，最终在这里安家立业……今天的新加坡，是由移民先驱以及他们的后代建立起来的。因此，我们应该继续以宽广的胸怀欢迎新移民，让他们帮助我们建设一个更好的新加坡。"① 在 2022 年的国庆日演讲中，李显龙总理鼓励民众："新加坡的华族不再是叶落归根，而是落地生根。我们有自己的故事，一定要把它说得精彩"。

第三，分析新形势下，国民融合面临的挑战与融合方法。2019 年 9 月 20 日，副总理王瑞杰在新加坡峰会晚宴上发表主旨演讲时，说要聚焦三大社会问题。其中谈到的第三个挑战就是会破坏国家和谐的政治两极分化的问题。他指出，社交媒体促成了回音箱和假新闻，加深了政治两极分化的裂缝。为维护社会和谐，新加坡不会因少数人的利益屈服于政治压力，而是采取包容性政策团结所有新加坡人。要扩大公共空间，避免种族隔离，不让种族和宗教分化国家。为了促进团结，政府开始了名为"群策群力，共创未来"的对话会，拓展讨论和辩论的公共空间。② 2020 年 1 月，该项运动推行半年来组织了一系列对话活动，并会继续加强现有合作项目。而且，政府在活动中的角色也在发生改变，推动民间合作不再只是拨款给各个组织，而是也扮演起协调者的角色。③

9.1.2　新冠疫情下的沟通努力

新冠疫情以来，新加坡经济受到严重冲击，关于新移民带给新加坡人的好处和压力的争论也愈加激烈。新加坡领导者们通过数据论证"外来竞争不是零和博弈，而是与本地人相辅相成"。④

2020 年 5 月新冠疫情开始时期，对于外国工人数量减少的情况，新加坡制造业联合会、工程工业协会和海洋工业协会在一份联合声明中疾呼：这将对新加坡经济和企业产生多重影响，并对新加坡人的就业和房价产生

---

① 李显龙在 2010 年 8 月的国庆演讲 ［EB/OL］. 新加坡国家档案馆，2010 - 09 - 14.

② 王瑞杰：全球化和科技扩大差异 适时更新社会契约应对内部分化挑战 ［N］. 新加坡联合早报，2019 - 09 - 21.

③ "群策群力，共创未来"推行半年成果良好 ［N］. 新加坡联合早报，2020 - 01 - 02.

④ 新加坡部长：减少引进外国人才，不等于国人必然有更多工作机会 ［EB/OL］. 新加坡眼，2021 - 07 - 06.

连锁反应。①

2020 年 8 月 31 日，新加坡贸工部长陈振声对于更多外国人才前来造成新加坡人深感就业竞争压力这一问题做出回应："国人的焦虑感受与外国人才数目无关。实际上，这是疲弱经济造成的，我们担心的是工作和未来前景。"②

2021 年 7 月 6 日在国会上，卫生部部长王乙康讲话说，作为一个依赖全球经济的小国，新加坡国人要面对两个选择：（1）很多竞争，很多工作；（2）很少竞争，很少工作。两个极端都不是新加坡人想要的，那么就要找到一个平衡点，不能矫枉过正。他认为，"外来竞争并不完全是零和博弈。相反，国人和外来人才能够相辅相成，一起吸引更多外来投资，制造更多好的就业机会"。③

2021 年李显龙总理发表的国庆献词中，一个重点关注就是国人面对外籍员工竞争所产生的焦虑情绪问题，并表示政府会加强管理外籍员工素质和人数的问题，避免他们过度集中在某些领域。④

2022 年 8 月 26 日，新加坡副总理黄循财在新加坡国立大学的论坛发言会上，提出怎样才能保持新加坡的凝聚力和包容性的问题，强调了"新加坡携手前进"（Forward Singapore）运动的重要性，要更新和加强新加坡的社会契约，保持一个有凝聚力的社会，让每个人都能分享国家的成功成果。⑤

9.2 促进外来人才融入的机构与活动

在促进外来人才融合新加坡社会方面，国民融合理事会等官方和民间

---

① 减少外来务工人口将影响新加坡的竞争优势，导致成本上升［EB/OL］. Channel News Asia，2020 – 05 – 27.

② 陈振声：全球供应链大洗牌 我国须抓住关键"穴位"保优势［N］. 新加坡联合早报，2020 – 08 – 30.

③ 新加坡部长：减少引进外国人才，不等于国人必然有更多工作机会［EB/OL］. 新加坡眼，2021 – 07 – 06.

④ 社论：消解外籍员工带来的社会疑虑［N］. 新加坡联合早报，2021 – 08 – 12.

⑤ 副总理的担忧：如何才能保持新加坡的凝聚力和包容性［EB/OL］. 新加坡新闻网，2022 – 08 – 29.

组织发挥了巨大作用，通过组织各项活动加深新移民对新加坡的认识与融入，推动国民融合。

9.2.1 政府推动国民融合的机构与举措——国民融合理事会

为使新移民更好地融入新加坡社会，新加坡政府于2009年4月成立了新加坡国民融合理事会。国民融合理事会提出三开口号，即"开放门户、敞开胸怀、开阔思想"，并制定具体措施，协助新移民更好融入社会。

国民融合理事会的主要职能包括：（1）提高对移民融合政策重要性的认识；（2）帮助新移民适应新加坡的生活方式，如更好理解文化和社会规范；（3）为新加坡人和新移民提供相互交流、成长的空间和平台；（4）促进新加坡人与新移民共同分享经验，通过交流增进相互理解和彼此接纳程度；（5）培养、加深新加坡人和外来移民的情感和归属感；（6）与公众人物、私营部门开展战略合作，促进国民融合；（7）努力建立新加坡人与新移民的良好关系，使双方在接触过程中找对角色感，达到双向融入的结果；（8）形成人人参与国民融合的理念；（9）国民融合需要一定的时间，要坚持不懈耐心地去努力。[①]

国民融合理事会由来自公共和私营部门的20个代表成员组成，由社区代理部长主持工作。理事会定期开会，讨论促进国民融合的策略与方案。其下设四个小组：社区工作小组、媒体工作小组、教育工作小组和工作场所工作小组，各司其职，分别在各自平台和阵地发挥宣传融合政策、帮助新移民了解和融入新加坡、帮助新加坡人与新移民之间建立良好关系、推动对新加坡社会的认同感和归属感的作用。

国民融合理事会于2009年9月设立了1000万新元的"社区融合基金"，支持各机构组织开展社区国民融合活动，如关爱老人项目、社区联谊晚会、国际学生项目、健康服务项目等。

为了增进新移民的国家认同，政府还委派了一个移民工作组，提出强化新加坡身份认同感的四个关键价值观的口号：履行国家兵役责任，遵守

---

① 资料来源：新加坡国民融合理事会网站。

法律法规，拥抱多元文化，坚持选贤任能。①

新加坡公民之旅是促进新公民融合的一个重要项目。这个项目由国民融合理事会、新加坡移民局和人民协会三个机构共同推进。根据移民规定，自 2011 年开始，所有新公民在入籍前（收到 IPA 后 2 个月内）必须完成新加坡公民之旅，了解新加坡人文历史、社会规范和政策等。该项目包含三个环节：半日游、社区对话会和网上测试。

关于新加坡公民之旅的内容，政府在与时俱进地加以更新。2020 年 1 月，文化、社区及青年部邀请公众组成了公民工作小组，由他们建议提出"新公民应该知道的事情"；同年 7 月，公民工作小组提呈了报告。文社青部 2021 年更新新加坡公民之旅时，把报告内容考虑在内，这是政府首次大规模采纳公众的意见。② 政府从 2021 年第三季起推出升级版网上环节，在第四季更新新公民手册，接下来继续探讨如何改进社区分享会和体验之旅等其他环节。③

此外，政府还号召新移民学习英语，并由人民协会和全国职工总会提供相应课程，用通用语言交流有助于新移民更好地理解新加坡社会并与当地建立纽带；还利用学校、国家服务部门、社区等自然接触点，联合各机构组织通过公民日、家庭日等活动来推进新公民融入新加坡社会。典型的社区活动还会被表彰。如 2018 年 7 月 17 日，由惹兰加由国民融合委员会副主席拉马林甘负责的新移民捐书活动，获得人民协会杰出国民融合奖。④ 又如，拉丁马士国民融合委员会在每个月的第二个星期日邀请新移民（主要来自中国、印度和菲律宾），为区内约 30 名弱势年长者烹煮爱心餐，这项活动获颁人民协会国民融合奖。⑤

在新时期，新加坡政府更是根据实际情况及需求，进一步强化民族融合举措。2022 年 3 月，在公布年度财政预算案时，政府宣布成立国民融合理事会新加坡群策群力行动联盟，来动员不同合作伙伴，为新移民和新加

---

① 新加坡的中国新移民：认同困境与治理路径（Ⅲ）［EB/OL］. 新加坡新闻网，2019 - 11 - 01.

② "新加坡公民之旅"工作小组报告出炉［N］. 新加坡联合早报，2020 - 11 - 28.

③ 当局将进一步加强"新加坡公民之旅"内容［EB/OL］. 8 视界新闻网，2021 - 02 - 17.

④⑤ 资料来源：新加坡联合早报。

坡人创造互动和理解彼此的机会，帮助新移民适应本地生活方式。[①]

9.2.2　社会组织推动国民融合的实践

新加坡致力于建设公民社会，动员社会组织，在国民融合方面充分发挥作用。

1. 宗乡社团的支持

以传统会馆和新移民社团为代表的华社机构是联结不同方言群和新老移民的有效纽带。

成立于 1986 年的新加坡宗乡会馆联合总会，其发展愿景中明确提出："领导宗乡会馆；弘扬华族语文、文化与价值观；建立紧密联系的宗乡会馆网络；促进种族和谐与社会凝聚力；从事一切符合或利于促进上述宗旨的活动。"[②] 自成立以来，总会充分发挥华人在地缘、血缘和行业等多个领域的团结优势，通过主办春到河畔迎新年、端午嘉年华、体育文化比赛、资助学术研究和举行各族群同胞交流等活动提升国家凝聚力，推动跨族群互动与和谐。到 2019 年总会已经有超过两百个宗乡团体加入，成为新移民和本土社会互动联结的纽带和移民融合的新平台。[③]

新移民社团同样在国民融合进程中承担着重要的角色。1990 ~ 2010 年的 20 年间，获准正式注册的华人新移民社团组织的数量为 6 个，而在 2011 ~ 2016 年，至少有 5 个华人新移民团体成立。例如，中国新移民总会华源会自 2001 年成立，截至 2019 年，其会员超过 6000 人，成立十几年来与政府和相关社团合作组织了 400 多场活动，来推动新移民与本土的融合。活动包括四种类型：融入当地社会、商业网络、会员间社会文化交流和与祖籍国相关的活动，其中融入当地社会活动在 2001 ~ 2009 年占比 41.1%，

---

① 新加坡 2022 年财政预算案国民融合理事会成立联盟助新移民适应本地生活 [N]. 新加坡联合早报，2022 – 03 – 11.

② 资料来源：新加坡宗乡会馆联合总会网站。

③ 新加坡的中国新移民：认同困境与治理路径（Ⅲ）[EB/OL]. 新加坡新闻网，2019 – 11 – 01.

而在 2010～2019 年则占比 50.6%。而且，华源会还设立了新移民杰出贡献奖，评奖标准侧重于获奖者对新加坡的贡献，获奖者包括非华人移民。① 又如成立于 2000 年的新加坡天府会，其誓词宣言强调"新加坡是我们的家"，并以"贡献我们的社会，服务我们的国家"为目标，在 2008 年又提出"从天府走进狮城，从融入迈向投入"的新使命。还有新加坡江苏会、香港移民组成的九龙会，以及中国新移民组成的新加坡关爱会等。

由新移民社团与传统会馆联合主办的"幸福之歌"春节晚会作为沟通新移民和本土居民的重要桥梁，自 2006 年以来已经举办了多届。可见宗乡社团作为社会性的组织机构，发挥双重嵌入的优势，推动着新移民与本土居民之间的认知与融合。新加坡社会及家庭发展部陈振声部长曾指出，"我们鼓励宗乡会馆、社团组织以及各基层单位，为建立起一个更为包容、相互理解、互相尊重并且充满活力的多元种族社会而努力"。②

新加坡华族文化中心将设立本土华族文化研究小组。在 2022 年的国庆群众大会演说上，李显龙总理说道，近年来许多人士和团体也对本地华族语言、艺术和宗乡组织展开研究，反映本地居民对本土文化的自豪。成立 5 年的新加坡华族文化中心除了积极通过各种活动介绍华族的传统文化外，也在作品中融入了许多本地元素。华族文化中心将在这个基础上，成立一个研究小组，有系统地研究和介绍本土华族文化的发展，这个计划获得政府的支持。他提道，华社人士能够认清国家利益，是因为华社对国家的认同感越来越深厚，也对自己的文化感到自信。

2. 宗教团体的努力

新加坡的宗教团体也是促进民族融合与和谐的重要力量。新加坡有华族、马来族、印度族和欧亚族群，各种族有不同的信仰。宗教团体通过对信众的影响力，塑造社会品德，推动跨族群、跨宗教的交流与沟通。比

---

① 当代新加坡华人社会的嬗变及其动力与特征——新政治经济学的视野［EB/OL］. 中国侨联网站，2022－02－08.

② PM Lee Hsien Loong at the Singapore Federation of Chinese Clan Association 30th Anniversary Gala Dinner［EB/OL］. The Prime Minister's Office，2015－11－09.

如，为了推动马来族群的经济能力和教育水平，回教理事会设置了回教救济金，2011 年该项目曾经让 2000 多个贫困家庭受益；2004 年启动的扶贫计划和 2010 年设立的成长基金也针对穆斯林贫困家庭的生活与教育提供相应的补助和扶持。这些举措一方面起到救助作用，另一方面也降低因贫富差距而滋生的极端主义，有利于维护族际和谐与社会稳定。

另外，新加坡政府也努力推动各族群各宗教间的交流与活动。2013 年 4 月 6 日，新加坡举行了首届筑桥研讨会（building bridges seminar），文化、社区及青年部代部长黄循财在演讲中指出：新加坡几十年来所享有的社会和谐以及各族群之间的和平关系与各宗教领袖的献身精神和积极维护密不可分，跨宗教和谐要随着社会的发展一直持续下去，筑桥研讨会将成为促进宗教对话、搭建跨族群和跨宗教桥梁的重要渠道。[1] 所以新加坡出现如下盛况：在马来社群主办的会议中，来自华人和印度族群的新加坡人占了很大比例，会议嘉宾包括新加坡十大宗教的领袖和多位不同族群的学者。

9.2.3　推动国民融合的其他努力

新加坡也为外国人融入和种族和谐做出了其他努力。在官方语言为英文的情况下，新加坡的公共场所如地铁报站和各种指示牌，均有英文、华文、马来语和泰米尔语四种语言的标识。新加坡政府把 7 月 21 日定为种族和谐日，提醒国民不分种族、语言和宗教，要团结一致为新加坡作出贡献。当日，所有学校都会组织相关庆祝活动，校方会号召学生们穿上种族传统服装去上学，还会安排许多与种族传统文化有关的活动，如参与各种族传统游戏、品尝各民族传统美食、观赏或表演民族传统舞蹈等。[2]

2021 年，李显龙总理在国庆群众大会上宣布，政府将制定新的维持种族和谐法令，将把政府处理种族课题的权力加以整合，也会纳入一些较柔性的措施，如勒令冒犯其他种族者停止冒犯行为；进一步了解其他族群，

---

① 国家与社会的互动——新加坡族群多层治理与国民融合进程［EB/OL］. 头条新闻, 2019 - 10 - 10.
② 新加坡是这样从小培养种族和谐意识的［EB/OL］. 新加坡教育网, 2015 - 09 - 18.

并修复与其他族群的关系。"这样较柔性的做法能疗愈伤口,而不是留下怨恨。"李总理说,法令的存在本身就已起到正面作用,帮助克制不包容的行为以促进宗教和谐。"同样地,维持种族和谐法令将鼓励不同族群之间的温和与包容心态。这将发出种族和谐对新加坡至关重要的信号。"①

2022 年,新加坡成立了 20 年的"族群与宗教互信圈"更名为"族群与宗教和谐圈",准备在接下来两三年内更新宣导计划。这反映了新时代新加坡社会的需求和挑战,族群与宗教和谐的努力如逆水行舟,不进则退,必须时刻保持警惕。文化、社区及青年部长唐振辉在族群与宗教互信圈 20 周年庆祝活动上强调:"不同种族宗教之间一旦失去信任和善意,就难以挽回。""新加坡不同种族、宗教和所代表的价值观之间,在今天能拥有和谐共存状态,是建国一代和立国一代几经艰难所结出的硕果,现代人必须倍加珍惜。"②

综上所述,新加坡动员各方主体,运用政策调整、公共服务、沟通宣传、社区与社团活动等方式,促进外国人才的融入和新加坡社会的融合,为创造和谐新加坡而不懈努力。

---

① 政府拟"维持种族和谐法令"纳入柔性处理措施 [N]. 新加坡联合早报,2021 – 08 – 29.

② 社会和谐有赖善意与沟通 [N]. 新加坡联合早报,2022 – 08 – 01.

第10章

新加坡人才新政实施效果

对于新加坡近十余年来宏观人才政策及效果的考察，一方面应该基于对国家人才战略目标的完成度，另一方面是应对动态形势变化而相机治理的效果与效率。

关于新加坡人才管理新政的效果，可从两个层次加以评价：一是在人才发展、引进、保留和利用方面的直接结果，包括人口结构变化、就业情况、教育改革成就、外来人才引进成效等；二是一些二级成果，包括人才排名、国家吸引力、生产力增长、创新、经济发展和竞争力等，这些二级结果本质上是累积而得的，[①] 而且这些指标也是吸引国际人才的因素，可以说是互为因果的。在评价的时间区间里，本章以相对静态截面数据、社会调查与社会反应等资料展示不同节点上的成果，争取形成一个相对连贯的印象与理解。

---

① Shaista E. Khilji, Randall S. Schular. Talent Management in the Global Context [C] //David G. Collings (ed.) et al. The Oxford Handbook of Talent Management, 2017 – 10 – 05, OXFORD ACADEMIC, c2017: 399 – 419.

10.1 劳动力变化与促就业成果

10.1.1 人口结构与劳动力情况变化

低生育率是 21 世纪的新加坡面临的一个人口基础难题，因此政府给予了十足的重视。

2001 年、2004 年和 2008 年新加坡政府持续加强婚育一揽子计划，来刺激生育，扭转了 2003 年的人口负增长，并且在 2008 年达到一个生育高峰（5.3%）。但其后又急剧下降，2010 年降至 1.8%。同时，"二战"后婴儿潮出生的人口开始进入老龄阶段，新加坡面临着低生育率和人口老龄化的双重挑战。

面对此问题，新加坡《人口白皮书 2013》制定了加强版婚育促进一揽子计划，政府提高预算金额，并协调政府部门、企业和社区等各方面力量，提出五个方面生育激励的具体政策与措施：帮助单身者寻找伴侣、为已婚夫妇提供住房支持、降低育儿费用、延长育儿假、改善保育服务。白皮书制定的目标是在 2020 年将整体人口提升至 600 万人，并于 2030 年达到 650 万 ~ 690 万人水平。

但从新加坡近些年的生育率（总和生育率 2010 ~ 2015 年为 1.37‰，2015 ~ 2020 年为 1‰）来看，补贴效果并不明显。根据新加坡统计局 2020 年全国人口普查第一批数据，2010 ~ 2020 年，新加坡总人口数每年增长约 1.1%，增长速度不及上一个 10 年的 2.5% 的一半，也是 20 世纪 70 年代以来人口增长最慢的 10 年。① 如表 10 - 1 所示，新加坡人口增长率下降趋势难以阻挡，新冠疫情暴发以后，2020 年人口出现负增长；2021 年更是大幅下降至 545 万人。从人口数量上看，到 2020 年人口达到 600 万人的目标并未实现，反而出现负增长。

① 2020 人口普查：我国过去 10 年人口增长速度 50 年来最慢 [N]. 新加坡联合早报，2021 - 06 - 16.

表 10 - 1   新加坡 2010 ~ 2021 年人口增长率

分组	2010年	2011年	2012年	2013年	2014年	2015年	2016年	2017年	2018年	2019年	2020年	2021年
人口数量（万人）	507.67	518.37	531.24	539.91	546.97	553.50	560.73	561.23	563.87	570.36	568.58	545.36
人口增长率（%）	1.80	2.10	2.50	1.60	1.30	1.20	1.30	0.10	0.50	1.20	- 0.30	- 4.10

资料来源：世界银行网站。

针对人口数据，协助管理国家人口及人才署的总理公署部长英兰妮提及，政府 2013 年发表人口白皮书时，许多人担忧人口增长是否会过快。政府因此既要确保人口增速不会让国人感到不舒服，也要保证能继续实现想要的经济成果。而人口普查数据，佐证了人口老龄化和生育率下降的趋势。

再看人口结构中的老龄化数据，根据 2020 年新加坡人口普查数据，2020 年 65 岁及以上居民占居民人口的 15.2%，显著高于 2010 年的 9.0%。同一时期，15 岁以下居民的占比也从 17.4% 下降至 14.5%。居民人口年龄中位数则从 2010 年的 37.4 岁，上升到 2020 年的 41.5 岁。女性生育的孩子也更少，结过婚的 40 ~ 49 岁女性居民所生的孩子，从 2010 年平均两人，减至去年的 1.76 人。[1] 而根据世界银行统计口径（见表 10 - 2），新加坡 65 岁以上人口比例在 2010 年之后持续高升，到 2021 年达到 14.3%。根据国际标准[2]，这一比例 2010 年已经超过 7%，进入老龄化社会；2021 年超过 14% 的界限，标志着新加坡已经进入中度老龄化阶段。人口结构如此迅速地老龄化，令人担忧。而且据新加坡统计局《2021 年新加坡人口普查报告》的预测，到 2030 年，新加坡 65 岁及以上的人口将占总人口的 23.8%，社会老龄化将会更加严重。

---

① 2020 人口普查：我国过去 10 年人口增长速度 50 年来最慢［N］. 新加坡联合早报, 2021 - 06 - 16.

② 65 岁以上人口占比 7%~14% 为轻度老龄化，15%~20% 为中度老龄化，21%~40% 为重度老龄化。

表 10 - 2　　　　　　　新加坡 2010~2021 年 65 岁以上人口占比

分组	2010 年	2011 年	2012 年	2013 年	2014 年	2015 年	2016 年	2017 年	2018 年	2019 年	2020 年	2021 年
65 岁以上人口比例（%）	7.3	7.6	9.0	8.4	8.7	9.0	9.8	10.6	11.5	12.4	13.4	14.3

资料来源：世界银行网站。

另一个特点是，结婚率有所上升，但同时适龄青年单身数量也上升。根据新加坡《2019 人口简报》，在过去 5 年的年平均结婚人数为 27984 人，高于 2009~2013 年的平均水平 26378 人。2020 年，这个数据下降了 12.3%；2021 年登记的结婚人数随着放宽疫情管控限制而增加。与十年前相比，2021 年总体结婚率上升，而总体离婚率下降。[①] 看来，新加坡政府近几年的"催婚"政策还是起效的。与此同时，统计数据显示，过去 10 年里，新加坡 25~34 岁居民的单身比率显著提高。新增的单身年轻女性人数比男性要多，尤其是 25~34 岁这个群体，相比 10 年前暴增 26.8%。[②] 这种情况会加剧生育率降低的问题。新加坡跨国婚姻的数目也有所减少，不同种族之间的通婚情况也略有减少。

针对低生育的原因具体分析认为，第一，养育成本较高。新加坡国立大学社会学助理教授穆峥表示："虽然政府会给补助金，公立教育也已经做得很好，但在人人力争上游的社会，单靠政府和学校远远不够。新加坡盈利最高的往往是各种儿童教育机构"；孩子们上下学，参加课外班，家长们都忙得焦头烂额。根据统计，新加坡人平均每周工作时间为 45 小时上下，超过韩国和日本，常年位列世界第一。还有就是女性角色的日益沉重以及与之相伴的低生育率，在亚洲国家十分普遍。哈佛大学社会学系教授玛丽·布林顿（Mary Brinton，2017）认为：一方面，现代化进程给予了当今女性更多发展自身、拓展事业的机会，她们在职场上独当一面；另一方面，女性在家庭之中，照料家人、打理家务的传统角色却并未对等地削

---

① 资料来源：新加坡统计局网站。

② 穆峥. 孩子究竟带给父母什么？[N]. 新加坡联合早报, 2017 - 04 - 02.

弱。新加坡女性越来越多地担负起家里家外的双重压力。[①]　第二，生活压力大。经济学人智库发布的《全球生活成本调查报告》把新加坡列为全球生活成本最高的城市之一。随着新冠疫情冲击造成的经济损耗，以及俄乌冲突等国际大事件造成的能源价格上涨，新加坡的房价、物价水平大幅上涨。2021 年，新加坡就与法国巴黎并列世界第二，成为亚洲生活成本最高的国家/城市。而且从 2023 年起，新加坡要提高消费税。这些直接造成新加坡生活成本的进一步上升。第三，家庭观念逐渐淡化。在婚姻生育观念方面，单身不婚，少生或不生育，成为一种潮流。

随着出生率的下降和老龄化的发展，新加坡的劳动力比率如图 10 - 1 所示，2010 ~ 2015 年呈上升趋势，2015 年新加坡的劳动力人口占比达62.36%，此后呈缓慢下降趋势，2020 年、2021 年大幅下降，2021 年降至60.03%。在一定的人口规模下，劳动力比例降低，会造成劳动力不足，而且人口抚养比会上升，加重社会负担。

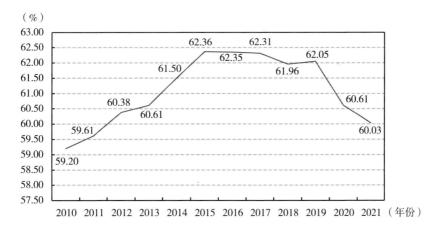

图 10 - 1　新加坡 2010 ~ 2021 年劳动力人口占比情况
资料来源：世界银行数据网站。

从数量上看，新加坡劳动力总体数量 2020 年和 2021 年持续下降，2021 年为 360.76 万人，基本回落到 2015 年的水平（见图 10 - 2）。

---

① 钱小岩. 生一胎获得超 10 万元补助，新加坡生育率何以一降再降？［EB/OL］. 第一财经网，2021 - 06 - 02.

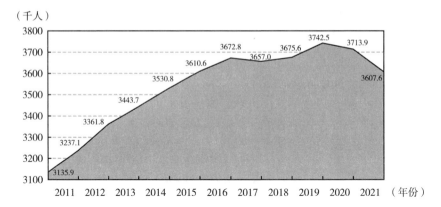

图 10 – 2　新加坡 2010 ~ 2021 年劳动力总人数

资料来源：香港环亚经济数据有限公司（CEIC）。

新加坡面对人口增长率持续下降、老龄化严重、劳动力不足的问题，采用了两个解决路径：一是合理配置劳动力，通过改革教育、终身学习运动和创新激励提高劳动生产率；二是引进外国人才补充。

对于新加坡近十年人口政策有效性的评价，不能单一以是否达到预期目标来衡量，因为人口政策与生育率之间的关系是复杂的动态双向关系。人口政策是一个地区既有生育率的制度反应，同时影响生育率变化。通常，抑制生育的人口政策作用较为明显且稳健，而刺激生育的政策作用较微弱。[①] 而一定时段的个别区域人口政策与生育率的关系，还受到地区差异和国际国内环境变化的影响。新加坡在探讨人口政策有效性的基础上，正在调试政策并且拓展思路，如注重宣传、传达积极的婚育观等。李显龙总理在 2022 年国庆群众大会上表示，新加坡不缺房子、票子，缺的是孩子。让大家放心将有足够的住房保障和可以承受的房价，以此鼓励国人生育。

10.1.2　就业促进结果

根据人力部统计数据，新加坡的劳动力参与率从 2011 年的 66.1% 稳

---

① 陶霞飞. 人口政策与生育率的关系研究——基于国际比较视角 [J]. 西北人口，2019，40（5）：80.

步上升至 2015 年的 68.3%，此后基本稳定在 68% 左右，2021 年在促就业的一系列举措中，劳动力参与率达到 70.5% 新高，2022 年也保持在 70.0%（见图 10－3）。

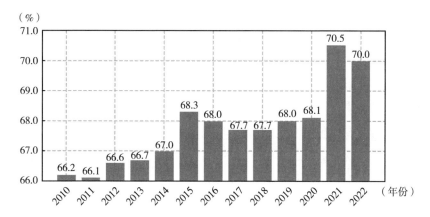

图 10－3　新加坡 2011～2022 年人口劳动参与率

资料来源：Trading Economics。

在劳动力数据中，一个明显的特征是 65 岁年长者的就业率在提高，从 2012 年的 21% 逐步提升到 2020 年的 28.5%。[①]

劳动收入上，根据新加坡 2021 年 6 月公布的人口普查结果和就业市场报告，最近 10 年，新加坡居民的家庭月收入中位数保持稳步增长，从 2010 年的 5600 新元增加到 2020 年的 7744 新元，每年大约有 3.3% 的涨幅。[②] 较低收入群的工资增长也较快。

由于新冠疫情影响，2020 年新加坡大量裁员，整体就业人数锐减近 17 万人。根据新加坡人力部发布的《2020 年劳动市场报告》，被裁退的员工大多数来自服务业，人数高达 2 万余人；其次是制造业的 5430 人和建筑业的 1020 人。失业的人员中外籍员工占比很高。

根据《2021 年劳动市场报告》，本地就业人数在 2020 年急剧收缩 16.66 万人后，2021 年总就业人数增加了 4.14 万人（不包括外籍女佣）。这是由于居民就业人数出现了 7.13 万人的较快增长，抵消了非居民就业减

---

① 2020 年新加坡劳动力报告［EB/OL］. 新加坡人力部网站，2020－12－04.
② 资料来源：狮城新闻。

少的 3 万人。① 新加坡本地劳动市场在 2021 年复苏，失业率持续降低，基本接近疫情前水平，裁员人数也显著下降，但外籍员工就业情况仍未有明显恢复。

根据人力部 2022 年 7 月 29 日最新发布的《劳动力市场先期报告》，2022 年第二季度总就业人数（不包括女佣）上升，增加了大约 6.44 万人，超过第一季度 4.2 万人的增幅。其中非居民就业人数在 2022 年 4 月新加坡大幅放宽边境限制后强劲反弹，主要去向是建筑业和制造业。居民就业人数在二季度也出现增长，尤其是在信息通信业、专业服务业和金融服务业等增长型行业。但值得注意的是，非居民就业人数还低于 2019 年水平约 10%，而居民就业人数比 2019 年水平高出约 4%。2022 年 6 月，新加坡整体失业率为 2.1%，居民失业率为 2.9%，公民失业率为 3.1%，稳定在疫情前水平。不过，强大的通胀压力、地缘政治冲突的持续和新冠疫情在主要经济体卷土重来等全球不利因素可能会抑制新加坡的劳动力市场需求。②

新加坡《2022 年劳动力报告》预估数据显示，本地居民的名义收入中位数从 2021 年的 4680 新元增至 2022 年的 5070 新元，8.3% 的增幅也比前一年的 3.2% 高出许多。即使计入通胀，实际增长率也有 2.1%，高于前一年的 0.9%。此外，低收入雇员的收入和中位数相比的差距也缩减至 2005 年来最小。③

10.2 人才引进成果与人才外流情况

10.2.1 外国人才引进的成果

作为最敏感的资源要素，人才的流动是对经济环境和社会环境吸引力

---

① 人力部报告：本地去年总就业人数大幅反弹 [N]. 新加坡联合早报，2022 – 03 – 15.
② 总就业人数第二季度增 6.44 万人 本地雇员多能找到技术含量高的工作 [N]. 新加坡联合早报，2022 – 07 – 30.
③ 人力部报告：通胀虽攀高，全职雇员实际收入今年增长 2.1% [N]. 新加坡联合早报，2022 – 12 – 02.

反映的最鲜明指标。有人才才有活力，有高端人才才有创新才能发展。人才的进入与高效利用，不是自然产生的结果，是依靠人才竞争和条件创造而获得的。吸引外国移民以满足本国发展的人才需求，一直是新加坡的主要政策。《人口白皮书2013》提出为维持人口增长及竞争力，未来将每年输入1.5万~2.5万名新移民的目标。

这期间，新加坡的人才引入政策是一再调整的，调整基于一系列客观基础条件：（1）经济增速下降、就业岗位容纳度限制；（2）外籍人和新加坡国人的就业冲突引起政治问题；（3）全球疫情与政治经济发展的不确定性对人才流动的限制。因此，2003~2013年新加坡政策的取向包括：减缓人才引入幅度，抬高政策门槛；重视高端人才引进；注意外国人和本国人平衡。

根据世界银行统计数据，新加坡国际移民存量[①]及占总人口比率如图10-4所示：2000年移民统计为1351691人，比1995年增加36.33%；2005年数量为1710594人，比2000年增加了26.55%；2010年数量为2164794人，比2005年增加了26.55%；2015年则为2543638人，比2010年增加17.5%。可见，新加坡移民存量在增加。

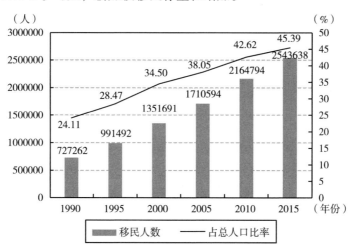

图10-4　新加坡1990~2015年移民数量与比率变化

资料来源：World Bank，Macrotrends。

---

①　国际移民存量是在他们居住的国家以外的国家出生的人数。

从具体年份移民增长的速率来看,2013 年以后速度渐缓,保持了基本稳定的步伐。由于民众对新移民的意见,2013 年新加坡政府缩紧了移民限制,致使 2014 年新加坡外来劳工人数被削减,只剩 2.6 万人,仅是 2011 年的 1/3。但从比例来看,新加坡仍然有约 1/3 的劳动人口来自国外,根据《世界移民报告 2015》数据,新加坡国际人口比例高达 38%,居世界第一位(见图 10-5)。

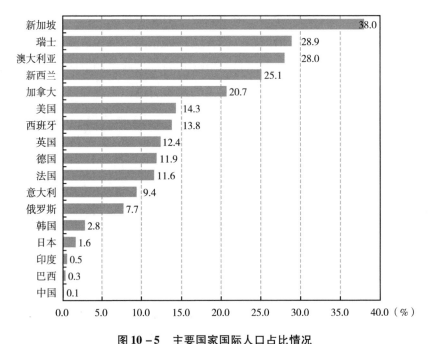

图 10-5 主要国家国际人口占比情况

资料来源:CCG&IOM. 世界移民报告 2015 [R/OL]. International Organization for Migration (IOM),2015.

2016~2021 年,新加坡人口构成中,如表 10-3 所示,总体上看,新加坡公民和永久居民总数在下降;外籍人口(包括永久居民和非居民人口)所占比例基本稳定在 40% 左右。其中,2021 年公民人口比上一年减少 0.7%,达到 350 万人;永久居民人数减少 6.2%,达到 49 万人;非居民人口年比减少 10.7%,达到 147 万人,主要是因为疫情旅行限制和经济的不确定性。而 2022 年新加坡统计局的最新数据显示,新加坡 561 万人口中,有 40% 是外籍人口。

表 10 - 3　　　　　　　　　2016～2021 年新加坡人口构成

分组	2016 年	2017 年	2018 年	2019 年	2020 年	2021 年
总人口（万）	561	561	564	570	569	545
公民	341（60%）	344（61%）	347（62%）	350（61%）	352（62%）	350（64%）
永久居民	53（9%）	53（9%）	52（9%）	53（9%）	52（9%）	49（9%）
非居民人口	167（31%）	165（30%）	164（29%）	168（30%）	164（29%）	147（30%）

资料来源：新加坡统计局历年人口数据。

从永久居民数据变化上看，2010～2020 年，新加坡的新增永久居民数量稳定，但比此前明显下降（见图 10 - 6）。

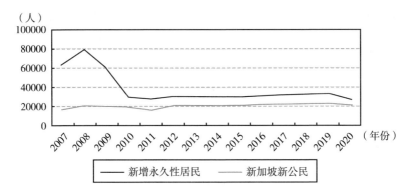

图 10 - 6　新加坡新增永久性居民与新加坡新公民数量
资料来源：LEXOLOGY。

根据新加坡国家统计局《2021 年新加坡人口普查报告》，新加坡近几年来申请公民和永久居民的获批人数情况如表 10 - 4 所示，可见 2020 年新冠疫情暴发后，公民、永久居民获批总数骤减；2021 年有所好转，但仍然低于疫情前的水平。新加坡每年约增加 30000 名新永久居民，大部分人介于 25～59 岁。

表 10 - 4　　　　新加坡近些年来获批公民和永久居民（PR）的人数情况

分组	2017 年	2018 年	2019 年	2020 年	2021 年
公民申请获批数	22076	22550	22714	21000	21500
PR 申请获批数	31849	32710	32915	27500	33400
总数	53925	55260	55629	48500	54900

资料来源：新加坡国家统计局.2021 年新加坡人口普查报告［R］.新加坡统计局网站，2022.

在新加坡工作签证中，就业签证（EP）代表高技能人才引进。根据新加坡人力部长陈诗龙 2022 年 9 月分享的数据，新加坡 EP 签证持有人过去十年的人数如下：2011 年 17500 人；2016 年 19200 人；2021 年 16200 人。EP 签证持有人的月薪中位数，由 2011 年 12 月的 4500 新元，升至 2016 年 12 月的 6500 新元，再升至 2021 年 12 月的 9000 新元。① 另据新加坡统计局 2016 年的一组数据，新加坡国内 400 多家跨国公司中有 10 万多名外籍高、精、尖人才；3 万多名信息与通信技术专业人员中，30% 来自国外；高等院校中，近 40% 的教授和讲师为外国人。②

留学生数量和占比情况。根据纽约时报发布的新闻显示，早在 2012 年，新加坡的本科学生中留学生比例就达到了 18%，此后人数逐年增长。根据新加坡《2020 年人口简报》，新加坡总人口 569 万人，工作准证持有者及其他准证持有者约 164 万人，学生准证持有者数量约为 6.56 万人，占总人口比率情况如图 10 - 7 所示。其中，大部分留学生来自中国和印度。据新华网 2018 年披露的数据，在新加坡中国留学生人数超过 5 万人，仅次于美国、加拿大、英国、澳大利亚、日本、韩国，是中国留学生第七大出国目的地；近几年情况显示，留学新加坡的意愿在加强。

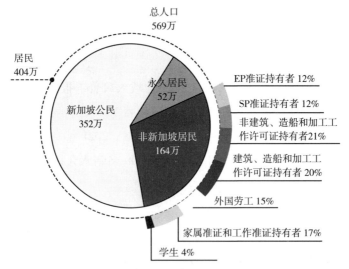

图 10 - 7　新加坡 2020 年人口构成比例

资料来源：新加坡统计局网站。

———————————

① 资料来源：Human Resources Online。

② 新加坡引进人才的方式值得中国借鉴 [EB/OL]. 新加坡新闻头条，2022 - 08 - 10.

而且，在新冠疫情期间，由于欧美国家疫情相对不稳定，新加坡以其优秀的疫情管理得到了更多留学生的青睐。如图 10 – 8 所示，选择新加坡留学的前几个原因分别是：离自己的母国距离近；安全；文化熟悉。[①] 在后疫情时代，留学目的地正悄悄地从欧美转移到新加坡。根据新加坡国立大学和南洋理工大学 2021 ~ 2022 学年的最新入学数据，外国学生已占总学生人数的约 26% 。

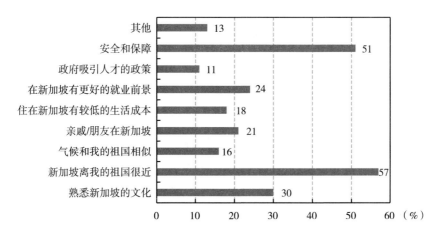

图 10 – 8　选择新加坡留学的前几个原因占比

资料来源：ResearchGate。

同时，新冠疫情几年，新加坡引进人才再流失严重也是明显事实。根据新加坡人力资源部 2022 年 3 月 16 日公布的数据，2019 ~ 2021 年，新加坡流失了 23 万外籍员工。其中外籍高级人才 2021 年下降了 9% ，仅剩 16.17 万人，这是 10 年来的最低纪录。边缘市场调查公司（the edge markets）分析指出，造成外籍高阶人才锐减的原因，一是当地人对外籍人的排挤随着新冠疫情而加剧，二是新加坡政府不断调高外籍高级人才就业申请门槛。

新加坡人才引进结果体现了人才引进结构的意愿和政策导向，正如贸工部长陈振声 2021 年所言：新加坡从未限制顶尖人才进入新加坡；另外一直在收紧中低技能工人的吸收，以便精简人力资源。同时，国际/区域劳动力市场的变化与新冠疫情等不确定事件也对新加坡人才引进造成了冲击

---

① 新加坡国家统计局. 新加坡 2020 人口普查报告［EB/OL］. 新加坡统计局网站，2021.

与波动。目前，劳动力市场在恢复当中，新加坡对人才的吸引力增添了其他内容。

10.2.2　人才外流情况

在吸引外国人才来新加坡定居和工作的同时，新加坡政府也注意到本国人才外流的现象，并展开相关调查和研究。同时，积极在海外建立新加坡人联络站，保持在外人口与本国的信息与情感联系，并吸引其回国发展，提供更有利于回流的政策。

2018 年新加坡国立大学政策研究所发布了一项关于新加坡人移民意向的一个调查。这项调查是于 2016 年 6～11 月进行的，访问了 2013 名年龄介于 19～30 岁的年轻国人，调查结果显示：近三成的年轻人考虑 5 年内移民，这与 2010 年的调查结果相近，从 2010 年的 28.8% 微增至 2016 年的 29.2%。其中，考虑永久移民的受访者占比从 2010 年的 21.2% 降到 2016 年的 18.3%；认为移民海外能享受较高社会地位的国人从 28.8% 减少到 27.4%。澳大利亚仍然是新加坡年轻人的首选移民地（占比 35.6%），其次是新西兰、美国、英国和加拿大。① 关于移民动机，有诸多因素：第一，受英语教育的人适应性更强，所以移民倾向较高；第二，对新加坡经济前景感到悲观，不喜欢在拥挤环境中生活；第三，国外有更好的发展机会等。

而根据 2018 年另一项 1050 人参加的网上调查结果，竟有 42% 的新加坡人想要移民国外。关于新加坡留不住人的原因：近 50% 的人认为新加坡的生活成本太高；25% 的人认为新加坡对于关爱弱势群体与贫困家庭的帮助需要进步；23% 的人认为在新加坡创业比较艰难；35% 的人觉得新加坡的言论自由需要加强。其中具体原因包括：不希望耗尽一生付房贷（75%）；公共房屋（HDB）的价格太离谱（73%）；医药费高涨（72%）；太多外国人抢机会（68%）；不相信能在新加坡有舒适的退休生活（65%）；需要活到老做工做到老等。②

---

① 资料来源：新加坡国立大学网站。
② 一项调查：有 42% 的新加坡人想要移民国外［EB/OL］. 狮城新闻，2018 - 05 - 28.

从实际移民情况来看，根据新加坡人口报告数据，在海外居住生活的新加坡人已从 2007 年的 17.2 万人增加至 2015 年的 21.34 万人，10 年来的增幅为 24%；截至 2017 年 6 月，海外新加坡公民已达 21.47 万人。[①]

为了解海外新加坡人的情况及如何吸引回流，2017 年政策研究所展开海外新加坡人调查，调查对象是 3000 个在海外生活和工作的新加坡人，了解和分析他们在海外生活的经验和挑战，以及随着时间的变迁，他们如何看待作为新加坡人的身份认同和对国家认同的改变。并希望结合相关调查结果，更全面地了解新加坡应如何把触角伸向旅居海外的国人；如何在他们想回国时予以援助，同时辨识阻止新加坡人回国的原因，如教育和住房问题等。[②]

为了牵住在海外生活的新加坡人的心，过去几年，总理公署下的新加坡侨民联系署时常在不同城市举行"新加坡日"活动，目的是让新加坡侨民享用家乡美食和文化活动，同时了解新加坡有关房屋、医疗和教育等新政策和措施，甚至回国发展的就业机会。[③]

随着新冠疫情在各地蔓延，不少海外新加坡人选择回国。据《联合早报》2020 年 9 月 25 日报道：海外新加坡公民人数从 2019 年的 21.72 万人减至 2020 年的 20.35 万人。据《2020 年人口简报》，2016～2020 年海外新加坡公民人数增长率为 -0.9%，上个 5 年（2010～2015 年）为 2.9%。[④]

2022 年 5～6 月，为了增强政治参与和国民认同的普遍性，新加坡选举局向海外新加坡人开展了网上调查，收到了来自 64 个国家的 3221 个回应：82% 的受访者支持邮寄选票，方便以及能够在海外行使投票权；1771 名旅居海外从未投票的受访者当中，也有 83% 表示愿意通过邮寄方式投票。[⑤] 选举局表示，考虑在 2023 年总统选举时试行这个新安排。

高级人才的流失是新加坡政府最为关注的问题。早在 2007 年，大约

①② 旅居海外国人逐年增加，政策研究所展开海外新加坡人调查 [N]. 新加坡联合早报，2017 - 10 - 02.

③ 海外新加坡人的认同 [N]. 新加坡联合早报，2017 - 06 - 18.

④ 不少因疫情选择回国，海外新加坡公民人数减至 20 万余人 [N]. 新加坡联合早报，2020 - 09 - 25.

⑤ 八成海外新加坡人支持邮寄选票，选举局公布邮寄选票和护理院投票细节 [N]. 新加坡联合早报，2022 - 07 - 26.

1000 名高级人才放弃新加坡国籍。对此,李光耀就呼吁要对人才流失高度重视。留住人才与引进人才都是保证新加坡发展的人才根基。根据调查,2010 年倾向移民的新加坡人群体比较富裕、文化程度较高;但在 2016 年的调查中,发现这一特征不明显。另外,发现讲英语者和非华族国人有较高的移民倾向,而男性也比女性移民倾向更高。

新加坡人才流失中,尤为紧迫的问题是尖端人才的流失。无论是引进后又流失的,还是本土尖端人才的流走,都给新加坡造成了巨大的人才损失。近几年流失案例,如 2018 年 12 月,新加坡科研局制造技术研究院首席科学家、国际知名激光制造领域科学家、新加坡先进制造资深学术带头人、新加坡航空制造联盟创始人之一郑宏宇受聘为山东理工大学特聘教授。[①] 2021 年 11 月,世界顶级科学家、新加坡国家科学院院士、美国国家医学科学院外籍院士黄天荫全职加盟清华大学,成为清华大学讲席教授。[②] 2022 年 8 月,新加坡工程院院士、激光光学领域国际领军科学家洪明辉教授受聘厦门大学陈嘉庚讲席教授,加盟厦门大学航空航天学院。[③]

从中可以看出,国际人才大战十分激烈,对顶尖人才的争夺是各国高级研究机构的首要目标。尖端人才倾向于突破地域限制,寻求更好的研究平台和更宽阔的研究空间。新加坡政府对于高端人才管理应该留住与吸引并重,需要深入反思人才流失的缘由。

10.3 人才培育与终身学习的成果

进入 21 世纪的新加坡,对学校教育实施了大刀阔斧的改革,坚持建设"思考型学校、学习型国家"的教育愿景,为"塑造新加坡的未来"的教育使命而努力。在教育目标上,注重培养人才和充分发挥个人的潜能,培

---

① 资料来源:山东理工大学网站。
② 世界顶级医师科学家、新加坡国家科学院院士黄天荫加盟清华 [EB/OL]. 清华大学网站,2021 - 11 - 04.
③ 资料来源:厦门大学网站。

养德（道德观念）、智（智力）、体（体力）、群（社交能力）、美（审美能力）全面发展的学生。回顾新加坡过去20余年间基础教育和高等教育发生的巨大变革，基本实现了改革目标与设想。《经济学人》中一篇文章赞扬新加坡教育体系改革的成功，称其为"一场悄无声息的革命"。[1] 技能创前程计划的分阶段推进，对促进新加坡全民终身学习运动产生了明显实效。

10.3.1　基础教育改革的成果

为了培养面向未来的人，新加坡基础教育体系进行了持续的、递进式的改革。通过分析未来需求能力框架、对标国际先进教育体系、检讨自身教育方向与效率，来改变分流制，并对培养内容和培育方式实施连续创新。

第一，新加坡形成了"新加坡21世纪能力和学生成果框架"[2]（见图10－9），作为培养未来人才的依据。

图10－9　新加坡21世纪能力和学生成果框架

资料来源：新加坡教育部网站。

① The Economist. What other countries can learn from Singapore's schools［EB/OL］. The Economist，2018 － 08 － 30.

② 资料来源：新加坡教育部网站。

（1）核心价值观。

核心价值观是知识和技能的基础，因此构成了 21 世纪能力框架的中心环。新加坡教育的核心价值观包括尊重、责任感、正直、关爱、韧性与和谐。

（2）社交和情感能力。

框架的中间环是"社交和情感能力"，这是孩子识别和管理自己的情绪、培养对他人的关心和关注、做出负责任的决定、建立积极关系和有效处理挑战所必需的技能。社交和情感能力具体包括自我意识、自我管理、社会意识、人际关系管理与负责任的决策。

（3）21 世纪新兴能力。

框架的外环代表了 21 世纪全球化世界所必需的新兴能力。这些新兴能力具体包括：公民素养、全球意识和跨文化交流技能；批判性、创造性思维；交流、合作和信息技能。

（4）期望的教育成果。

在新加坡教育系统接受教育的人，要具有良好的自我意识、良好的道德方向和应对未来挑战所必需的技能和知识；对家庭、社会和国家负责；欣赏周围世界的美丽，拥有健康的身心，热爱生活。总之要培养的是：一个充满自信的人，一个能主动学习的人，一个积极奉献的人，一个心系祖国的公民。

"新加坡 21 世纪能力和学生成果框架"是新加坡教育改革持续的重要成果，也是指导教育机构培养目标和检验成果的重要依据。从框架内涵可见，新加坡融合了儒学等传统文化价值观，也注重新时代支撑未来发展的能力培养，是以能力与创新为内核的。

第二，分流制被逐渐废止；小学毕业用积分等级制来取代评价；中学从 2020～2024 年推行全面学科分级制。"统一的中学教育，多元的学科分级"制，更有利于因材施教，也能增强教育的流动性与包容性。按照前教育部长王乙康的说法，这是一种"保底不封顶"的政策。

第三，坚持少教多学的原则，减少学校课程内容，降低考试压力；政府出资支持中小学课外活动和艺术体育兴趣班，培训师资提高因材施教的教育水平；坚持"为生活而学习"的目标，加强品德与公民课程、数字素养和全球化等知识的学习，全面推行应用学习项目，利用体验式学习来提升核心素养与创新能力。

但是，少教多学的政策落实中，由于学生与家长的认知差异，以及学校间质量水平的差别，课外补文化课的现象屡见不鲜，这样导致学生并未真正获得更多的自主学习时间，而且对家庭也造成了额外负担。可见，教育改革的深化仍然是任重道远的。教育改革政策的有效性必须以终身学习社会文化理念的广泛认同为基础。刻苦的精神深置在新加坡人的思想里，依靠勤学苦练博得更好的成绩而获得传统意义上的成功是不容易改变的。所以对新加坡政府来说，调整好教育系统内快乐和严谨之间的平衡并非易事，这一直是施政的实际挑战。

10.3.2　高等教育改革的结果与评价

在21世纪尤其是过去的10余年里，新加坡的高等教育得以大力强化与提升。环球校园计划是新加坡高等教育提升的一项核心部署。对此计划的实施评价是对近些年新加坡高等教育努力的一个典型总结。环球校园计划的内涵包括增加数量和提高质量，核心是通过国际化来实现提质增量。其制定符合本国高等教育资源不足、人力资源急需补充的客观情境与真实需求，也符合新加坡21世纪经济转型战略，大力发展教育产业，为制造业和服务业双驱动提供人力资本供应和实际经济贡献。

从这一计划的实施效果来看，取得了相当丰硕的效果。新加坡建成了一个多样化且分层次的高等教育体系。位于第一层次的新加坡国立大学和南洋理工大学已经跻身世界级一流大学序列，发挥着越来越重要的高端科研中心和高端教育中心作用，成为科技研发和培养人才的主要基地。第二层次是新加坡本地的其他几所大学，积极开展国际合作，创建合作学院或者研究中心；踊跃开展学科与课程创新、培养方式创新；强化产学研合作，为创新创业提供基础。它们负责技术研发，为国内提供人力资源，并通过奖学金吸引留学生。第三层次是新加坡引进海外大学来此地设立的分校。这些私立大学吸引了大批留学生进入，既带来了大笔教育产业收入，也使新加坡的高等教育供给更具多样性和竞争性。根据新加坡统计局数据，新加坡教育服务业总收入从 2009 年的 30 亿新元增加到 2013 年的 47 亿新元；国际学生人数也从 2005 年的 7 万人，增加到 2018 年的 23 万人。① 新冠疫情期间，留学市场遭受波动，但新加坡留学仍具吸引力。根据对新加坡各大院校中国留学生数量的估算，2022 年中国留学生达到 6 万人。② 又据新加坡教育局和移民局公布的数据，2023 年 1 月约有 7.93 万名外国留学生在新加坡求学，比 2022 年同期增加 25%。增加的这部分外国学生中，70% 是亚洲留学生，其中又以中国留学生为主。③

由此可见，新加坡通过高等教育国际化转型升级、扩大规模并实现教育产品服务的多元化与差异化，提升了高等教育的国际竞争力。众多海外学生、高等教育师资和服务人员的进入，也充实了新加坡的人才库，支持新加坡成为亚洲的教育枢纽。

另外，环球校园计划的实施也并未完成计划目标，过程中也出现了一些问题。根据 2015 年数据显示，原计划招收 15 万名付费留学生的计划仅完成了一半，而且留学生人数还在持续下降。另外，有几个在新加坡的办学项目被停止或撤销：2007 年约翰霍普金斯医学院新加坡生物医学分部关闭；同年，新南威尔士大学新加坡分校在运营一个学期之后即宣布关闭④；2012 年，纽约大学帝势艺术学院决定结束其在新加坡开设的硕士课程；2014 年，芝加哥大学布斯商学院将其高管教育计划从新加坡转移至中国香港；同年，内华达大学宣布将关闭其在新加坡的酒店管理学士课程⑤；2021 年 8 月，成立于 2011 年的耶鲁—国大学院（Yale – NUS College）宣布

---

① 杨善友. 新加坡发挥大学作用吸引国际人才的做法及启示［EB/OL］. 中国科学技术部科技人才交流开发服务中心网站，2020 – 10 – 27.

② 最新报告看留学现状：英国火了，美国缓了，新加坡涨 "疯" 了［EB/OL］. 澎湃新闻，2022 – 06 – 22.

③ 资料来源：新辰未来留学网站。

④ A Miscalculated Closure［EB/OL］. The Observatory on Borderless Higher Education，2007 – 06 – 01.

⑤ Redden E. Debasing the Brand［EB/OL］. The Inside Higher Ed，2013 – 01 – 16.

2021 年之后不再招生，并于 2025 年正式关闭。这些撤出给新加坡政府造成了大量资金投入的损失，据测算仅约翰·霍普金斯大学、纽约大学帝势艺术学院和新南威尔士大学在新加坡项目的失败就已经使新加坡政府蒙受了 8950 万美元的经济损失①；也给就读学生及家庭造成相当程度的影响与损失；而且对这些跨境教育机构的母校和新加坡高等教育声誉均有负面影响。

反思环球校园计划的失败之处，第一个原因在于国际化办学的过度市场化与短期功利化。高等教育不仅是一个产业的管理，还事关国民教育资源的配置问题。新加坡政府过于强调邀约大学的招生指标和经济贡献率，若不能完成承诺将会中止项目或让这些办学机构自行退出。② 这种优胜劣汰的自由竞争原则并不适用海外办学初期的发展规律。③ 芝加哥大学项目负责人库泽（William Kooser）曾评价说："新加坡政府只想增加税收……如果真正想把学校办好，就要有长远的谋划，不能只顾眼前利益。"④ 另外，外国留学生的涌入挤压了本国学生的利益空间，也使越来越多的民众表示不满。首先，国内外学生的竞争参与抬高了入学标准，减少了新加坡本地学生进入公立大学就读的机会；其次，也导致就业市场的竞争更加激烈。⑤ 这种不满甚至挑战到人民行动党的政治地位。

第二个原因在于过度依赖外国资源而对自身能力建设的关注不足。有新加坡学者批评指出，新加坡过度依赖外国的创新能力和创新资源，政府用大笔新加坡纳税人的钱用来"招待外国的大学、研究人员和公司"，而

① Qix Y. Globalized Higher Education［M］//TURNEN B S. International Handbook of Globalization Studies（2nd edition）. London & New York：Rout－ledge，2017：333.

ICEF Monitor. Singapore Adopting a More Cautious Outlook Education Hub ambitions［EB/OL］. ICEF Monitor，2016－04－04.

② Tan E T J. Singapore：A Small Nation with Big Dreams of Being a Global Schoolhouse［M］// The Palgrave Handbook of Asia Pacific Higher Education，New York：Palgrave Macmillan US，2016：547－560.

③ 李一. 基于 I－R 框架分析的高等教育跨境分校可持续发展研究［J］. 湖南社会科学，2015（5）：203.

④ Mixed Fortune for Singapore's Overseas Campus［EB/OL］. University World News，2015－06－19.

⑤ 李一，曲铁华. 新加坡"环球校园"计划政策评析［J］. 高等教育研究，2017，38（5）：103－108.

没有把这些钱投入自身能力建设上。①

第三个原因是对外国教育机构的运行监管不力。在计划实施前期,新加坡教育部对外国教育机构基本上采取不干涉的态度②,但私立教育机构欺诈事件频发和课程质量低下的问题使新加坡高等教育的信誉受到了损害,促使政府在 2009 年出台了相关政策以维护高等教育的声誉。

此外,也存在办学双方在理念、管理过程中的分歧,以及政治氛围与文化的不同造成的影响。

10.3.3　技能创前程运动的成果及评价

1. 技能创前程运动的直接成果

随着技能创前程运动的推进,阶段性成果也在逐步累积。2017 年 2 月,精深局局长黄子鹏介绍了推行技能创前程运动一年多的成绩:(1)理工学院(文凭课程,3 年制)与工艺教育学院(证书制,提供高中毕业生再教育及在职人员培训)290 项课程中,65% 推行了强化实习计划;(2)6.9 万余名 40 岁以上新加坡人受惠于职业中期加强津贴,津贴达学费的 90%;(3)33 个行业推动 40 项在职培训计划;(4)500 多名理工学院与工艺教育学院学生获得参加海外青年人才计划补助;(5)700 多名新加坡人获得技能创前程进修奖;(6)理工学院与大学提供 500 项以上技能培训课程单元;(7)2016 年推出三个行业(学前教育、精密工程、旅馆饭店)、2017 年再推出三个行业(会计、宇航、物流)的技能框架;(8)2016 年政府资助新加坡国人 92 万个技能进修学额,高于 2015 年的 83 万个;(9)2016 年受益的企业达 1.7 万家,高于 2015 年的 1.5 万家;(10)受惠国人自 2015 年的 35 万人增至 2016 年的 38 万人。③ 但同时也提出,新加坡中小企业对人才培训的参与率仍不理想;每人 500 新元的技能创前程培训补助计

---

① Sidhu R., Ho K. C., Yeoh B. S. A. Singapore: Building a Knowledge and Education Hub [M]. Rotterdam: Springer Netherlands, 2014: 121 – 143.

② Gribble C., Mcburnie G. Problems with in Singapore's Global Schoolhouse [J]. International Higher Education, 2015 (48): 3 – 4.

③ SkillsFuture: 2016 Year in Review [EB/OL]. SkillsFuture Singapore, 2017 – 05 – 02.

划，约 12.6 万人使用了该补助，仅占有资格总人数的 6%。

根据精深局 2018 年 2 月 1 日发表的《技能创前程计划进展报告》，2017 年约 16 万名新加坡人首次动用技能创前程培训补助来进修课程，该项补助计划推出逾两年来，总共约 28.5 万名民众受惠。该计划在三个方面得到发展：（1）扩大了大学院校参与；（2）与人民团体和工商协会等伙伴合作，协助民众了解并推广该计划；（3）参考各产业转型蓝图的制定，聚焦新兴和关键技能。精深局另发表《培训与成人教育产业转型蓝图》，主要目标不仅为相关领域创造工作，而且强调如何支持其他产业转型。精深局希望通过该蓝图提高培训企业的专业性和生产力，并计划于 2018 年颁发60 份技能进修奖给相关领域专业人士，高于 2017 年的 34 份。①

据教育部长王乙康在 2018 年 10 月 3 日出席第五届"国际工艺与职业教育研讨会"上的讲话，技能创前程培训补助计划自 2016 年 1 月推行至今，约有 2.5 万项培训课程供选择，有 37 万名民众使用该补助进修，其中资讯通信科技、房地产买卖及职业驾驶课程最受欢迎。另外，精深局于2017 年 10 月为就业人士推出的技能创前程就业培训指导计划也取得良好成效，超过 3.1 万人从中受益。②

在 2019 年 6 月 28 日第二届技能创前程节开幕时，新加坡教育部兼贸工部高级政务部长徐芳达的讲话公布：根据调查，新加坡成人培训率从 2015 年的 35% 提升至 2018 年的 48%，使用技能创前程培训津贴的企业也从 2011 年的 9000 家增加到 2018 年的 1.2 万家，说明技能创前程自推出以来取得了积极成果，但不同企业间的培训进展出现失衡。与大公司相比，中小企业的投入明显不足。徐芳达引用全国工资理事会一份报告称："中小企业雇用了全国约 70% 的劳动力，但仅占获雇主支援培训的 1/3。"③

2020 年，新加坡教育部推出"教育工作者技能创前程计划"，为教师制定专业发展蓝图，蓝图着重于六个方面，包括评估素养、差异教学、探

---

① Skillsfuture Singapore Annual Report 2017 ［R］. SkillsFuture Singapore，2017.
② 技能创前程培训补助已让 37 万国人获进修 ［N］. 新加坡联合早报，2018 - 10 - 04.
③ 在技能创前程补贴基础上，中小企可申请高达 1 万元额外培训津贴 ［N］. 新加坡联合早报，2019 - 06 - 29.

究学习、线上教学法、品格与公民教育，以及对有特殊需要学生的支持。教育部长王乙康在国会拨款委员会辩论部门开支预算时说，老师一直以来都要不断提升专业水平，以确保教学方式和知识与时并进。要确保专业培训有效果，应该由老师自己决定需要接受哪方面的培训。[①]

在 2020 年 8 月 13 日的"成人学习研讨会 2020"开幕致辞中，教育部兼人力部政务部长颜晓芳表示：为了加强本地培训与成人教育领域的数码转型，精深局和资讯通信媒体发展局，在成人学习学院的协助下，将推出"培训与成人教育产业数码化蓝图"。还宣布接下来会在成人学习学院增设新的"全国职场学习中心"，专门为成人教育工作者提供技能培训，让他们帮助中小企业建立内部培训系统。[②]

2021 年 1 月，精深局企业联系处编辑发表小册子《为企业而设的各项技能创前程计划》，用图文方式简洁介绍企业可选择的培训内容和关键信息：（1）"新心相连"就业与技能配套，包括"新心相连"就业计划、"新心相连"毕业生实习计划、"新心相连"技能提升计划。（2）升级版培训支持配套，包括课程费用津贴和升级版缺勤补贴的最高额度规定，提示有效期至 2021 年 6 月 30 日，并列举指定培训机构。（3）不同行业的技能框架查询，涵盖高级管理层、中级管理层、营运职位的 1800 多种技能框架；还推介了三种实用资源，包括"技能框架下的人力资源技术解决方案""免费一日技能框架工作坊""预填充的技能框架模板"。（4）不同行业的课程共 8000 多项。（5）技能创前程新兴技能系列，包括各种短期课程，以及各种初级、中级、高级课程。（6）提升关键技能的核心课程，包括 350 多项通识课程和专为中小企业雇主设置的领导力培训课程。（7）技能创前程工读计划；技能创前程企业补助计划及实例。（8）全国职场学习中心提供的培训与咨询服务：分析培训需求；制定在职培训蓝图；开发职场培训师的指导技术；发展职场导师制度；采用可持续职场学习系统。（9）其他技能创前程企业扶助平台、资源与措施。[③]

---

① 教育部推出教育工作者技能创前程计划［EB/OL］. 8 视界新闻网，2020 - 03 - 04.
② 培训与成人教育产业数码化蓝图将推出［N］. 新加坡联合早报，2020 - 08 - 13.
③ EEO Engagement Deck Bilingual［EB/OL］. The Association of Process Industry, Singapore, 2021 - 01 - 29.

根据 2022 年 2 月 8 日精深局公布的最新年度报告，利用技能创前程的各项补助来提升技能的人数连年增加，2018 年 46.5 万人、2019 年 50 万人、2020 年 54 万人、2021 年则达 66 万人。参与项目包括技能创前程培训补助、"新心相连"技能提升计划和中途转业人士见习计划等。2021 年有超过 24.7 万人利用培训补助抵消课程费用，比 2020 年的 18.8 万人多约5.9 万人，上升 30%。选用课程类型包括长期课程和短期课程，还有 3 万多人选读新兴技能系列课程，学习热门的数据分析、科技驱动服务等知识。另外，2021 年有 2.4 万家企业参与精深局支持的项目，较前年的 1.4 万家大幅增加超过 70%。其中技能创前程企业补助最受欢迎，超过 1 万家企业利用补助让员工接受培训。[1]

2021 年 12 月 10 日，精深发展局首次发布《未来经济技能需求》报告书，列出新加坡经济未来 1 ~ 3 年需求最迫切的技能和就业机会。这份报告全面系统地剖析经济发展、人力需求与技能要求，为在职者、职场新人、学生、雇主和教育机构提供指引。报告指出，数码经济、绿色经济和关护经济是三个高增长领域，并列举了这三个领域未来最可能需要的 20 种优先技能和相应的就业机会，并为求职者提供培训建议，人们可以据此规划自己的培训路线图。[2]

2. "技能创前程"运动实施评价

技能创前程是新加坡的一项重大的持续的全民运动，运动符合新加坡转型发展需要，也符合其对人才质量持续提升的需求。在技能创前程行动中，政府投入保障充分，组织协作性突出，拓展深入，步骤清晰，达到了全民参与的目标。

通过政府购买服务的模式充实了技能创前程培训项目和培训课程。这种模式，一是起到了充分动员的作用；二是有效利用了市场资源，既有利于敏感捕捉市场需求，也有利于市场竞争下获得更好的产品及服务。市场机构和社会组织提供培训服务，而雇主、雇员和学生享受服务。丰富的培

① 去年 66 万人用精深局补助提升技能　创历来新高 [N]. 新加坡联合早报，2022 – 02 – 08.

② 社论：加强劳动力队伍技能储备 [N]. 新加坡联合早报，2021 – 12 – 10.

训课程主体，不仅包括大学、理工学院和工艺教育学院等高等教育部门，还有被政府认证的专业培训机构，而且社会组织也参与其中。比如，人民协会在 2016 年 1 月推出了"未来技能 @ 人协"计划；又如民众俱乐部和联络所也开设内容丰富的课程，包括插画、糕点、按摩、手机与社交媒体等。可见，该运动参与的全民性得到极大提升。

除了前述统计数据和事实案例能够证明技能创前程运动的成果，还有一个终极目标的衡量——培养终身学习文化。正如教育部长王乙康（2016）曾经阐释的：希望更多新加坡人更早地认识到自己的兴趣，自己一生中的精专技能是什么，并在这方面发展；也希望能够看到新加坡人在不同领域工作，并受到其他人的尊敬，而且也敬业乐业，把工作做好。"这是不能衡量的文化上的进化。"王乙康也说："终身学习是我们需要具备的一种价值观、一种态度和一种技能……我们有一些但不是确定的想法。然而，我们所知道的是未来事物的形状。我们知道，我们的学生需要在他们的视野中具有韧性、适应性和全球性。在他们的余生中，他们必须离开教育系统仍然感到好奇和渴望学习。"[1]

从计划实施效果来看，新加坡"技能创前程"全民运动基本实现了其宗旨：一是继续教育，终身学习；二是不仅为了拿文凭，而是要掌握精专技能。新加坡人基本形成了终身学习的氛围。但是，与终身学习、多元发展相对应的"成功"理念上，新加坡社会的文化仍然是传统狭隘的，这与社会价值评价体系密切相关。

新加坡外交部巡回大使许通美曾在电视节目中直言：新加坡是一个被金钱统治的社会，非常势利眼，而且阶级观念非常严重。看不起没受过良好教育的人、看不起穷人……他呼吁，疫情应该让新加坡人意识到，低收入工作者对新加坡安全和福利的重要性，比如，护士的薪水过低，对脑力工作者和体力工作者的薪酬悬殊情况，应该更公正对待。

新加坡政府对此类观点和意见表示注意，并做出了回应。如 2022 年 8 月宣布自 10 月起，教育部属下的教师、教育协作人员和幼儿园教师将从

---

[1] 教育部长王乙康在学校工作计划研讨会上的开幕致辞［EB/OL］. 新加坡人力部网站，2018 - 09 - 28.

2022 年 10 月起获得 5% ~ 10% 的加薪（上一次调薪是在 2015 年，教育部幼儿园则是 2019 年才开办）。[①] 又如，政府已采纳零售业劳资政工作组的建议，从 2022 年 9 月 1 日起，约 1.4 万名全职收银员和零售助理将获得加薪，不包括加班费在内的总月薪须达到 1850 元以上；并且将落实零售业渐进式薪金模式（PWM），据此零售业从业者的薪资在 3 年内有望增长 18%[②]。2022 年新加坡护士节前一天，新加坡卫生部宣布，为感恩护士在新冠疫情期间的付出，2.5 万余名护士将获得 2022 年护士特别奖励金，奖金金额相当于基本薪金的 1.7 ~ 2.1 个月。

所以，对于"成功理念的拓展""唯才是举定义的扩大"这种社会认知和相应基础条件的全面提升，将是新加坡终身学习运动努力追求的长期目标。

10.4　人才激励举措成效

将人力资源和知识资本作为主要竞争优势，利用科技创新来增强国际竞争力，这是新加坡国家经济战略委员会 2010 年提出的经济战略。新加坡政府提出一系列国家计划（"国家科技发展五年计划"和"智慧国"计划等）与蓝图（"智能城市 2015""智慧国 2025"），推动着科技创新；专门设立国立研究基金会，来承担制定新加坡研究、创新与创业五年计划和科研创新政策；并斥巨资来支持研究、创新和企业。

如前所述，新加坡企发局提供三种类型的商业计划，来鼓励企业家创业与创新；通过本地人才培养与外部人才引进相结合来支持科技创新；在产业创新层面，尤其是对新兴科技行业，通过提供创新空间、支持生产力提升项目、设置创新专项、培养津贴支持、海外学习等方式，对企业和人员给予创新激励；并且通过薪酬激励、优化职场的基金支持计划、企业表

---

① 教育部属下的教师和教育协作人员 10 月起将获得加薪［EB/OL］. 8 视界新闻网, 2022 - 08 - 16.

② 政府采纳工作组建议约 1.4 万名全职零售员工获加薪［N］. 新加坡联合早报, 2022 - 08 - 15.

彰和劳资政三方协调等方式不断改善职场环境，提升人力资源服务水平。在这样的综合努力下，产生了显著的人才激励成效。

10.4.1 创新创业人才激励成效

新加坡关于人才激励的诸多努力产生了多方面成果。从创新创业人才吸纳与激励方面看，大学、科研院所通过每年提供 60 个国家科学奖学金名额、140 个新学科研究生奖学金等措施，吸引优秀海外学子到来；通过设立跨国跨学科研究中心和项目，吸引 1000 名左右来自世界一流大学和相关机构的科研人员开展协同研究；针对不同创新创业人群，设计了诸如"专业技术人员和技能人才""科技局优秀青年科学家""企业家移民"等分门别类的人才引进计划，并保障相应的科研资助和待遇。[①]例如，新加坡科技局设置总统科技奖章、总统技术奖和优秀青年科学家奖[②]等项目，对相关领域的杰出科学家给予高额的科研奖励和科研支持。2022 年总统科技奖章颁给了新加坡国立大学杨潞龄医学院的洪万进教授，他也是新加坡科技局分子与细胞生物学研究所执行主任；总统技术奖颁给新加坡南洋理工大学土木与环境工程学院土木与环境工程系主任、南洋环境与水资源研究所新加坡膜技术中心主任王荣教授；优秀青年科学家奖获奖者是新加坡科技局生物工程与生物影像研究所高级科学家毕仁哲博士和新加坡国立大学理学院化学系校长助理教授许民瑜（Koh Ming Joo）博士。[③]

科技准证的批准情况——2022 年 2 月 24 日，新加坡企业发展局和新加坡经济发展局的联合官方微信账号"企航新加坡"发布的文章指出，"自 2021 年 1 月新加坡科技准证推出以来，已有 180 名左右的海外科技企

---

①　邱凤才. 新加坡集聚创新创业人才的主要做法［J］. 中国人才，2022（3）：62.

②　青年科学家奖（YSA）旨在表彰 35 岁及以下的年轻研究人员，他们在新加坡积极从事研发工作，并在其专业领域展现出成为世界一流研究人员的巨大潜力。该奖项由新加坡国家科学院管理，并得到新加坡科学技术研究局的支持。奖项分为两类，即生物和生物医学科学；物理、信息和工程科学。

③　资料来源：新加坡科技局网站。

业家和专家在新加坡顺利获得了工作准证。"①

创业准证的条件更新——创业准证几经修改，从 2021 年的最新条件可以看到收紧意向，条则甚至细化到了第 20 年更新准证的要求。具体来看，对专业人士、管理与经营人员（PME）的薪水要求更高，人数要求增加。这和新加坡政府一直强调创造更多 PME 工作机会有关；也可预见创业准证以后会进一步向专才需要多、科技含量更高的行业倾斜。

其中，新加坡人才引进和创新成效最显著表现在生物医学方面。早在 20 世纪 80 年代，新加坡建国元老吴庆瑞就看到了生物医学的潜力，支持成立了分子与细胞生物学研究所。20 世纪 90 年代，新加坡决定大力推动生物医学。国家科学技术委员会（现在名为新加坡科技局，也称 A＊STAR）负责从顶尖大学和研究机构吸引最优秀的生物医学科学家、研究人员和工程师。时任国家科学技术委员会主席的杨烈国环游列国，亲自向业内尖子和后起之秀推销新加坡。他把尖子称为"鲸鱼"。这些"鲸鱼"和后起之秀被吸引来到了新加坡，同时也把实验室、学生和团队都带到了新加坡。"鲸鱼"对本地人才进行培养和指导，这些本地新手被称为"孔雀鱼"，政府给数百名"孔雀鱼"颁发奖学金，支持他们在生物医学领域一路读到博士毕业，有朝一日成长为"鲸鱼"。这样，新加坡创造了生物医药产业生态系统。目前，早期培养的"孔雀鱼"已经苗壮成长，本土科学家现在正在尖端研发的一线，一部分已成为科研的领军人物，领导着自己的团队。有些人则创立了初创公司，对自己的科研发现进行开发和产品化。现在，蓬勃发展的生物医学领域创造了 2.5 万个就业岗位，贡献了新加坡制造业总值的近 1/5。

新加坡还吸引了包括法国制药公司赛诺菲和德国生物技术公司拜恩泰科在内的疫苗生产领军企业。在新冠疫情期间，新加坡许多人接种了辉瑞——拜恩泰科（Pfizer—BioNTech）新冠疫苗。生物制药研究人员（包括新加坡人和外国人）作出了重大贡献，为国际数据分析机构盖斯爱德（GISAID）提供新冠病毒基因组数据共享。这些研究人员也开发了测试盒

---

① 新加坡科技准证（Tech. Pass）已有 180 位科技人才获批［EB/OL］. 企航新加坡，2022 - 02 - 24.

和其他诊断方法，并帮助了解国际上疫苗的开发进度，通过他们的专业网络为新加坡民众及早获得了疫苗和药物。李显龙总理在 2022 年国庆群众大会上表示：如果 30 年前我们没有把这些顶尖人才吸引到新加坡来，并且随后建立起我们自己的生物医学研究团队，并培养本土人才，这一切都不会发生，这就是顶尖人才的作用。

10.4.2　青年人的创新培养激励

新加坡组织各种赛事，推动年轻人创新创业。如 2020 年 7 月在线举行的科技活动"BrainHack"，吸引到了全球 3000 多名学生报名参加，数量是上一年的两倍之多。BrainHack 科技活动由新加坡国防科技局举办，旨在鼓励全世界的年轻人参与学习训练营，提供诸如应用程序开发、网络安全、人工智能等最前沿科技的实操培训。2020 年的项目还包括太空、3D 打印和假新闻检测等方面。李显龙总理 7 月 3 日在社交媒体脸书上分享"BrainHack"盛况，并鼓励年轻人多掌握前沿数字技术。[①]

又如李光耀全球创新创业比赛是新加坡管理大学创新与创业研究院每两年举办一次的赛事，于 2001 年首次推出，目的是汇聚各国大学的人才共同解决 21 世纪城市所面对的挑战。2019 年举办了第 10 届，以"将城市重新构想为智能、可持续和富有活力的社区"为主题。[②]

新加坡政府专门设置"全国青年创业奖"鼓励年轻企业家。2021 年 5 月 14 日，8 名新加坡本地年轻企业家荣获该奖项。这一奖项是由创业行动社群联同非营利组织 *SCAPE[③] 和财经杂志 EDGE 协办的，本届奖项着重奖励在疫情下能通过创新解决方案面对挑战的青年企业家。这个奖分四大组别并颁出八大奖项，四大组别包括：最具影响力企业家奖、大学与公开组、高等教育组、最具创新精神企业家奖。[④]

---

① 李显龙鼓励年轻人探索新科技 [EB/OL]. Fortune Times, 2020 – 07 – 03.
② 李光耀全球创新创业比赛，征创新方案应对城市挑战 [N]. 新加坡联合早报，2019 – 08 – 24.
③ *SCAPE Co., Ltd. 是一家支持青年、人才和领导力发展的非营利组织。
④ 表扬卓越表现：八名本地青年获颁企业家奖 [EB/OL]. 8 视界新闻网，2021 – 05 – 14.

10.4.3　工作满意度调查结果

调查数据表明，新加坡人的工作满意度正在提高，这与新加坡提升生产率、改善工作场所质量、促进工作生活平衡的努力是分不开的。

根据国际咨询顾问公司埃森哲 2013 年 11 月进行的一项调查显示，新加坡人对工作的满意度居全球倒数第五。虽然较 2012 年倒数第二的排名稍有改善，但仍有高达 68% 的受访白领表示对目前的工作感到不满，其主要因素包括自认为付出与收入不成正比，以及在现有职位无进步空间。①

2019 年 1 月 16 日，一项由新加坡的 500 多名参与者的调查结果表明，工作效率使他们对自己的工作满意度更高。调查报告称，当雇主投资员工，员工接受足够的培训，能有效地执行任务，是提高工作满意度、增加工作愿望和提高员工留用率的一个关键因素。另外，新加坡的公司支持和鼓励员工们在工作与生活之间取得一个平衡。这样的平衡让新加坡员工们的满意度也有所上升。②

而据 2019 年另一组对新加坡 4.5 万多名来自各行业员工的调查发现，超过 7 成的新加坡人对公司感到满意，但却在亚太区中排名倒数第二。③ 报告中显示，新加坡 67% 的员工认为，他们的公司是好公司。但这个比率比亚太区的 75% 和全球的 76% 低。而 1/3 的新加坡员工表示，不确定自己是否有发展的机会，对于工作量是否比其他地区的同辈少，表示不乐观。④

新加坡人力部于 2021 年下半年对将近 2000 名外籍女佣和雇主进行调查，结果显示，大约 99% 的外籍女佣对工作和生活感到满意。⑤ 2014 年人

① 新加坡人工作满意度全球倒数第五［EB/OL］. 新华新闻，2014 - 03 - 04.
② 在新加坡的工作，你满意吗？最新员工满意度报告结果出炉［EB/OL］. 狮城新闻，2019 - 02 - 12.
③ 而排名前三的是印度尼西亚、菲律宾和越南，满意度达到 82%。中国和印度则排在第四，满意度为 81%。
据悉新加坡员工对雇主的满意度连续第三年下滑，和全球雇员对雇主的满意度呈上升趋势形成强烈对比。
④ 资料来源：狮城新闻。
⑤ 人力部调查：约 99% 外籍女佣对工作生活满意［EB/OL］. 8 视界新闻网，2022 - 06 - 08.

力部也有一项样本数量为 4000 名外籍客工的随机问卷调查，调查结果显示：90% 的外籍客工对雇主和目前的工作情况很满意。[①]

满意度调查结果是主观评价，且受到样本数量及其他因素的影响，在一定程度上反映新加坡关于工作条件方面的现实与努力。从总体上看，新加坡的工作环境改进是有效果的。从中可以总结出：提高工作效率、促进生活平衡、培训提升雇员技能水平方面是令人满意的因素；而工作晋升难、竞争压力大是主要的负面因素。

10.5　人才融入与社会和谐促进的实效

新加坡重视外来人才的融合，通过设立国民融合理事会专门机构、设立社区融合基金、开展"新加坡公民之旅"活动等方式，并发动政府各部门和社会组织共同推动新移民对新加坡的认识与融入，促进国民融合。

10.5.1　外来人才的融入效果

新加坡李光耀公共政策学院政策研究所与种族和谐资源中心 OnePeople. sg 从 2018 年 8 月至 2019 年 1 月，针对约 3000 名新加坡公民和永久居民展开调查，还额外访问 1000 多名马来与印族同胞。调查结果显示，新加坡国人对外国出生者的接纳度过去 5 年来大致保持不变：九成受访者欢迎不同国籍人住在同一邻里，87% 的受访者认为他们能从移民身上学到不同的文化，72% 的受访者愿意和新移民会面与交流。

调查也显示，有越来越多新加坡人愿意接纳外国人为家庭成员，但在公司里对外国人的接受度却小幅下降。2013 年有 75.6% 的受访者能接受外国出生者成为他们的上司，最新数据略滑至 74.6%。2013 年有 53% 的受访者可以接受外国出生者成为他们的妯娌和连襟，2018 年的比率增加至 55.9%。

---

① 资料来源：新加坡眼。

政策研究所高级研究员马修（Mathew Mathews）博士认为："面对经济放缓的情况，国人或许更难找到工作，也容易和外来移民作比较，这或许让一些新加坡人感到不安。但数据显示，大多数国人都了解新加坡需要外来人力以保持竞争力。新加坡并不是一个排外的国家。"①

另外，在2019年的国民融合理事会10周年大会上，文化、社区及青年部长傅海燕也对社会上出现的排外事件予以回应："尽管调查结果反映良好的趋势，社会仍旧必须以文明的方式讨论这类课题，才能确保它不导致社会分化"。她也强调，新加坡目前正面对身份政治的威胁，因此国人和政府都必须保持警惕，避免宗教和种族议题干预政治。

在外国人才融入问题上，只看统计或调查数据是不足够的，往往典型事件更影响新移民的印象与情绪，更影响融入感。

2020年一篇由"亚洲银行家"咨询公司（The Asian Banker）创始人伊曼纽尔·丹尼尔（Emmanuel Daniel）② 撰写的博客文章《新加坡不配高博德》（Singaporeans don't deserve Piyush Gupta）在网上掀起了激烈的讨论。来自印度的高博德在2009年接管了星展银行之后，大刀阔斧进行了很多改革，极力推进创新和金融科技，并且在印度和印度尼西亚都开设了业务。在他的带领下，星展银行多次被评为"世界最佳银行"。但高博德最近遭到很多质疑，有人拿出一张照片说"星展银行已经被印度人占领"。逼得李显龙总理亲自出来辟谣说这张照片其实是几年前在星展银行的孟买办公室所拍摄的。而在2020年9月初的新任国会辩论中，围绕外籍员工在新加坡就业市场中的地位，新加坡朝野政党展开了激烈辩论。外籍就业人员到底是为新加坡发展提供了强大的推动力，还是挤压了本地人的就业机会再一次引发了广泛的关注。反对党议员梁文辉提出，新加坡最大的银行星展银行的总裁已经连续22年不由新加坡人担任，如果新加坡不能在就业层面保障新加坡本地人的利益，恐将成为世界的笑柄。梁文辉还强调，希望政府可以控制在新加坡外籍员工的增长速度以保障国民利益。③

加上新冠疫情的冲击，令新加坡许多公司裁员减薪，2020年失业率也

---

① 调查：国人对新移民接纳度维持平稳［N］. 联合早报，2019 – 08 – 04.
② Emmanuel Daniel 是出生在马来西亚的印度裔。
③ 新加坡关于外来人才的激辩［EB/OL］. 狮城新闻，2020 – 09 – 24.

创自 2009 年金融危机以来的新高。本地新加坡人埋怨外国人抢工作，加上全球保守主义兴起的影响，多重因素交错形成了对外籍员工越来越不友善的工作环境。

当然，朝野之间的辩论、新加坡人的忧虑也不是没有根据的。比如，来自印度的专才集中在金融业和金融科技领域的中层和高层现象由来已久。2020 年 9 月，时任交通部部长王乙康在国会中说，在金融机构任高级职位的新加坡人增加超过五成，从 2014 年的 1700 人增至 2019 年的 2600 人。在金融业高级职位中，新加坡公民占比仅 44%，永久居民占 20%，外国人占 36%。2021 年 7 月初，国会针对"新加坡—印度全面经济合作协议"引起的争议进行过辩论，透露了许多相关数据，如来自印度的就业准证持有者比率从 2005 年的 13% 倍增至 2020 年的 26%。人力部长兼贸工部第二部长陈诗龙认为，这反映出全球科技人才需求激增。同一时期内，本地新增的 PMET（专业、管理、经营与技术人员）工作大多由新加坡人获得，过去 15 年就业准证持有者增加 11.2 万人，而本地 PMET 的增加超过 38 万人，与此同时，本地仍有 2.2 万个职位空缺。随着越来越多外国企业在新加坡设立区域或全球中心，新加坡人更关心的是外资带来的更多高管职位是否能让国人成为主要受惠者。

另一个典型事件是，近年来新加坡开始出现关于新移民是否具有"真正新加坡人"身份的讨论。不少具有一定社会地位的人士成名后，本地网民经常对其出生及国籍背景进行审查，以确认其是否出生便是新加坡公民，是否在新加坡接受教育及服役，还是取得一定成就后才移居的新公民。比如，2021 年 5 月 2 日，字节跳动首席财务官新加坡公民周受资（Chew Shou Zi）上任仅一个月后，又被任命为抖音海外版 Tiktok 的首席执行官，在新加坡国内引起了较大反响。由于他的名字拼写特征，以及曾任小米等中国公司高管，不少讨论聚焦于他是否是"真正的新加坡人"。他的同学和同袍分享他读书或服役的一些故事，才佐证了他的真正新加坡人身份。这一趋势与国际上的民粹主义思潮如出一辙。

可以说，有关真正新加坡人的讨论是新加坡人对于自身国民身份认同危机的一种表现：一方面，需要外来人才进入以维系经济发展；另一方面，又由于和新移民在文化上和生活经历上的不同而耿耿于怀。对此，李显龙总理在 2019 年的国庆群众大会上，援引历史来让本地公民尤其是华族公民更加全面地了解新加坡华人此前的身份认同困境；并告诫新加坡人需对新移民具有耐心。所以，如何解决本地公民对新移民的不信任，并在维持自身独特身份的前提下与后者的历史、文化实现和解共生，是新冠疫情结束后新加坡面临的重要问题。①

10.5.2　职场歧视与冲突

新加坡三方公平与良好雇佣联盟数据显示，该机构 2013 年共收到 475 起有关职场歧视的投诉，比上一年多 172 起，增幅超过 50%。国籍歧视、年龄歧视和语言歧视是公众投诉的三大热点。同时，该机构收到的询问和反馈意见也显著上升。据统计，全年收到的询问、反馈和投诉共有 3396 起，同比增加 56%。②

在 2022 年 5 月 28 日的种族和谐资源中心与新加坡政策研究所联办的社区领袖大会上，卫生部兼人力部高级政务部长许宝琨公布说，三方公平与良好雇佣联盟从 2014～2021 年上半年，平均每年接获 379 起涉及职场歧视的投报，但多数和雇员国籍、年龄和性别有关，因个人残疾、种族和宗教信仰的歧视较少。而学者开展于 2019 年的调查显示，有超过 45% 的马来或印族同胞，认为他们在找工作和职场升迁上，有时或经常受到歧视。③

又根据新加坡人力部公布的 2021 年公平雇佣调查结果，3682 名受访者中，8% 表示过去一年在职场受到歧视，与 2018 年的 24% 相比大幅减少。这些人当中，多数年龄超过 40 岁，歧视事故大多与他们的职业生涯发展、薪酬和晋升问题有关。此外，有 1/4 的受访者反映在求职过程中遭到歧视，也明显低于 2018 年的 43%。这些求职者中，有 18.9% 认为是因为

---

① 海国图智研究院. 新加坡人的身份认同：谁才算真正的新加坡人 [EB/OL]. 欧亚系统科学研究会网站，2021 - 08 - 17.

② 职场歧视投诉去年 475 宗，多抗议雇主没给平等机会 [N]. 星洲日报，2014 - 04 - 29.

③ 每年平均接 379 起 TAFEP：职场歧视投报多与国籍年龄性别有关 [N]. 新加坡联合早报，2022 - 05 - 29.

年龄受到歧视，6.9%是由于母亲身份，6.3%认为是种族原因，6.2%认为是国籍原因。[①]

由此看来，一方面，新加坡职场歧视问题（包括国际、种族、性别、年龄等）越来越被重视，公平雇佣的诸多努力发挥了一定作用，降低了职场歧视程度；另一方面，在促进外来人才融入、与本地人的平衡、各种族和谐相处上，仍然是新加坡政府和社会面临的一大关键课题。

10.6 新加坡人才管理的累积性成果

人才管理的累积性结果主要体现在人才积累水平、人才评价结果和劳动生产率变化等数量指标上。

10.6.1 人才积累水平

经过持续的教育提升与终身学习运动，新加坡拥有了十分具有竞争力的劳动力。根据新加坡2020年人口普查报告数据，在25岁及以上的居民中，58.3%获得了大专或更高学历，高于2010年的46.5%。新加坡人受教育情况2020年与2010年的对比如图10-10所示。可见，新加坡人的受教育程度明显提升。目前，超过30%的劳动力拥有大学学位；15%的劳动力拥有专科文凭或专业资质；超过70%的受教育居民具备两种以上的语言阅读能力；成人识字率高达97.5%。

而且，新加坡女性受教育程度的提升更为明显，在55岁及以上居民中，具有大专以上学历的男性比例为34%，女性为22.8%；而在25~34岁的人群中，女性获得大专以上学历的比例为90.2%，已经超过了男性受高等教育的比例（90%）。

---

① 公平雇佣调查：职场歧视情况改善，8%雇员反映面对职场不公［N］. 新加坡联合早报，2022-03-23.

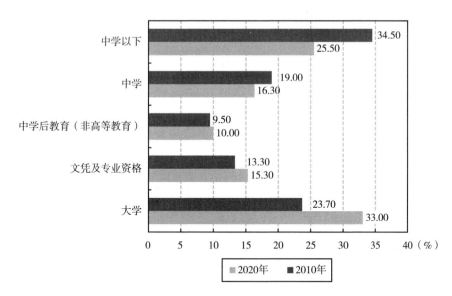

图 10 - 10　新加坡人受教育情况

资料来源：新加坡 2020 年人口普查报告数据。

根据世界经济论坛公布的全球受教育程度国家排名①（这一排名也是全球综合竞争力报告的一部分），对每个国家的中学教育入学率和高等教育入学率进行比较与分析，新加坡排名第一。新加坡在世界经合组织开展的 PISA（2015，2022）测试②中，科学、数学、阅读三个方面夺冠；而且在 2018 年的报告中，当年新增的国际化素养评估项目，新加坡也排名第一。根据《国际数学与科学研究趋势》（TIMSS）2019 报告，新加坡中小学生的数理能力名列全球第一。英国 Vouchercloud 门户网站也曾经发布"全球最聪明国家与地区"榜单，这项排名基于三大因素——诺贝尔奖获得者人数、人口平均智商和小学生学习成绩，这三个因素分别代表一个国家国民过去、现在、未来一代的智力，新加坡在代表现在和未来一代的人口平均智商和小学生学习成绩两项都排名全球第一。③ 另外，新加坡的

---

① 世界经济论坛基于各种因素编纂了一个指数，用来衡量各个国家的受教育程度。该指数从 1～7，1 表明该受教育程度最低，7 表明该国受教育程度最高。

② 从 2000 年起，经济合作与发展组织（OECD）每 3 年会组织一次针对各个国家 15 岁学生的能力测试，包括科学、数学、阅读等核心素养。

③ 资料来源：环球网。

国际课程（IB）成绩也经常位列全球第一。

10.6.2　创业环境与创新能力

根据最新发布的2021年《全球创新生态系统报告》，新加坡在亚洲和全球的排名与2020年一样维持不变，亚洲排名第5，全球排名第17。[①] 这项研究由国际创业调查公司创业基因组（Startup Genome）牵头，并与全球创业网络和本地的创业行动社群（ACE）合作完成。报告主要根据绩效、资金、连接性、市场覆盖率、知识和人才六个因素，给各城市评分和排名。2021年报告涵盖全球300多万家公司、近300个生态系统的数据，以及全球1万多名初创公司高管的调查。报告显示，新加坡表现与2020年相似，在资金、连接性和市场覆盖率三个因素方面的得分颇高，在1～10分的评分中，分别取得8分、6分和6分；同时在人才（5分）、绩效（4分）和知识（1分）[②] 三个因素上有待改进，尤其知识维度还是明显短板。一个强大的创业公司生态系统，需要创业企业、高等教育机构和投资者的紧密协作，并能充分利用创意、资金和人才等各类资源。促进知识和人才的无缝转移，是新加坡下一步努力支持创业公司的重点。

在世界知识产权组织发布的2021年全球创新指数[③]中，新加坡在全球最具创新力的国家排名中位列第8。新加坡在"创新投入"次级指数中排名第1；"创新产出"次级指数位次也提升了两位，从2020年第15位升到了第13位。

新加坡在全球创新指数中七大维度的具体表现：（1）制度维度，新加坡在此维度总排名第1，并在政治环境和监管环境这两个传统强项指标中位列第1。（2）人力资本和研究维度，排名第9。（3）基础设施维度，排

[①] 就全球而言，起步公司生态系统排名第一的是美国硅谷，纽约和伦敦排名并列第二，北京和波士顿则分别排名第四和第五。

[②] "绩效"主要反映各城市的创业生态系统的领先指标；"知识"则是通过研究和专利活动衡量该生态系统的创新水平。

[③] 全球创新指数主要是对各个经济体的创新能力进行排名，包含两个次级指数（即创新投入分指数和创新产出分指数），以及被分成七大支柱（即制度、人力资本和研究、基础设施、市场成熟度、商业成熟度、知识和技术产出、创意产出）的80多项指标。

名第15。（4）市场成熟度维度（主要是用于评估经济体的市场条件和交易水平），新加坡排名第5，尤其是在投资子维度的排名从第2上升到了第1。其中，与融资有关的两个新指标，即"风险资本投资者"和"风险资本接受者"指标均排名第1。（5）商业成熟度维度（旨在评估商业环境对企业开展创新活动的有利程度），新加坡排名全球第3，并在"知识吸收"指标上排名第1（2020年排名第2）。其中，"创新联系"子维度排名第13（2020年排名第18）。（6）知识和技术产出维度，新加坡排名从第14提高到了第13，在高科技制造和高科技出口指标上均位居榜首，在两个与专利有关的指标中的排名也有所提高。（7）创意产出维度，新加坡排名从第18提升到了第17，用于衡量全球移动应用下载量的移动应用创建指标排名位居首位。[①] 新加坡之所以取得创新排名的优秀成绩，除了制度、商业成熟度和市场成熟度优势突出，"人力资本和研究支柱"（排名第9）对创新起到了重要的人力支持作用；"知识吸收"子维度排名第1，据分析是新加坡在外国直接投资净流入（由2020年的第4位上升到了第3位）和研究人才流入（由2020年的第23位上升到了第21位）等指标的提升巩固了其在知识吸收方面的领先地位。

实际上，在过去的10年里，新加坡在这个排行榜中一直都保持着不错的成绩（见表10-5），但从中也可看出在全球范围内相对位次的下滑。

表10-5　　　　　　　　　　　新加坡历年全球创新指数排名

年份	2021	2020	2019	2018	2017	2016	2015	2014	2013	2012	2011
排名	8	8	8	5	7	6	7	7	8	3	2

资料来源：根据世界知识产权组织历年发布的《全球创新指数》报告整理而得。

根据彭博社发布的2021年彭博创新指数[②]排名，世界60个最具创新力的经济体排名当中，新加坡排名第2，仅次于韩国，第3名是瑞士，而

---

① 2021年全球创新指数［EB/OL］. 世界知识产权组织网站，2021-09-21.
② 彭博创新指数是一项用来衡量经济体创新力水平的指标体系，主要考虑研发、制造、高等教育、生产力、高科技公司、专利、研究人员等方面的因素。其数据来源于世行、国际货币基金组织、世界知识产权组织等，该指数每年都会更新一次。

美国则跌落出世界排名前十。彭博创新指数（bloomberg innovation index）使用 7 个均等加权的指标来衡量，新加坡各分项排名分别为：研发投入（17）、制造能力（3）、生产率（6）、高科技公司集中度（18）、高等教育（1）、研究人员集中度（13）和专利活跃度（4）。① 可见，相对于总体位次，"高等教育"排名第一，贡献更大；而"研究人员集中度"排名第 13，远低于总体位次。由此可见，新加坡人才培育水平较高，但研究人才存量还不足。

10.6.3 劳动生产率变化

劳动生产率是指劳动者在一定时期内创造的劳动成果与其相适应的劳动消耗量的比值。劳动生产率的状况是由社会生产力的发展水平决定的，其高低主要取决于生产中的各种经济和技术因素：（1）劳动者平均熟练程度；（2）科学技术的发展程度；（3）劳动组织和生产管理等的好坏；（4）生产资料的规模与效能；（5）自然条件；（6）生产过程的社会结合。劳动生产率是这些因素综合作用的结果。其中，人才管理可以通过提高劳动力素质、提升人力资本数量、激励创新等起到促进生产率提升的作用。

2010 年新加坡国家经济战略委员会制定的发展纲要，经济目标是：保持每年 2%～3% 的生产率增长，是过去 10 年年均 1% 增长率的两倍以上，这将使生产率在 10 年内提高 1/3。

根据香港环亚经济数据有限公司（CEIC）统计数据，新加坡 1986 年 1 月至 2022 年 4 月按季度更新的劳动生产率增长数据，平均值为 2.95%。又据《联合早报》2020 年 11 月 24 日报道：新加坡过去 10 年的劳动生产力每年增长 2.8%，不仅达到经济战略委员会设下的目标，也优于大部分先进经济体。②

---

① The Straits Times. South Korea, Singapore lead world in innovation; US drops out of top10 ［EB/OL］. The Straits Times, 2021 – 02 – 03.

② 新加坡过去 10 年劳动生产力优于大部分先进经济体 ［N］. 新加坡联合早报, 2020 – 11 – 24.

10.6.4　世界人才评价

根据世界经济论坛2013年10月1日发布的《人力资本指数报告》，在参与调查的122个国家中，新加坡排在第三位。[①] 评价维度包括教育、健康医疗、劳动力与就业、环境基础和整体指数。

世界银行也于2018年推出人力资本指数（human capital index），对各国在年轻人教育与健康领域上的投资进行比较。这个指数包含五个指标：出生后可活到5岁的概率、受教育年数、学术测试、成人存活率，以及发育不健全的概率。一个经济体对教育和健康的投资越大，其劳动者的创造力和薪资往往越高，从而使该经济体财富值更高，经济更强大。通过对157个成员国和地区的排名，前四名均在亚洲，新加坡排名全球第一，韩国、日本、中国香港紧随其后，中国排名第46。新加坡的人力资本指数高达88。[②]

根据经济学人情报部和Heidrick & Struggles联合发布的《全球人才指数报告：展望2015》，在吸引人才和留住人才能力上，新加坡在60个参评国家中2011年排名第五，2015年排名第六，一直居亚洲国家之首。[③] 又据瑞士洛桑管理学院（IMD）公布的《2018年IMD世界人才报告》（以投资与发展、吸引力、准备度三项指标进行评估）[④]，新加坡超越中国香港拿下亚洲第一，位居第十三。

根据欧洲工商管理学院（INSEAD）和美国研究机构Portulans Institute

---

① World Economic Forum. Human Capital Report［R］. World Economic Forum，2013.

② 世行发布首份报告，"人力资本指数"我国名列全球第一［N］. 新加坡联合早报，2018 – 10 – 12.

③ Economist Intelligence Unit，Heidrick & Struggles. The Global Talent Index Report：The Out Look to 2015［R/OL］. Economist Intelligence Unit，2011 – 05 – 06.

④ 《2018年IMD世界人才报告》主要是根据三项指标进行评估：投资与发展、吸引力、准备度。这些指标底下还细分30几个细项，如教育、学徒制、工作场所培训、语言技能、生活成本、生活质量、薪酬和税率等。除了上述实质的数据之外，这份报告也汇集了63个国家里6000多名企业高管的意见。"投资与发展"衡量的是致力于培养本土人力资本的资源，"吸引力"评估的是一个国家吸引外国人才的程度，以及从本地人才库中留住专业人才的程度，"准备"则是量化了该国人力现有技能和能力的质量。

联合发布的 2021 年"全球人才竞争力指数"（GTCI）[①]，在被评价的 134 个国家中，新加坡凭借良好监管、卓越正规教育及蓬勃就业市场，得分 79.38 分，位列全球第二（见表 10 – 6），紧跟瑞士之后，美国第三。自 2013 年展开这项调查以来，新加坡在全球榜上一直位列第二，唯独 2020 年被美国超越而位居第三。在全球城市人才竞争力指数排行榜中，新加坡也是唯一跻入前十名的亚洲城市，排名第七，稳居亚洲榜首。

表 10 – 6　　　2021 年"全球人才竞争力指数"排名前十位

国家	GTCI 排名	赋能	吸引	培育	留才	中阶技能	高阶技能
瑞士	1	1	4	3	1	1	5
新加坡	2	2	2	2	35	4	3
美国	3	10	12	1	20	3	2
丹麦	4	3	11	9	3	8	10
瑞典	5	4	9	5	5	12	6
荷兰	6	5	13	4	8	11	14
芬兰	7	6	14	10	4	2	16
卢森堡	8	11	1	16	6	21	8
挪威	9	7	18	11	2	6	15
冰岛	10	14	16	18	15	7	1

资料来源：INSEAD. The Global Talent Competitiveness Index 2021 ［R/OL］. INSEAD, 2021.

就 2021 年"全球人才竞争力指数"对新加坡的评价而言，有两点特别值得注意：第一个重点是新加坡在排名世界第二、亚洲第一的亮眼成绩里，在"赋能""吸引""培育""中阶技能""高阶技能"维度都取得相应的成绩位次，但在"留才"这一指标上却排名第 35，明显"拖后腿"。回顾此前的评价（见表 10 –7）发现，一方面，自 2018 年起，这一指标就明显落后，到 2021 年更是下降严重。这与近几年高级人才的流失情况是十分吻合的，对新加坡的人才管理是非常重要的警示。另一方面，从 2013 ~

---

① 全球人才竞争力指数设有六个关键指标，即国内环境、人才吸引、人才培养、人才保留、技术与职业技能、全球知识技能。

2021 年新加坡"全球人才竞争力指数"各指标位次的变化中也可看出，"培育"指标呈上升趋势，尤其是 2020 年升至第 8 位，2021 年更是跃居第 2 位。可反映新加坡"技能未来"计划实施的有效性，也可佐证人才创新创业方面激励的效果。

表 10 -7　　　　2013～2021 年新加坡"全球人才竞争力指数"各指标位次

年份	GTCI 排名	赋能	吸引	培育	留才	中阶技能	高阶技能
2013	2	3	3	11	10	7	6
2014	2	1	1	13	9	2	2
2015～2016	2	2	2	14	5	11	2
2017	2	1	1	13	7	8	1
2018	2	1	1	10	25	8	1
2019	2	1	1	11	26	7	1
2020	3	1	1	8	24	5	1
2021	2	2	2	2	35	4	3

资料来源：根据历年欧洲工商管理学院（INSEAD）发布的"全球人才竞争力指数"报告整理所得。

第二个重点是关于疫情对评分的影响。在最具竞争力的城市中，前 20 名中有 7 个欧洲城市，新加坡是亚洲唯一上榜城市。报告说："超级城市"再次显示出明显优势，因为大城市资源更多，所以在应对疫情所带来的挑战时表现也明显更好。新冠疫情在全球人才领域产生了一系列冲击，将对劳动力市场产生长期影响：第一，疫情重新定义了人才的国际流动性。员工的工作时间、地点和服务对象相关参数发生了变化。在线工具有助于实现工作—生活平衡，也可以"随时随地工作"。这会使在线工作和必须在线下工作的员工间产生新的不平等。第二，各国政府重返中心舞台，经济复苏方案将在未来几年塑造劳动力市场和人才竞争力方面发挥至关重要的作用。在疫情下，各国政府都努力通过注入财政资源、制定具体法律和监管措施，来稳住市场大盘，并保护民众健康和社会凝聚力。在经济恢复并呈现增长的国家，某些关键行业甚至出现了一定程度的劳动力短缺。第三，后疫情时代，一些没有尽快加速数字化转型的经济体可能会很快落后。这种"数字化差异"会使全球的不公平性继续加大。因此，"凡是与数字化变革，以及类似金融、能源、交通、制造业和农业相关行业的'绿色化'都会有很多机遇。"① 例如，瑞士的定位就是强化自己在可持续金融领域的领先地位，新加坡也是着力推行数字贸易和绿色经济，这也正是未来人才需求与管理的一个重点。

人才的竞争力是新加坡国家竞争力的有力支撑。根据瑞士洛桑管理学院发布的《2020年全球竞争力报告》，新加坡连续两年排名第一。报告分析新加坡的成功，在于从坚韧的国际贸易与投资，以及有效的就业和人力市场政策中取得优异的经济表现；同时新加坡稳健的教育制度及先进的科技基础设施发挥着重要作用。而根据世界经济论坛的《全球竞争力报告2019》，新加坡取代美国成为全球最具竞争力的经济体是因为"新加坡拥有先进的科技基础设施、技术熟练的劳动力队伍、良好的移民条例，以及协助创业的高效率机制"。

10.6.5 人才新政效果综合评价

新加坡的人才战略一直居于国家战略的地位，与国家经济发展战略相辅相成，充分反映了国内国际形势的变化与需求，并体现了动态治理的显著特征。新加坡近10余年的人才新政，在人口生育激励、提升就业率、人才的培养与终身学习、外国人才的引进和融入、人才创新激励与工作条件保障和激励等诸多方面作出充分的努力并取得实效。

从目前来看，显示出几项突出成就：（1）"技能创前程"这一终身学习活动成效显著，推动了人才培养模式和学习发展理念的变化，增强了劳动者的职业技能，提升了新加坡整体人力资本存量，为经济转型提供并储备了更优质的人力资源。（2）在吸引人才方面，从教育阶段就已开始，政府向大学和研究机构投入许多资源，以企业的眼光培养外籍人才，并吸引优秀毕业生直接进入人才需求单位，而且人才引进重点明显转向高级人才。（3）在促进就业、提升生产力、改进工作方式与条件、协调劳资关系等方面，产生了积极效果，保持了较高且稳定的就业率，整体劳动生产率

---

① 欧洲工商管理学院．新冠时期推动绿色和数字化工作和技能对提升人才竞争力至关重要[EB/OL]．INSEAD，2021-10-19．

不断提高，雇员的职业生活质量也持续提高，民众享受到了经济发展与社会进步带来的全面提升。（4）人才创新创业激励方面，构建了包括宏观政策、产业部门、企业、学校全面参与在内的一整套创新创业激励体系；刺激了外来企业与企业家的创业，为新加坡带来了更多的更优质的工作机会；培养了青年人的创新精神，激励表彰优秀的青年企业家；创新能力国际评价较高，但相对位次有一定下降。（5）在人才综合竞争力方面，新加坡持续保持高位，是对其长期人才战略系统性、动态调整性、沟通协调性、内外平衡性、务实高效性的高度肯定。

同时，由于新加坡自身规模体量较小，人才平台有限，存在劳动力人口约束、人才外部依赖性较高的问题，加之国内种族融合冲突、国际环境动荡挑战等复杂因素，也面临着突出的人才挑战和危机：（1）虽然刺激生育政策起到了一定作用，但人口数量与结构是新加坡经济社会发展的硬约束。尤其在转型创新的目标下，对外部人才的依赖性越来越大，但在国际政治经济局势高度不确定、疫情又迁延不止的情况下，人才流动受限，劳动力市场不稳定，所以加剧考验新加坡引才政策与举措的应变性与有效性。（2）在对待外籍劳动者的态度上，新加坡国人十分矛盾：一方面，外来移民与本地人之间可能因争抢工作而加剧竞争；另一方面，如果缺乏足够外国劳工的支持，本地经济和就业就会失去活力，进一步导致年轻人出走和养老问题。所以政府要谨慎处理移民和外劳问题。当前，新移民的融合比以往历史时段更为困难，怎样维护种族和谐、增进国家认同感，仍然是严峻的问题。包容、平衡社会的构筑与发展，是新加坡获取优质人才、发挥各种族人才创造力的基础条件，反之处理不好会成为致命伤害。另外，国际国内局势变化、新加坡生活成本上升影响人才吸引力的问题该如何应对也是现实压力。（3）引进高端人才是巨大挑战，新加坡对高端人才的需求是既要有质量又要求数量支撑的。在全球人才大战的背景下，怎样塑造地区优势，怎样培养人才吸引力，怎样分层引进，是个持续的且越来越重要的命题。（4）顶尖人才的流失是新加坡当前面临的重大人才危机。顶尖人才流失意味着创新能力的直接削弱，尤其关键产业和方向的带头人才流失更是带来无法估量的损失，这会直接导致虽能领先却不能引领的负面后果。

对于这些问题与挑战，新加坡政府是有充分的知觉的。李显龙总理在2022年8月22日的国庆群众大会上的讲话中重点强调了如下两个方面。

第一，对低生育率的担忧与重视。他提道："我不担心新加坡没有土地盖房，也不担心新加坡人买不起房子，这些我们都有对策。目前令我束手无策的是——如何有足够的婴儿，长大以后可以住进这些房子里。"

第二，对吸引国际人才的态度。他指出："我们必须建设一流的人才储备。要让每一个新加坡人都能充分发挥自己的潜力。""对于顶尖人才，我们永远都不会满足。这是一个天赋决定国家成功的时代。我们需要专注于吸引和留住顶尖人才，就像我们专注于吸引和留住投资一样。不仅是新加坡这样，世界各国都在努力吸引国际顶尖人才。"

新加坡要抓住机会、利用优势吸引优秀人才。"我们现在有个'机会之窗'……在这种时刻，新加坡值得信赖的品牌和质量、可靠性和效率，以及良好的声誉，给我们带来竞争优势。应对新冠疫情的成绩，让我们可以在同侪之间站立起来。""许多具有特殊才能和技能的人，正在寻找合适的栖身之所，我们要让他们和家属感到安全和受欢迎，同时也给他们提供一显身手的机会。""至于国际企业，则是跟着人才走，哪里有人才，企业就到哪里，它们也愿意找一些政治和政策稳定、制度化运作的地方。"因此，即便在新冠疫情全球大流行时，新加坡经济发展局仍能够引入许多好项目，并继续积极支持高潜能的投资项目落户新加坡。

政府将出台新政策吸引顶尖人才。"世界各国都在出尽洪荒之力吸引国际顶尖人才。在这场全球人才争夺战中，新加坡可不能落在人后。虽然我们可以控制在新加坡的外国专业人士人数，但我们不能停止吸引能够为新加坡作出贡献的顶尖人才。"李显龙还说："新加坡必须牢牢把握这个机会，为疫后的世界争取属于自己的一席之地。新加坡原本已经制定了吸引和留住顶尖人才的计划，尤其是在信息科技行业，但还须努力，尤其是在一些潜力巨大的领域。"同时也宣布，人力部、贸工部等部门即将发布吸引和保留顶尖人才的一系列新政策。

面对当前的人才挑战与危机，未来的新加坡人才战略和政策走向怎样，在全球人才大战中是否能够保持竞争力，人才管理的系统效果如何，还令世界拭目以待。

第**11**章

新加坡企业人才战略与管理实践

　　人才管理的成效依赖于宏观政策举措向微观主体的落实。新加坡政府强化人才管理顶层战略设计，同时也注重人才政策的落实。通过政策的细致解析、新政的充分宣传，利用企业门户和劳动者个人门户网站以及政府部门和企业之间的密切沟通，推动企业运用和落实人才政策并提供优惠支持。不同企业在人才管理中面临的重点任务不同，在宏观政策的运用和支持方面也各有侧重。

　　本章选取新加坡四个典型企业案例，从企业层面探讨人才政策的落实，结合企业实际情况探讨人才管理的战略、挑战和应对措施。四个案例均根据笔者在新加坡实地调研和企业家访谈资料整理所得，涵盖不同所有制、不同行业、不同规模、不同发展阶段等差异型企业在人才管理方面的创新实践。莆田餐馆（Putien）案例是聚焦低技术劳工，研究其在扩张过程中的人才供应链打造和政府政策支持。Evident 最初是一家日资集团的海外子公司，现正处于独立化的初创阶段，其人力资源策略选择与调整充分适应区域人才市场优势，支持企业初创发展战略。星展银行（DBS）作为新加坡国有资本银行，经营绩效卓著，其多元化的人才策略和提升员工职业生活质量的卓越探索值得探讨。力业女佣（Nation）作为第一家以外籍劳动力为主力的上市公司，一方面与国家外劳政策的调整紧密相关，另一方面其人力资源管理中蕴含着丰富的儒家文化启示。

上述几个企业案例的共同特点是，在新冠疫情期间，根据自己的行业特征都享受了政府的帮扶和补助，并根据企业特色进行了战略性调整，不仅平稳渡过难关，而且通过加强人力资源信息化管理及管理模式的完善而变得更富有韧性。可以说，几个案例企业既经受住了外部不可控大事件的考验，又在政府帮助下依赖自身变革实现了进阶升级。

11.1　莆田餐馆如何打造"人才供应链"*

莆田餐馆是一家始建于新加坡的福建菜餐厅，发展 20 余年至今，已经成为海内外知名连锁餐饮品牌。莆田餐馆的发展历程是新加坡餐饮行业的一个典型案例，既体现了企业发展中一种融合的文化特征和创业创新精神，也体现了新加坡在行业支持及人才管理政策方面的应用。

11.1.1　企业背景[①]

莆田餐馆的发展过程大致经历了创业期（2000~2006 年）、品牌建设期（2007~2013 年）和扩张期（2014 年至今）。创始人方志忠先生 2000 年从中国福建莆田移居新加坡，本意在于经营家族电器零件工厂，但感受到新加坡虽然中餐馆不少，却难以找到一家家乡口味的菜馆以解思乡之愁，于是决意开办一家地道的莆田口味的餐馆。由于创始人亲如家长的风格和常年关注食物质量的亲力亲为，被业界亲切地称为"方叔叔"。

莆田餐馆成立之初，仅是新加坡吉真那路一家平凡的街边餐馆，但凭借对食材品质的坚守和传统烹饪精髓的传承，渐渐深入民心，经常出现顾客盈门、排长队等候的情况。2006 年，莆田餐馆应大食代食阁邀请在新加

---

* 笔者于 2022 年 10 月至 12 月，先后三次访谈莆田餐馆董事长方志忠先生、新加坡总经理肖良荣先生和莆田餐饮学院负责人陈娟女士，并到莆田餐馆发源地新加坡吉真那路门店参观其区域培训地与中央厨房，得到陈娟女士和门店经理关于企业发展和员工培训等情况的认真介绍与细致答疑。据此，关注其人才供应链问题撰写了本案例。

① 资料来源：新加坡莆田餐馆网站。

坡怡丰城开设了一间洋溢 20 世纪 40 年代风情的饮食店，短暂经营 6 个月后，莆田饮食店的业绩就超越了食阁内其他摊位的销售量，并且几年中销售量一直排名榜首。同年，莆田餐馆在印度尼西亚开设了第一家海外分店。

2007 年，莆田餐馆的"备受欢迎"得到新加坡国际企业发展局的关注，决定帮助莆田餐馆进行品牌建设。在国际企业发展局的指导下，莆田餐馆逐渐完善了组织架构与管理制度，为发展壮大打下了管理基础。并且，2008 年建立了中央厨房，具备了统一食材供应、统一先期制作、统一配送的能力。"食品供应链"的打造支持莆田餐馆在新加坡各地开设了多家分店；2012 年在马来西亚也开设直营店。

2014 年以后，莆田餐馆已经具备了海外扩张的实力，先后在中国香港（2014）、上海（2015）、中国台湾、广州、北京（2016）、深圳（2017）、菲律宾（2019）、武汉、福州、无锡（2020）、成都、长沙、宁波、青岛、沈阳（2021）开设店铺，2022 年在日本、英国开店。至今，莆田餐馆已经拥有门店共 104 家，其中新加坡 22 家店铺（20 家莆田餐饮门店、1 家素食店、1 家快餐店），中国大陆共 36 家店铺。

莆田餐馆逐渐扩展至亚洲多地，发展数年间建立起良好口碑，不仅受到美食爱好者的追捧，还多次得到专业认可。2016 年、2017 年、2018 年、2019 年、2021 年、2022 年、2023 年，新加坡吉真那路店七年获得新加坡米其林一星殊荣。当前，经历过疫情冲击的莆田餐馆，成功度过餐饮寒冬，仍然勃勃生机。方志忠关于餐馆食物与服务质量、发展战略和组织人才管理都有更多的设想和更高的目标。

探索莆田餐馆的成功发展秘诀，在食物质量和烹饪技法严格把关的基础上，其在人才管理方面的独特经验——"人才供应链"的打造是支撑其质量管理与发展策略的重要基础。供应链管理目标在于保持持续供应、控制成本、降低风险、增进协调与提高效率。人才供应，尤其是餐饮业人员流动性大，受市场冷热情况影响严重。尤其在新加坡服务业劳力短缺，餐饮管理人才不足，加之疫情对行业冲击显著，这些都增加了人才供应管理的难度。莆田餐馆的人才供应链管理是系统工程，包括文化引领、培训赋能、合理调配、弹性用工与激励机制几个方面。

11.1.2 以家文化为基础的人力资源管理

莆田餐馆从建立之初，就秉承"家"的文化。家文化体现在其员工关系与管理实践中。

1. 夫妻档员工用工

首先，餐馆里有较多"夫妻档员工"，这与一般职场上多避讳裙带关系的习惯大相径庭。这个特征的形成是有历史基础的。莆田餐馆开业之初，从家乡莆田请来一位厨师——肖师傅作为主厨。来新加坡工作一段时间后，方志忠看到他时常闷闷不乐，经过沟通后才知道原来他想家，牵挂在中国的妻子、孩子和父母。于是方志忠开始考虑也让他的妻子来新加坡，以稳定他的情绪，解决其后顾之忧。向移民局申请后发现他们的配偶工作不占公司配额，这无疑为公司多争取聘用劳动力而又不受配额限制找到一条途径。从那时开始，莆田餐馆就聘用了很多夫妻档员工，最多的时候高达30多对夫妻。这些夫妻员工一半来自中国福建，其他则来自山东等省份。在这些夫妻档中，大多数丈夫是厨师，而妻子当服务员。

对此，方志忠承认，这是相当"非一般"的做法："一般管理者会认为，亲戚最好不在同一家公司打工。若夫妻一起工作，会很麻烦。但事实证明，这些夫妻其实是最稳定的一群员工"。早期莆田餐馆是将夫妻档员工安排在一个分店，这样夫妻不论是工作、吃、住都在一起。这些员工除了心态较安定之外，他们平时与其他夫妻同在屋檐下，若有人闹别扭或吵架，会更引人注目，因此会有一种想法，觉得千万不要丢脸，反而更克制自己。随着人力管理的规范化，为了避免夫妻员工相互影响，莆田餐馆现在已经要求夫妻员工不在同一家分店工作，但会就近安排。

2. 尊重关爱的上下级关系

莆田餐馆的员工手册中有一条"不歧视政策"，政策强调公司为所有员工提供平等的就业机会和晋升机会，若在工作场所有任何关系到歧视的问题，公司鼓励员工向直属上司、部门经理或人力资源部反映。员工不必害怕报复，若发现任何员工参与歧视，公司将对其实施纪律处分甚至终止合约。

在莆田餐馆，管理者和员工之间，外籍员工和本地员工之间关系和睦融洽。总裁方志忠先生认为，没有员工付出就不会有公司发展，他在尊重员工、帮助员工方面起到了表率作用。当员工遇到工作或生活困难，方先生总是第一时间了解情况，并及时帮助员工解决实际问题。因此，在莆田餐馆，员工对老板没有畏惧心理，只有亲切和感激之情。

莆田餐馆的员工经常说：我们的老板太好了，很难再找到这样的老板。莆田餐馆像一个大家庭一样充满着关爱与温馨，每位员工在莆田餐馆都能得到承认与尊重。莆田餐馆上下级之间的相互尊重形成了一种强大的精神力量，它推动着企业员工之间的和谐，团队精神和凝聚力的形成极大提高了员工的积极性与忠诚度，并促进员工发挥潜能实现自我。这契合了莆田餐馆的一个文化理念"在关爱中成长"。

3. 分享理念与社会责任

莆田餐馆崇尚"分享"理念，老板与管理层与员工共担风险、共享收益。在其年度分红制度中，坚持将1/3税前利润与公司全体员工共同分享，分成比例按照公司战略和目标分阶段调整。

为支持收益分享的基数与公平性，莆田餐馆实施透明、公开的业绩通报制度。透明化管理是指莆田餐馆新加坡国内各分店的营运信息是透明的，上下透明，彼此透明。每个店的负责人会记录每天的营运日记，包括不同营业时间段的就餐顾客人数、桌数、消费金额、礼券结账金额、招聘信息、顾客投诉或表扬、员工培训等信息；在当天下班后通过邮件或手机短信发给各分店负责人、营运部所有人员、其他部门负责人、公司一级管理者；并定期将每个分店的财务报表上报财务部门、运营部门和营销部门负责人。这样，莆田餐馆由过去公司有关部门（财务、运营、营销等）自上而下分析各个分店财务报表和营业状况，转变为自下而上进行管理，授权每个分店管理者、员工自己去分析和对比，分析问题找出差距，总结经验，提出改进措施，再上报公司，公司也将组织相关人员定期进行集中开会讨论。而且，不仅管理层知晓各门店业绩情况，员工也可查看门店业绩报表。

除了共享收益和共享信息，莆田餐馆还建立员工援助系统，当员工遇到签证办理、租房、子女就学与疾病等困难时，公司不但帮助沟通、协调，还提供困难补助资金，帮助员工及其家庭共渡难关。

在社会责任方面，莆田餐馆还坚持社会回馈活动，每个月都会到养老院陪伴老人，为他们提供免费餐点并为他们庆祝生日。

11.1.3　企业人才培养与发展体系

莆田餐馆在 2007 年进入品牌建设期以后，完善管理制度，建立了方叔叔餐饮管理学院（也称莆田管理学院），为员工提供专业培训和管理培训，为企业发展提供连续的人员供应。自 2018 年起，莆田餐馆借鉴海底捞经验，实行扁平化组织变革，莆田管理学院也向企业大学方向发展，参考海底捞的店长考核认证框架，探索设计了莆田的培训体系，并在实战培训中不断优化。最初的管理培训集中在总部，技能培训则在门店进行。2021年，莆田餐馆在福建莆田培训基地和新加坡莆田总店设计了两处"培训厨房"，为门店厨房团队提供标准化的技能培训。

1. 培训类别与内容

莆田餐馆施行认证上岗制度，只有通过相应岗位的培训，并获得晋级通关证，才能在相应岗位上岗，这也和员工晋升通道直接关联。在 2016 年以前，莆田餐馆的成长晋升通道与培训路径有两条。

一是管理通道：服务生（waiter/waitress）→副部长（assistant captain）→部长（captain）→主任（supervisor）→副经理（assistant manager）→分店经理（manager）→分店高级经理（senior manager）→第二级别管理层。

二是技术通道：厨房助手（kitchen assistant）→初级厨师（junior chef）→厨师（chef）→高级厨师（senior chef）→副厨师长（assistant master chef）→厨师长（master chef）→高级厨师长（senior master chef）→营运部第二级别管理层→第一级别管理层。

2018 年起，组织变革后的培训模式也由"双轨制"向"单轨制"转变：技工层→精英层→副店长→店长，四个层次每层分为四个级别，也对应 16 级薪酬水平。这种转变，首先在"产品"与"服务"之间建立通道，无论楼面经理还是厨师、厨师长，都可以晋升为店长，路径是相通的；该设计的初衷在于通过通岗训练，增加岗位间的相互体验和相互了解，从而互相支持；继而促进组织协同，提高团队协作水平。具体培训内容如下所示。

技工层培训，包括理论培训和实践培训，培训结束后在线上考核理论，实训由师傅予以考核。

精英层培训，同样也包括理论与岗位实操训练，但会有初级管理知识与技能的学习。直接进入精英层的大学毕业生也会补齐技工层所需掌握的知识点与技能，然后再接受相应初级管理的培训与考核。其中在评估认证中，关于企业文化认同与价值观的评估、员工能力评估都是重点。

副店长与店长培训，主要是管理培训，不仅包括店面服务与管理，也要熟知厨房管理。围绕"三好"（好团队、好口碑、好业绩）目标展开系统化培训，这也是公司每年评估"三好店长"的参考维度。

2. 培训组织与实施

莆田餐馆的培训方案的确定与更新有自己的流程。首先，管理学院每个季度都会自我总结和复盘，以调整培训内容与形式。其次，根据区域长和店长的反馈来收集培训需求。每个月每个区域都开展抱团会议，管理学院也会参加，从而获得关于培训的意见。最后，根据企业战略和高管的意见与展望，开展前瞻性调整。

关于培训师队伍，依赖于内部培养，并且在管理学院内部认证。同时，也在加强门店训练员的培训与评估，争取通过门店训练员的团队与力量，增强门店技能培训水平。目前，莆田管理学院正在强化师资队伍，一是源于公司扩张产生更多的培训需求，尤其是随着日本、英国、美国、东南亚国家新店铺的拓展，需要更多符合当地需求的培训师；二是要提高培训水平，不断与培训市场、营运市场接轨。

具体培训实施情况：日常培训，主要采用师傅带徒弟的"干中学"模式。每一个层级培训的最后一个环节是晋升通关，要取得晋升通关证就要到莆田管理学院来学习。管理学院集中培训的主要形式包括讲座、示范、操作、团队训练、案例分享等模式，依据培训过程中学员的各种表现进行全方位的评估与认证。对于拓展新店，管理学院也会组织新店培训，让新店团队经过培训，再次提高企业文化认同感，重申产品与服务的高标准水平，并提高团队凝聚力。

比如，2021年第三季度，莆田餐馆在中国大陆开设了三期培训班（长沙店、沈阳店、西安店），三家新店员工先在各自门店实习，然后来参加集中培训。培训内容从"这就是莆田"的企业文化宣讲开始，到"莆田人的服务礼仪"和"莆田人的待客之道"，围绕着鸡蛋的故事、普通人的四大体验、莲姐的五颗心等，训练员工的礼仪与服务意识；然后是岗位技能，如菜肴知识、菜品介绍及与顾客的沟通与反馈；从迎宾、传菜、服务、收银四大岗位进行现场模拟演练，并训练员工的灵活应变能力与团队配合能力。厨房也是如此，每个菜品制作都会经过集团产品组的培训，确保产品出品通过考核，才能让新店通过培训的验收环节。

莆田餐馆培训也计划强化师徒体系，其中挑战是师徒制的规范化。师徒关系本身基于专业路线，如店长的师傅多是老店长，新员工的师傅多是他们的领班或者厨师长；并且师傅身份并不是唯一的，而是可以不断变化的，也就是说员工可以不断地更换师傅，因为师傅的职级要比徒弟高，随着徒弟的进步，师傅需要更换。根据门店公约，机构培训负责人来协助这一更新。师徒制的执行中有几个要点：第一，每一个新进员工都指定一个带训师傅，并举行拜师仪式，以培养仪式感。第二，企业大学会关注门店的带训计划是怎样的，而且每个地区都有一个训练跟踪群，训练情况都会发到群里，集团能够通过网群跟踪获悉带训情况。第三，员工晋升管理层通常由师傅推荐，师傅是有担保责任的，而且要签一个有明确协议的担保书。根据这项协议，师傅根据徒弟的业绩，享受收益分享也承担惩罚责任（在保证金里扣罚）。在过去的实践中，师徒制起到培养和监督的作用，但也容易产生"绑定"关系并催生"帮派"结果，造成内部政治复杂化。所以莆田餐馆实施改革，目前的制度是师傅仅分享徒弟门店分配利润的3%，以此作为培养奖励，同时取消惩罚措施。

总体来看，莆田餐馆的人才培训体系是建立企业凝聚力、传达价值观、提高和谐度的重要平台；也是满足员工成长性，帮助员工提升能力与薪资职位，实现个人成长与价值需求的赋能制度；更是打造持续的人才供应链，与产品供应链匹配，制定标准，培养并输出人才，支持企业可持续发展，提升企业竞争力的支持机制。

11.1.4 弹性用工的人才供应

餐饮行业的人员本身流动性就很强，稳定用工就成为一个管理挑战；尤其新加坡的劳动力不足更加重了这一难度。于是，莆田餐馆发展了多种雇佣来源的弹性用工模式。

莆田餐馆一直聘请相当数量的外籍员工。2012 年，新加坡外劳政策紧缩，必须通过多聘用本地公民或永久居民才能增加获得雇佣相应数量的外籍劳工。在此情况下，莆田餐馆开始施行多种方式相结合的用工模式。原来莆田餐馆各分店员工都是全日制工作的固定工，这些员工大多数属于外劳。新用工模式下，增添了白天工、晚上工、钟点工等形式。这些用工方式主要是为了适应本地人的工作时间需求。这在一定程度上缓解了招聘压力，同时也为餐馆争取到了更多的外籍员工配额。

目前，在新加坡莆田餐馆门店里，有大约 70% 的固定工，30% 的灵活工。固定工施行 8 小时轮次，兼顾工作—生活平衡。灵活用工中，多是餐馆服务员，主要来自永久居民的家庭主妇，还有高龄雇工和学生工等。灵活工按小时排班，按工作时数付薪；如果每月工作时数超过 70 个小时，发展为"固定的灵活用工"，也享受固定工的一些福利待遇。

新加坡政府支持"固定的灵活用工"，以解决劳动力不足问题。政府提供高龄员工特别就业补贴给企业；鼓励家庭主妇灵活时间工作；也允许一些学生签证持有者参加工作。

关于精英层雇员，除了从内部技工层培养晋升而来，还直接对外招聘。对外招聘有学校招聘和社会招聘两个渠道。学校招聘主要针对本地餐饮旅游等相关专业的理工学院毕业生或大学毕业生；还有一种方式是从中国大学毕业生中招聘"管理培训生"。

关于副店长和店长，除了内部培养，还来自外国，如马来西亚、韩国、中国大陆和中国台湾。目前，较稳定的主要是来自中国大陆的店长，本地店长共有 5 人。

11.1.5　员工激励机制

莆田餐馆员工的忠诚度、满意度较高，流失率较低，离不开其有力的激励机制，包括绩效考核激励和薪酬激励。

1. 绩效考核激励

莆田餐馆已经建立了完善的绩效考核体系，并且致力于通过绩效考核来促进绩效改进，并鼓励先进的个人和团队。方志忠说："顾客必须是一桌一桌地抓。"新加坡区域总经理肖师傅也说："今天的业绩取决于前一天的服务。"

莆田餐馆的绩效考核有两个重点：一是经营点，二是组织成长点。绩效评价的四项内容体现为四色卡：服务卡、产品卡、环境卡、安全卡，体现全面质量管理的意图。具体分为三个维度的考核：（1）团队成绩，运用成熟 Q12 调查表定期调研员工满意度；（2）口碑成绩，统计顾客反馈、媒体评价（大众点评、秘客、Facebook 等）等，之后由审核组审核；（3）业绩分数，主要是依据门店财务数据，还有翻台率等过程指标。

考核周期为季度考核；考核内容体现为一张表格，由区域长负责；考核结果分为 A、B、C 三个级别。如果连续三个季度考评结果为 C，就会下岗，然后需要重新学习并在莆田管理学院重新考证，合格后才可以再上岗。绩效考核结果会得到反馈：考核成绩优异的，在公司内立标杆，通过橱窗展示、企业资讯、内部刊物来推广实践；考核成绩不足的，区域审核组会给出反馈报告，并指导整改。

2. 薪酬激励

莆田餐馆员工的薪酬主要由基本工资＋调薪＋分红（季度）＋福利组成。

（1）基本工资。

莆田餐馆分店员工的基本工资实行的是多层级的岗位工资级别，根据岗位级别不同逐级获得不同薪酬。莆田餐馆员工的基本工资与行业内其他主要竞争者相比，处于中上水平。2022年，莆田餐馆新加坡门店员工底薪为2500新元，这与莆田餐馆半数以上外籍员工需要承担高额人头税不无关系。基本工资是根据岗位级别，由低到高逐级增加。每个职位层级都有4个级别薪资，各层级的级差会根据职位的晋升而逐渐增大。符合管理层级越高，薪酬区间弹性越大的规律。

莆田餐馆也根据市场情况和新加坡劳资政三方组织给出的薪酬指南，来调整员工工资标准。在过去的几年，平均每年上调3%~5%，保证薪酬的可持续增长，提升薪酬竞争力，以减少员工流失。

（2）奖励与分红。

莆田餐馆设有员工推荐奖励金。如果员工为公司推荐新人（技工层、精英层，即中层以下员工）并被录用，则可获得一次性500新元现金奖励。

除了奖金，莆田餐馆员工还享受分红，而分红与每个分店的经营业绩、员工个人绩效相关。总体来看，莆田餐馆将餐馆经营利润的1/3分配给员工。在2020年、2021年的疫情期间，因为业绩严重受挫而未分红。按照董事长方志忠的筹划，将在未来几年给员工"补上"该分红；而且也有计划将分红比例扩大。这样的分红政策让员工与门店荣辱与共，激发员工工作积极性和主动性，也体现了莆田餐馆的家文化与共享理念。

（3）多样化福利。

福利管理是莆田餐馆增加员工获得感与幸福感，提升员工归属感和凝聚力的重要举措。莆田餐馆对员工福利项目的设置一直较为重视，经过多年完善，现有项目近20项，来满足员工不同需求。高额福利和多样化福利在一定程度上提升了莆田餐馆总体薪酬在行业中的竞争力。

莆田餐馆福利项目中除了新加坡法定保险与福利，还有高于法定水平的年假、医疗费、住院保险等。还有体现人文关怀的福利项目，如生日祝贺、就餐补助等。更为可贵的是，福利项目中还有周到的体贴设计，如考虑到大多数员工上班需要长时间站立，为员工统一发放休闲舒适的品牌鞋子；帮助外籍员工解决孩子申请入学、推荐入校等关切的问题。

11.1.6 新冠疫情下的管理举措

新冠疫情对餐饮业的冲击最为明显，新加坡2020年3月开始关闭边境，也经历限制堂食的松紧不一的几个阶段。2021年是新加坡餐饮行业经营最困难的一年。顾客少，业绩少，租金、雇员工资压力导致很多饭馆停业关张了。莆田餐馆动用储备，在政府帮助下，采用同舟共济的调节策略，控制成本，避免裁员，采用的具体策略如下所示。

（1）维持基本薪酬不变。2020年初，新冠疫情开始在中国武汉暴发。觉察到疫情蔓延的可能性，莆田餐馆保留了正待与员工分享的利润，加上企业利润余额，作为应对艰难时期的基本工资储备。同时，新加坡政府给予餐饮业就业支持计划（JSS）补贴，在政府补贴和降低租金的帮扶下，莆田餐馆坚持给员工发放基本薪酬，度过艰难时段。

（2）稳定、储备人才。疫情期间，堂食业务减少，莆田餐馆拓展了外卖业务，也缓解了部分经营压力。为了留住员工，除了保证基本工资的发放外，莆田餐馆还通过培训来储备人才，利用工作不繁忙时期"投资自己"。除了传统的现场培训方式外，还开发了线上培训形式；除了专业培训外，还开展读书会等通用性培训，提升员工的认知水平；还组织各种线上活动来丰富员工休假在家的生活，鼓励大家健身运动，并保持乐观的心态。

（3）鼓励员工集中休"无薪假"。在疫情期间，通过无薪假期调节用工压力，降低成本。

（4）应对心理挑战。相对于实际经营的压力，疫情走势的不确定让餐馆员工的心理也备受挑战，面临前途未卜的压力。此时，莆田餐馆的战略管理层同心协力，坚持乐观主义展望，通过实际行动向员工传达同舟共济、友爱互助的精神。

到2022年，随着新加坡疫情管控逐步放松，餐饮业渐渐恢复，甚至出现报复性消费。到2022年底，莆田餐馆的经营业绩要好过疫情之前的2019年业绩。与此相应，餐馆人员出现短缺。莆田着力发展弹性用工，以更灵活的方式雇佣小时工；并根据小时工的实际情况灵活安排工作时间和工作强度；对于餐饮高峰时点的雇工，还提供更可观的时薪，2022 年下半年，小时薪酬可达 26~30 新元。

11.1.7 莆田餐馆的人力资源管理启示

第一，莆田餐馆的成长充分得到政府支持的助力。在创业之初，得到新加坡国际企业发展局的关注与帮助，品牌得以建设与发展，经营管理制度完善起来，开始形成自己的经营理念与人才培养特色；在发展壮大中，借鉴同行业管理经验，尤其是学习了海底捞的扩张方式与人才培养体系；在人力资源管理上，适应政府有关外籍劳工政策和签证政策的要求，并利用政府给予的支持政策，构建自己的劳动力结构和有吸引力的薪酬结构；新冠疫情期间，依靠政府的餐饮业人力扶持政策，顺利渡过难关。

第二，"分享"的企业文化是其人才管理的根基，这一理念赢得了员工的忠诚与顾客的钟爱。莆田餐馆创立的动机，就是为了满足对家乡味道的思念和美食的传播分享，也较多依靠来自福建家乡等地的中国员工，也就开启了家文化的管理理念。基于信任的透明化管理和授权激励强化了信息分享、共享收益的利润分享、组织援助和社会公益的关爱分享，都弘扬了家文化。疫情下的莆田餐馆与员工共渡难关更是突出表现了优秀的分享文化和管理方略。在人员流动频率较高的餐饮行业中，莆田餐馆的员工留用率和忠诚度保持高水平，和其尊重员工、关爱分享的理念贯彻密不可分。

第三，完善的人才培养与激励体系为企业保证了持续的人力供应。莆田餐馆构建了自己的企业大学，建设自己的培训体系，以员工培育为主，相应完善考评与薪酬体系，增强激励，适应企业发展需要，关注企业与员工的关系，构建共同发展的人力资源管理体系。

第四，人力资源管理向弹性化发展。随着企业规模与经营地点的不断扩大，也顺应劳动力供求市场新环境，莆田餐馆拓展用工形式，灵活雇佣，并尝试新的考核方法与薪酬设计，以更有效地实现弹性用工管理，这体现了国际化企业发展的变革意识和管理适应性。

11.2　Evident 亚太公司转型时期人力资源管理[*]

Evident 是从奥林巴斯公司独立出来的子公司，本案例研究其亚太总部建设尤其是人力资源管理的体系构建和战略选择过程，用以呈现新加坡初创跨国公司如何有效利用当地人才优势与宏观支持，选择合适的人力资源管理策略支持其组织发展。

11.2.1　企业背景[①]

Evident 是日本公司奥林巴斯（Olympus Corporation）的全资子公司，由其以前的生命科学和工业部门组成。奥林巴斯创立于 1919 年，发展至今，成为日本乃至世界精密、光学技术的代表企业之一，事业版块包括医疗、影像、生命科学产业三大业务领域。2022 年 4 月 4 日，奥林巴斯公司宣布完成将其科学事业业务转制给全资子公司 Evident，总部位于日本的 Evident 继续在奥林巴斯旗下独立运营。

目前，Evident 公司拥有六大业务，其中生命科学业务三方面、工业业务三方面：（1）生命科学研究：大学、研究机构；制药、食品；生命科学研究设备公司；生物技术。（2）临床研究：病理实验室、生育治疗实验室、临床诊断设备公司。（3）细胞培养监测：大学、研究机构、生物技术初创公司；制药。（4）基础设施维护：石油、天然气、发电；航空航天、交通运输；检查服务提供商。（5）制造业：航空航天、铁路、汽车；钢、复合材料；半导体、电子；医疗设备。（6）环境与自然资源：循环利用；资源勘探。

Evident 的企业理念是坚持创新和探索的科学精神，致力于"让世界更

---

[*]　为撰写本案例，笔者实地考察了位于新加坡乌美工业中心 UBIX 大厦的 Evident 亚太总部，并访谈了亚太区战略总监暨新加坡区总经理张峰先生和人力资源总监庄珍妮（Jenny Chong）女士，由此了解了其发展战略与人力资源管理之间的行动逻辑和具体选择。

①　资料来源：Evident 公司官网。

安全、更健康，更充实"的愿景。在提供一流产品的同时，改善客户体验是公司追求的目标：通过增强数字能力，加强在生命科学和工业应用领域的领先地位；从"只提供产品"到"提供工作流程解决方案"，以更好地服务客户的需求和价值链。

Evident 全球公司共包括日本总部、美洲区、欧洲区、中国区、亚太区、中东区和非洲区几大区域。其中亚太区包括印度、澳大利亚、韩国、印度尼西亚、新加坡、马来西亚、菲律宾等地，总部设在新加坡。亚太区业务覆盖 27 个国家，在医疗、科研、教育、电子、检查/实验室和航空行业的市场份额都达到 1/4 以上，有的甚至接近 40%。其业务在新加坡市场上的占有率更高，如占检查/实验室、军队与政府相关产品需求的一半以上。与业务规模相应，Evident 亚太区（2022 年 11 月）共有员工 274人，其中新加坡员工 117 人（包括总部和东南亚区域销售与服务人员）。Evident 亚太区总部和全球总部一样，有一支国际化的管理团队。

11.2.2 亚太总部的人力资源管理策略

从 2022 年 4 月，Evident 从奥林巴斯独立出来，这是企业的一次转型过程；对亚太总部（新加坡）而言，又无异于一个创业组织的构建过程。因为新加坡公司既要承接原有的销售业务，又要从无到有地建设区域总部职能。这个过程既有创业组织面临的共性问题，也面临着脱胎于原企业的矛盾协调挑战。当组织新建或组织变革之时，人力资源的策略处于关键地位，决定着如何获取企业必需人员，也是实现组织塑造与流程再造的基础，而这两点也正是总部建设面临的最重大挑战。

Evident 亚太总部（新加坡）的建设，由亚太区管理团队中的战略总监暨新加坡总经理张峰负责主导。根据对张峰总经理的访谈，公司总部首先做出两项策略选择。

第一，外部招聘人力资源负责人。从 2022 年初，Evident 亚太总部开始筹备。除了业务部门员工从原公司而来以外，公司总部需要新建立职能机构，承担 IT、人事、财务、法务、行政与供应链管理等职能，员工招募工作首当其冲。那么首先就需要一支能胜任人力资源管理工作的得力队伍，其负责人需发挥整体设计、领导推动总部构建的关键作用，所以选择什么样的人才来担任总部人力资源负责人就成为第一重任。鉴于原有人才库里并不存在具备这样能力的现成人才，公司决定从外部招聘。新加坡汇集了大量跨国公司的总部或区域总部，人力资源咨询服务也较为完善，人才市场流动活跃。在这一环境下，Evident 亚太总部从诸多候选人中选聘了庄珍妮（Jenny Chong）女士担任总部的人力资源总监。她毕业于加拿大卡尔加里大学，获得商业学士学位，毕业后从事市场营销工作；后转入人力资源管理岗位，从事相关工作已有二十余年之久；来 Evident 之前任另一家大公司人力资源总监。从职业阅历和业绩来看，她熟悉组织创建流程，了解新加坡人力资源市场，擅长领导与沟通，具备驾驭组织建设和人员招募的能力，成为亚太总部建设高管团队的重要一员。

第二，工作流程再造的组织和智力支持。Evident 作为事业部隶属奥林巴斯时，已有自己的工作流程。但成为独立的公司并建立地区总部后，原有公司的流程适应性不足，需要更新标准作业程序。这需要设计组织结构系统；进行工作分析；理顺工作流程；并要对区域内其他国家统一做法。这一工作决策主要是"内做"和"外包"之间的选择。如果自行设计，限于人手和时间，短期内难以正常运行与推进；如果选择外包，向外包公司明确描述"怎样的部门""怎样的岗位"也是非常困难的，因为一切还都在摸索当中。所以，最后决定邀请专业咨询公司予以协作，开展组织结构和工作流程设计。新加坡繁荣的咨询服务市场也恰恰支持了 Evident 亚太总部的这一决策。

11.2.3　人力资源管理在公司战略落实中的作用

在 2022 年 11 月 10 日对 Evident 亚太总部的访谈中，人力资源总监庄珍妮女士介绍了在总部构建过程中人力资源管理的基本职能与作用。人力资源管理是企业创业或转型时期最紧要的支撑和最有力的推动，在组织战略实现中发挥关键性作用。一般而言，人力资源管理工作职能包括几方面内容：构架组织与流程、招募与筛选、绩效管理、学习与发展、人员接续计划、薪酬与福利、人力资源信息系统与人力资源数据分析。在 Evident

亚太总部建设中，人力资源管理实践重点应对如下任务及挑战。

1. 组织结构选择与搭建

Evident 亚太公司当前需要解决的一个突出难点是沟通问题：从奥林巴斯分离前的大区总部虽然设置了一套组织架构和标准流程，但大区内各国家的直销或分销体系还是本地化的。这样，就造成了当地和总部之间的差异与隔阂，影响了沟通效率。而且，除了各地公司向大区汇报的层级管理之外，公司还有"功能性汇报"的管理传统，如各地的销售业务向大区销售部门汇报，各地市场业务归大区市场部门管理，维修归维修部门管理，人事归人事部门管理，各有各的职能线路。这就又出现了职能部门之间的壁垒，造成沟通线路多且长的问题。究其原因，就是组织结构和工作流程设计的问题。

大公司的组织结构，一般采用如下几种基本类型：（1）传统的直线职能制结构，特点是高度的工作专门化、严格的部门化、指挥链明晰、决策集权化，属于正规化程度高而灵活性差的机械制结构。（2）二维的矩阵式结构，在原有的纵向职能制基础上，增加一种基于产品或项目的事业部制领导系统，形成职能制组织和事业部制组织相结合的纵横系统。矩阵结构有助于提供决策的稳定性和灵活性。矩阵组织能够将效率和效益结合起来，通过融合职能和项目两种组织形式，最大限度地提高公司绩效。其具体优点是加强组织内的横向联系，有利于更充分利用设备和资源，可实现人力资源的弹性共享；具有较大的灵活性和机动性；适用于大型组织系统。缺点是成员受双重领导，不易分清责任，协调成本更高。（3）三维矩阵式结构，作为一种新型组织结构，是在二维矩阵基础上演化而来的，在职能和产品之上又加入了地域维度而形成三维组织结构。

Evident 独立以前的公司组织结构属于二维（产品、职能）矩阵化管理模式。但是因为"双头汇报"而导致的沟通效率低下问题，让员工感到不满。所以，目前公司通过组织与流程设计，达到"条线清晰"的目标，是转型工作的一个重点。选择怎样的组织结构，需要根据公司实际情况权衡利弊；流程设计和岗位分析更是系统设计过程，是公司战略实现的基本支撑，也是人力资源管理工作的基础。公司计划，2023 年底确定新的组织结构，大概率采用三维（地域、职能与产品）矩阵式管理模式。只是落实到 Evident 亚太公司实则为"二维"，因为在"产品"这个维度上已经合并成一个业务部，不存在多个产品事业部了。

2. 人员招募与获取

从 2022 年初 Evident 亚太总部筹建伊始，就展开了大规模的人员招募活动。庄珍妮到来之后，迅速组建了一个招聘小组，并根据亚太区总部及各分区职能需求和业务量设置了招聘岗位与名额，通过公司官网、政府人力资源门户网站等招聘渠道发布招聘广告。对于一家初创公司来说，品牌影响力还未形成，而且各方面的制度体系也尚待完善，在这样的基础上，公司招募员工需要格外努力。

第一，以销售的态度进行招聘。虽然 Evident 从老牌企业奥林巴斯分离出来，但作为独立公司属于初建状态，市场对其的熟悉度和认可度还不确定。因此，招聘过程不仅要对公司及职位加大宣传和解释力度，还要根据候选人的职业愿望和能力，真正帮助他们看到职业的未来和潜力，以此来吸引更多的优秀人才来加入公司。

第二，采用合适的薪酬战略。员工招聘过程中必然涉及薪酬和待遇问题，公司虽然没有成熟的薪酬体系，但制定了基本的薪酬策略。基于新加坡和亚太地区各国家的市场薪酬调查，并结合本公司过去业务运营的经验和展望，Evident 亚太公司目前将基本薪酬水平定位于市场中位段（50~75分位），即采用跟随市场的薪酬策略。同时，为了赢得业绩和能力表现突出的高潜力人才，公司也开出略高于市场的薪酬，来增强吸引力与竞争力。

在这样的策略和招聘努力下，Evident 亚太公司从 2022 年 2 月至 11 月，基本上完成了公司构建所需的人员招募工作。在 10 个月内，成功招聘员工百余人，亚太区人员从 185 人增至 274 人，总部人员增至 117 人。其中，销售、市场、维修等业务人员约占一半，财务、法务、IT、人力等支撑性职能部门人员占另一半。

3. 薪酬体系设计的过程

Evident 亚太公司在采用跟随市场型薪酬策略的基础上，还需设计完整的薪酬结构，包括薪酬水平、薪酬等级、薪酬区间（同一级薪酬上限和下限及之间的宽度）。为了实现这个目标，Evident亚太公司当前正在实施如下步骤。

第一步，薪酬市场调查。新加坡有不少对大公司进行市场调查的机构，Evident亚太公司可以从外部购买调查数据；接着根据自己的需求进行统计分析。市场调查分析可以让公司掌握该地区不同行业、不同业务职能、不同职级的职位薪酬平均水平和区间分布，也能了解诸多公司的薪酬构成和激励模式，以及薪酬与企业规模和周期之间的关联。据此，公司可以基于自身规模、盈利能力和慷慨程度，来制定自己的薪酬竞争策略。

第二步，开展职位设计。根据亚太公司和新加坡总部的工作需要，以及组织构架和工作流程，Evident要设计工作岗位，细化工作职责，理顺职位关系；接着对岗位价值进行评价，根据报酬要素进行排序或者计点，形成岗位价值的排序；最后根据职位价值把类似职位归属到某一薪酬等级。

第三步，为每个薪酬等级定价，制定工资政策曲线。这一环节是薪酬策略的具体应用，就是赋予每个薪酬等级一个基本薪酬水平。工资政策曲线描述每一个职位或职位评价等级所得到的点数或者排序情况，直接反映各职位相对的价值高低，以及对应的薪酬水平。

第四步，确立薪酬区间。每个薪酬等级都有一个围绕基本薪酬水平的上下变动区间，以容纳该职位类别的价值波动，体现价值回报的弹性。连续的等级之间薪酬是连续的，且有一定的重叠。薪酬区间也称"带宽"，带宽越大，薪酬等级越少，组织越趋于"扁平化"。宽带型薪酬是一种新型的薪酬结构设计方式，更适合于企业战略调整需要和劳动力市场变化，支持组织扁平化设计，有利于给员工更大的发展空间，如技能和能力的提高以及职位转换，继而提高工作绩效。

第五步，薪酬水平微调，设计薪酬福利体系。对远落于薪酬政策线之外或超出薪酬区间的职位薪酬水平，予以调整到序列当中。再结合绩效考核制度，设计激励薪酬、设计福利体系。

4. 绩效管理

绩效管理系统是公司战略管理的核心，既体现公司战略目标的层层落实，又能发挥对员工的约束和激励作用。绩效考核结果直接和业绩薪酬相对应，是员工最敏感的指标。绩效考核过程和结果也是公司公平性文化、制度流程规范性的鲜明反映。Evident 亚太公司计划在 2023 年，建立绩效管理体系和员工激励机制。基本分析过程为：全球战略——亚太区目标——总部市场定位与目标——总部指导原则——战略路线图——具体目标分配。从上至下的具体操作步骤如下所示。

（1）亚太公司科学事业部基本政策：构建职能方向；设定战略优先事项和目标。

（2）战略领导团队的方向与行动方案：设置行动项目，包括具体目标、时间表、里程碑（重要节点或关键事件），指标是可实现的和可衡量的。

（3）各部门的行动方案和个人考核指标：设定部门的行动计划，设定具体关键绩效指标（KPI）、时间表和里程碑，并执行季度考核。

以上绩效管理体系的形成采用平衡计分卡（BSC）方式。这是大公司常用的一项战略管理工具，是将组织愿景转变为由四项指标架构来评价组织绩效的体系。四项指标分别是财务、客户、内部运营、学习与成长。

5. 人力资源信息系统的选择

人力资源信息系统（HRIS）是运用信息技术收集、记录、储存、分析和提取组织人力资源信息，对人力资源进行管理和开发的系统。HRIS 有利于人力资源开发与管理工作的科学化和高效率。人力资源信息系统功能包括招聘过程管理、员工培训、接替计划、员工自助服务、绩效管理、工资与福利管理、出勤管理、报告与分析等。

Evident 亚太公司要解决的问题是将此前四个不同的系统统一成一个，还要把当前的有限功能予以扩展。人力资源信息系统关乎公司人力资源管理效率，其选择基于以下几个方面的考虑：一是系统运行的有效性如何，是否满足本公司的管理需要与关注点；二是系统使用与更新的成本多高；

三是本区域的系统和其他区域系统的兼容性怎样。

经过反复斟酌与论证，就不到300人的区域员工数量来说，独立引进一套系统成本太高。此时恰逢亚太区的首席财务官（CFO）担任了Evident全球总部的IT部门的负责人，他更熟悉Evident各区域的IT系统的使用情况。于是Evident亚太总部决定直接加入欧洲和美洲区域使用的人力资源信息系统。这样，既摊薄了人力管理成本，同时也实现了提升效率与国际化对接的目标。

11.2.4　Evident亚太总部构建中的战略人力资源管理启示

Evident亚太总部的构建是企业创业/转型的一个缩影，通过描述其构建过程中人力资源管理的作用，可见新加坡企业的一些战略人力资源管理特征。

从宏观来讲，新加坡良好的人力资源环境为Evident亚太公司建设提供了巨大支持。首先，新加坡除了政府提供功能全面的人力资源平台服务，还具有完善的人力资源市场，支持Evident在短时间内招聘到亚太总部人力资源总监和规模较大的国际化员工队伍。其次，新加坡人力资源产业发达，这使Evident亚太公司可以借助外部咨询公司设计组织架构和工作流程，可以从市场调查公司购买薪酬调查数据，极大提升了人力资源管理效率，支持组织建构顺畅。

从Evident企业管理来说，依赖于高度的战略管理意识和娴熟的战略管理工具运用。公司战略既要根据外部市场等环境变化，又要立足于自身资源与实力的发展特征，是取得竞争优势的整体性、长期性谋略。人力资源管理要上升到战略层面，尤其在创业或转型过程中更需要战略意识，具有整体设计能力，制定符合市场和支持企业发展的人力资源战略。在具体管理实践上，Evident亚太总部的人力资源管理团队依靠内外沟通努力，凭借专业技能，多渠道招聘获得了企业必要的人力资源；运用战略管理工具设计绩效考核体系；结合内外部资源制定战略薪酬体系；规范提升数字化人力资源管理水平，选择低成本、高效率的人力资源管理信息系统。

11.3 星展银行的多元化人才战略与人才培养[*]

星展集团控股有限公司（以下简称"星展银行"，DBS Bank）是新加坡最大的商业银行，经营范围不断扩大，经营业绩优秀，而且在国际金融界屡获殊荣。星展银行的发展壮大离不开人才管理对其企业战略的支撑，多年来星展银行在人才队伍建设、人才激励与发展方面表现突出，其经验值得研究借鉴。

11.3.1 企业背景^①

星展银行于1968年由新加坡政府建立，原名"新加坡发展银行"，于2003年更名为现名。星展银行目前最大的控股股东为淡马锡控股有限公司，淡马锡控股是新加坡第二大主权财富基金。

星展银行是亚洲最大的金融服务集团之一，提供包括零售银行、中小企业银行及大型企业银行的全面金融服务。截至2022年，其业务遍及中国、东南亚和南亚的18个市场，拥有280家分支机构，总部设于新加坡并在当地上市。星展银行资本雄厚，所取得的信贷评级位列全球最高级别之一。2022年，星展银行拥有36000多名员工，品牌价值105亿美元，总资产7430亿美元，净利润81.9亿美元，现任首席执行官为2009年11月上任的高博德（Piyush Gupta）。

星展银行以"生活随兴，星展随行"（Live more，Bank less）为使命，致力于为客户提供非凡的银行体验，让客户感到便捷、自然与轻松；从而帮助他们将更多时间花在自身关心的人和事上。

星展银行的文化和价值观包含以下几个方面：（1）目标驱动，致力

---

　　* 本案例除了基于星展银行官网和媒体公开资料分析，主要内容来源于对星展银行人才招聘与人才管理总监张肃山女士（Susan Cheong, Group Head of Talent Acquisition & Talent Management at DBS Bank）的专访。

　　① 资料来源：维基百科和星展银行官网。

于为客户提供令人满意的解决方案和体验，创造服务业务快乐体验并可持续的银行。（2）关系主导，携手合作，建立持久的关系和强大的团队，通过共同努力寻找更好的解决方案；以可靠和客观的方式与人打交道，从而建立信任。（3）创新，拥抱变化，鼓励挑战，寻找创新方式来为客户提供优质服务并创造愉快的体验。（4）果断，以果断的、对自己负责的态度做出成长决策。（5）有趣，思想开放，善解人意，尊重他人，认可并祝贺他人的贡献和成功。组织创造快乐的工作文化，员工一起享受工作乐趣。

星展银行以其稳健经营和优质服务而屡获殊荣，分别被《欧洲货币》《银行家》《全球金融》选为"全球最佳银行"，印证了集团的全球领导地位。近年来，星展银行也致力于用数字科技重塑银行业未来，获得了《欧洲货币》颁发的"全球最佳数字银行"及《银行家》颁发的"全球最佳创新数字银行"。此外，星展银行于2009～2021年连续被《全球金融》评选为"亚洲最安全的银行"。2018～2022年获得的荣誉如图11－1所示。

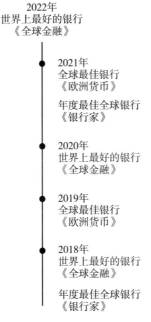

图 11 － 1　DBS 银行 2018～2022 年获得的国际荣誉

资料来源：星展银行官网。

11.3.2　星展银行的人力资源管理价值观及实践

根据 2022 年数据，星展银行拥有超过 36000 名员工，多元化是其员工构成的典型特征。星展银行秉持多元化与包容性的价值观，注重打造平等友善、支持发展的职场环境。

多年来，星展银行凭借其卓越的人力资源实践，为银行的组织发展和战略目标提供了支持，赢得了广泛的认可与多项全球和地区赞誉，主要包括盖洛普最佳职场奖、怡安亚太地区最佳雇主（2016～2018 年）和彭博社的性别平等指数（2017～2018 年）（bloomberg gender - equality index）[①]表彰。

1. 多元平等的人力资源价值观

星展银行把人才视为企业最重要的资产，并相信性别、年龄和文化的多元性是组织的优势，为此积极推动员工的多元化。作为一家业务遍及亚洲的跨国经营银行，星展坚持本地化招聘策略，所以形成了多种族、多地域来源的人力资源结构。

在发展过程中，多元化与包容性逐渐成为星展银行企业文化的一部分。在这一理念下，每位员工不会因为身份、性别、肤色、宗教等因素而受到不同的对待；同时也鼓励每一位员工自信地展现自我、表达自身观点，以促进意见交流并加强相互合作，从而激发更多的创意与产能。也因此，多元化与包容性被贯穿在星展人才招聘、人才培育和员工福利实践上。

公司多元化、公平性和包容性政策包括：（1）员工招聘：根据技能、相关经验和能力来选拔员工，而不因年龄、种族、性别、宗教、婚姻状况和家庭责任，乃至是否残疾等因素来干扰录用决策。（2）薪酬管理：通过定期审查薪酬制度来确保工资的公平合理性。（3）人才发展：支持员工的

---

① 该指数共纳入总部位于 24 个市场、跨 10 种产业的上百家企业，通过其内部公司数据、员工政策、外部社群的支持和参与，以及具有性别意识的产品服务来衡量性别平等程度。亚洲仅六家企业入选，星展银行即为其一。

长远职业发展，提供广泛的教育培训，提供多种职业体验和展示的机会；以及通过灵活的工作安排，方便员工在不同的人生阶段平衡好工作与生活的关系。（4）灵活的福利：满足员工的不同需求及变化，支持他们的身心健康、家庭需求与财务健康。（5）包容和归属感的环境：鼓励员工推动变革，为他人带来积极的影响。①

尤其值得赞誉的是，星展银行对于女性的尊重和关注性别平等。星展银行认为，当组织中的每一个层级都有一定比例的女性时，将会对组织产生很大的正向影响力，帮助组织持续超越自己，迈向成功。

2. 促进机会均等的人力资源管理实践

星展银行致力于为员工提供公平的机会，并采用数据驱动的方法来衡量相关进展并设计相应工作计划。具体实践和成果如下所示。

招聘方面，支持新加坡的公平与进步就业实践三方联盟，该联盟包含八项公平就业实践标准。

薪酬公平方面，根据职级和地区进行调整后，星展银行六个核心市场的总体性别薪酬差距很小，2022 年的数据为 1.8%。

无意识偏见培训：在员工多样性基础上，公司还开展无意识偏见培训，使员工具备识别、理解和管理不同多样性维度中隐藏偏见的技能。

职业发展支持与项目：（1）学习平台。通过"3E"（Triple E）模式为员工提供培训和体验的机会以支持其职业发展。在公司学习门户网站上为员工提供 10000 多个学习课程。从 2021 年至 2023 年 9 月，已有超过 8000 名员工进行技能提升和再培训，以支持他们担任新的角色。（2）职业生涯辅导。为了满足员工不同的职业抱负和成长通道，星展银行还推出了"iGrow"成长计划，作为每位星展银行员工的个性化职业伴侣。iGrow 利用机器学习和人工智能来帮助员工确定未来的职业抱负和实现这些目标所需的技能；还可以为员工识别出合适的职位，这也成为星展银行员工内部流动计划的基础之一。（3）职业发展培训计划，包括提供跨地区内部流动的机会、跨部门项目和创新计划，以及培训和专业资格奖学金计划等。

①　DBS Diversity, Equity & Inclusion Policy［EB/OL］. DBS, 2023 - 09 - 09.

2018～2022 年，支持员工职业发展的指标——内部流动率（流动员工占员工总数的比例）从 2020 年的 6.3% 提高到 2022 年的 7.7%。[①]

3. 对女性员工的重视与支持

为了支持性别平等，星展银行还提供了相关的在线课程供主管们学习。在线学习平台 "DBS Learning" 中，看不见的偏见、完全平等与公平性等课程，给予主管清晰解释和说明，帮助主管在带领团队时，能对性别意识议题有更全面的理解。此外，星展集团在每年度的国际妇女节，都会选取或制作宣传影片放在内部平台播放供员工观看，还邀请女性主管和员工分享她们的职场观点。[②]

在新加坡星展银行，女性员工数量约占全体员工的 50%，且约有 40% 的管理人员（包括高级副总裁和执行董事）为女性。其中，负责制定星展银行策略与发展方向的集团管理委员会，女性成员比例也高达 29%。

此外，为了提高科技岗位性别多样性和女性比例，星展银行制定了有针对性的扩张招聘计划，通过"科技女性"和"黑客竞赛"等举措来增加女性技术人员的占比。

因此，当受到彭博社性别平等指数（2017～2018 年）的表彰时，星展银行执行总裁高博德（Piyush Gupta）表示："星展银行非常荣幸入选全球百大性别平等企业典范，这对我们来说是一个重要的里程碑"。

4. 建设和谐发展的职场环境

对于星展银行来讲，创造重视创新、个人发展与协作的工作场所文化是尤为重要的。星展银行希望员工感到被重视并过上充实的生活。通过各种福利和学习机会，银行提供必要的资源，并赋予员工根据不同需求灵活选择的权利，从而支持工作和生活达到平衡。

（1）医疗保健与家庭支持。

星展银行为员工提供全面的医疗保险；免费的基本健康检查、健康和

---

① DBS Annual Report 2022 ［EB/OL］. DBS, 2022：30.

② 资料来源：星展银行官网。

娱乐活动；重大生活事件的广泛休假福利，如育儿假、陪产假和探亲假等；根据生活方式需求定制灵活的可选择的福利津贴组合；举办一年一度的亲子活动，塑造家庭友好型工作文化感。

（2）灵活的工作安排。

①混合办公，灵活的居家办公时间可高达40%；②对于有新生儿或新收养孩子的员工，或需要照顾从重病或受伤中康复的家庭成员的员工，最多可享受6个月全职居家办公；③工作共享计划，即一项全职工作可由两名雇员分担。

（3）金融福利。

无论在储蓄、投资还是融资方面，员工都享受星展银行的产品和服务优惠，如享受更高的存款利率、更低的贷款利率、费用减免和折扣，以及员工股票购买计划，支持与公司的长期关联。

（4）表彰和奖励计划。

这包括表彰员工优秀表现的季度奖、服务认可奖，还通过点对点互认平台，表彰员工的日常成就等。通过正向激励，支持组织公平性和员工成就感。

（5）社区服务。

星展银行不仅为员工创造加入和发起志愿服务项目的机会；还设有志愿者假期，支持员工与企业对社会公益事业作出贡献。

（6）社交学习社区。

星展银行在每个主要市场都建立了社交学习社区，还与致力于促进工作场所包容性和推进多元化领导力的全球社区"向前一步"[1]（Lean In）合作。星展银行于2021年推出了自己的"Lean In Circles"。这些圈子为同事们定期会面、互相指导、互相支持和进行坦诚对话提供了安全空间。对话主题包括领导力、工作与家庭平衡、挑战性别偏见等。2022年，星展银行有超过400名员工参与各区域市场的"Lean In Circles"圈子。[2]

公平多元的人力资源管理实践与和谐的职场环境提高了员工的承诺

---

[1]　Lean In 是开展抵抗性别偏见的活动、为广大女性争取更多机会的非营利组织，由脸书公司的首席运营官谢丽尔·桑德伯格女士建立，同时她出版了同名畅销书。

[2]　资料来源：星展银行官网。

度。根据星展银行年度报告，员工敬业度的评分从 2018 年的 82% 逐步提升至 2022 年的 87%。[①]

11.3.3 人力资源管理变革与创新

为提高在银行业的竞争优势，星展银行的人力资源管理通过转型和改革来支持企业的发展战略，并因新冠疫情的环境挑战加速了改革进程。为适应新的工作环境，星展银行调整了其组织结构以支持灵活的工作方式，并利用数字化赋能人力资源管理精进。

1. 组织结构的变革与灵活工作方式的塑造

新冠疫情的挑战促进了星展银行的组织结构变革。为适应疫情下和疫情后工作环境的持续变化，各行业各职位的员工都需要掌握新技能。因此，组织结构和工作方式也需要相应变化。为此，星展银行采取横向组织结构，即其营运模式不再按照传统职能部门来划分，而是依照工作需要，集合不同职能和专业的员工组成小组来执行特定项目，通过横向组织模式来实现协作和共同问责制。

横向组织结构，也称为扁平结构。与传统组织结构相比，扁平结构的管理幅度较大，而相应的管理层次较少。扁平结构之所以成为一种发展趋势，是因为其有利于缩短上下级距离，密切上下级关系，信息纵向流通快，管理费用低；而且由于管理幅度较大，被管理者有较大的自主性、积极性和工作满意度。当然，扁平结构也因为管理幅度较宽、权力分散而不易控制，组织及人员的协调难度也较高，这也是新的管理挑战。

星展银行横向组织结构的变革，首先发生在零售银行业务的科技领域上，有关金融科技的任务执行，采用灵活小组的组织形式已经成为常态，并进一步扩展至其他领域。[②]

人力资源管理部门是横向组织模式的构建者和推动者。这种变革需要

① DBS Annual Report 2022 [EB/OL]. DBS，2022：30.

② Samantha Chan. 案例研究：星展银行采取"横向组织"的原因和方式 [EB/OL]. Human Resources Online，2021 - 08 - 26.

由有战略能力和专业执行力的人力资源管理团队支撑。星展银行现任董事总经理兼集团人力资源主管李映红（Lee Yan Hong）女士，她拥有30多年的人力资本管理经验，工作履历横跨多个行业、专业领域和地域范围。她在通用汽车、惠普和花旗集团任职期间，积累了关于薪酬和福利、人才和绩效管理、学习和发展、员工关系和组织设计的丰富工作经验。李女士也曾担任新加坡理工学院应用研究和工艺教育学院审查指导委员会成员，为推动新加坡职业教育发展和进步作出了贡献。目前，她还担任新加坡劳动力发展局人力资源技能委员会委员及人力资本领导力学院人力资源总监咨询小组成员。在她的领导下，人力资源部门有力推动了星展银行的组织变革。

为建立新的组织架构，人力资源管理部门要编制新的业务手册，这是一个系统工作重新设计的过程，包括岗位的角色和责任的定义、员工人数的决策、建立新的工作流程与工作关系、设定关键绩效指标和绩效评估等，并为业务链提供人力资源管理指导。

为了有效地进行工作重新设计，星展银行通过充分的调研来了解员工的工作需求。疫情初期的2020年3月，星展银行在实施分散工作场所和居家办公期间，向本地员工进行了一次摸底调查。调查结果显示，超过85%的员工表示对新的工作方式充满信心，并认为得到了有力的支持，可以接受混合工作安排；在开放远程访问、信息技术和业务应用程序支持以及客户参与度等基本员工体验方面得到了改善；在年度"倾听员工心声调查"中，在"提高生产率"指标上得分提高了3个百分点，达到84%；人力资源、财务、风险、法务与合规和审计等支持单位采用了敏捷方法和数据驱动的运营模式。①

在员工意见摸底调查以后，星展银行建立了一支跨区域的"未来工作"特别工作小组。这个特别工作小组由来自不同职能和地区的80名员工组成，职责在于对工作方式提出建议，以便更好地应对新冠疫情带来的转变。经过为期6个月的研究，该小组通过跨职能跨区域的各项研究，深入实验和员工调查意见收集，最终于2021年推出星展银行未来工作策略。

---

① DBS Annual Report 2021 ［EB/OL］. DBS, 2021：32.

由于居家办公已被证明行之有效，星展银行决定在其未来的工作战略中实施永久性的混合工作模式，鼓励所有星展银行的员工可利用40%的时间进行远程办公。此外，又陆续推出了其他灵活工作安排方式，如满足员工个人和工作需求的工作分担制。为顺利推行混合工作模式，星展银行从2021年初开始实施了一系列变革管理、沟通和宣传计划。根据《星展银行2021年度报告》，星展银行建立了数据控制塔和人工智能/机器学习模型，通过技术支持来提高效率和改善决策；为了提供组织转型所需的领导力，星展银行举办了100场团队领导力研讨会，以打造优秀领导者和优秀团队；塑造嵌入成长型思维，号召员工要培养成长心态和积极思维，放眼世界，对新事物持开放态度，不断学习和发展新技能，为未来做更好的准备；对全体员工展开再培训和技能提升，2020～2021年，超过3000名员工根据不断变化的业务需求接受了技能培训或再培训；加强团队间的协作，提高了管理效率；持续灌输积极反馈的文化，从2020年开始，员工反馈数翻了一番，超过12万条（其中5万条是发展性反馈）。①

2. 星展银行人力资源管理的数字化赋能②

数字化改革不但是推动星展银行业务升级、满足顾客需要的基础，也是对促进组织变革和采用灵活工作方式的支持。在过去几年里，星展银行在建设数字银行上成效显著，根据星展银行2022年报，2015～2022年的7年间，数字客户的数量从190万人增至410万人；数字客户所占的比例上升了27个百分点，达到60%；来自数字客户的收入份额上升了33个百分点，达到82%。③ 同时，内部管理上也大力推进人力资源管理的数字化水平，以提升银行经营绩效和员工工作体验。人力资源部门在银行的数字化进程中扮演着相当重要的角色。第一，数字化推进需要开放、成长的价值观支持。星展银行的人力资源管理团队要确保这样的价值观和文化植根于每位员工心中。因此，他们致力于建立一种快乐的工作文化，让员工感到

---

① DBS Annual Report 2021 ［EB/OL］. DBS, 2021：32.
② Robert Blain. 星展银行与员工一同踏上人力资源数码旅程 ［EB/OL］. Human Resources Online, 2020 - 09 - 30.
③ DBS Annual Report 2022 ［EB/OL］. DBS, 2022.

自己是强大团队的一分子，充满活力，并鼓励员工保持开放的态度、富有同理心和尊重他人。第二，数字化进程还需要创造一种参与文化。通过适当的授权，鼓励员工参与决策，让员工拥有更多的主导权，有利于将计划付诸实行。这已成为星展银行的文化基础，员工可以在这种参与文化的基础上尽展所长，创新工作，并享受更充实的工作体验。

具体而言，星展银行人力资源管理适应数字化并运用数字化赋能体现在如下方面。

（1）人力资源规划。

星展银行在实现核心业务数字化的过程中，很多岗位的职责和要求将发生重大变化，甚至有的岗位会被取消。"星展银行人力资源团队的目标是：我们要保留员工，而不是保留职位。同时，组织也要看到未来3~5年的转型过程中所需的技能，并相应地培养好未来的人才。"[1] 为此，人力资源团队和各个事业部进行充分沟通，以制定战略人力资源规划；在此基础上，进行组织调整，帮助员工进行技能重塑和技能提升，使他们能更好地适应未来的战略规划。

（2）人力资源战略分析。

第一是运用战略管理工具"数字仪表盘"来对人力资源进行描述性分析，记录和管理人力资源数据，取代过去的人工报告；第二是诊断性分析，通过对数据深入分析，找出问题的成因；第三是预测性分析，如为预防员工流失风险，监控员工满意度、流失率等数据，并采用一个"保留人才模型"供主管管理跟进，从而保留人才；第四是指示性分析，如2020年推出了"DBS匹配"，这是一套借助统计算法的人岗匹配方案，根据员工的经验资历、技能及其熟练程度，与内部职位空缺所需的要求进行配对，从而促进内部人才流动；员工还可以通过平台建立个人档案，从而了解自己适合的岗位工作，以及相应需要提升的技能等。[2]

（3）招聘的数字化管理。

自2012年以来，星展银行开启"人力资源数字旅程"，以配合未来工

---

① 如何成为一家拥有2.8万人的初创企业？专访星展银行（中国）有限公司人力资源总监朱丽文［EB/OL］. HRoot，2021－01－19.

② 人力资源分析宜循序渐进，掌握数据助管理人才［EB/OL］. CT goodjobs，2021－05－20.

作策略。目前每一个招聘步骤，包括职位申请、录用接受、入职前活动、入职导向、培训和职业管理环节，都可以通过网上或手机平台来完成。还运用数据科学，采用新的招聘技术和招聘工具寻找和评估候选人。数字入职流程为人才顾问、招聘经理和新聘员工提供了极大的灵活性：该系统支持自动审批流程，有效减少了人才顾问的手工工作量；对于应聘者，职位申请一经审批通过，系统便会自动发出电子录取通知，允许新聘员工在线签署录用通知书，从而节省与实体文书工作相关的时间和成本。

（4）绩效管理与数字化。

星展银行使用平衡计分卡方法来开展绩效管理，而数字化转型已成为计分卡的重要组成部分。一方面，绩效指标中体现银行推动数字化转型的意图，将数字化采用作为考核指标，引导员工鼓励客户使用数字银行。[①] 另一方面，关于绩效信息的收集，如获客率、交易执行率、服务满意度、参与率等信息都可用电子渠道来收集，据此来统计并评价绩效，也可通过数据做出绩效分析，从而制定提升绩效的精准对策。

（5）数字化学习平台。

星展银行于 2017 年推出了"DigiFY"，这是一个移动学习平台和在线课程，旨在培养数字银行家。该计划涵盖七类技能：敏捷性、数据驱动、数字商业模式、数字通信、数字技术、设计思维、风险和控制。精通这些课程的员工，将有资格向同事传授其中的规则。[②] 正是这些数字银行家，支持了星展银行创建、支持和开发数字化管理系统。

（6）运用数字化技术管理员工职业生涯和身心健康。

星展银行有一个名为"iGrow"的数字平台，致力于支持员工的职业发展。在这一平台上，星展的高层管理者会轮流担任导师，员工可以在平台上直接与导师们互动，并就与职业相关的事宜寻求建议。此外，人力资源团队中负责招聘的同事正在转型成为内部的职业顾问，在职业发展上给同事们提供帮助。数字化管理也在职业健康方面发挥了巨大作用。尤其新冠疫情期间，星展银行实施"新冠级别管理"和接触者追踪机制，以保障

---

①② David Kiron, Barbara Spindel. Redefining Performance Management at BDS Bank: How Lofty Ambitions and Innovative Metrics Sharpened Customer Focus [EB/OL]. MIT Sloan Review, 2019 – 03 – 26.

员工的健康和安全。通过电子宣传邮件、常见问题解答和网络研讨会，宣传有关新型冠状病毒的知识。通过员工支援计划，专业顾问和临床心理学家提供 24 小时的热线服务，帮助员工应对压力和情绪问题。

（7）支持灵活工作方式。

数字技术支持疫情中和疫情后阶段员工居家远程办公，确保业务能够顺畅运作；进一步运用数字技术转变工作方式，大力采用敏捷和需求驱动的工作模式（DDOM）来推动转型，改善员工体验，提高灵活工作的效率，并拓宽变革型领导的实践。

（8）支持流程再造与管理沟通。

运用数字系统编制并落实工作技巧和指南，支持新工作流程的建立并指导员工采取新的工作行为。各部门也会组织线上员工大会，确保团队保持联系，获取有关业务的最新消息。[①]

11.3.4　星展银行的人才管理体系

关于星展银行集团的人才管理，我们专访了星展银行人才招聘与人才管理总监张肃山女士。在她的介绍中，我们了解到星展银行在"高潜力人才"的管理方面具有专门的组织架构与管理体系，坚持自身的人才培养策略，并利用数字驱动人才管理。[②]

星展银行认为，所有的员工都是人才，对其中具有较高成长性的员工，通过甄选进入高潜力人才群体，通过专门培训、岗位轮换等培养方式，促进其职业成长，从而为组织提供活跃和可持续的人才供给，进一步塑造星展银行的人力资本竞争力。

1. 三支柱模型与人才管理组织

星展银行集团采用"三支柱"的人力资源管理模式。三支柱模型是基

---

① Robert Blain. 星展银行与员工一同踏上人力资源数码旅程［EB/OL］. Human Resources Online，2020 - 09 - 30.

② Premium. DBS: A Digitally - Driven Approach to Talent Acquisition［EB/OL］. Qorus，2021 - 01 - 06.

于流程再造的新型人力资源管理模式，它打破了传统按照职能划分的部门管理方式，根据人力资源管理任务的重要性与难度等进行一体化管理。三支柱模型适用于大型集团化组织，对管理的信息化水平具有较高要求。三支柱分别包括人力资源共享服务中心（SSC）、专家中心（COE）和人力资源业务伙伴（HRBP）。其中，人力资源共享服务中心的主要职能是提供集中式人力资源服务，利用专业的人力资源服务团队和标准化流程，来满足集团内部客户的需求。这些人力资源服务主要包括人员招聘、薪资核算、福利发放、社会保险缴纳、劳动合同管理、人事档案管理、人力资源信息、职业培训、员工沟通、投诉建议处理等；专家中心属于人力资源的战略头脑，专门为业务单元提供人力资源专业咨询服务，包括人力资源规划、素质模型构建、人事测评、薪酬设计、薪酬调查、绩效管理制度设计、培训需求调查、课程开发、培训体系建立、员工发展等专业性的工作；业务伙伴是集团派驻到各个业务部或事业部的人力资源管理者，主要协助各业务单元经理处理在员工发展、人才发掘、能力培养等方面的工作。三支柱互相支持，业务伙伴需要主动跟进业务部门的发展，了解其人力资源管理需求和员工的需求，制订解决方案，由人事行政服务中心来执行，并发现问题，对专家中心提出咨询需求；专家中心则专注整体战略优化和跨部门流程设计，接收业务部门咨询，并制订方案交付共享中心执行；共享服务中心则以执行和服务为主，负责落实政策、制度。三支柱模型的优势在于整合资源、集中服务、降低成本、提升质量，聚焦战略来提高整体运作效率。

星展银行的高潜力人才管理工作依赖如下组织体系：首先是拥有专业知识和高科技管理能力的人力资源专家中心（COE），主要职责是制定指导高潜力人才管理的政策。关于COE，新加坡总部只有4名人员，同时管理新加坡地区；在其他5个市场，还有一个二级的人才管理团队，每个团队有1~2个人，对应的上级是人力资源高级副总裁。其次是人力资源业务合作伙伴（HRBP），帮助执行COE团队的管理政策。与COE团队一样，在每个地区都设立了HRBP团队，与这些国家/地区的管理人员合作。其工作机制是HRBP与直线经理密切合作，了解人才信息，提名高潜力人才，沟通人才培养需求、落实人才培养计划。实际上，直线经理是人才管理中的关键角色，他们直接与员工个人讨论职业发展与规划，管理人员对高潜力人才有年度审查制度，使人才培养和绩效考核成为直线经理的责任。同时，员工个人也负有管理责任，员工如何在组织中发展自己，需要和管理人员充分沟通与合作。这种组织与工作方式，与人才管理战略地位的上升、管理责任下放的大趋势相一致。

在这样分散和混合的工作模式下，人才管理人员需要具备一些关键能力。张肃山总监认为，沟通能力、数字化能力和对宏观环境的把握适应能力是重要的要求。第一是沟通能力。对于管理者来说，沟通技巧是至关重要的。沟通能够促进承担人力资源责任的管理者更充分地理解员工，从而为员工提供令其满意的福利。沟通意识和努力是必不可少的软技能。也许在 10 年前，这一点并没有受到太多关注。然而，随着工作任务和环境条件的快速变化，沟通需求越来越高；尤其是面对新冠疫情大流行挑战的那几年，员工之间、员工与管理者之间基本上没有面对面的互动。那么，员工如何才能利用新的技术、工具和平台，学会新的工作方式呢？企业如何快速适应宏观环境，保持业务稳定？管理者如何调整其运营和管理以适应新形势？例如，招聘都转到网上进行，而且要确保招聘活动顺畅开展并有效招到所需人员。进一步来说，人员的整合和新员工的融入并不容易，这就是沟通技巧必须发挥作用的地方。如果没有面对面的联系，就必须通过电脑、手机等其他技术手段进行沟通，这给管理者带来新的沟通挑战。第二是数字化能力。管理者需要理解和使用数据来做出判断。在信息技术时代，管理者需要利用大数据来辅助管理。星展银行的数字化平台和管理工具由来已久，但从未像今天这样广泛使用。第三是对宏观经济方向的判断。当今世界受到能源危机、战争和地缘政治问题的影响，面临着一种巨大的不确定性，特别是在亚太地区。经济前景的不确定性深刻影响着劳动力市场，自 2021 年底以来，星展银行有越来越多的离职现象，这增加了人力资源管理的难度，要求管理者具备更强的预判和管理能力。

2. 人才的获取与培养

星展集团约有 1600 名员工被认定为"高潜力人才"，约占员工总数的 5%，这些员工的职业发展被纳入集团人才培养计划。当然，对于其他员工而言，在所属地区，也必须确保直线经理和员工一起积极制订自身的发展计划。

（1）多元化的人才库。

作为一个区域性或全球性的企业，星展银行需要人才的多样性。秉承多元化的理念，在人力资源获取上遵循"本地优先"原则，这一点无论是在新加坡还是其他海外市场都坚持一致。"本地优先"原则是指只有在本地招聘不足时才招聘非本地人才。在本地人和非本地人之间保持平衡，这是所有在新加坡经营的公司都必须遵守的国家政策。星展银行依据法规行事，在决定聘用非本地人才担任任何职位之前，首先都会考虑本地人才的可能性，并考虑内部人才的潜力，坚持公平雇佣与公平就业框架。

在新加坡，星展银行在本地人和非本地人之间保持平衡，同时保持多样化的人才库。关于如何处理二者之间的平衡，星展银行认为任何极端的做法可能都不是最有效的操作。因此，张肃山总监认为这就是为什么星展银行遵循新加坡的公平雇佣、公平考量框架的规定，这能够确保星展银行拥有经营业务所需的足够多样化的人才库，并确保员工有机会在不同的经营地区之间流动。

本地招聘需要人力资源管理者熟悉当地劳动力市场与人力资源政策，并能够高效招聘。以本地雇佣为主的同时，兼顾多样性的需要。因此在星展银行运营的任何地区，都不是100%的本地人工作。有了这样的招聘资源，星展集团确实拥有了多元化的人才库。

星展银行拥有六大区域人才市场：新加坡、中国大陆、中国香港、中国台湾、印度和印度尼西亚。公司的战略是在这六个人才市场保持领先地位，并努力成为区域领导者。

（2）高潜力人才产生机制。

星展银行的高潜力人才不是直接招聘的，而是通过有组织地运用员工的时间、精力和资源，系统地、有意识地发展培养起来的。前提是公司相信雇佣的每个人都是有潜力的。但在现实中，并不是每个人都能成为高潜力人才。按照张肃山总监的说法，组织内部通常需要一两年的时间才能确定员工是否真的值得成为一个高潜力人才。这些高潜力人才经过精心培养和发展，将担任银行内更高的职位，涵盖业务序列到管理序列的8条职业通道，规划不同领域关键角色的继任。星展银行每年都会对集团内顶尖人才进行评审，搭建健康的内部人员通道，确保组织内关键职位人才的培养与继任。同时为组织内提供公平机会，有力推进员工与组织间和谐关系的建立。

如前所述，COE 专家中心利用专业知识和高科技管理制定政策，指导高潜力人才管理；HRBP 协助执行、实施管理政策。除了新加坡的 COE 团队，在集团运营的每个市场都有一个二级人力资源团队。同样，在每个国家都有人才管理团队和 HRBP 与这些国家的管理者合作。年度审查是高潜力人才识别和团队建设的常规机制。此外，星展依托强大的信息技术系统，获取员工的绩效记录；并利用数字技术传达人才信息，推动人才团队建设。星展银行从不同的区域市场甄选优秀人才，并纳入高潜力人才队伍。遴选的标准就是个人是否有潜力在未来发挥更大的作用，具体包括技术水平、综合能力和承担责任的意愿。除了绩效指标外，能否很好地融入银行的文化环境并实践组织的价值观，也是重要的考量维度。高潜力人才不受地区、国籍或职能的限制，这意味着要建立全球人才库。

经过 10 余年的努力，星展银行已经建立了自己的人才战略，能够以一种非常稳健的方式来看待人才并对待继任。首先是人才流动策略：不同国籍的高潜力人才，可以在新加坡或全球其他运营地区工作，在其他地区工作的人才也有机会通过内部流动来新加坡总部短期甚至长期工作。具体而言，当星展银行内部有职位空缺时，会优先开放一段时间给内部同事申请，确保内部员工优先获得转岗的机会。内部调动主要是遵循"2 + 2"和"3 + 3"政策。"2 + 2"，即副总裁及以下级别员工在同一岗位工作满 2 年，就可以向人力资源部申请应征某一内部空缺职位，应征成功后，2 个月内即可就职于新岗位；"3 + 3"，即高级副总裁及以上级别在一个职位上工作 3 年，可以申请内部调动，申请成功后，可以在 3 个月后就任新职位。

作为一个大型组织，星展银行可以为员工提供充分的学习和成长机会。这主要依托"3E"框架：第一个"E"是职业培训（education），星展银行通过教育和培训来满足员工的职业发展需求，为员工提供技术知识、资源技能和其他更好的学习资源，以支持更高效的工作和良好的职业体验；第二个"E"是发展机会（exposure），为员工创造更广泛的机会，提供更多展示平台。例如，星展员工可以在自己的工作范围之外参与不同的项目，也可以和不同业务部门的管理层互动，甚至是银行以外的业务领导；第三个"E"是工作经验（experience），即通过内部流动积累经验，通过这样的内部流动和轮换训练来提升人才的视野、经验和能力，为继任更重要的角色提供坚实的基础。

星展银行坚持成长型思维，注重人才投资，其价值主张是：丰盛人生，随星而动，展我不凡（be the best，be the change，be the difference）。为推动组织转型，星展银行人力资源团队鼓励员工建立成长型思维，并采取具体举措赋能员工学习，如将学习游戏化，帮助员工建立学习习惯。此外，人力资源团队还组织管理层学习脑神经科学相关课程，让管理者以更加科学的方式管理和激励员工。

3. 人才管理典型案例

星展银行一方面坚持人才获取的多元化，另一方面建立基于机会均等的内部人才培养与流动体系，共同构建自身的人力资本优势，支持企业的持续增长与创新发展。

一个获取外部人才的典型案例是，2009 年高博德（Piyush Gupta）被任命为星展银行首席执行官。高博德曾在花旗银行工作了 26 年，从管培生一路成长为花旗银行东南亚、澳大利亚和新西兰地区首席执行官（2008年），具有丰富的银行业经验。在高博德的领导下，星展银行从一家传统的本地银行转型成为数字化银行的领军者，同时也增加了人才储备、提升了人才的多样性。

在星展银行工作了 4 年后，高博德开始意识到：银行过去通过收购来扩大规模的做法已经不再适用于成本不断攀升的环境。新的初创企业纷纷涌现。技术平台正在成为强大的全球力量，其影响力可与银行相媲美。他表示："2013 年，阿里巴巴和蚂蚁金服显然将成为游戏规则的改变者，他们不仅涉足支付领域，还涉足融资、贷款、保险领域；他们触及了我们业务的方方面面，并以不同的方式做事。他们没有分支机构，没有人员，一切都以数字化方式完成。"因此高博德得出的结论是："我们必须以不同的方式思考未来。"①

于是在 2013 年，高博德在首尔召开了一次高管会议，整个董事会和管理委员会都出席了会议。在会上，他和董事会提出了一项拥抱数字化的议程。

其后，星展银行开启了数字化进程。在这个过程中，高博德不仅是科技运用的旁观者，而是深深地沉浸在科技的具体细节中。经过 6 年的努力，在许多银行都在吹嘘自己数据中心数量增加时，星展银行由于率先使用了云计算，数据中心数量已减少了 75%，虽然云支持的规模只有原来数据中心的 1/4，但容量却是原来的 10 倍。截至 2018 年底，星展银行超过 80%的开放系统已实现云就绪。实践表明，其数字化的信息和方法发挥了颠覆性作用，大大降低了成本并创造新的收入来源。2019 年，星展银行被《欧洲货币》评为全球最佳银行。②

与此同时，在 2014 年，星展银行还聘用了尼尔·克罗斯（Neal Cross）为首席创新官。当银行与万事达卡（Mastercard）接洽时，克罗斯正在万事达卡担任类似职务。聘请他的主要意图在于开拓一种新局面，打破常规，并让其他人接受破坏变革性与颠覆性的想法。就这一点来说，聘用一个新的"局外人"更有利于支持创新。克罗斯是一个特立独行的人，甚至会惹恼别人，但他确实有让人们改变思维方式的天赋。而且他在星展银行被赋予了尽可能广泛的颠覆性自由，从未受到高博德或与他共事的其他高级管理人员的阻碍。这也是星展银行能够顺利进行技术创新、实现数字化的人才使用支持。尽管后来克罗斯离职，但他带出的下属同样发挥了人才支持作用，如首席数据和转型官保罗·科班（Paul Cobban）和首席信息官大卫·格莱德希尔（David Gledhill）。

星展银行的另一个内部人才优势就是继任计划。在星展银行的高层，人员流失率极低。但是也有例外情况。例如，高层员工退休时，就需要保持顺畅接替，尤其是对于首席执行官的职位。如 2019 年 3 月，技术与运营部的负责人大卫·格莱德希尔（David Gledhill）宣布离开星展银行返回英国，星展银行保留了其在银行的顾问职位。他的继任者是技术和运营副主

---

①②　How Gupta turned DBS into the Bank of the Future；Honoured to be Crowned World's Best Bank 2019 by Euromoney［EB/OL］. DBS，2023 - 09 - 21.

管黄惠锦（Jimmy Ng），当大卫·格莱德希尔离职时，黄惠锦已经在副主管的这个职位工作了 14 个月。高博德特意把他安排在这个岗位上，因为他知道大卫·格莱德希尔在某个时候会因为家庭原因想回到英国。

同样，当机构业务部负责人王开源（Jeanette Wong）退休时，也采用了同样的继任计划，由精明且富有进取心的前消费者和财富业务主管陈淑珊（Tan Su Shan）接任。她在之前的岗位上有出色的表现，业务年增长率连续超过 20%。高博德任命她为机构业务部负责人，是因为如果未来的首席执行官同时拥有银行零售业务和机构业务经验，将更具竞争力。星展银行还利用这次调动来安排其他候选人：前战略和规划主管许志坤（Shee Tse Koon）被任命为新加坡业务主管，而他之前的职位则由新加坡花旗银行首席执行官韩贵元（Han Kwee Juan）填补。当高博德卸任时，这三个人都会进入首席执行官（CEO）继任者替补席。高博德说："我有 4～5 名候选人，他们的年龄都在 50 岁左右，经过适当的培训，有朝一日他们可以接替我的工作，我相信可以造就多面手。"他说："我成为一名优秀银行家的原因之一是我对一切都略知一二：我经营过抵押贷款、银行卡、消费者和企业银行业务、交易银行业务。"①

11.3.5　星展银行的人才管理启示

作为一家全球性经营的银行，星展银行塑造了优秀的雇主口碑，人才管理也成为一个典型案例。其很好地印证了企业人才政策与国家人才政策的协调关系，企业既得益于宏观人才环境和人才政策，同时凭借自身出色的战略和管理实践也引领和推动了区域人才管理水平。

首先，星展银行与其他全球性银行相比，竞争优势在于其明确的"多元化"人才战略，支持星展银行跨国经营，并实现数字化创新，以提高经营质量与业绩，成为全球优秀和亚洲领先的银行。这一战略的实现依赖新加坡繁荣的金融市场和多元的人才市场，同时也得益于汇集众

---

① How Gupta turned DBS into the Bank of the Future：Honoured to be Crowned World's Best Bank 2019 by Euromoney ［EB/OL］. DBS，2023 - 09 - 21.

多跨国公司总部和科技公司的环境，为其提供了具有丰富经验的管理或科技人才以及金融科技的支持。新加坡本身就是一个富有吸引力的枢纽，可以接触到全球人才。

其次，星展银行的内部人才培养和发展战略，为企业稳健运营、持续发展提供有竞争力的人才供应链。星展银行通过创造平等机会、提供学习资源、促进内部流动、畅通职涯成长等方式塑造内部人才，为保留、激励、充分利用人才创造基础，也促进形成和谐的员工与组织间关系。机会均等的理念贯穿其中，这既是星展银行的价值观，也是新加坡倡导的职场要求。新加坡三方性组织致力于维护公平职场环境，反对歧视。政府也通过表彰星展银行为"最佳雇主"来认可其努力。

最后，在竞争日益激烈的环节中推动组织结构变革，创造灵活的工作模式，提升管理灵活性，提高工作满意度和平衡工作—家庭关系。这对于人才保留至关重要，同时也为业界和其他组织提供了灵活工作常态化的宝贵尝试和深刻启示。此外，星展银行为员工提供公益活动支持，也是企业社会责任感的体现。这些努力与新加坡政府对企业、工作场所发展的倡导和追求相一致。

当然，星展银行在人才管理方面也不无挑战。（1）本地优先原则和多元化目标之间的平衡。作为新加坡的一项国家政策，必须遵守本地优先原则，同时塑造本公司"多元化"的标签，星展银行的实践一是在招聘时做好本地人和非本地人的平衡；二是通过内部人才培养和流通提高人员多样性；三是面向全球引进顶尖管理和技术人才以推动革新。（2）大环境下的招聘挑战。这里面有两个要点：一是在新冠疫情、地缘政治等形势下，新加坡的劳动力市场也受到一定程度影响。在这个有限的人才市场里面，想要找到更优秀的员工，就要提高更具竞争力的条件。虽然星展银行作为区域领先者很有吸引力，但在人才争夺战中也要尽力而为，尤其对于高技术人才。二是由于加息压力、通货膨胀和对地缘政治问题的担忧，经济衰退是否会发生存在不确定性。新加坡的科技公司出现明显裁员问题，也影响了其他企业。对此，星展银行采取了更为谨慎的招聘态度。相较从前，有意识地加强人力资源盘点，招聘规模有所缩小，而且是内外部雇佣相结合。在招聘中，强化人才与工作之间的匹配性，在技术层面适应工作内容调整，提高熟练度要求，在人员结构方面适应扩大规模和组织调整需要。（3）增强人才吸引力，降低流失率。劳动力市场是紧张的，除了富有竞争力的薪酬，星展银行通过良好的职场环境和工作生活平衡来增强招聘吸引力。同时星展银行积极保留员工，关注员工满意度，改善工作体验，降低员工的离职风险。

总之，星展银行的人才管理是系统化的，也是与政策和环境相适应的，坚持明确的人才战略，形成完善的人才培养和发展政策，利用专业化人才组织体系，利用数字化信息驱动人才管理质量与效率，注重变革与改进，追求精益管理，形成了良好的员工与组织关系，培育可持续的人力资本，支持整体发展战略。作为一家大公司的人才管理，其实践和经验可资借鉴。

11.4　力业女佣中介公司儒家文化与"人本"管理的结合*

新加坡前进集团（Advancer Global）旗下的力业公司作为新加坡最大的女佣中介，是家政服务业的一个代表。因其低端劳动密集型特征和外劳为主的雇员结构，在人力资源管理上具有典型性。根据对力业公司创始人、集团执行董事陈美雄的访谈，了解到其企业"以人为本"的人力资源管理实践支撑企业成长与发展的特色与经验。

11.4.1　企业背景①

力业女佣中介公司（Nation Employment Pte Ltd）成立于1991年，由陈美雄、陈美荣和陈殷秀三兄弟创办。陈氏兄弟虽然出身家庭贫寒，但父严母慈，兄弟友爱，"做事要勤力"是父辈传承的理念。秉承"以勤立业"的家训，陈氏兄弟共同创业，并选择"力业"作为公司的名字。力业女佣中介公司成立后，短短数年就成为新加坡最大的女佣中介公司；而且还成

---

　　* 为了撰写本案例，2022年11月笔者赴力业女佣中介公司实地调研。通过对创始人、集团执行董事陈美雄的访谈，了解到其企业发展历程与人力资源管理的特色和经验。

　　① 资料来源：前进集团官网。

功进军马来西亚和中国香港市场，成为亚太地区著名的家政服务市场的领导者。其发展历程及里程碑如下①：

1991年：创业于新加坡武吉知马购物中心的一间400方尺的店面，是力业家政公司的第一个服务据点，专为顾客提供外籍家政服务人员的中介服务。

1996年：力业集团成为全国第一家受ISO 9000认证的家政集团。

1998年：在全岛开设了8个服务据点，成为新加坡规模最大的家政集团。

2000年：在马来西亚首都吉隆坡市开设海外的第一家分公司。

2004年：在马来西亚首都吉隆坡市开设了总共3个分公司。

2006年：成为新加坡唯一经过国家劳动局认证合格的外籍家政服务人员训练中心，提供11个家政服务人员的培训课程。

2006年：新加坡人力部于2006年推出了专门为雇主而设的"如何正确地雇用家政人员的基本常识课程"，力业家政集团是唯一被批准承办此课程的中介公司。

2007年：在新加坡兀兰设立一间三层楼高、大约2000平方米的外籍家政服务人员培训中心及宿舍，家政人员在这里接受各种培训。

2007年：荣获渣打银行评选为新加坡100强中小型企业。

2010年：在《新加坡记录2010》一书中，被确认为新加坡最大最强的外籍家政服务中介。

2010年：推出新加坡唯一提供上门培训外籍家政人员的服务。

2010年：在中国香港开设了第一个战略联盟的外籍家政服务中心。

2011年：荣获外籍家政服务行业里的"新加坡2011年度最佳品牌奖"。

2011年：在中国香港开设了第二个战略联盟的外籍家政服务中心。

2011年：在新加坡主办的世界华商大会上，被选为新加坡的杰出企业。

还以力业女佣中介公司为发端，通过收购发展壮大成为前进集团。为

---

① 陈美雄. 新加坡力业家政集团的发展策略［D］. 新加坡：新加坡国立大学，2012.

了扩大市场，陈氏兄弟 2004 年开始拓展商业大楼清洁服务；在 2005 年以 100 多万元收购第一家保洁公司 First Stewards，专为酒店和餐馆清洗厨房和餐具；此后又陆续收购一些小型建筑设施管理公司、保安公司、虫害控制公司等。从 2004~2016 年共并购了 16 家小公司，覆盖清洁、维修、园林、保安等物业服务领域，经过整合形成了专门提供设施管理、物业服务的前进集团。① 2016 年前进集团在新加坡证券交易所上市（证券代码 43Q），成为一家以综合物业管理人力服务方案上市的公司。

力业女佣中介公司作为新加坡最大的女佣企业，目前占 24 万外籍女佣市场的 3%。新冠疫情暴发后，新加坡外劳难以进入，同时较多女佣回国，造成女佣行业运营紧张。在此期间，力业女佣中介公司原有的 6 个执照关掉 4 个。随着 2021 年 11 月疫情管控的放松，2022 年运营 4 个经营执照，业务也恢复到 2019 年疫情前的水平。力业女佣中介公司的女佣来源地及所占比例约为菲律宾 20%、缅甸 40%、印度尼西亚 40%。

11.4.2 女佣中介公司行业与管理背景

1. 行业特点与市场供求情况

在新加坡，外籍家政人员服务是一个非常成熟也竞争非常激烈及分散的行业。之所以行业市场分散，首先在于该行业门槛低，家庭式机构经营占比较大；其次是因为该行业对服务有着强烈的个性化需求。目前，新加坡该行业内有近 2000 家拥有合法营业执照的公司。其中前 15 家较大规模的营业者也只占有约 20% 的市场份额。② 家政人员中介公司经营的主要成本在管理费上。如果想压缩成本，市场上的惯用做法是压缩培训成本，这种低成本竞争的优势是低价格与多服务据点，市场份额也可增大；劣势是家政人员的来源素质相对低，技能培训相对不足，市场口碑相对较差。因此，拉大与竞争对手的差异，培育相对优势，在筛选、培训与顾客服务上增值的差异化竞争是优选战略。

---

① 从女佣中介到上市公司 ［N］. 联合早报，2017－04－06.
② 资料来源：根据对力业公司创始人、前进集团执行董事陈美雄的访谈信息整理所得。

根据新加坡统计局 2020 年人口普查数据，新加坡有 137 万户家庭，平均约每 4~5 户家庭就有一个女佣。新加坡有约 24 万外籍女佣，这一规模一直较为稳定。[①] 当前新加坡活跃雇主大约 1 万个，服务需求包括老人/小孩照护、特殊护理、家务等。[②]

新加坡女佣主要来源于菲律宾、缅甸、印度尼西亚等东南亚国家，55 岁是年龄上限。不同来源地的女佣月薪是有差别的，按照 2022 年一般的市场价格，菲律宾女佣（会英语）的月薪为 650~700 新元，印度尼西亚女佣 600 新元/月，缅甸女佣 500 新元/月。价格差别的原因有两点：一是是否掌握英语，二是来源国的最低薪金要求。菲律宾女佣掌握英语，且有 400 美元/月的来源国薪金要求；其他国家则无此要求。缅甸因为国家政变，影响出口女佣的培训，所以到新加坡务工的女佣在价格上尚处于劣势。新加坡也无关于最低薪金的规定。

2. 行业政策规定

根据新加坡人力部的规定，想要雇佣女佣的雇主须满足如下条件：年满 21 岁；具有一定财务能力；并未患有任何或将对女佣造成伤害的疾病等。初次雇佣女佣的雇主必须完成累计时长为 3 小时的雇主培训课程；也规定，如果在 12 个月内累计更换 3 个以上女佣还必须再次完成雇主培训课程。此外，雇主必须为女佣购买保证金和医疗保险。[③] 雇佣外籍女佣还需要向新加坡政府缴纳外籍劳工税，按照人头征收，雇佣首名女佣税率为 300 新元/月，雇佣第二位及以上为每人 450 新元/每月。[④]

新加坡当前对于女佣行业尚未设定明确的行业标准。对该行业管理，主要依赖于政府的监管政策，以执照管理法令和劳工法为主。

政府关于女佣中介公司的执照管理：一是对于执照申请者，要提供培训，接受申请；二是检查从业行为；三是处理顾客投诉；四是惩罚某些行

---

① 资料来源：新加坡统计局 2020 年人口普查数据。

② 资料来源：根据对力业女佣中介公司创始人、前进集团执行董事陈美雄的访谈信息整理所得。

③ 新加坡女佣制度的反思与展望［EB/OL］. 优投网，2021－03－29.

④ 如何减免新加坡女佣税，聘请女佣轻装上阵［EB/OL］. 狮城新闻，2021－03－02.

为，如工人信息错误、在促销中差别对待、顾客投诉的问题等，采用扣分制度，扣满 12 分即吊销营业执照。

劳工法相关规定：（1）新加坡没有加入《国际劳工法》，不设外籍劳工最低工资标准，保护新加坡人利益。（2）关于外国劳工福利，包括居住、安全、雇主、医疗、法律保护方面的规定。（3）当外国劳工利益受到侵害时，利用三方性组织，政府介入性较高，还有司法保护。（4）女佣不能违背有关雇佣规则。

新加坡有关政策调控的重点是帮扶，不是为提高数量，而是要提高质量。劳工部和新加坡职工总会还联合设立"家庭女佣照顾中心"，作为非营利机构，为女佣提供问题咨询、法律援助、心理支持等帮助。

11. 4. 3　力业女佣中介公司儒家管理哲学与人力资源管理

企业文化就是创始人的文化。力业女佣中介公司创始人陈美雄是新加坡儒教协会会长，以儒学思想作为企业经营与管理之"道"，塑造管理层思维，并推动管理实践的"术"。另外，外籍女佣中介作为服务行业，不仅由人提供服务，甚至提供的产品本身也是"人"。因此，这个行业最关键的因素是"人心"。力业女佣中介公司将儒家的"人本思想"应用于管理。

1. 力业女佣中介公司的儒家价值观

儒家思想的核心是"仁义礼智信"，注重稳定和谐、强调社会秩序。陈氏兄弟尊崇儒学，家庭和谐，兄弟创业，贵在齐心；并以诚信为基础，建立了"制度＋信任"的管理基础。在企业管理中，任人唯贤，尊重员工与客户，重视社会责任。

在这样的思想基础上，力业女佣中介公司追求的愿景是：要把和谐与快乐带给每一个家庭；并把"诚实、敬业、成长、承担"作为其企业价值观。（1）诚实：诚实面对自己，诚实面对所有同事，诚实对待每一位家政人员及客户。（2）敬业：尊重自己，尊重他人，以最敬业的精神追求乐业的满足。（3）成长：以坚持学习、努力提升自己为乐趣；以不断追求个人与整体的成长为最大的成就。（4）承担：明白自己的本分，承担行业的使命，为家政人员、为客户、为团队和社会作出贡献。

外籍女佣中介是百分百的服务行业，"人心"是这个行业最关键的因素。所以企业管理必须以保住人心、照顾人心、不失人心为重。这里牵涉的"人心"群体是多方面的。陈美雄在其2012年的EMBA毕业论文里对不同利益相关者的诉求做了如下分析（见表11-1）。

表11-1　　　　　　　　　力业女佣中介公司相关群体需求与目标

序号	相关群体	群体需要	最重要的目标
1	外籍女佣	关心照顾谅解的雇主	安顿自己和家庭
2	客户家庭（雇主）	合适胜任，敬业乐业的女佣	家庭和谐快乐
3	外籍女佣家庭	关心照顾谅解女佣的雇主	家庭成员的安心
4	本国官方人员	高素质的外籍女佣	社会安定
5	人力来源国的官方人员	正当管制，有尊严的就业机会	社会安定
6	公司股东和投资者	持续盈利	永续生存、成长
7	公司团队职员	安定有意义的工作	安顿自己和家庭，工作贡献
8	人力来源国的整体社会	关心照顾谅解的雇主	社会安定
9	本国整体社会	高素质的外籍女佣	社会安定
10	监管机构	高素质、守法的外籍女佣	社会安定
11	相关福利团体	关心照顾谅解的雇主	照顾弱势群体福利

资料来源：陈美雄. 新加坡力业家政集团的发展策略［D］. 新加坡：新加坡国立大学，2012.

从表11-1可知，力业女佣中介公司充分理解各利益相关者的需求与目标，也据此实施管理，追求符合企业、雇员和社会共同价值的创造，落实"承担"的企业价值观。

2. 力业女佣中介公司的"利益回馈"管理模式

基于以上企业文化与价值观，力业女佣中介公司构建了自己的"利益回馈"管理模式。在其服务流程图中（见图11-2），可以清楚了解力业女佣中介公司是如何为外籍女佣、客户家庭、中介本身和整体行业创造价值并同时达到企业目标的。

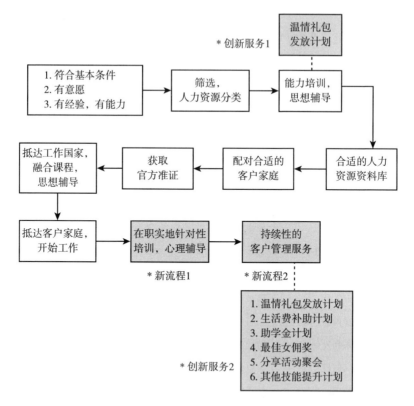

图 11－2　力业女佣中介公司"利益回馈"管理模式的服务流程

资料来源：陈美雄．新加坡力业家政集团的发展策略［D］．新加坡：新加坡国立大学，2012.

首先，从一般的女佣人选中筛选出符合基本条件的人选。前提是她们本身必须有意愿成为家政服务人员，若有相关服务经验或能力为佳；若没有，则提供能力培训和关于意愿、思维方式及价值观的思想辅导课程。当经过能力培训和思想辅导以后，她们就成为有资格的外籍家政人员了。

其次，合格的外籍家政人员资料将集合在资料库里，等待公司营销团队为她们配对更合适的客户家庭。这一环节至关重要，营销团队人员必须非常了解客户家庭的独特需求，据此为他们配对一个有恰当能力和服务态度的家政人员。

接着公司作为中介为女佣办理所有的官方手续。工作准证办妥后，她们就可以来新加坡工作了。当家政人员抵达新加坡之后，公司会安排融合课程与思想辅导课程，以便让家政人员可以顺利地融入客户的家庭。

当女佣开始工作后，她们还会面对很多问题，通常是沟通上以及工作能力无法达到客户期望的问题，心理上也会面对文化冲突和思乡情绪的问题。力业女佣中介公司通过辅导员团队亲自拜访客户家庭，充当沟通桥梁，为女佣做心理辅导开解她们的心结；同时指导具体家务，让她们更胜任工作。这样，经过一段时间的辅导与培训，让她们成为敬业乐业的家务助理，实实在在地把和谐愉快带给客户的家庭。

在这样的"利益回馈"流程框架下，力业女佣中介公司也改变了以往过于偏重销售额和利润的考核方式，而通过强调服务素质和客户的满意度，以及人力资源辅导与成长等指标来支持企业的成功。力业女佣中介公司的绩效考核指标体系如表 11 - 2 所示。

表 11 - 2　　　　力业女佣中介公司的绩效考核指标体系

序号	指标	序号	指标
1	高素质的成功配对率	6	资料的准确度
2	顾客的感谢信的质量和频率	7	能力培训进度追踪度
3	女佣的感谢信的质量和频率	8	心理辅导进度追踪度
4	流程互相配合率	9	销售额
5	资料的完整度		

资料来源：陈美雄. 新加坡力业家政集团的发展策略［D］. 新加坡：新加坡国立大学，2012.

3. 对外籍女佣的人性化管理

力业女佣中介公司对雇员也就是外籍女佣的管理充满同理心。集团执行董事陈美雄说："女佣行业是中介行业，致力于解决供求双方的需求。外劳企业是市场'洼地'，外籍女佣远离家乡，到雇主家里为其服务，在体力、心态调节、离别亲人方面是有巨大付出的，居于弱势工作群体；对于雇主而言，女佣解决了重要的家庭照护需求，居住在家朝夕相处，需要信任与和谐。所以，能做好这一中介，是功德无量的事情，是需要'同理心'的良心行业。"

力业女佣中介公司注重对女佣的尊重与保护。首先，不断增强培训能力，通过模拟场景教学和网上培训等形式，提升女佣专业服务素养，提升市场专业度。力业女佣中介公司经营成本中，管理费高于20%，其中培训费占比最高，处于行业领先水平。其次，提供法律规范和职业保护的培训和支持。最后，提供延伸服务，如建立雇主与雇员之间的会员制度。力业女佣中介公司对雇主收取一次性中介费用；更换次数超过时要额外收取费用，如印度尼西亚女佣6个月更换三次为顶限。具体管理举措如下所示。

（1）初始培训中的温情礼包。

在女佣培训中，力业女佣中介公司充分体现了人性管理的温情。当女佣在来源国培训中心培训时，通常需要2~3个月的时间来完成。在这段时间里，女佣是不允许回家的。为了能让她们更安心专注于培训，力业女佣中介公司推展一个创新服务，即按月发放温情礼包给她们家乡的家庭。这个温情礼包意不在完全解决家庭生活的负担，但希望能传达一份关怀。让她们的亲人安心，同时也让她们自己安心。这些礼包将通过乡村招募商带去女佣乡村的家庭。

这份礼包的内容包括：①女佣的短信、简短地叙述在培训中心的生活情况、培训内容和进度、受聘信息、感受以及对他们乡村亲人朋友的问候；②女佣在培训中心的生活照片；③生活上的必需品，如米、油、面粉、盐、糖类。

（2）刚开始工作的温情关怀。

当女佣抵达新加坡后，开工的第一个月，公司将送一个礼包给女佣故乡的家庭。因为女佣的亲人为她在陌生的外国工作环境有非常大的担忧，这份温情礼包可以使她家乡的亲人安心，也能让她更加专注在这陌生的环境并加快适应工作。这个礼包的内容与以上类似，但这次女佣信件内容反应的是新加坡的环境和工作情况。同样的温情礼包将会在第6个月时再发放一次。经过6个月的细心关怀，女佣们可以在新加坡安顿立足了。

（3）持续家佣管理服务。

在女佣进入工作状态以后，力业女佣中介公司还通过持续管理与持续培训的机制，为客户提供更优质的服务。公司组织专业的辅导兼培训员团队，密集地为初到的外籍女佣做实地辅导和针对性培训。辅导团队的组员覆盖各个女佣来源国的种族，都精通来源国当地的语言和文化，在与女佣沟通的情怀上也没障碍。这些组员也被培训成为优秀的管家和心理辅导员。对女佣培训的目标是开发出一个适合本人、能提供独特需求、有胜任能力的女佣。

辅导培训的内容与方式包括：①专业辅导员亲临客户家庭，实地与雇主沟通，了解雇主真正的诉求和真正需要女佣帮助的地方。②了解雇主对女佣不满意的地方，包括能力上和工作态度上的问题，还有希望女佣工作能力改善的地方；然后专业辅导员与女佣就她的感受、困扰、能力不足之处做深度的沟通。③专业辅导员将辅导女佣的心理和她的工作态度，并清晰地传达给女佣雇主真正的诉求，帮助双方得到理解和和解。④专业辅导员将即时即地在雇主家里，针对性地、准确地培训女佣，满足雇主专门需求。⑤通过以上服务，女佣能明确了解工作的内容与主要目标，以及在雇主众多目标里的优先级等。⑥雇主也会在服务期间，即时回馈他们宝贵的感受和意见。

（4）生活辅助计划。

若要外籍女佣能更安心地在新加坡工作，为她安顿好故乡的家庭是重要因素。绝大多数外籍女佣背负养家的重任，她们的父母亲人需要医护，孩子需要教育支持，物质上的窘迫会造成巨大困扰，让其无法好好工作，甚至提前毁约无法完成工作合同。对此，力业女佣中介公司通过辅导员对她们深度了解，针对性地给予适当的辅助。这方面推行了两个计划：一是生活费补助计划，即为有真正需要的外籍女佣提供常月的生活费补助计划或无息贷款，直到她们能够自力更生为止；二是孩子助学金计划，为有真正需要的外籍女佣提供孩子教育费补助计划或无息贷款，直到他们能够自给自足为止。

（5）休假日聚会及活动。

为了帮助外籍女佣在休假日时过得更充实、更有意义，力业女佣中介公司主办有组织性的、有主题的大型聚会。聚会的主题包括：①有益身心的团体活动；②正面的个人经验分享与交流；③学习相关技能，提升个人能力的课程；④学习其他新技能；⑤学习有益身心的个人兴趣活动。通过提升个人价值来提升整个市场的价值。

（6）举办行业模范展示活动。

为了推广更多正面的行业信息，力业女佣中介公司把有代表性的、典范性的外籍女佣优秀事迹展现出来，如主办最佳家务助理表彰活动。这类活动能够激励外籍女佣的优良工作表现，并提升客户家庭与外籍女佣的关系。

4. 行业认可与未来规划

（1）行业水准的社会认可。

关于女佣的培训，力业女佣中介公司做出了不懈努力，并成为同行业技能培训中心。2006 年，力业女佣中介公司成为新加坡唯一经过国家劳动局认证合格的外籍家政服务人员训练中心，提供 11 个家政服务人员的培训课程：①如何处理家中紧急事件；②如何照顾婴儿；③如何照顾孩童；④如何照顾老人；⑤如何给客户家庭提供优质服务；⑥如何清洗与晾干衣服；⑦如何操作家居器材和电器；⑧如何打理家居大厅与客房；⑨如何清理卧房与浴室；⑩如何打理厨房；⑪如何正确熨衣。

力业女佣中介公司也为雇主规范的普及提供了公共帮助。新加坡人力部于 2006 年推出了专门为雇主而设的"如何正确地雇佣家政人员的基本常识课程"，力业女佣中介公司是唯一被批准承办此课程的中介。同时，力业女佣中介公司也是本地唯一一家为雇主提供华文授课的地方，这为只懂华文的雇主带来了很多方便。这是新加坡人力部对于力业女佣中介公司多年来的努力、认真对待雇主、诚恳改善服务的肯定。

这样，力业女佣中介公司致力于建设和谐的"公司—女佣—雇主"三方关系：一方面，通过提升女佣职业技能而获得雇主认可；运用职业法律法规和公司会员制度保护女佣工作权利；另一方面，通过对雇主的培训提高行业规范性，并获得品牌认可，从而为女佣们塑造更好的工作环境。

（2）未来规划与人力资源管理的挑战。

根据访谈，力业女佣中介公司目前有几个方面的规划目标，当然也面临相应的挑战。

第一，整合市场。力业女佣中介公司的当前市场占有率仅为3%，还有较大的扩展空间。整合以后的好处在于，可以扩展市场和业务，提升科技水平与规范化管理，进而节约成本。新冠疫情的限制，对该行业的管理提出新挑战，科技发展推动了流程发展，这有利于实现规模化和行业品牌打造。为了实现规模经济，需要加大规范化训练力度以提高服务质量，并加强流程监管。

第二，提升培训课程水平。现有网上较为完善的女佣技能培训课程属于基础水平；但中级课程与高级课程还没有成型。根据市场调查，儿童看护和老人或病人护理有更高水平的需要；此外，对宠物管理、园艺管理、家中虫害管理等附属课程也有广泛需求。发展培训课程、提升技能培训等级是课程建设的一个主要目标；另一个目标是培训课程等级与薪金结构挂钩，即解决如下问题：完成基础课程的底薪是多少？完成中级课程并获认可的可加多少薪资？完成高级课程的又对应多少薪资？力业女佣中介公司作为行业领军者有责任发展行业标准，汲取员工、客户、政府等各方意见制定行业规范。这对力业女佣中介公司在提炼市场需求、设计培训课程、培养讲师队伍、创新培训方法，乃至数字化工作技能等方面都提出了更高的要求，也是持久挑战。

第三，整合供应链的上游，接管人力资源来源（供应商）的培训管理部门。为了让供应链更有效、更精简，必须设法减少或整合供应链的环节，以减少成本、增加价值。为此，力业女佣中介公司将直接接管人力资源来源（上游）的供应培训与管理，这会极大提高供求双方信息的对称性，有利于沟通，客户也能直接受益。比如，客户可以通过视频对话，选择合适的女佣，之后再提供有针对性的培训，并能够追踪培训的进度、服务意识的辅导进度等。

力业女佣中介公司把每一个女佣都视为公司的人力资源来开发，要让她们从普通的外籍女孩成为一个个优秀的家务助理，提升她们的能力，创造她们的价值。家务助理将有超越一般女佣的工作能力；能配合客户家庭独特需求的工作能力；有良好正确的工作态度，服务意识强；好学并能胜任。

同时，力业女佣中介公司也希望在自身设计、开发出来的女佣特征的基础上，能筛选出真正要服务的客户，并希望这些客户拥有如下特征：对女佣的工资、工作条件、待遇、环境相对的宽容；有意愿善待为其服务的家政人员；认可这些家政人员的能力、工作态度和贡献；能够把他们当成一家人般地对待。也就是说，"从我们的产品设计过程，选择我们要的顾客"。

力业女佣中介公司在不断改进管理，提升人性化水平的同时，仍然面临着两方面的管理困难：一是女佣群体有着较大的宗教、文化差异，生活习惯、沟通方式大不相同，这方面管理难度较大；二是风险管理，外籍女佣与客户家庭朝夕相处，定然存在一定的毁约风险，同时也有一定的人身安全、财产安全等风险。对于中介公司来讲，如何有效识别风险、预防风险、化解风险及处置风险，都是必须面对的管理挑战。

11.4.4　力业女佣中介公司的人力资源管理启示

新加坡女佣中介公司作为以外籍劳工作为产品并提供劳务的中介服务业，相较于其他行业的人力资源管理更为特殊。力业女佣中介公司作为行业领导者，在管理中贯穿自己的企业价值观，并形成自身管理模式和创新服务流程图，为创造和谐的"公司—女佣—客户"三方关系做出富有成效的努力，获得女佣的认可，也受到客户的认可，并为建设行业标准、维护社会稳定作出贡献，也受到官方和社会肯定。其中，有些经验启示是值得借鉴的。

第一，以儒家思想为根基的企业价值观与女佣中介行业特征的匹配。力业女佣中介公司创办人和经营者陈氏兄弟是新加坡华人，深受儒家思想浸濡。而且新加坡华人祖辈多为下南洋的苦力，坚信"以勤立业"。他们认为女佣中介更是需要和谐之心、悲悯之心的"良心行业"；坚持"诚实、敬业、成长、承担"的企业价值观，兢兢业业、扎扎实实地做好企业，追求卓越。与之相应的管理做法也深得人心，获得各方认可。这佐证了企业家的良心、人性管理的文化对于企业经营者的重要意义。

第二，利益相关者思路与企业管理的结合。在力业女佣中介公司"人心"分析的框架里，不仅照顾了公司、女佣、客户三方面的利益，还考虑了女佣母国家庭、新加坡官方与社会等利益相关者的需求。这不仅周到考虑了多国、多主体的环境因素，如外劳政策对企业经营的影响，也落实了社会责任的担当，有利于维护雇主品牌，还有利于国家形象与社会安定。

第三，企业管理的精细化，尤其在人力资源管理方面的务实与体贴。在普遍认为并非高端的行业内，不断改善管理流程，提升服务质量，塑造行业标准。力业女佣中介公司在筛选雇员和开发雇员、选择客户和培养客户上，以及温情礼包与跟踪服务等方面，追求精益管理。在老龄化社会，这样的企业追求符合社会发展趋势与需求。也正因如此，由力业女佣中介公司发端壮大而成的前进集团成为新加坡第一家以综合物业管理劳务方案上市的公司。从中可见，有情怀有抱负、勤力发展、不断创新、力争完善的企业家精神的巨大价值。

综上所述，本章从宏观政策过渡到微观管理，通过四个新加坡典型企业案例，考察企业如何依据市场规律、运用人才政策来制定并执行自身人才发展战略的管理实践与效果，以探讨人才管理的微观运行规律。

这四个企业案例，行业类型、发展阶段迥异，在企业文化、用人渠道、用工方式、人才培养与激励模式上也各不相同，从各个侧面体现了新加坡社会融合特征、劳动力市场情况、行业发展特点与人才管理规律。由企业人才管理案例可见，新加坡政府营造公平的市场竞争环境，人才政策帮助调节劳动力市场，维护就业与社会和谐；企业积极利用政策条件和政府帮扶，各展所长，发展自己的人才方略，并通过建立人才优势来培育企业竞争力。

第12章

新加坡人才管理经验的比较借鉴

进入 21 世纪，经济全球化深入，科技创新迅猛，以经济为基础、科技为先导的综合国力竞争日趋激烈，人才资源成为影响国家竞争力的基础性、核心性和战略性资源。国际人才竞争形势越来越剧烈。

发达国家一直注重人才吸引战略，而且仍在强化人才竞争举措。美国吸储全球优秀人才，成为全球科技创新的高地。加拿大争夺经济实用型人才，留学生留下就业的比率为全球最高。英国从 2022 年 5 月 30 日开始启动"高潜力个人"签证途径，面向英国以外 50 所顶尖大学过去 5 年的毕业生，吸引事业刚刚起步的"最聪明和最优秀"的人才。[①] 日本近些年诺贝尔奖获得者频出，虽在移民进入上持保守态度，但对顶尖人才吸纳采取开放的"再出发"战略。

新兴发展中国家也倾力保留与吸引人才。例如，韩国自 20 世纪 60 年代起，就致力于招揽人才尤其是海外韩裔，激励海外专家协会、联谊站，建立海外人才数据库与研究院，实施人才计划、科技计划与国际合作等。近些年，开展人才回归计划、留学生策略等。印度告别"人才殖民地"标签，利用海外印度公民证、海外印度人节等措施，推动着"低调的科技回流"。

---

① 这一新的签证计划将不受毕业生出生地的限制，也不需要在英国已经找到工作职位。申请成功者，如果有学士或硕士学位将有为期两年的工作签证；如果有博士学位，将获得 3 年的工作签证。

新加坡基于自身条件与发展需求，把人才管理视为首要战略事项，并已经取得了不菲的成就。在新时期，新加坡的人才管理也面临突出的挑战，政府协调各方在积极应对并做出适应性调整。其中，对于人才的重视、人才政策的调整、人才服务的提升等方面是值得学习的。同时，中国作为综合国力迅猛发展的人才供求大国，在亚太区域和世界范围都占有举足轻重的地位，人才管理方面存在亟待解决的问题。而且，中国与新加坡共处亚太区域市场，在人才方面有较大的关联度，既存在竞争关系，也存在合作共荣的可能。所以，对于中国—新加坡人才管理比较与经验借鉴这一问题的研究是卓有裨益的。

12.1　中国与新加坡人才管理面对的共同课题

中国与新加坡在规模体量、经济发展阶段、政治体制、决策方式和人才基础等方面都有显著不同，但两国在人才管理的文化基础上具有较大相似性；在区域人才市场上也具有较大的关联度；而且在全球人才竞争的背景下，双方面临着一些共同的课题。因此，具有对新加坡人才管理经验比较借鉴的基础。

12.1.1　中新两国人才管理基础上的相似性与关联性

1. 相似的文化基础

人才管理是有深刻的文化基础的。不同文化下，人才成长的文化印记和成长路径不同，人才特征属性、对于成功的定义和生活追求也有显著不同。

第一，中国与新加坡同属亚洲国家，起源于农耕文化，习惯于聚群而居、和谐相处，所以集体主义成为人才管理的一个文化环境。第二，由于人口密度大，资源竞争激烈，所以亚洲人更崇尚勤奋刻苦文化，这一点在人才培养和人才利用方面尤为突出，并且体现出面对竞争越来越"卷"的趋势。第三，新加坡有约3/4的人口为华人，与中国一样，儒家文化是重要的文化基底，而"劳心者治人、劳力者治于人"这一理念深刻影响了华人世界对待职业的态度。

2. 人口出生率下降，老龄化问题严重

从人口出生率来看，中国和新加坡一样，当前都呈明显下降趋势。2010～2020年，新加坡总人口增长缓慢，年增长率仅为1.1%，且2020年进入负增长。① 中国人口基数大②，但是增长率却呈下降趋势，2000年后降幅更为明显（见表12-1）。尤其在2015～2021年，人口增长率仅为0.3%。2022年，中国人口比上年减少85万人，出现60多年来的首次负增长。③ 根据联合国《世界人口展望（2022）》报告，世界出生率最低的国家：韩国第一；新加坡第二，出生率1.035‰；中国排在第五，出生率1.175‰。

表12-1   中国2000年后人口总量与增长率

项目	2000	2005	2010	2015	2021
人口总数（万人）	126743.0	130756.0	134091.0	137462.0	141260.0
年增长率（%）	7.6	5.9	4.8	5.0	0.3

资料来源：中国国家统计局历年数据。

中国、新加坡两国在人口总量下降的同时，老龄化程度也在加深。而且，不仅是当前老龄人口占比高，老龄化速度之快更令人担忧。新加坡2021年65岁以上老龄人口占比达到14.3%。中国在2010～2020年，60岁及以上人口比重上升了5.44%，65岁及以上人口上升了4.63%；上升幅度分别提高了2.51个和2.72个百分点。④ 2021年中国65岁以上人口首次超过2亿人，占总人口的14.2%。可见，中国和新加坡都加速进入了深度老龄化社会（65岁以上老龄人口占比超过14%）。

---

① 2020人口普查：我国过去10年人口增长速度50年来最慢［EB/OL］. 新加坡联合早报，2021-06-16.

② 2020年，中国人口达到14.1亿人，约占全球总人口的18%，是世界人口第一大国。根据联合国的估算，印度于2022年4月超过中国，成为全球人口最多的国家。

③ 蔡昉. 人口负增长时代：中国经济增长的挑战与机遇［EB/OL］. 经济形势报告网，2023-07-04.

④ 第七次全国人口普查主要数据公布：人口总量保持平稳增长［N］. 人民日报，2021-05-12.

出生率下降与老龄化加剧，让国家的人口结构产生巨大变化，适龄劳动人口比例下降。中国劳动年龄人口从 2012 年开始逐年递减，从 2011 年的 94072 万人降到 2020 年的 87905 万人，相应增长率从 69.5% 降至 62.3%；2021 年略有回升，增至 88222 万人（见图 12 - 1）。这种结构变化改变着一国的人才基础。

图 12 - 1　2011～2021 年中国劳动年龄人口数量及占总人口比重

注：2011～2012 年统计口径为 15～59 岁；2013～2021 年统计口径为 16～59 岁。

资料来源：中国国家统计局历年数据。参见李学明. 中国人力资源发展状况（2021 - 2022）〔C〕//余兴安. 中国人力资源发展报告（2022），北京：社会科学文献出版社，2022：45.

中国劳动力数量的降低是个基本事实。人口的数量红利在消失，而专注于质量的"人才红利"有待提升。2023 年 3 月 13 日，中国国务院总理李强在记者会上，就人口负增长问题答记者问时指出："人口红利既要看总量，更要看质量，既要看人口，更要看人才"。①

3. 人才战略的重要地位

新加坡一直坚持"人才立国"的战略地位，中国也在发展中逐步树立了"人才强国"的基本战略。进入 21 世纪，在全面建设小康社会、加快推进社会主义现代化的关键时期，经济社会发展要求与人才资源不足的矛

---

① 人民财评："人口红利"没有消失，"人才红利"正在形成〔EB/OL〕. 人民资讯网，2023 - 03 - 19.

盾日益突出，人才结构不合理、高级人才短缺、人才管理运行体制与市场经济体制不相适应等上升为关键问题。因此，2000 年，中央经济工作会议首次提出"要制定和实施人才战略"。2001 年发布《中华人民共和国国民经济和社会发展第十个五年计划纲要》，提出"实施人才战略，壮大人才队伍"，这是中国首次将人才战略确立为国家战略。2002 年，中共中央、国务院制定下发了《2002～2005 年全国人才队伍建设规划纲要》，首次对人才队伍建设进行了总体谋划。2003 年 12 月，中共中央首次召开中央人才工作会议，下发了《中共中央、国务院关于进一步加强人才工作的决定》，部署人才工作的根本任务，并制定系列方针政策。2007 年，人才强国战略作为发展中国特色社会主义的三大基本战略之一，写进了中国共产党党章和党的十七大报告。由此，人才强国战略的实施进入全面推进的新阶段。[①]

2010 年 6 月，国务院发布《国家中长期人才发展规划纲要（2010～2020 年)》，指出人才是经济社会发展的第一资源，并制定了未来十年人才发展的指导方针[②]和总体目标[③]。关于人才总量、人才素质和人才使用效能的分阶段目标如表 12-2 所示。

表 12-2　　　　　国家人才发展规划的主要指标

指标	单位	2008 年	2015 年	2020 年
人才资源总量	万	11385.00	15625	18025
每万劳动力中研发人员	人年/万人	24.80	33	43
高技能人才占技能劳动者比例	%	24.40	27	28
主要劳动年龄人口受过高等教育的比例	%	9.20	15	20
人力资本投资占国内生产总值比例	%	10.75	13	15
人才贡献率	%	18.90	32	35

注：人才贡献率数据为区间年均值，其中 2008 年数据为 1978～2008 年的平均值，2015 年数据为 2008～2015 年的平均值，2020 年数据为 2008～2020 年的平均值。

资料来源：国家中长期人才发展规划纲要（2010～2020 年)［R］. 中国政府网，2010.

---

① 党史日历. 人才强国战略提出［EB/OL］. 澎湃新闻，2021-05-07.
② 指导方针：服务发展、人才优先、以用为本、创新机制、高端引领、整体开发。
③ 2020 年人才发展的总体目标是：培养和造就规模宏大、结构优化、布局合理、素质优良的人才队伍，确立国家人才竞争比较优势，进入世界人才强国行列，为在本世纪中叶基本实现社会主义现代化奠定人才基础。

2011 年 7 月，中央组织部、人力资源社会保障部专门发布了《高技能人才队伍建设中长期规划（2010～2020 年）》，这是中国第一个高技能人才队伍建设中长期规划。该规划制定的发展目标分为两阶段，相关目标如表 12 – 3 所示。

表 12 – 3　　　　　　　高技能人才发展规划主要指标

指标	2015 年	2020 年
专业技术人才总量（万人）	6800	7500
科学家和工程师（万人年）	200	250
每万劳动力中从事研究开发的人员（人年）	33	43
高中初级技术人才比例	10：38：52	10：40：50
其他目标	在高等院校、研究机构、重点企业形成一批在优势领域具有世界水平的创新人才团队；培养造就一支活跃在世界科技前沿、跻身国际一流的专家队伍	建成一支规模宏大、结构合理、素质优良、具有强大国际竞争力的专业技术人才队伍；培育一批具有世界领先水平的科学家和研究团队；创新人才团队由重点院校和国有科研机构向具有国际竞争力的企业集团和社会组织扩展；从事现代服务业、社会和文化事业的专业技术人才队伍数量大幅增长

资料来源：高技能人才队伍建设中长期规划（2010～2020 年）［EB/OL］. 中国人力资源和社会保障部网站，2011.

2017 年，党的十九大报告提出，"坚定实施科教兴国战略、人才强国战略"，要"培养造就一大批具有国际水平的战略科技人才、科技领军人才、青年科技人才和高水平创新团队"。[1] 2021 年 10 月，在中央人才工作会议上，习近平总书记强调，"深入实施新时代人才强国战略，全方位培养、引进、用好人才，加快建设世界重要人才中心和创新高地"。[2] 2022年 4 月，中共中央政治局审议通过《国家"十四五"期间人才发展规划》，

---

[1]　实施科教兴国战略 走科技强国之路［EB/OL］. 人民网，2017 – 11 – 28.

[2]　习近平. 深入实施新时代人才强国战略 加快建设世界重要人才中心和创新高地［EB/OL］. 中华人民共和国政府网，2021 – 12 – 15.

这是最新的人才发展规划。规划的主要内容包括：（1）要坚持重点布局、梯次推进，加快建设世界重要人才中心和创新高地。北京、上海、粤港澳大湾区要坚持高标准，努力打造成创新人才高地示范区。一些高层次人才集中的中心城市要采取有力措施，着力建设吸引和集聚人才的平台，加快形成战略支点和雁阵格局。（2）要大力培养使用战略科学家，打造大批一流科技领军人才和创新团队，造就规模宏大的青年科技人才队伍，培养大批卓越工程师。要把人才培养的着力点放在基础研究人才的支持培养上，为他们提供长期稳定的支持和保障。（3）要深化人才发展体制机制改革，为各类人才搭建干事创业的平台。各级党委（党组）要强化主体责任，完善党管人才的工作格局，统筹推进人才工作重大举措落地生效，积极为用人主体和人才排忧解难，加强对人才的政治引领和政治吸纳，引导广大人才爱党报国、敬业奉献，胸怀祖国、服务人民。[①]

中国、新加坡两国都将人才发展作为国家战略，在人才管理方面也都做出了持续投入与改进。

4. 中新两国人才的关联性

同处亚洲的中国与新加坡，不仅在贸易、投资与消费方面有着较大的关联度，而且在人才方面也关联密切。中新两国人员往来频繁，中国是新加坡主要的留学生来源地，也是新加坡移民和外劳的主要来源国，在人才市场上有一定的竞争关系。如前所述，在新加坡前三所大学中，外国留学生约占22%，其中中国留学生又占其一半左右；据新华网2018年公布的数据，在新加坡的中国留学生人数超过5万人。另据联合国的一份报告，在新加坡工作或定居的外来人口中，中国内地地区的占18%，中国港澳地区的占3.3%，总体上看占新加坡移民的1/5以上。[②]

在中国"一带一路"倡议下，中国与东盟国家的合作不断加强。中国与东盟十国均已签署双边共建"一带一路"合作文件。2019年第22次中国—东盟10＋1领导人会议发表的《东盟互联互通规划2025》推动着中国

---

① 资料来源：光明网。

② Migrants in Singapore：UN Report Debunks Popular Perceptions ［EB/OL］. Straitstimes, 2020 – 01 – 19.

和东盟的合作进入快车道。2022年，中国与东盟贸易总值达9753.4亿美元，同比增长11.2%。[①]　其中，中国与新加坡的合作也在不断拓展升级。中新政府间先后开展了3个合作项目：中新广州知识城国家级双边合作项目、深圳—新加坡智慧城市合作和中新（重庆）战略性互联互通示范项目。自2013年起，中国连续9年成为新加坡最大贸易伙伴，新加坡则连续9年成为中国最大新增投资来源国。基于此，中新两国人才交流与流动更为活跃，尤其在数字化、金融管理和咨询服务等产业方面，人才关联性更高。

12.1.2　中新两国人才管理的共同课题

1. 人才短缺尤其是高端人才紧缺

新加坡人力资源不足，人才长期处于紧缺状态；对于高端人才，尤其是对于战略型增长行业和高级创新人才需求强烈。中国虽然人口总量和人力资源绝对数量大，但根据经济体量和社会经济发展需求，从长期来看，人力资源并不充分。而且存在人才结构不合理的问题：学校培养的毕业生与产业发展战略和市场需求存在一定偏差；职业技能人才供给不足，造成供求不匹配；人才短缺和人才浪费情况并存。人力资源中优质的人才资源部分更显稀缺，尤其是科研人才和企业高级人才（技术人才与经营人才）明显供不应求。从中国、新加坡的延迟退休政策，以及吸引外来高级人才的努力上，可见解决人才供给问题的紧迫性。

中国科研人才供给不足，"高精尖"人才稀缺。2020年教育部聚焦国家重大战略需求开始实施的"强基计划"就是一个典型的科研人才培养应对计划；而各地区相继开展"人才认定"工作也是人才支持的重要举措。

高级人才短缺问题在发展迅速的城市和地区尤为明显。如上海市市长在政府工作报告中指出，上海2022年要建设高水平人才高地，在人才方面还有较大缺口。第一，基础研究人才总量供给不足。以人工智能领域为例，2025年，上海市人工智能人才规模需要达到40万人，但目前，上海

---

① 中国与东盟携手打造高质量共建"一带一路"的东南亚样板 [EB/OL]. 中国—东盟中心网站，2023 – 03 – 07.

市高校相关学科专业在校生规模只有 4 万人左右，以每年近六成毕业生留沪来测算，高校人才培养供给远远无法满足产业人才的大规模需求。第二，高水平顶尖基础研究人才也稀缺。在人工智能和集成电路领域，目前人才供给最多的是"数字蓝领"，需要长周期培养的科学家型和算法研究型人才较少。特别是在集成电路领域，高端人才基本都为海外引进，自主培养的本土人才供给严重不足。另外，基础研究人才培养体系与产业需求的契合度也不够高。[1]

北京、上海、重庆、杭州、广州、深圳也在"高精尖缺"人才需求的驱动下，开展外籍高级人才的认定标准试点工作，设计"急需紧缺"人才岗位目录（试行），用于吸引外籍高端人才。

在企业人才方面，根据万宝盛华集团的《2022 人才紧缺调查报告》，中国人才短缺创 16 年来最高水平，83% 的中国受访企业面临人才短缺问题，比 2021 年上升了 55%，较 2010 年（40%）翻了一番。其中人才最为短缺的是 IT 行业和数据类岗位。[2] 又根据猎聘大数据研究院 2022 年 6 月发布的数据显示，行业人才紧缺指数位列前四名的分别是服务外包（1.98）、电子通信（1.78）、互联网（1.64）和制药医疗（1.61）。

2. 人才流失情况严重

基于本身人才规模与结构现实，新加坡政府一直担心其年轻人才的外流问题，高端技术人才、科学家的流失更是令高层警惕。关于移民动机或流失原因，根据近几年多次开展的调查结果，除了因为新加坡人受英语教育而移民适应性更强以外，新加坡规模小、空间资源有限是造成人才流失的固有矛盾，而认为新加坡的生活成本太高、创业比较艰难、竞争激励和社会规范严格等，则是人才流失的直接原因。

中国自改革开放后移居海外的华侨已经接近 1000 万人，其中流失人才大多是通过技术、投资移民和留学等渠道。中国和印度目前是世界上人才流失数量最大、损失最多的两个国家，而且流失的高端人才较多。根据

---

① 资料来源：第一财经网。

② 余兴安. 中国企业人力资源发展报告 2022［M］. 北京：社会科学文献出版社，2022：19.

2013 年中央人才工作协调小组办公室负责人接受采访信息，中国流失的顶尖人才数量在世界居于首位，其中科学和工程领域滞留率平均达 87%。①

从留学回国情况来看，高层次人才回国比例并不高。根据中国教育部资料，虽然从 2010 年以后学成回国留学生比例增加明显，但高层次出国留学人员回国发展比例低于整体比例的问题仍然不容忽视。2015 年高层次留学回国的只有 15%。另根据 2019 年的《美国博士学位调查》② 数据，美国授予的博士学位者中，国际留学生来源前三的国家分别是中国、印度和韩国。另据调查，2018 年在美国高校或科研机构获得博士学位的中国籍学生数为 6182 名，其中有 79.4% 的博士毕业生计划留在美国。③

在新冠疫情席卷全球后，留学归国人员比例提升明显，据《2020 年中国海归就业创业调查报告》，2020 年着手回国就业的留学生人数较 2019 年增加 67.3%。根据教育部 2022 年 9 月 20 日举行的发布会内容，2012 ~ 2022 年，出国留学人员中超过八成完成学业后选择回国发展，这一比例比此前提高 12 个百分点以上。④ 这与安全感需求上升、国内就业机会多、一线城市更有吸引力等因素密切相关。但从长期来看，建设优质人才环境仍然任重道远。

3. 人才培育目标与教育实践间的纠结

与国际其他国家的教育相比，亚洲国家普遍存在一个问题，就是在激烈的竞争条件下，呈现越来越"内卷"（involution）⑤ 的趋势，卷分数、卷学历的情况愈演愈烈。中国和新加坡也都存在创新开放式培养理念与"勤学苦练"间的撕扯问题。在教育培养目标上，中国提出"素质教育"，新加坡则提出"为了生活而学习"等思想；而且中国和新加坡两国都提出支持创新创业能力培养和实践的系列政策。但在教育实践中，学生课外补课

---

① 我国流失顶尖人才数居世界首位［N］. 人民日报，2013 – 06 – 06.

② 报告出自美国国家科学基金会下属的四家科学工程、人文基金、医学卫生权威机构。

③ 周灵灵. 国研中心·中国的国际人才战略如何调整［J］. 重庆理工大学学报（社会科学），2019（7）.

④ 熊丙奇. 超八成留学生学成回国说明什么［N］. 环球时报，2022 – 09 – 21.

⑤ "内卷"（involution）一词，出自美国人类学家格尔茨的著作《农业的内卷化》。现在形容某个领域发生了过度竞争，导致人们进入了互相倾轧、内耗的状态。

情况普遍，通过大量的文化课补习，依靠重复性训练获得分数提高。甚至中国在"双减"政策①下，依然没有减少校外补课的明显效果。这种现状与人才培养的初衷和目标是背道而驰的，如此持续的人才培养结果对新形势新发展的适应性令人质疑。

内卷是对教育资源与人力资源的巨大浪费，是值得深思的社会问题。本质上，这一问题的产生根源于对人才标准、成功理念认知上的偏差，而工作类别收入分配上的悬殊性和不对称的人力资源供求市场也加剧了该情况。

12.2 全球化视角下新加坡人才管理的启示与借鉴

人才管理既要立足于一国人才结构与特色，也要以全球化视角来审视人才的培育、流动与利用。人才管理经验的借鉴，更要突破政策研究的时效性局限，通过挖掘政策制定的逻辑与动态变化中的规律，来获取人才管理的内在启示。

12.2.1 新加坡人才管理的战略启示

新加坡人才管理的施政与效果，给出了战略人力资源管理的典型启示。第一，人才管理规划的战略性。新加坡坚持"人才立国"战略，在人才管理上一直是有明确愿景和战略规划的，在各阶段制定与经济发展战略相匹配的人才战略，具有目标明确、步骤清晰、重点突出、支持政策系统的特点，并定期检讨目标实施效果与效率。这正是运用了 PDCA（Plan—计划、Do—执行、Check—检查、Act—处理）四阶段循环的质量管理工具。第二，人才管理系统的协调性与高效性。为了推进人才管理新举措，新加坡政府不断完善组织架构，充分动员、组织协调政府部门、大学、企业、个人及社会组织等各方主体，扩大参与率与覆盖面。强大的政治合法

---

① 双减政策是中国政府为了减轻义务教育阶段学生过重作业负担和校外培训负担而采取的一项重要政策。2021 年 7 月 24 日，中共中央办公厅、国务院办公厅印发《关于进一步减轻义务教育阶段学生作业负担和校外培训负担的意见》，要求各地区各部门结合实际认真贯彻落实。

性和民众的高度信任，是执行力的基础，是系统效率实现的关键。实践中，注重系统资源的整合与系统建设的连续性，不断强化执行力与有效性。第三，人才管理行动的战略匹配性。新加坡通过可靠的人才大数据、不断完善的国家人才服务平台与一揽子的人力资源服务，使人才培育、人才引进、人才激励与使用各方面协调一致，各项行动相辅相成，通过战略匹配性，提高了政策运行与管理效率。第四，人才管理的战略动态性。新加坡人才管理体系是持续改革而不是一蹴而就的。在这个过程中，政府重视政策实效，密切关注实践结果和意见反馈；并应对国内外复杂环境的变化，及时反思，快速做出调整；领导人和责任部门与利益相关者积极沟通，以争取更多的理解和更好的施政效果。

12.2.2 新加坡人才管理经验的借鉴

中国与新加坡在人才管理上，一方面，存在文化相似、教育与就业价值观相近、人口结构老龄化、高端人才缺乏、人才流失等共同问题；另一方面，在发展阶段、社会环境等各方面又存在巨大差异。中国和新加坡相比，有着人才规模体量巨大、发展空间充裕、就业机会多的优势，同时也存在人才结构不合理、教育资源不均衡、社会培训体系尚需完善等瓶颈问题。所以，中国具有基于比较借鉴、改进人才管理、塑造人才优势的长足机遇。同时应该吸取新加坡在人才流失尤其高端人才流失问题上的教训，通过政策举措降低诸如创业艰难、过度竞争等不利因素的影响。

1. 人才管理的战略意识强化

人才管理是包括人才培育、人才使用、人才激励、人才保留的系统工程，需要清晰的顶层战略指导和各层级创新性的战略落实。为此，人才管理战略的前瞻性和动态性必须得到更高的重视，在对国内国际人才供需情况与竞争环境更充分分析的基础上，坚持更为理性的态度。在这方面，新加坡的经验是值得借鉴的。

（1）明确各级人才战略目标。

人才管理面临短期目标和长期目标兼顾的挑战，既要依据当前人力市场供需与价格信号满足现实需求，又要考虑储备中的人才结构与能力是否迎合未来产业发展趋势和技术发展下的人才需求。那么，人才管理宏观决策既要保持对当下和未来经济社会需求的敏感度，同时也要依据社会群体心理发展，有效引导人才供求双方，保持雇佣的稳定性与薪酬的可持续性。因此，敏捷性和稳定性都是人才管理追求的目标。

人才是对产业和企业的基本支撑，同时也要从生产力提高中得到更多的收益，包括更高的薪酬和更好的工作生活质量。人才管理、企业生产力提升、明确的产业规划和产业平台发展构成稳定三角形：国家宏观政策支持与强大的产业资金支持是基础；创新发展是核心；产业战略指导企业发展和人才需求与培养方向；企业生产力提升从产业政策中受惠也促进产业竞争力，既需要精深技能和创新人才，同时也成为人才培育的基地。

中国在人才强国战略的指引下，人才规划追求人才总量、人才素质和人才效能提升的总体目标；致力于"全方位培养、引进、用好人才，加快建设世界重要人才中心和创新高地"①。顶层战略方向是明确的，各级政府战略分解形成目标的过程中存在一定的模糊性。逐级落实口号式目标的结果是，各级人才管理主体得到的创新性空间较大，而指导性意见不足。国家层面的人才战略思想并没有被充分理解和传导，宏观与微观贯通不畅，部门之间协调不充分而各自为政；民众的一些短期功利主义思维至上的情况值得担忧，在人才培养上盲目从众，缺乏基于人才主体差异性的战略规划意识与行动。

新加坡在人才规划中，人才战略目标分解与政策配套支持紧密结合，体现出严谨务实的逻辑和目标的可行性分析，有利于各级、各类人才主体的理解和环境的支持，更利于达成目标。虽然中国人才管理的体量和复杂度都要高得多，但新加坡人才战略目标管理的思维和方法是值得学习的。

在人才管理战略目标的分解和传导上，提倡问题导向，立足现实条

---

① 实施深入新时代人才强国战略加快建设世界重要人才中心和创新高地［EB/OL］. 光明网，2021－09－29.

件，论证目标的步骤、可行性和支撑性条件，逐级地晓之以理；动员人才管理系统本身和媒体的宣传沟通力量，以点式解析、案例呈现等更生动的宣传手法提高理解度和接纳度。

（2）战略重点——提升人才培育的前瞻性、动态性与系统性。

所谓"十年树木，百年树人"，人才培育事关重大，战略要有充分的前瞻性，要符合国家发展与人民福祉目标，决策论证需更为充分，并要保持政策的连续性与递进性。决策与政策应寻求长短期目标的均衡，避免教育陷入短期功利主义，谨防绩效指挥棒的过度作用。在国际竞争环境的迅速变化下，我国各时段经济发展人才需求不同，各地区的人才结构也不同，所以与时俱进、明确人才培育的阶段性战略重点，是极其必要的。

根据目前中国的实际情况，两项基础性工作的加强将对人才培育战略制定和执行起到巨大的推动作用。一是人才规划的供求分析：需求端深入分析适应当前以及未来需要的人才结构与人才素养，产业胜任力模型将引导学校与在职培训的努力方向；供给端上，人才盘点是当务之急，对各地区、各行业的人才总量、结构、素养和流动情况应该建立动态监控机制。二是利用人效分析反馈人才培育的成效，继而不断改进人才培育的方向与方法。已有政府人力资源研究部门和人力资源行业龙头企业发布了有关应届毕业生、新生代员工等群体职业胜任力和职业需求的相关报告，这方面需要继续强化。

在人才培育体系上，建立"面向未来"学校教育体系和在职学习系统是培育人才竞争力的基本支撑。新加坡在"终身学习"方面的努力大大领先于中国，是值得学习的。我国也应该立足终身学习理念，在深入分析学习效率、衡量教育的成本收益率的基础上，在学历教育和在职学习之间做出资源分配引导和政策上的支持。

目前亟待解决的问题与建议：

① 在落实"双减"政策当中，各地区执行力度不一致，也不彻底，造成补课中的学生与家长左右为难，对未来预期不明。2023 年 10 月 15 日起，教育部颁布的《校外培训行政处罚暂行办法》（以下简称《办法》）正式施行。根据此《办法》，擅自举办校外培训机构、未经审批有偿开展学科类隐形变异培训、擅自组织面向中小学生的社会性竞赛活动等违规行

为将被重罚。《办法》明确了一些超出办学许可范围的行为和超前超标学科类培训，有的放矢地保护合规培训、处罚违规培训。这是一个重要的管理进展，但效果如何还要依赖于执行程度以及学校、家长与学生的配合。所以对政策的理解与宣传，以及有法必依、执法必严的法治意识，是这一政策落实的必要保障。

② 关于教育分流制度，执行中遭遇重大阻碍，根据主客观实际情况予以政策调整和积极引导须双管齐下。中国的普职分流①出现于 1985 年，分流是弹性的、自主的；2014 年《教育部办公厅关于做好 2014 年高中阶段学校招生工作的通知》首次提出，要将应届初中毕业生有序分流到普通高中和中等职业学校，原则上要按 50%：50% 的比例引导分流。这种"强制普职分流"政策的本意在于适应社会经济和就业结构性需求，改变单一求学目的而使之多元化。但在施行中，"普职分离"对学生及家庭造成了重大压力，不甘心为学生的未来设置"前置条件"。这种情况下，压力从高考端提前到了中考端，而且层层传递，引起小学教育、甚至幼儿园时期的"内卷"。孩子的不明确未来，家长的担忧，成为最主要的教育焦虑来源。

对于这种情况，国家于 2022 年颁布的《中华人民共和国职业教育法》中表示："科学配置教育资源，在中考后因地制宜，统筹推进普职教育的协调发展"。也就是说，从"强制分流"改为"协调发展"。如果说这是一个妥协过程的话，那么 2023 年 8 月 31 日教育部、国家发展和改革委、财政部三部门联合发布的《关于实施新时代基础教育扩优提质行动计划的意见》（以下简称《意见》）则是提出了应对举措。《意见》中的"普通高中内涵建设行动"引人关注，即增加普通高中学位，有序扩大普高招生规模，持续扩大优质普通高中教育资源总量。这主要针对三个现实问题：一是普通高中多样性发展不充分；二是教育资源不均衡，部分县级中学办学差距大；三是民众的普职分流焦虑。

教育资源的扩大与促均衡为解决人才培育的多样性和选择性提供了基

---

① 普职分流是指学生根据学业成绩和兴趣爱好，自主选择进入普通高中、普通大学或进入中等职业学校、高职学校。

础，同时也要引导就业方向的多元性。这除了依照市场需求导向，求职意愿也是重要决定因素，根源取决于学生与家庭对所谓"成功"理念的认知。从"分数至上、名校执念"到"多路径发展、扬长避短"的学业规划，从"共挤独木桥"的求职态度到"各展所长、行行出状元"的职业追求，是时代观念的跃迁，也是社会发展的标志。为了引导就业态度，需要对社会发展形势、人生价值追求的充分宣传与理解；同时也需要政府相应的就业等政策匹配与有关未来政策走向的预告，如缩小技能型岗位与通用型岗位的工薪差距，又如在鼓励生育的背景下发展女性就业支持等配套政策。系统的和动态的政策设计，才有利于提升全社会的认知，支持多元协调、面向未来的人才培养结构。

③ 中国社会对终身学习的认知还很不充分。在知识、技术与创新都呈爆炸式增长的年代，持续学习是保持活力和竞争力的最重要条件。可是目前国民对于学习的认知，多数还仅限于学校教育，存在一蹴而就的短期思想，认为高学历就是一劳永逸的保障，而对在职期间持续学习的价值和认可度还不足。这种认识是有深刻的现实基础的：第一，就业过程中，用人单位（尤其是国有单位）主要依据学历信号筛选应聘者，而对技能与能力尤其是潜能考察不够，其中也隐含着用人单位规避责任的意图。也就是说，"卷学历"现象并不是学生的一厢情愿，而是用人单位不顾实际需求、简单化地"水涨船高"选人模式助长了这种趋势，这是人才浪费的社会根源。盲目追求高学历，对个体和家庭造成时间、金钱方面的浪费，继而引发就业、生育等推迟，造成较大程度的社会人力资源浪费。第二，学历教育阶段，尤其初高中阶段，学生迫于升学压力，对于分数执迷追求，投入精力过大，而边际效用很小，在某种程度上消耗和透支了学习精力，导致学生们对于后续学习和终身学习的热情不足。

因此，秉持终身学习的理念，节制人才浪费行为势在必行。从人才需求端来说，政府可提供不同学历就业薪酬的建议指导价格，限制无控制的"抬高门槛"和"学历压价"行为，倡导招聘过程中的"理性消费"。供给端上，提倡理性的教育投资，开展合理的学业、职业规划，倡导量力而行、各展所长；坚决治理学校分数歧视、打压学生的问题。

另外，改变当前"重筛选、轻培育"的问题，提升对在职学习价值的认识，对在职学习加强认可和支持。适应新技术、新经济发展，壮大职业教育与在职培训，发展终身学习体系；政府牵头，组织行业协会和高校、高职、中职学校，动员大企业，开发、完善在职学习与职业技能认证系统，并向广大企业推广；促进人才培育与人才配置、人才激励相配合，建立支持持续学习的管理系统和尊崇持续学习的社会氛围，鼓励与实践关联的学习与创新。

2. 有效市场与有为政府

劳动力市场决定着劳动要素配置的效率，也直接影响着经济活动全局的平衡性。劳动力市场具有多层次、区域性、文化性等复杂特征，因此会在供需结构、相对价格和流动性等方面出现不平衡问题。而政府应该发挥计划与协调功能，引导市场，促进人才高质量流动。

新加坡在市场机制与政府功能的结合上，做法与成效显著。如在人才培养方面，坚持需求导向和未来导向，持续对教育体系实施改革，在学制、学时、课程设计、考核方法等方面进行了大刀阔斧的调整，并与在职教育相衔接，建设终身教育体系，为经济社会发展贡献了突出的人才支持作用。新加坡的人才培养机制，一方面满足国家战略和产业需要，另一方面适应人才发展的不同路径而满足个体多元化需要。又如在职业成长和就业服务上，新加坡在技能创前程计划中建立"个人技能未来门户"一站式网站，帮助个人规划职业生涯和终身学习路径。劳动力发展局则致力于完善就业信息网站，从 2014 年建立的工作信息库——"职业库"，到 2018年的"升级版"职业中心——"职业联系站"，为劳动力供求双方创造对接机会。而且，人力资源部不断地发布劳动力报告，总结并预测劳动力市场的供求情况，为市场主体减少信息差，促进供求平衡。还有，新加坡注重发挥工会作用，建立政府、企业、工会三方性组织，利用全国工资委员会、公平和进步就业实践三方联盟、工作场所安全与健康委员会等三方性组织，在促进公平就业、劳动安全与健康、老龄人口就业、工作生活平衡等方面做出了诸多努力并收到良好成效。三方性组织在推动工作场所进步和促进和谐工作关系方面，成功扮演着有效的调解人、忠诚的合作伙伴和出色工作实践的倡导者角色。

当前，中国劳动力市场存在的主要问题包括：（1）结构性问题，目前情况是高技能劳动力短缺与低技能劳动力结构性失业情况并存；而且随着低生育、老龄化的加剧，这一问题将更加严重。（2）劳动力市场分割，市场定价在城乡之间、区域之间和行业之间存在明显差异，收入分配差距大。①（3）劳动力市场的流动性仍受户籍、医疗保险、教育资格等约束条件的制约。（4）职场女性压力过大，在工作与生活之间难以平衡。尤其当前女性就业环境和国家鼓励生育的政策意图并未匹配。

在整体经济下行、劳动力市场影响因素复杂、就业形势严峻的情况下，政府在人才管理工作上，一方面应尊重劳动力市场流动性与市场配置作用，另一方面要发挥宏观规划和协调功能。第一，规划符合未来需要的人才培养目标与培养结构，提升人才培育质量，适应新的经济社会与技术发展需求；平衡学校教育与在职培训、通识教育和职业技能教育的关系；发展多元化教育资源，提升国际教育的监管水平与规范性。第二，消除劳动力流动的障碍与壁垒，尤其是户籍制度障碍，以及与此相关的医疗保险、子女教育等公共服务制度障碍，从而促进区域劳动力市场平衡；促进人才共享机制建立，尊重各类型单位的用人自主权，构建统一、开放的人才市场体系，完善人才供求、价格和竞争机制。如通过建立全国性的人才共享网络、建立高端人才数据库和高端人才需求库，促进人才供求双方精确匹配、有效对接②，探索科研合作和知识共享机制，健全相关法律法规。第三，"熨平"短期经济波动对劳动力市场的影响，引导劳动力市场需求，扩大就业的同时推动更高质量的就业。比如，加大关键技术人才的培养和储备；发展灵活多样的就业形式；对企业员工共担风险减少裁员的政策扶助支持等。第四，就业政策与生育政策等的衔接与配合，消除性别歧视，保护女性就业。实现劳动力市场性别平等。监督贯彻孕、产假等女性就业保护政策；完善生育成本由国家、企业和家庭共同分担的育儿分担机制，通过政府补贴、税收减免等手段，分担用人单位成本，也能减轻家庭和育龄女性的后顾之忧。第五，继续完善社会保障体系，引导和谐劳资关系的

---

① 北京师范大学劳动力市场研究中心.2018中国劳动力市场发展报告［EB/OL］.中国新闻网，2018－12－16.

② 齐明正，单许昌.积极探索构建人才共享机制［N］.人民日报，2019－06－03.

建立，缩小收入分配差距。提升政府、企业和工会的三方协作性，更好地发挥工会与行业协会的功能，在引进、培育、配置和利用产业人才方面起到信息交流、市场引导、人力资本定价和评估、维权等作用。第六，加强对零工经济等新经济形态的理解和研究，在税收、薪酬和社会保障等方面提升新型就业模式（如平台用工）的政策引导与支持，更好地发挥其对经济的贡献与人力资源效能。

3. 提升人才管理的执行力与有效性

人才管理由上至下的政策落实、由下而上对战略的支持，双向执行力是人才管理有效性的保障。执行力的关键首先在于人才管理系统的配合，然后是有效的管理实践及其保障。

（1）提升人才管理系统的协同作用。

珍惜人才、重视人才、有效利用和激励人才需要整个人才管理系统的协同与努力。人才管理系统中不仅包括负责人才战略设计的国家机构、落实人才政策的各级政府部门、人才培育学校与机构、各类用人单位，还包括人才个人与家庭、人力资源行业以及各种人才协会与人才管理研究中心/机构。从这点来说，人才管理具有全民性特征，不仅需要有效的实质管理举措，还需要和谐的人才支持环境。

新加坡适应经济发展需要与人力资源供求形势，不断调整完善人才管理系统，动员政府、学校、企业、人力资源行业、协会、媒体等各方参与力量，并通过协调机构的设置、整合资源平台的建设来提升系统效率；还特别注重人才相关政策的解读、人才管理效果的宣传，以塑造全民人才支持环境。

借鉴新加坡的人才管理经验，人才管理需要对系统内各主体的作用有充分的认识，并实现充分沟通。

① 各级政府，有责任解析各项人才政策制定的初衷、权衡与实施要点，通过充分且易于接受的社会宣传和行之有效的激励政策，来获得用人单位和人才个体与家庭的理解与支持。

② 各级党委组织部人才工作办公室，是人才工作的领导机构，在党中央制定的全国人才战略的指导下，制定和落实各项人才发展规划和高层次人才管理办法。在专项重点人才项目、高层次人才培养工程、高级专家联系、人

才国际交流与合作以及海外高层次人才引进等方面工作需要创新开展。

③ 高校和职业院校，应该与市场和实践保持密切接触，鼓励教师创业与兼职，更大力度支持学生实习与实践，倒逼课程体系改革与创新，适应社会经济的当前与未来需要。

④ 人才市场，作为政府人社部门与用人单位之间的中介机构，是从上至下政策落实与从下至上信息收集与反馈的平台，也是提供人力资源服务的综合平台，其作用发挥具有较大空间。

⑤ 人力资源行业，中国本土的人力资源行业因发展较晚还欠发达。适应中国人力资源市场的发展特点，增强相对于国外人力资源品牌的竞争力，提供高级战略咨询服务和系统人力资源调研分析产品，是中国人力资源行业的发展目标。

⑥ 企业等用人单位主体，要积极理解、运用人才政策，制定符合自身发展的人才战略，尊重人才、激励人才，支持人才培育与贡献，提升人才利用效率。

⑦ 媒体与社会，营造全民重视人才的环境，宣传人才政策，树立人才发展典型，弘扬正确的人才发展观。

（2）强化人才管理的有效实践。

人才是群体概念也是个体概念，人才发展注重体验，对于发展环境的预期与信心很重要。所以，人才战略、人才政策贯彻的顺畅度都依赖于人才平台（国家、区域、企业单位等）与人才个体的双向沟通。人才管理实践是具体的，要贯穿"以人为本"的理念。第一，坚持全面的人才管理观，被选拔出来的"带帽子"的人才需要重点关注，一般人才和潜力人才也需支持与扶持，构建强大的人才梯队和人才蓄水池是组织建设与人才管理的重点。第二，基于更宽的人力资本定义来管理人才。人才的核心价值不仅在于专业技能，更在于完善的心智。因此在培养、选拔和配置人才时，要注重心理、价值观等心智模式要素。第三，保持对人才长期持续地关注，如大学对获取奖学金学生的后续联络与成长评估，用人单位对人才职业成长的持续帮助、认可度培养与人才保留等。第四，强化人才效率的考量。无论是用人单位还是城市与地区，都要跟踪调研人才绩效，注重实效与反馈，及时调整人才管理方略。据此，在尊重人才发展、塑造人才环境方面做更多具体实际的努力。第五，关注职业生活质量的提高。对更高职业生活质量的追求，既符合人本管理的基本法则，也符合人民日益增长的美好生活需要。工作—生活平衡是重点课题，实践中的落实是需要以充分的认识为前提的，需要用人组织践行、劳动法规保护、工会等组织护航及社会支持等综合努力。"996"和"007"的加班文化绝对不值得提倡，专注于效率的平衡方式才是可持续发展的正确追求。第六，人才竞争的差异化策略，各地区要立足自身人才环境的优劣势制定人才政策，提升环境吸引力，而不是盲目加入人才争夺战。① 人才环境不是由单一因素决定的，而是综合维度在作用；除了物质方面的吸引力，情感链接、成长性、自主性是人才尤其新生代更看重的要素。人才发展的多元化需求也为人才吸引提供了更为广泛的思路与角度。

（3）增加人才管理的研究支持。

人才管理在国家战略层面得到充分重视，但目前关于人才管理的研究还不充分：宏观研究与微观研究各自为战难以贯通；政策研究与管理实践研究存在某种脱节；人才管理效果的系统评价机制也不尽完善。因此，增强人才管理问题研究的系统性，强化人才管理的实证研究和比较研究是非常必要的，这是科学决策与管理的基础。

在中国人才管理目标和情境下，需要进一步明晰人才管理的内涵维度，开发测量工具，完善和发展中国式人才管理理论体系；运用跨学科研究理论与方法，鼓励多角度研究；并应紧跟数智时代的国家战略和市场需求变化，扩展研究对象范围；以人才价值为导向，以人才培养和人才数据为重点，形成具有比较优势的科研产品和服务。②

具体而言，可利用人才研究机构、高校科研院所等智库，发挥人才理论与数据系统构建与分析、建议功能；发挥人才市场和人力资源行业龙头的数据收集优势，利用大数据分析人才市场行情、就业选择倾向和职业感知等主客观情况；强化人才管理比较研究，按时间线的人才管理纵向研

---

① 张波，丁金宏. 中国人才生态环境对高学历人才集聚效应影响分析［J］. 科研管理，2022，43（12）：24－33.

② 自汪梦，赵曙明. 中国人才管理研究的热点与趋势分析（1979－2022）［J］. 四川大学学报，2023（1）：183－184.

究、国别或区域比较的横向研究，更有利于梳理人才管理规律，借鉴管理经验。总之，无论宏观还是微观层面，都需要充分利用各类研究资源，利用各种研究方法，共享人才研究信息，为更科学的人才决策、更合理的人才管理方案提供智力支持。

参 考 文 献

［1］2020 年新加坡劳动力报告［EB/OL］. 新加坡人力部网站，2020 –
12 – 04.

［2］2020 人口普查：我国过去 10 年人口增长速度 50 年来最慢［N］.
新加坡联合早报，2021 – 06 – 16.

［3］2021 年 SP 又涨价了！WP、SP 配额进一步减少［EB/OL］. 狮城
新闻，2021 – 01 – 12.

［4］2021 年全国人口普查报告［EB/OL］. 新加坡统计局网站，2022 –
12 – 30.

［5］2021 年全球创新指数 – 内容提要［J］. World Intellectual Property
Organization，2021：20.

［6］2021 年全球十大最贵城市：新加坡超越香港，并出现新冠军
［EB/OL］. 人力资源在线网，2021 – 12 – 02.

［7］2021 年至今有五起送餐送货平台工人致命工作相关交通意外
［N］. 新加坡联合早报，2022 – 07 – 05.

［8］八成海外新加坡人支持邮寄选票，选举局公布邮寄选票和护理院
投票细节［N］. 新加坡联合早报，2022 – 07 – 26.

［9］白胜晖. 登高望远：吴作栋传第二辑［M］. 林琬绯，译. 新加
坡：八方文化出版社，2021：1.

［10］白士泮. 新加坡打造智慧金融中心的战略［EB/OL］. 中国商务
部网站，2022 – 05 – 26.

［11］报告显示 2022 年第三季度新加坡劳动力市场继续改善［EB/OL］.
新华财经网，2022 – 10 – 28.

［12］北京师范大学劳动力市场研究中心. 2018 中国劳动力市场发展
报告［EB/OL］. 中国新闻网，2018 – 12 – 16.

［13］本地学府推出新精深技能工读计划，新加坡加快金融科技创新发展［EB/OL］. 狮城新闻，2020 – 08 – 21.

［14］本月起至 2022 年 9 月底出生婴儿可获 3000 元额外补贴［N］. 新加坡联合早报，2020 – 10 – 10.

［15］比 2014 年多了超过一倍 去年近 6000 人从事网安工作［N］. 新加坡联合早报，2020 – 10 – 16.

［16］表扬卓越表现：八名本地青年获颁企业家奖［EB/OL］. 8 视界新闻网，2021 – 05 – 14.

［17］不少因疫情选择回国，海外新加坡公民人数减至 20 万余人［N］. 新加坡联合早报，2020 – 09 – 25.

［18］蔡昉. 人口负增长时代：中国经济增长的挑战与机遇［EB/OL］. 经济形势报告网，2023 – 07 – 04.

［19］长期海外工作者税务优惠 2025 年将不再获批［N］. 新加坡联合早报，2019 – 09 – 03.

［20］陈美雄. 新加坡力业家政集团的发展策略［D］. 新加坡：新加坡国立大学，2012.

［21］陈淑珊. 吴庆瑞传略［M］. 李承烨，译. 新加坡：八方文化出版，2010：145 – 146.

［22］陈振声. 全球供应链大洗牌 我国须抓住关键"穴位"保优势［N］. 新加坡联合早报，2020 – 08 – 30.

［23］陈紫筠. 专家谈最近裁员现象，本地科技领域人力资源仍供不应求［N］. 新加坡联合早报，2022 – 09 – 21.

［24］从女佣中介到上市公司［N］. 新加坡联合早报，2017 – 04 – 06.

［25］达巍，蔡泓宇. 美国国家安全战略视阈下的中美关系 50 年［J］. 国际安全研究，2022（2）.

［26］当代新加坡华人社会的嬗变及其动力与特征——新政治经济学的视野［EB/OL］. 中国侨联网站，2022 – 02 – 08.

［27］当局将进一步加强"新加坡公民之旅"内容［EB/OL］. 8 视界新闻网，2021 – 02 – 17.

［28］党史日历：人才强国战略提出［EB/OL］. 澎湃新闻，2021 –

05 - 07.

[29] 低生育率或成新加坡经济不能承受之轻 [EB/OL]. 路透社网站，2012 - 09 - 03.

[30] 第四代团队将启动集思广益工作，制定国家下来 10 年及长远路线图 [N]. 新加坡联合早报，2022 - 05 - 01.

[31] 东博社. 新加坡在中美之间的"平衡外交"，将如何取舍？[EB/OL]. 网易网站，2017 - 07 - 17.

[32] 副总理的担忧：如何才能保持新加坡的凝聚力和包容性 [EB/OL]. 新加坡新闻网，2022 - 08 - 29.

[33] 更多企业申请津贴打造亲乐龄职场 [N]. 新加坡联合早报，2016 - 11 - 02.

[34] 工作签证门槛提升？你还可以选择这样移民新加坡！[EB/OL]. 环球出国网，2020 - 12 - 25.

[35] 工作与生活平衡津贴延长两年，政府将加强计划让员工与雇主获益 [N]. 新加坡联合早报，2018 - 03 - 05.

[36] 公平雇佣调查：职场歧视情况改善8%雇员反映面对职场不公 [N]. 新加坡联合早报，2022 - 03 - 23.

[37] 公平雇佣原则纳入法律，立法释放出职场不容性别歧视有力信号 [EB/OL]. 新加坡联合早报，2022 - 04 - 05.

[38] 雇联会：劳资政合作应对人力短缺的长期挑战 [N]. 新加坡联合早报，2022 - 04 - 28.

[39] 雇主请收入最高10%就业准证者不必打广告 [N]. 新加坡联合早报，2022 - 08 - 29.

[40] 关于关于老龄化与健康的全球报告 [EB/OL]. 世界卫生组织网站，2016.

[41] 关于新加坡引进人才政策的分析 [EB/OL]. 澳门贸易投资促进局研究及资料处，2019 - 01.

[42] 国防大学课题组. 新加坡发展之路 [M]. 北京：国防大学出版社，2016：22 - 23.

[43] 国家工资委员会 2020/2021 年指南 [EB/OL]. 新加坡人力部网

站，2020 – 03 – 30.

［44］国家与社会的互动——新加坡族群多层治理与国民融合进程［EB/OL］．头条新闻，2019 – 10 – 10.

［45］孩子究竟带给父母什么？［N］．新加坡联合早报，2017 – 04 – 02.

［46］海国图智研究院．新加坡人的身份认同：谁才算真正的新加坡人［EB/OL］．欧亚系统科学研究会网站，2021 – 08 – 17.

［47］海外新加坡人的认同［N］．新加坡联合早报，2017 – 06 – 18.

［48］华京京，周文龙．林崇椰教授：解决薪水两极化仍需"休克疗法"［N］．新加坡联合早报，2012 – 10 – 26.

［49］黄朝翰，赵力涛．新加坡社会发展经验［M］．新加坡：八方文化出版社，2009：1 – 8.

［50］黄建如．新加坡高等教育大众化评价［J］．高等教育研究，2001（2）：108.

［51］黄顺杰．隔邻隔心？从住房大数据解密新加坡族群关系［N］．新加坡联合早报，2021 – 06 – 17.

［52］黄雪珍，梁凤莲，曾益龙，等．新加坡公共政策背后的经济学［M］．顾清扬，译．北京：中央编译出版社，2013：1，159.

［53］黄循财．"携手前进"报告反映国人共识和未来愿景［N］．新加坡联合早报，2023 – 10 – 27.

［54］黄循财：为促进种族和谐，国人应诚实面对与解决种族主义问题［N］．新加坡联合早报，2021 – 06 – 26.

［55］黄循财部长声明：政府拨款 12 亿元扶持受防疫措施影响的国人［N］．新加坡联合早报，2021 – 07 – 05.

［56］技能创前程培训补助 已让 37 万国人获进修［N］．新加坡联合早报，2018 – 10 – 04.

［57］加速科技专才培养（TeSA）计划增加拨款资助两万个培训学额［N］．新加坡联合早报，2018 – 03 – 06.

［58］减少外来务工人口将影响新加坡的竞争优势，导致成本上升［EB/OL］．Channel News Asia，2020 – 05 – 27.

［59］焦点：新加坡金管局放松货币政策机率上升 因经济成长前景弱

化 [EB/OL]. 路透社网站, 2016 - 02 - 12.

[60] 教育部属下的教师和教育协作人员 10 月起将获得加薪 [EB/OL]. 8 视界新闻网, 2022 - 08 - 16.

[61] 教育部推出教育工作者技能创前程计划 [EB/OL]. 8 视界新闻网, 2020 - 03 - 04.

[62] 教育部长王乙康在学校工作计划研讨会上的开幕致辞 [EB/OL]. 新加坡教育部网站, 2018 - 09 - 28.

[63] 今年 9 月起新加坡提高申请就业及 S 准证的收入门槛 [N]. 新加坡联合早报, 2022 - 02 - 19.

[64] 金管局加码支持本地金融人才到海外工作 [N]. 新加坡联合早报, 2021 - 09 - 03.

[65] 近五年来 600 家企业人力资源政策获政府认可 [N]. 新加坡联合早报, 2021 - 10 - 20.

[66] 经济学人智库. 2018 年亚洲数字转型指数 [EB/OL]. 经济学人网站, 2022 - 07 - 08.

[67] 鞠峰. 拜登访日将有大动作: 宣布启动 "印太经济框架" [EB/OL]. 观察者网, 2022 - 05 - 18.

[68] 开启 SkillsFuture 新阶段, 新加坡各类院校积极响应增加课程学额 [EB/OL]. KEWO, 2020 - 02 - 24.

[69] 康斯坦斯·玛丽·滕布尔. 新加坡史 [M]. 欧阳敏, 译. 上海: 东方出版中心, 2016.

[70] 可持续的人口, 朝气蓬勃的新加坡: 白皮书 [R/OL]. Strategy Group, Prime Ministry Office of Singapore, 2013 - 01.

[71] 克莱韦·阿圭列斯. 青年是否正在荒废青春? 东南亚年青一代数字公民的新兴政治 [J]. 中国美术学院学报, 2020 (2): 26 - 27.

[72] 克劳斯·施瓦布. 第四次工业革命——转型的力量 [M]. 北京: 中信出版社, 2016: 42.

[73] 劳资政推出人力资本伙伴计划 [N]. 新加坡联合早报, 2016 - 11 - 16.

[74] 乐琰等. 从 "雇佣关系" 转为 "商业合作" 超 2 亿人进入零工

经济［N］．第一财经日报，2023－09－04．

［75］李光耀．李光耀观天下［M］．北京：北京大学出版社，2015．

［76］李光耀．李光耀回忆录（1965～2000）［N］．新加坡联合早报，2000．

［77］李光耀．人才是成功的关键［M］//天下杂志社．亚洲小巨人——新加坡为什么自豪?，北京：经济与生活出版社，1998：21．

［78］李光耀．新加坡赖以生存的硬道理［M］．新加坡：海峡时报出版社，2011：1－3．

［79］李光耀全球创新创业比赛，征创新方案应对城市挑战［N］．新加坡联合早报，2019－08－24．

［80］李慧筠．新加坡：SkillsFuture－未来技能计划［N］．台湾经济部人才快讯电子报，2016－04－12．

［81］李建民．中国劳动力市场前景、问题与对策［M］．上海：复旦大学出版社，2010：12－15．

［82］李显龙鼓励年轻人探索新科技［EB/OL］．Fortune Times，2020－07－03．

［83］李显龙在2005年国庆群众大会演讲［EB/OL］．新加坡总理办公室网站，2005－08－21．

［84］李显龙在2007年国庆群众大会华语演讲［EB/OL］．新加坡国家档案局网站，2007－08－19．

［85］李显龙在2010年8月的国庆演讲［EB/OL］．新加坡国家档案馆，2010－09－14．

［86］李显龙在2019年国庆群众大会上的演讲［EB/OL］．新加坡总理办公室网站，2019－08－18．

［87］李显龙在2022年国庆群众大会上的演讲［EB/OL］．新加坡总理办公室网站，2022－08－21．

［88］李显龙专访：美中摩擦继续，新加坡无法选边站［EB/OL］．BBC News，2021－03－12．

［89］李一，曲铁华．新加坡"环球校园"计划政策评析［J］．高等教育研究，2017（38）：5，103－108．

[90] 李一. 基于 I - R 框架分析的高等教育跨境分校可持续发展研究 [J]. 湖南社会科学, 2015 (5): 203.

[91] 李勇. 族谱与新加坡 "福建人" 方言族群移民史研究 [J]. 世界民族, 2010 (1): 53 - 60.

[92] 李政毅, 何晓斌. 新加坡面向创新驱动型经济的人才政策经验与启示 [J]. 社会政策研究, 2019 (2): 34.

[93] 李志明, 邢梓琳. 新加坡的中央公积金制度 [EB/OL]. 人民网, 2014 - 06 - 16.

[94] 李总理: 本地生育率能达三分之二替代人口最理想 [N]. 新加坡联合早报, 2019 - 10 - 17.

[95] 李总理: 必须坚持不懈寻找培养最优秀人才来领导国家新加坡 [EB/OL]. 8 视界新闻网, 2021 - 05 - 07.

[96] 李总理: 国人无需忧土地空间不足, 人口不足更令人关注 [EB/OL]. 8 视界新闻网, 2022 - 08 - 21.

[97] 李总理: 年轻人的梦想和抱负将引领新加坡前进 [EB/OL]. 8 视界新闻网, 2021 - 07 - 04.

[98] 李总理: 我国有条件成世界领先城市, 但年轻人需把握时机 [N]. 新加坡联合早报, 2016 - 10 - 25.

[99] 李总理: 新加坡人更有当 PMET 能力, 必须调整工作准证门槛 [N]. 新加坡联合早报, 2020 - 09 - 02.

[100] 联合国开发计划署. 2020 年人类发展报告——2019 年人类发展指数 [EB/OL]. 联合国开发计划署网站, 2021.

[101] 两本地人加入智慧国专才计划 [N]. 新加坡联合早报, 2016 - 10 - 08.

[102] 林崇椰 "第二次经济重组" 追踪; 林瑞生: 跟不上步伐员工会被裁 [N]. 新明日报, 2012 - 04 - 14.

[103] 林慧敏. 调查: 近半雇员认为灵活工作安排应成为职场新常态 [EB/OL]. 新加坡国立大学官网, 2022 - 04 - 26.

[104] 林燕. 新兴经济体与发达经济体人才互通流动日趋平衡 [EB/OL]. 经济参考网, 2016 - 09 - 08.

［105］林义明，陈怀亮等．李资政谈新加坡成功要素［N］．新加坡联合早报，2002 - 02 - 06.

［106］刘宏，王辉耀．新加坡人才战略与实践［M］．北京：党建读物出版社，2015.

［107］刘威．新加坡：人力资源短缺成难题［EB/OL］．新华新闻，2015 - 08 - 07.

［108］鲁虎．新加坡［M］．北京：社会科学文献出版社，2004.

［109］陆建义．向新加坡学习：小国家的大智慧［M］．北京：新华出版社，2009.

［110］吕元礼，陈家喜，张万坤．新加坡研究（2016卷）［M］．北京：社会科学文献出版社，2017：79.

［111］吕元礼．新加坡政治几何学［M］．新加坡：八方文化出版社、世界科技出版公司，2019：207 - 218.

［112］旅居海外国人逐年增加，政策研究所展开海外新加坡人调查［N］．新加坡联合早报，2017 - 10 - 02.

［113］罗伯特·布兰．星展银行与员工一同踏上人力资源数码旅程［EB/OL］．Human Resources Online，2020 - 09 - 30.

［114］马丁·雅克．中国崛起是世界和平及发展的有力保障，而不是威胁［EB/OL］．中国日报新媒体，2020 - 09 - 21.

［115］每年平均接379起TAFEP：职场歧视投报多与国籍年龄性别有关［N］．新加坡联合早报，2022 - 05 - 29.

［116］聂德宁．中国与新加坡的早期贸易往来［J］．近代史研究，1997（1）：83 - 98.

［117］欧树军，王绍光．小邦大治：新加坡的国家基本制度建设［M］．北京：社会科学文献出版社，2017.

［118］欧洲工商管理学院．新冠时期推动绿色和数字化工作和技能对提升人才竞争力至关重要［EB/OL］．INSEAD，2021 - 10 - 19.

［119］培训与成人教育产业数码化蓝图将推出［N］．新加坡联合早报，2020 - 08 - 13.

［120］齐明正，单许昌．积极探索构建人才共享机制［N］．人民日

报，2019 – 06 – 03.

[121] 迁往新加坡：最新动态及签证政策［EB/OL］. 金杜律师事务所网站，2020 – 12 – 02.

[122] 钱小岩. 生一胎获得超 10 万元补助，新加坡生育率何以一降再降？［EB/OL］. 第一财经网，2021 – 06 – 02.

[123] 秦亚青. 美国对华战略转变与中美关系走向［J］. FRONTIERS, 2021（8）：61.

[124] 清华大学社会科学学院经济学研究所，北京字节跳动公共政策研究院. 互联网时代零工经济的发展现状、社会影响及其政策建议［EB/OL］. 经济学研究所网站，2020 – 11.

[125] 邱凤才. 新加坡集聚创新创业人才的主要做法［J］. 中国人才，2022（3）：62.

[126] 去年66万人用精深局补助提升技能 创历来新高［N］. 新加坡联合早报，2022 – 02 – 08.

[127] 全国工资会建议业绩良好雇主给予低薪员工加薪至少80到100元［EB/OL］. 8 视界新闻网，2022 – 11 – 14.

[128] 全国职工总会2015年全国代表大会秘书长报告书［EB/OL］. 新加坡全国职工总会网站，2022 – 09 – 15.

[129] "群策群力，共创未来"推行半年成果良好［N］. 新加坡联合早报，2020 – 01 – 02.

[130] 人力部：逾3400家公司获优化职场计划拨款［N］. 新加坡联合早报，2018 – 05 – 20.

[131] 人力部. 雇佣法令修订［EB/OL］. 新加坡人力部网站，2022 – 09 – 14.

[132] 人力部报告：本地去年总就业人数大幅反弹［N］. 新加坡联合早报，2022 – 03 – 15.

[133] 人力部报告：通胀虽攀高，全职雇员实际收入今年增长2.1%［N］. 新加坡联合早报，2022 – 12 – 02.

[134] 人力部更新新加坡创业准证条件［EB/OL］. 新加坡新闻网，2021 – 10 – 16.

［135］人力部工资报告：所有行业员工 去年获较高工资增长［N］. 新加坡联合早报，2022 - 05 - 31.

［136］人力部将大力促进五领域就业情况［N］. 新加坡联合早报，2017 - 07 - 20.

［137］人力部调查：约99% 外籍女佣对工作生活满意［EB/OL］. 8 视界新闻网，2022 - 06 - 08.

［138］人力资源分析宜循序渐进，掌握数据助管理人才［EB/OL］. CT goodjobs，2021 - 05 - 20.

［139］人民财评："人口红利"没有消失，"人才红利"正在形成［EB/OL］. 人民资讯网，2023 - 03 - 19.

［140］如何成为一家拥有2.8 万人的初创企业？专访星展银行（中国）有限公司人力资源总监朱丽文［EB/OL］. HRoot，2021 - 01 - 19.

［141］如何减免新加坡女佣税，聘请女佣轻装上阵［EB/OL］. 狮城新闻，2021 - 03 - 02.

［142］萨曼莎·陈. 案例研究：星展银行采取"横向组织"的原因和方式［EB/OL］. Human Resources Online，2021 - 08 - 26.

［143］社会和谐有赖善意与沟通［N］. 新加坡联合早报，2022 - 08 - 01.

［144］社理会新使命：鼓励国人终身学习［N］. 新加坡联合早报，2017 - 05 - 25.

［145］社论：加强劳动力队伍技能储备［N］. 新加坡联合早报，2021 - 12 - 10.

［146］社论：年轻人对工作态度改观背后［N］. 新加坡联合早报，2021 - 02 - 09.

［147］社论：消解外籍员工带来的社会疑虑［N］. 新加坡联合早报，2021 - 08 - 12.

［148］沈燕清. 英国在马来西亚联邦建立及分裂中的角色分析［J］. 东南亚南亚研究，2005（2）：46 - 51

［149］实施深入新时代人才强国战略加快建设世界重要人才中心和创新高地［EB/OL］. 光明网，2021 - 09 - 29.

［150］世界顶级医师科学家、新加坡国家科学院院士黄天荫加盟清华

［EB/OL］．清华大学网站，2021－11－04.

［151］世界经济论坛．全球信息技术报告（2015、2016）［EB/OL］．世界经济论坛网站，2016－07－01.

［152］世界经济形势与展望［EB/OL］．联合国新闻网，2023－05－16.

［153］世界卫生组织．世卫组织冠状病毒（COVID－19）仪表板［EB/OL］．世卫组织网站，2022－07－04.

［154］世卫组织冠状病毒（COVID－19）仪表板［EB/OL］．世界卫生组织网站，2023－04－10.

［155］世行发布首份报告"人力资本指数"我国名列全球第一［N］．新加坡联合早报，2018－10－12.

［156］宋旺相．新加坡华人百年史［M］．新加坡：新加坡中华总商会，1993：18－19.

［157］苏瑞福．新加坡人口研究［M］．薛学了，王艳，等，译．厦门：厦门大学出版社，2009：29－30.

［158］苏世鹏.15公司机构获模范雇主奖［N］．新加坡联合晚报，2016－04－08.

［159］唐新华."印太经济框架"中的"技术联盟"［EB/OL］．中美聚焦，2022－05－30.

［160］陶霞飞．人口政策与生育率的关系研究——基于国际比较视角［J］．西北人口，2019，40（5）：80.

［161］调查：担忧通胀和生活成本上升，五分之四受访新加坡人拟增加投资［EB/OL］．中国国际贸易促进委员会网站，2022－04－30.

［162］调查：国人对新移民接纳度维持平稳［N］．新加坡联合早报，2019－08－04.

［163］调查：未来三到五年新加坡九成人力资源职位将受科技影响［N］．新加坡联合早报，2020－12－11.

［164］透过职总优化职场计划，中小企可提供每名员工2300元额外福利［N］．新加坡联合早报，2021－08－26.

［165］外籍工人引激辩，新加坡严把关外来人口［EB/OL］．星洲网，2015－08－04.

［166］王辉耀．人才战争［M］．北京：中信出版社，2009：175.

［167］王勤．新加坡的产业转型和创新驱动及其启示［M］．创新，2021（1）64－75.

［168］王瑞杰．全球化和科技扩大差异 适时更新社会契约应对内部分化挑战［N］．新加坡联合早报，2019－09－21.

［169］王瑞杰．与时俱进更新产业转型蓝图 掌握后冠病时代机遇［N］．新加坡联合早报，2021－03－18.

［170］王宵鹏，吴作栋．最有竞争力的人才——全面拆解新加坡总理的新经济对策［J］．英才，2000（6）：20.

［171］王乙康专访Q&A：未来经济也需要像鲁班这样的杰出工匠［N］．新加坡联合早报，2016－03－29.

［172］王政东，吴美华．经济金融危机的防范与因应：各国经验［M］．台北：财团法人台湾金融研训院，2010：179.

［173］为支援生计受影响者 新加坡新冠肺炎复苏补贴申请期限延长至明年底［N］．新加坡联合早报，2021－12－21.

［174］维护种族宗教和谐须随社会演变不断调整［N］．新加坡联合早报，2021－08－08.

［175］维基百科资料。

［176］温迪·多布森（Wendy Dobson）．亚洲新势力2030：世界经济重心转移［M］．赵长一，译．北京：中国金融出版社，2010：3.

［177］我国流失顶尖人才数居世界首位［N］．人民日报：2013－06－06.

［178］我国未来五年投资250亿元强化科研能力［N］．新加坡联合早报，2020－12－11.

［179］吴辉．"亚洲式民主"：功能及其限度［J］．东南亚研究，2001（2）：41－46.

［180］吴作栋．新加坡政治是"托管式民主"模式［N］．新加坡联合早报，1995－09－28.

［181］五大重点看2022年财政预算案［N］．新加坡联合早报，2022－02－18.

[182] 吸引及留住人才 企业须改变思维 [N]. 新加坡联合早报，2019 - 01 - 30.

[183] 限制外来劳动力，新加坡将失去经济动力活力 [N]. 新加坡联合早报，2013 - 02 - 20.

[184] "新港之争"，香港的软肋与应对 [EB/OL]. 新浪财经网，2022 - 06 - 25.

[185] 新"技能、创新与生产力委员会"成立 [N]. 新加坡联合早报，2016 - 05 - 20.

[186] 新加坡"准马克思"社会下的人口流动，不寻常的人才外流 [EB/OL]. 快资讯，2020 - 05 - 23.

[187] 新加坡 2022 年财政预算案国民融合理事会成立联盟助新移民适应本地生活 [N]. 新加坡联合早报，2022 - 03 - 11.

[188] 新加坡 2022 年预算案：宣布就业援助新举措 [EB/OL]. OUT - LAW 新闻，2022 - 03 - 25.

[189] 新加坡部长：减少引进外国人才，不等于国人必然有更多工作机会 [EB/OL]. 新加坡眼，2021 - 07 - 06.

[190] 新加坡部长：族群歧视因疫情压力显现；华人社群并非铁板一块 [EB/OL]. 新加坡国立大学官网，2021 - 06 - 27.

[191] 新加坡的雇佣补贴计划为 27 万份岗位提供支持 [EB/OL]. OUT - LAW 新闻，2021 - 08 - 19.

[192] 新加坡的平台工人将在工作中获得更多权益 [EB/OL]. OUT - LAW 新闻，2022 - 12 - 06.

[193] 新加坡的三项融资计划过去两年支持逾2.7 万家公司 [N]. 新加坡联合早报，2022 - 02 - 18.

[194] 新加坡的中国新移民：认同困境与治理路径（Ⅲ）[EB/OL]. 新加坡新闻网，2019 - 11 - 01.

[195] 新加坡发布2020 年最后一波就业报告，就业率最高的居然不是医疗 [EB/OL]. 新加坡头条新闻，2021 - 02 - 10.

[196] 新加坡放宽外劳准证限制 [EB/OL]. 狮城新闻，2021 - 08 - 14.

[197] 新加坡妇女的生育率及其人口问题 [EB/OL]. 法国国际广播

电台网站，2014 - 02 - 07.

［198］新加坡副总理尚达曼：周边区域关注普惠金融 是新加坡金融科技领域契机［EB/OL］. 新加坡新闻头条，2017 - 11 - 18.

［199］新加坡共和国劳资关系法［EB/OL］. 中国驻新加坡大使馆网站，2017 - 11.

［200］"新加坡公民之旅"工作小组报告出炉［N］. 新加坡联合早报，2020 - 11 - 28.

［201］新加坡关于外来人才的激辩［EB/OL］. 狮城新闻，2020 - 09 - 24.

［202］新加坡国家统计局. 新加坡 2020 人口普查报告［EB/OL］. 新加坡统计局网站，2021.

［203］新加坡教育部部长发言：取消考试排名等级是为了下一代"终身学习"！［EB/OL］. 新加坡教育网，2018 - 12 - 27.

［204］新加坡紧跟未来发展趋势，扶持数码经济发展［EB/OL］. 新加坡经济发展局网站，2021 - 05 - 28.

［205］新加坡科技公司招募外国人才的试点计划［EB/OL］. 新加坡福智霖投资资讯，2019 - 07 - 31.

［206］新加坡科技准证（Tech. Pass）已有 180 位科技人才获批［EB/OL］. 新加坡企业发展局和经济发展局的联合官方微信账号"企航新加坡"，2022 - 02 - 24.

［207］新加坡扩大渐进式薪资模式［EB/OL］. Taiwan trade - Southern Star Club，2020 - 05 - 01.

［208］新加坡劳工法主要内容［EB/OL］. 中国驻新加坡使馆经济商务处网站，2009 - 02 - 18.

［209］新加坡联合早报. 李光耀 40 年政论选［M］. 新加坡：现代出版社，1994.

［210］新加坡拟延长本地雇佣补贴计划［EB/OL］. OUT - LAW 新闻，2021 - 10 - 11.

［211］新加坡女佣制度的反思与展望［EB/OL］. 优投网，2021 - 03 - 29.

［212］新加坡贫富收入差距缩小，基尼系数自 2000 年第二低［EB/OL］. 新加坡统计局网站，2022 - 02 - 17.

［213］新加坡企业所得税率［EB/OL］. 3E Accounting, 2022 – 09 – 15.

［214］新加坡全球/区域总部计划申请要求［EB/OL］. Goldden, 2022 – 06 – 22.

［215］新加坡人工作满意度全球倒数第五［EB/OL］. 新华新闻, 2014 – 03 – 04.

［216］新加坡人口增长率——新加坡 1959 ~ 2020 历年人口年度增长率［EB/OL］. 世界人口网, 2020 – 04 – 26.

［217］新加坡人力银行［EB/OL］. 3E Accounting, 2022 – 08 – 20.

［218］新加坡社会如何看待新结婚生育政策［EB/OL］. Eistudy, 2021 – 01 – 18.

［219］新加坡 – 失业率［EB/OL］. Trading Economics, 2022 – 07 – 07.

［220］新加坡十行业急需人才有哪些?［EB/OL］. Iask, 2022 – 07 – 18.

［221］新加坡是这样从小培养种族和谐意识的［EB/OL］. 新加坡教育网, 2015 – 09 – 18.

［222］新加坡数字经济快速增长对 GDP 的贡献率 17% 以上［EB/OL］. 越通社网站, 2023 – 10 – 09.

［223］新加坡投资移民政策三次变迁［EB/OL］. Skyline Builders Merchants, 2019 – 07 – 09.

［224］新加坡推出全新"科技准证"吸引最杰出的技术人才［EB/OL］. Hawksford, 2021 – 03 – 30.

［225］新加坡外劳增幅连续三年缩小加大企业成本压力［EB/OL］. 中国新闻网, 2014 – 09 – 26.

［226］新加坡外商直接投资 1960 – 2024［EB/OL］. Macrotrends, 2022 – 12 – 05.

［227］新加坡为中小企业转型推出培训计划［EB/OL］. 新华网, 2020 – 11 – 17.

［228］新加坡陷入史上最严重经济衰退, 加强地区经济合作有助缓解［EB/OL］. 第一财经网, 2020 – 07 – 16.

［229］新加坡引进人才的方式值得中国借鉴［EB/OL］. 新加坡新闻头条, 2022 – 08 – 10.

［230］新加坡政府：2011 年新加坡就业率升至 78% 新高［EB/OL］.中国新闻网，2011 - 12 - 01.

［231］新加坡政府.新加坡：新的起点［M］.新加坡：当代出版社，1991：28.

［232］新加坡政府同本地四个电信业者合作，雇用及重新培训 1000名 5G 网络专业人士［EB/OL］.新加坡新闻网，2020 - 09 - 29.

［233］新加坡职场反歧视法改革建议有望在 2022 年出台［EB/OL］.OUT - LAW 新闻，2021 - 09 - 26.

［234］新加坡制造业比重为何超 20%［EB/OL］.第一财经网，2021 -11 - 24.

［235］新加坡制造业期望在未来 10 年争取 50% 的增长［EB/OL］.新加坡经济发展局网站，2021 - 02 - 23.

［236］新加坡总工会：5.3 万低薪工友将在劳生率计划下涨工资［EB/OL］.南洋视界，2013 - 10 - 04.

［237］新加坡总理公署国家人口人才署.可持续的人口，朝气蓬勃的新加坡：人口白皮书 2013［EB/OL］.新加坡总理办公室网站，2022 - 01 - 02.

［238］星展与两机构推出企业转型领袖培训计划［N］.新加坡联合早报，2021 - 10 - 05.

［239］熊丙奇：超八成留学生学成回国说明什么［N］.环球时报，2022 - 09 - 21.

［240］严莹，张晨.中美贸易战背景下"一带一路"沿线国家对中国出口贸易的影响研究［J］.哈尔滨工业大学学报，2022（3）：154.

［241］杨东平.新加坡教改：取消中学分流，人才保底不封顶［EB/OL］.狮城新闻，2021 - 12 - 12.

［242］杨善友.新加坡发挥大学作用吸引国际人才的做法及启示［J/OL］.中国科学技术部科技人才交流开发服务中心，2020 - 10 - 27.

［243］姚洋.中美"新冷战"已经形成，全球化进入调整期［EB/OL］.中国经营网，2020 - 06 - 14.

［244］一项调查：有 42% 的新加坡人想要移民国外［EB/OL］.狮城新闻，2018 - 05 - 28.

［245］以高水平对外开放打造国际合作和竞争新优势——论学习贯彻习近平总书记在经济社会领域专家座谈会上重要讲话［N］. 人民日报，2020 – 08 – 29.

［246］疫情推高公司使用人工智能提高招聘效率［EB/OL］. 8 视界新闻网，2022 – 04 – 25.

［247］优化职场计划改良后 1750 企业近 2 万员工受惠［N］. 新加坡联合早报，2019 – 02 – 15.

［248］游保生，林崇椰. 新加坡 25 年来的发展［M］. 新加坡：南洋·星洲联合早报，1984：256 – 278.

［249］余兴安. 中国企业人力资源发展报告 2022［M］. 北京：社会科学文献出版社，2022：19.

［250］预算案：就业入息补助计划 合格月入顶限调高至 2500 元［N］. 新加坡联合早报，2022 – 02 – 18.

［251］约翰·F. 卡迪. 东南亚的历史发展［M］. 姚楠等，译. 上海：上海人民出版社，1988：551.

［252］在技能创前程补贴基础上，中小企可申请高达 1 万元额外培训津贴［N］. 新加坡联合早报，2019 – 06 – 29.

［253］在新加坡的工作，你满意吗？最新员工满意度报告结果出炉［EB/OL］. 狮城新闻，2019 – 02 – 12.

［254］扎吉哈：为延续种族和谐国人意识需提高［EB/OL］. 8 视界新闻网，2021 – 12 – 11.

［255］张波，丁金宏. 中国人才生态环境对高学历人才集聚效应影响分析［J］. 科研管理，2022，43（12）：24 – 33.

［256］赵宇新. 新加坡为何陷入"中年危机"［J］. 红旗文稿，2017（6）：35 – 36.

［257］郑寰. 新加坡家庭政策的调适与创新［EB/OL］. 中共中央党史和文献研究院网站，2016 – 03 – 22.

［258］政府采纳工作组建议约 1.4 万名全职零售员工获加薪［N］. 新加坡联合早报，2022 – 08 – 15.

［259］政府拟"维持种族和谐法令"纳入柔性处理措施［N］. 新加

坡联合早报，2021 – 08 – 29.

［260］职场歧视投诉去年 475 宗．多抗议雇主没给平等机会 ［N］．星洲日报，2014 – 04 – 29.

［261］至今逾 1.2 万人受训，资媒局将扩大加快培训专才计划 ［N］．新加坡联合早报，2022 – 02 – 25.

［262］中国 2000 年报告：新冠疫情如何影响世界经济 ［EB/OL］．毕马威官网，2022 – 07 – 04

［263］中国 GDP 到 2050 年占全球三分之一 ［EB/OL］．新华网，2014 – 04 – 09.

［264］中国国际商会．各国（地区）因新冠疫情实施相关应对措施 ［EB/OL］．网易官网，2022 – 03 – 30.

［265］中国籍巴士司机在新加坡罢工 ［EB/OL］．BBC 中文网，2012 – 11 – 26.

［266］中国与东盟携手打造高质量共建"一带一路"的东南亚样板 ［EB/OL］．中国—东盟中心网站，2023 – 03 – 07.

［267］周灵灵．中国的国际人才战略如何调整 ［J］．重庆理工大学学报（社会科学），2019（7）.

［268］周天勇．世界产业结构变化态势及其影响 ［EB/OL］．原创力文档知识共享平台，2018 – 11 – 21.

［269］驻新加坡经商参处．新加坡发展规划 ［EB/OL］．中国商务部网站，2018 – 09 – 10.

［270］专论：国家与社会的互动——新加坡族群多层治理与国民融合进程 ［EB/OL］．新加坡新闻网，2019 – 10 – 10.

［271］资媒局与科技公司合作推出数码培训课程 ［N］．新加坡联合早报，2017 – 12 – 13.

［272］自汪梦，赵曙明．中国人才管理研究的热点与趋势分析（1979 ~ 2022）［J］．四川大学学报，2023（1）：183 – 184.

［273］总就业人数第二季度增 6 万 4400 人 本地雇员多能找到技术含量高工作 ［N］．新加坡联合早报，2022 – 07 – 30.

［274］最新报告看留学现状：英国火了，美国缓了，新加坡涨"疯"

了［EB/OL］. 澎湃新闻, 2022 - 06 - 22.

［275］A Miscalculated Closure［EB/OL］. The Observatory on Borderless Higher Education, 2007 - 06 - 01.

［276］Anup Roy andRuchi Bhatia. India Set to Lose Fastest - Growing Major Economy Title［EB/OL］. Bloomberg, 2023 - 01 - 06.

［277］Ben Holland and Cedric Sam. A $600 Billion Bill: Counting the Global Cost of the U. S. - China TradeWar［EB/OL］. Bloomberg, 2019 - 05 - 28.

［278］Chan Heng Chee. Democracy: Evolution and Implementation: An Asian Perspective［C］//Robert Bartley et al. Democracy and Capitalism: Asian and American Perspectives, Singapore: Institute of Southeast Asian Studies, 1993: 21 - 25.

［279］Committee on the Future Economy Sets Up Five Subcommittees［EB/OL］. Ministry of Finance of Singapore, 2022 - 06 - 05.

［280］David Kiron, Barbara Spindel. Redefining Performance Management at BDS Bank——How Lofty Ambitions and Innovative Metrics Sharpened Customer Focus［EB/OL］. MIT Sloan Review, 2019 - 03 - 26.

［281］DBS Annual Report 2021［R/OL］. DBS, 2021.

［282］DBS Annual Report 2022［R/OL］. DBS, 2022.

［283］DBS Diversity, Equity & Inclusion Policy［EB/OL］. DBS, 2023/09/09.

［284］Deepti Sri. Ex - WeWork exec launches proptech firm REinvent backed byJustCo［EB/OL］. TECHINASIA, 2020 - 11 - 20.

［285］Economic Strategies Committee of Singapore. High skilled people, Innovative economy, Distinctive global city［R/OL］. Ministry of Trad and Industry of Singapore, 2010.

［286］Economist Intelligence Unit, Heidrick & Struggles. The Global Talent Index Report: The out look to 2015［R/OL］. Economist Intelligence Unit.

［287］E - Conomy SEA 2022 report: Southeast Asia's digital economy is on course towards $200B GMV in 2022, three years earlier than projected

〔EB/OL〕. TEMASEK, 2022 − 10 − 27.

〔288〕 Education Statistics Digest 2021 〔EB/OL〕. Singapore Ministry of Education, 2022 − 06 − 13.

〔289〕 EEO Engagement DeckBilingual 〔EB/OL〕. the Association of Process Industry, Singapore, 2021 − 01 − 29.

〔290〕 Francis Yoshihiro Fukuyama. Political Order and Political Decay 〔M〕. London: Profile Books Ltd, 2015.

〔291〕 Gig Workers in Singapore to Get Basic Protection Including Insurance and CPF from as Early as 2024 〔N/OL〕. The Straits Times, 2022 − 11 − 23.

〔292〕 Google, Temasek and Bain & Company . Through the waves, towards a sea of opportunity 〔EB/OL〕. www. temasek. com. sg, 2022 − 10 − 27.

〔293〕 Government Accepts Recommendations by Tripartite Workgroup to Enhance Representation for Platform Workers 〔EB/OL〕. Ministry of Manpower of Singapore, 2023 − 07.

〔294〕 Gribble C, Mcburnie G. Problems with in Singapore's Global School house 〔J〕. International Higher Education, 2015 (48): 3 − 4.

〔295〕 GROUP LOBEVISA, 2022 − 08 − 22.

〔296〕 Horney N. The Gig Economy: A Disruptor Requiring HR Agility 〔J〕. People Strategy, 2016, 39 (3): 20 − 28.

〔297〕 How Gupta turned DBS into the Bank of the Future: Honoured to be crowned World's Best Bank 2019 by Euromoney 〔EB/OL〕. DBS, 2023 − 09 − 21.

〔298〕 HR Industry Manpower Plan 〔R/OL〕. Ministry of Manpower of Singapore, 2022 − 06 − 10.

〔299〕 HR Industry Transformation Advisory Panel 〔R/OL〕. Ministry of Manpower of Singapore, 2022 − 08 − 25.

〔300〕 ICEF Monitor. Singapore Adopting a More Cautious Outlook Education Hub ambitions 〔EB/OL〕. ICEF Monitor, 2016 − 04 − 04.

〔301〕 IDC & Microsoft. Unlocking the Economic Impact of Digital Transformation in Asia Pacific 〔R/OL〕. Microsoft, 2018 − 11.

〔302〕 IMD. The World Competitiveness Yearbook (2010、2019 − 2023)

［EB/OL］. IMD World Competitiveness Booklet, 2024 - 04 - 01.

［303］ In Asia, President Biden and a Dozen Indo - Pacific Partners Launch the Indo - Pacific Economic Framework for Prosperity ［EB/OL］. The White House of America, 2022 - 05 - 23.

［304］ It's Not All About The Gig Economy ［J/OL］. Singapore: Ministry of Manpower, 2019 - 05 - 09.

［305］ Jobs Situation Report ［R/OL］. Singapore Ministry of Manpower, 2020 - 11 - 24.

［306］ Jules Michelet. The People ［M］. The Classics. Us, 2013: 3.

［307］ Krishna Srinivasan, Lamin Leigh. Singapore's Economy Rebounded on Decisive Policy Action, But Challenges Lie Ahead ［EB/OL］. International Monetary Fund, 2022 - 08 - 24.

［308］ Kuan YewLee, Zuraidah Ibrahim, et al. Lee Kuan Yew: Hard Truths to Keep Singapore Going ［M］. Straits Times Press, 2011.

［309］ Lawrence Wong. US and China can have Better Outcomes Through Engagement, Rather than Containment ［EB/OL］. The Straits Times, 2022 - 04 - 19.

［310］ Lee Kuan Yew, One Man's View of theWorld ［M］. Straits Times Press, 2013.

［311］ Lee Kuan Yew. From Third World to First: The Singapore Story 1965 - 2000 ［M］. New York: Harper Collins Publishers LLC, 2000.

［312］ Manpower 21 Steering Committee. Manpower 21: Vision of Talent Capital ［R］. Ministry of Manpower of Singapore, 1999.

［313］ Manyika J. et al. . Independent Work: Choice, Necessity, and The Gig Economy ［R］. San Francisco, California: McKinsey Global Institute, 2016: 2.

［314］ Marriage Parenthood Booklet ［R/OL］. Made for Families, 2023 - 12 - 03.

［315］ Michael Switow. Singapore's Labour Crunch ［EB/OL］. HRO Today, 2021 - 02 - 22.

［316］ Michelle Jamrisko. Vietnam Tops List of Biggest Winners From U. S. – China Trade War ［EB/OL］. Bloomberg, 2019 – 06 – 03.

［317］ Michelle Jamrisko. US – China Trade War: How Vietnam Has Economically Benefited ［EB/OL］. Bloomberg, 2021 – 10 – 29.

［318］ Migrants in Singapore: UN report debunks popular perceptions ［EB/OL］. Straitstimes, 2020 – 01 – 19.

［319］ Ministry of Manpower. Singapore Labour Force Survey: Ref. General Household Survey （GHS）: Participation Rate ［EB/OL］. CEIC, 2020 – 12 – 04.

［320］ Mixed Fortune for Singapore's Overseas Campus ［EB/OL］. University World News, 2015 – 06 – 19.

［321］ MTI Occasional Paper on Population and Economy ［R/OL］. Ministry of Trade and Industry of Singapore, 2012.

［322］ Mulcahy D. Will the Gig Economy Make the Office Obsolete? ［J］. Harvard Business Review, 2017 （3）: 2 – 4.

［323］ Narendra Modi. An Invitation to "Make in India" ［N/OL］. The Wall Street Journal, 2014 – 09 – 25.

［324］ National Population and Talent Division. A Sustainable Population for Dynamic Singapore: Population White paper 2013 ［R/OL］. Strategy Group in the Prime Minister's Office, 2013 – 01.

［325］ National Research Foundation of Prime Minister's Office of Singapore. Research, Innovation, Enterprise 2020 Plan: Winning the Future through Science and Technology ［R/OL］. Ministry of Trade and Industry of Singapore, 2016.

［326］ New Jobs Portal My Careers Future. sg uses technology to better match jobseekers and employers ［N/OL］. The Straits Times, 2018 – 04 – 17.

［327］ Nicholas Mapa. Singapore's Economy is Losing Steam ［EB/OL］. ING THINK, 2022 – 09 – 05.

［328］ Ong Ye Kung. Lear for Life – One Secondary Education, Many Subjectbands ［EB/OL］. Ministry of Education of Singapore, 2019 – 03 – 05.

［329］ Ovais Subhani. Singapore's Slowing Growth Carries Risk of Technical Recession in 2023: Analysts [EB/OL]. The Straits Times, 2022 – 11 – 24.

[330] Panel Recommends "Global Schoolhouse" Concept for Singapore to Capture Bigger Slice of US 2. 2 Trillion World Education Market [EB/OL]. Singapore Ministry of Trade and Industry, 2002.

[331] PMLee Hsien Loong at the Singapore Federation of Chinese Clan Association 30th Anniversary Gala Dinner [EB/OL]. The Prime Minister's Office, 2015 – 11 – 09.

[332] Premium. DBS: A Digitally – Driven Approach to Talent Acquisition [EB/OL]. Qorus, 2021 – 01 – 06.

[333] Prime Minister Lee Hsien Loong's National Day Rally 2004 Speech [EB/OL]. National Archives of Singapore, 2004 – 08 – 22.

[334] Qix Y. Globalized HigherEducation [M] //TURNEN B S. International Handbook of Globalization Studies (2nd edition) . London & New York: Rout – ledge, 2017: 333.

[335] Quah, Jon S. T. , Public Administration Singapore – Style [M]. Emerald Group Publishing, 2010, 19: 41 – 70.

[336] Redden E. Debasing the Brand [EB/OL]. The Inside Higher Ed, 2013 – 01 – 16.

[337] Report of the Committee on the Future Economy [R/OL]. Committee on the Future Economy of Singapore, 2017 – 02.

[338] Revising down rise China [EB/OL]. Lowy Institute for International Policy, 2022 – 03 – 14.

[339] Shaista E. Khilji, Randall S. Schular. Talent Management in the Global Context [C] //David G. Collings (ed.) et al. The Oxford Handbook of Talent Management, 2017 – 10 – 05, OXFORD ACADEMIC, c2017: 399 – 419.

[340] Sidhu R, Ho K C, Yeoh B S A. Singapore: Building a Knowledge and Education Hub [EB/OL]. Rotterdam: Springer Netherlands, 2014: 121 – 143.

[341] Singapore Census of Population 2020 [R/OL]. Department of Statistics Singapore, 2021 – 07.

［342］Singapore Company Registration Specialists［EB/OL］. RIKVIN, 2013 – 10 – 15.

［343］Singapore EconomicCommittee. The Singapore Economy: New Directions［R］. Ministry of Trade & Industry, Singapore, 1986.

［344］Singapore Food Statistics［EB/OL］. Singapore Food Agency, 2023 – 10 – 09.

［345］Singapore Shocked by Worst Riots in Decades, as Migrant Workers Vent Anger［EB/OL］. Reuters in Singapore, 2013 – 12 – 09.

［346］Singapore: The Next Lap［R/OL］. National Library Board Singapore, 2004 – 12 – 23.

［347］Singapore's Thirty – Somethings are Leaving Home［J/OL］. The Economist, 2021 – 08 – 26.

［348］Skillsfuture Singapore Annual Report 2017［R］. SkillsFuture Singapore, 2017.

［349］SkillsFuture: 2016 Year in Review［R/OL］. SkillsFuture Singapore, 2017 – 05 – 02.

［350］Staffing Industry Analysts. SIA Announces Largest Staffing Firms in Singapore List［R/OL］. Staffing Industry Analysts, 2017 – 07 – 05.

［351］Tan E TJ. Singapore: A Small Nation with Big Dreams of Being a Global Schoolhouse［M］//The Palgrave Handbook of Asia Pacific Higher Education, New York: Palgrave Macmillan US, 2016: 547 – 560.

［352］The Economic Review Committee. New Challenges, Fresh Goals——Towards a Dynamic Global City［R/OL］. Ministry of Trade and Industry of Singapore, 2003 – 02.

［353］The Economist. Safe Cities Index 2019［R/OL］. The Economist, 2022 – 12 – 15.

［354］The Economist. What other Countries can Learn from Singapore's Schools［J/OL］. The Economist, 2018 – 08 – 30.

［355］The Global Competitiveness Report（2017 – 2018、2018 – 2019、2020）［EB/OL］. The World Economic Forum, 2023 – 02 – 15.

[356] The Global Digital Skills Gap: Current Trends and Future Directions [EB/OL]. RAND, 2021 – 12 – 15.

[357] The Straits Times. South Korea, Singapore Lead World in Innovation; US drops out of top10 [EB/OL]. The Straits Times, 2021 – 02 – 03.

[358] The White House, National Security Strategy of the United States of America [EB/OL]. The National Security Strategy Archive, 2017 – 12.

[359] The World Bank, International Finance Corporation. Paying Taxes 2011: The Global Picture [EB/OL]. PWC, 2011.

[360] The World in 2050 [EB/OL]. PWC, 2023 – 01 – 10.

[361] Tripartite Workgroup to Enhance Representation for Platform Workers. Enhancing Representation for Platform Workers [EB/OL]. Ministry of Manpower of Singapore, 2023 – 07.

[362] Ttrade Union Act 1940 (2020 Revised Edition) [EB/OL]. Singapore Statutes Online, 2022 – 09 – 14.

[363] US – China Relations are Entering a Dangerous Period [EB/OL]. The Economist, 2020 – 07 – 30.

[364] Wanlin Ken. The Trade of Singapore, 1819—1869 [J]. Journal of Malayan Branch of the Royal Asiatic Society, 1960, 3 (4): 106.

[365] Workfare Factsheet – Chinese [EB/OL]. Ministry of Manpower of Singapore, 2019 – 12 – 30.

[366] World Economic Forum. Human Capital Report [R]. World Economic Forum, 2013.

[367] World Population Prospects 2022 [R/OL]. United Nations, 2023 – 10 – 01.

后　记

　　新加坡算是当今发达国家中的异类。从所处区位来看，除了位于马六甲海峡要冲的优势之外，可以说是乏善可陈；小国寡民，无论从国土面积还是人口总数来看都仅算一个微型国家；自然资源缺乏，甚至连人类生存所必需的水都要依靠从马来西亚购买；文明发展史短，除了100多年作为英国殖民地时期，作为一个独立的国家也不到60年。这样一个禀赋薄弱的国家，竟然在独立以后迅速崛起，跃升入发达国家之列，不能不说是全球现代化发展中的一个奇迹了。而这个奇迹的发生，在很大程度上应该归结于新加坡独立后的国家战略选择和持续的国家建设。其中极为重要的部分就是国家的人才战略和人才建设。新加坡的领导人在建国之始，就清醒地认识到人力资本是本国发展最重要的资源，因此将人才建设作为国家较重要的战略考量，并给予持续与高强度的关注与投入。新加坡因此形成了一套有特色和高效的国家人才管理体系。本书写作的初衷就是基于历史发展、国际形势、国家战略、政策实施、企业经营，以及国家比较的多个视角，反映新加坡人才政策的制定逻辑、发展历程，以及实施成效。

　　新加坡管理模式对于中国改革开放而言，有着特别的意义。中国正式改革开放肇始于1978年12月的十一届三中全会。就在之前的一个月，"改革开放的总设计师"邓小平访问了新加坡，并与李光耀进行了数次会谈。这次访问中所见的新加坡的成功，给邓小平留下了深刻的印象。新加坡的政策也成为中国改革开放初期方针制定的借鉴。40多年来，两国双边的合作日趋密切和深入，来新加坡的中国访问与游学团络绎不绝。新加坡的高薪养廉、花园城市、组屋制度、淡马锡模式，以及优质教育系统的打造等，都成为中国各地政府与部门制定改革政策的参照。在当前新的时期，面对内外各种重大挑战，新加坡仍然在调整方向，不断出台各种应对之策。本书也希望能够总结新加坡人才政策的最新动向，成为相关人士了解新加坡人才管理的指南与参考。

本书即将出版之际，2024 年 5 月 15 日，已经执政近 20 年的李显龙移交权力，转任国务资政。原财政部部长和副总理黄循财正式就任新加坡第四届总理。实际上，黄循财作为候任总理的任命，在两年之前的 2022 年 4 月 14 日就已经公布了。在黄循财被任命到就任的两年时间里，各项权力移交工作有条不紊地进行，确保了政府团队与政策的稳定性。从全球而言，新加坡这样高度计划性的最高权力移交模式，也是非常独特的。可以预期，黄循财所率领的新内阁仍然会延续本书所总结的新加坡人才管理总的方向，但也会根据内外情况适时进行调整。他是否会在执政期间充分体现出个人的管理理念和特色，还有待后续观察。

本书除了关注新加坡人才管理政策层面的最新动向，也在第 11 章介绍了 4 家新加坡在地企业的人才管理的理念与实践。内容基于对每家企业高管的访谈，尽量反映管理者实务的视角。这一章是想通过对 4 家不同类型在新企业的说明与介绍，反映人才政策对企业管理的实际作用和影响，以及个别企业在新加坡环境下人才管理模式的选择。希望本书能够对企业管理人员也有所助益。

本书的最后一章，比较了新加坡和中国人才管理的现实情况，总结了双方的相似性与差异性，并且说明了新加坡政策对中国可能的启示与借鉴。虽然两国都是以华人为主的东方国家，但在历史背景、地理资源条件、政治制度等方面有着巨大的差异。对中国而言，简单模仿与照搬新加坡的政策肯定是行不通的。希望这一部分的内容能够有助于读者采用有分辨的眼光，来了解与借鉴新加坡。

本书的创作与出版，是两位作者密切合作的产物。两位作者分别是在辽宁大学与新加坡国立大学从事人力资源管理研究与教学的学者。李博老师具有比较经济学的学术背景，对人才管理的宏观体系与政策有着专业性的视角。而宋照礼老师有在海外求学与新加坡从事组织与人才管理的执教经历，对新加坡各项政策的落地以及对企业的实际作用，有长期的体会与思考。2022 年初，李博老师接受中国留学基金委的资助，来新加坡国立大学商学院开展为期一年的访学。两位作者在一开始就确定了本书的写作意向。在一年的时间里，主要由李博老师执笔，从收集资料开始，整理文献，梳理脉络，落笔成文。两位作者反复推敲修订，基本完成了本书的初稿，包括对几家新加坡企业访谈的整理。之后的一年多的时间里，两位作者在繁忙的研究教学任务之外，抽出时间，完成了对书稿的多次修订。

两位作者自始至终抱着很大的热情完成本书的创作。作者希望此书能够激发更多的学者以更加多元的视角来考察新加坡的人才政策演变与成效。同时，也希望以此书为契机，鼓励更多学者关注新加坡之外的其他东南亚国家，系统地总结与分析这些国家的人才政策与模式。作为近邻的东南亚国家与中国已经有了非常密切的经贸往来。可期待的是，未来的联系还会越来越强。从实务角度，了解东南亚各国的人才管理模式会促进双边的合作与协同，降低误解与摩擦。从学术研究角度，更多开展中国与东南亚国家之间管理领域的比较研究，会有助于形成以西方为中心的管理学体系之外、以亚洲为中心新管理学体系的建立。

在本书创作过程中，得到各方人士的鼎力协助，这里由衷致谢。感谢莆田餐馆的方志忠先生、肖良荣先生、陈娟女士，星展银行的张肃山女士，Evident 的张峰先生和庄珍妮女士，以及力业女佣的陈美雄先生接受作者采访，为本书提供鲜活的新加坡企业人才管理素材。特别感谢中国医科大学徐平教授为本书提出的观点启发与真知灼见。感谢国家留学基金委的访问学者项目资助；感谢辽宁省"双一流"学科建设项目资助；也感谢经济科学出版社编辑老师的悉心编校。

李博　宋照礼

2024 年 5 月